REINPRECHT

KINDER ERZIEHEN OHNE ÄRGER!

HANSHEINZ REINPRECHT

# KINDER ERZIEHEN ♥ OHNE ÄRGER!

2. Auflage

LEOPOLD STOCKER VERLAG

Die Deutsche Bibliothek – CIP-Einheitsaufnahme

**Reinprecht, Hansheinz:**
Kinder erziehen ohne Ärger! / Hansheinz Reinprecht. – Graz;
Stuttgart: Stocker, 1993
  ISBN 3-7020-0662-1

Dieses Buch wurde auf chlorfrei gebleichtem Papier gedruckt.

ISBN 3-7020-0662-1
Printed in Austria
Satz: Tau & Tau Type, Bad Sauerbrunn
Umschlaggestaltung: Creativhaus, Mödling
Gesamtherstellung: Wiener Verlag, Himberg bei Wien

# INHALT

*Was man alles über die Entdeckung des ICH wissen sollte, damit man dem Kind den richtigen Start ins Leben ermöglicht.*

## 1. MAN SOLLTE WISSEN,

daß es nicht gleichgültig ist, ob man ein Wunschkind hat oder ob's halt „passiert" ist, und daß die Schwangerschaft mehr bedeutet, als einen dicken Bauch zu haben.

## 2. MAN SOLLTE WISSEN,

daß jedes Kind Angst hat, und daß wir es ihm leichter machen müssen, diese Angst abzubauen.

## 3. MAN SOLLTE WISSEN,

daß nicht alles vererbt wird, sondern daß auch die Umwelt einen bedeutenden Einfluß auf die Entwicklung hat.

## 4. MAN SOLLTE WISSEN,

daß Geborgenheit in den ersten Lebensjahren jene Achse ist, um die sich die Entwicklung des Kindes dreht, und daß ihr Fehlen schwere Schäden verursachen kann.

## 5. MAN SOLLTE WISSEN,

daß uns auch das Baby schon vor den Kopf stoßen und enttäuschen kann und sich da schon zeigt, daß brave Kinder verdächtig sind.

## 6. MAN SOLLTE WISSEN,

daß Trotz gesund ist und wir an seiner Stärke ablesen können, ob die erste Entwicklungsstufe bezwungen wurde.

DIE GOLDENE REGEL ZUM I. TEIL:

*Was man alles über die Entdeckung des DU wissen sollte, damit man nichts unterläßt, was dem Kind hilft, Freiheit und Sicherheit zu erlangen.*

## 1. MAN SOLLTE WISSEN,

daß Spiel für das Kind Arbeit ist und es sich freispielen muß, um eine starke Persönlichkeit zu werden.

## 2. MAN SOLLTE WISSEN,

daß die Schule ein wunder Punkt unserer Gesellschaft ist, und wie wir den Belastungen durch die Schule entgegenwirken können.

## 3. MAN SOLLTE WISSEN,

daß Strafe nur auf schuldiges Bewußtsein fallen soll, Kinder aber ein unschuldiges haben.

## 4. MAN SOLLTE WISSEN,

daß auch der Humor zur Kindererziehung gehört, und was wir tun können, um eine fröhliche Atmosphäre zu schaffen.

## 5. MAN SOLLTE WISSEN,

daß jedes Kind das Recht mitbekommen muß, sich einmal für oder gegen Gott zu entscheiden.

## 6. MAN SOLLTE WISSEN,

daß jedes Kind auch seine Satanszeiten hat, genau wie seine Engelsminuten, und daß wir Eltern warten und hoffen müssen.

## DIE GOLDENE REGEL ZUM II. TEIL:

## III. Teil: **DAS WIR** 165

*Was man alles über die Bewältigung des WIR wissen sollte, damit sich unser Kind innerhalb der Gesellschaft einmal als glücklicher Mensch behaupten kann.*

## 1. MAN SOLLTE WISSEN,

worum es in der Pubertät tatsächlich geht, und man sollte gegen allerlei Überraschungen gewappnet sein.

## 2. MAN SOLLTE WISSEN,

daß die Sexualität unsere stärkste Triebkraft ist, und wie wir sie sinnvoll in das Leben unserer Kinder einbauen können.

## 3. MAN SOLLTE WISSEN,

daß Abwesenheit von Scham ein sicheres Zeichen von Schwachsinn ist, und wie sich die Frage des vorehelichen Geschlechtsverkehrs stellt.

## 4. MAN SOLLTE WISSEN,

daß Aufklärung ein langsames Aufschließen des jungen Menschen für die Sexualität und jegliche Scheu vor gezielten Gesprächen unbegründet ist.

## 5. MAN SOLLTE WISSEN,

wie man sich zu verhalten hat, wenn der junge Mensch aus der Familie in Beruf und Gesellschaft hineinwächst.

## 6. MAN SOLLTE WISSEN,

daß die Generationen schon immer einander in den Haaren lagen und daß die Jugend es besser machen will – und auch kann.

DIE GOLDENE REGEL ZUM III. TEIL:

# In das Buch richtig einsteigen!

Verdammte Geschichte, wenn's mit der Kindererziehung danebengeht! Das gibt Sorgen. Ärger und Krampf. Tränen. Verzweiflung. Oft recht ausweglose Situationen. Abgebrochene Brücken. Kein Gespräch mehr. Dann bleibt nur mehr die Frage der Eltern: Was haben wir falsch gemacht?

Eltern geben normalerweise ihr Bestes, um ihr Kind zu einem erfolgreichen und glücklichen Menschen zu erziehen. Dabei können sie sich aber kaum dem vorherrschenden Trend entziehen. Der heißt nach wie vor „weiche Welle".

Nur ja bitte nicht zu streng sein!
Nur ja bitte nichts verbieten!
Nur ja bitte nicht zu hart anfassen!
Nur ja bitte nichts aufzwingen!
Das Kind könnte sonst seelischen Schaden erleiden…

Die Eltern sind verunsichert. Viele Erzieher und Lehrer haben resigniert und lassen es laufen, wie es eben läuft. Das Produkt einer solchen Entwicklung sind junge Menschen, die es eben nicht mehr so recht schaffen. Viele kommen mit sich und der Umwelt einfach nicht zurecht. Dabei fehlt es ihnen in unserer Wohlstandswelt an nichts. Sie lernen auch recht brav. Sie finden ihren Job. Und ihren Partner. Sie surfen. Sie spielen Tennis. Man findet sie auf dem Fußballplatz und in den Diskos. Aber ihr Leben haben sie trotzdem nicht im Griff. Denn unser Alltag ist kompliziert geworden. Die Anforderungen sind hoch. Leistungsgesellschaft verlangt ihren Preis. Freizeit- und Vergnügungsindustrie füllen den seelisch-geistigen Raum des einzelnen nicht aus. Immer mehr junge Menschen scheitern an der Frage nach dem Sinn des Lebens. Es ist leer geworden um sie. Freizeit schlaucht. Der Job streßt. Familie hat kaum mehr Substanz. Partnerschaften gehen reihum kaputt. Freundschaften haben Seltenheitswert.

Es ist, als hätte sich der Jugend eine Riesenzentrifuge bemächtigt. Immer mehr werden an die Wand geschleudert, ohne daß sie es gleich verspüren.

Dieses Buch stellt eine Aufforderung an alle Eltern und an solche, die es zu werden beabsichtigen, einen Umdenkungsprozeß mitzuvollziehen. Erziehung muß dem jungen Menschen wieder Werte vermitteln: Selbstsicherheit, Durchhaltevermögen, Traditionsbewußtsein, Familiensinn, Liebe.

Eltern, seid strenger!
Eltern, geht ein wenig auf Distanz!

Dieses Buch sagt euch, weshalb. Es ist leicht zu lesen, da es bewußt nicht theoretisiert. Es greift mitten in die Praxis.

Ich weiß aus jahrzehntelanger Erfahrung eines: Wir kommen in der Erziehung unserer Kinder mit recht wenig Gepäck aus. Wir brauchen kein Monsterwissen. Wir sollten nur ein paar Grundwahrheiten kennen.

*Was muß ich zunächst wissen?*

Eltern müssen wissen, daß es in der Kindererziehung drei Stufen gibt. Es sind dies die drei Entwicklungsphasen:

1. Die Bewältigung des ICH
2. Die Bewältigung des DU
3. Die Bewältigung des WIR.

Zur 1. Stufe: Es beginnt alles damit, daß unser Kind lernen muß, sein Ich zu erkennen und mit diesem Ich umzugehen. Das geschieht im Baby- und Kleinkindalter. Die sogenannte „Trotzperiode" kündigt den Sprung auf die 2. Stufe an.

Zur 2. Stufe: Jetzt geht es um das Du, um die Mitmenschen, um die Eltern und Geschwister, um die Schulfreunde, die Umwelt, die Natur. Es geht um Bewährung und um Lebenskampf.

Zur 3. Stufe: Zeit der Pubertät. Diese Entwicklungsphase, bei der es um die Bewältigung des Wir geht, um die Bewährungsprobe in der Gesellschaft, um Partnerschaft, Sex, Freundschaften und Beruf, ist für das spätere Leben von entscheidender Bedeutung.

Diese drei Stufen gilt es, in der Erziehung zu nehmen, dann kann nicht mehr viel schiefgehen. Aber Liebe allein ist dabei zu wenig!

I. Teil

# DAS ICH

*Was man alles über die
Entdeckung des ICH wissen
sollte, damit man dem
Kind den richtigen Start
ins Leben ermöglicht.*

Ein Mensch wird geboren. Das elementarste Ereignis. Seien auch wir Väter einmal dabei. Wir sind ja auch bei Autorennen und Fußballspielen mit dabei; ja, wir sind heute so gerne möglichst überall mit dabei. Aber die Geburt eines Menschenkindes ist noch vielen Vätern fremd. Dabei ist sie ein gewaltiges Naturereignis. Ein unbegreifliches Phänomen. Das kleine Wesen, das sich da aus der Mutter herausquält, ist ja ein neuer Mensch; ein Mensch mit Gehirnzellen und Nervensträngen, Blutgefäßen, Drüsen, Herz, Lunge... Auch ein Mozart kam so zur Welt und ein Sokrates, ein Napoleon, ein Karl Marx und Jesus von Nazareth. Wir wissen nicht, was aus diesem kleinen Bündel roter, runzeliger Haut werden wird, das da seine ersten Schreie hinaus in eine ihm unbekannte, fremde und feindlich anmutende Welt stößt. Es braucht kein Mozart zu werden und kein Napoleon, kein Mondfahrer und kein Philosoph – auf alle Fälle ist ein Mensch da; ein Mensch, der ganz einmalig und nie wieder in dieser Art erscheinend auf ein Dasein hin angelegt ist, das seinen Stempel tragen und sein Zweck sein wird. Ein Mensch ist geboren!

Noch liegt das Neugeborene in den Armen der erschöpften Mutter. Sie spürt sein Herzklopfen, seine Bewegungen, seinen Atem. Sie riecht ihr Kind, fühlt ihr Kind, betrachtet ihr Kind, erlebt ihr Kind. Es ist ihr Kind; ihr Baby. Vielleicht hat sie es sich schöner vorgestellt und ohne den großen Blutschwamm auf dem Kopf. Neugeborene sind keine Schönheiten. Das Gesicht ist oft noch zerdrückt, die Nase erscheint manchmal übermäßig groß, die Haut ist faltig, die Augen sind trübe und quellen hervor. Ein paar Tage nach der Geburt kommt meist noch eine Gelbsucht dazu, und der erste Haarschopf, auf den die Mutter so stolz war, fällt aus. Manche Eltern sind, ohne daß sie es sich eingestehen wollen, schockiert. Aber das weicht dann rasch dem Erlebnis, daß sich das Baby „zusammenwächst" und bald als das „schönste Baby" herumgereicht wird. Die Mutter betrachtet es glücklich. Hält es fest. Genießt das wohlige Schmatzen des Säuglings an der Mutterbrust. Was nun?

Genau jetzt muß das Bemühen der Eltern beginnen, dem Kind über die erste Entwicklungsstufe zu helfen. Dieses kleine Wesen muß jetzt langsam all jene Erfahrungen sammeln, die es benötigt, um sich selbst erkennen und eines Tages sein Ich wahrnehmen zu können. Und das ist alles gar nicht so einfach!

Der Säugling ist – wie die Eltern bald bemerken – nur daran interessiert, daß es ihm gut geht. Er schreit, wenn er nasse Windeln hat. Er brüllt, wenn Hungergefühl aufkommt. Er möchte es wohlig und angenehm haben. Er sucht instinktiv das, was wir als „Nestwärme" bezeichnen. Man könnte sogar auch beim Menschen sagen, er wird jetzt „ausgebrütet". Er muß erst seine Schale sprengen, aus dem Ei herauskrabbeln. Als ICH. Noch ist der Säugling irgendwie in einer Kapsel eingeschlossen. In der Psychologie spricht man von einem „erweiterten Mutterschoß". Damit meint man, daß die Geburt nicht mit der Durchtrennung der Nabelschnur vollzogen ist. Das Neugeborene bleibt noch irgendwie mit der Mutter verhaftet, lebt in einer Art Symbiose mit ihr. Das hat die Natur eingerichtet, damit der Säugling zuerst einmal Zeit gewinnt, sich selber zu finden; sich selber zu entdecken; sich selber auf die Spur zu kommen. Und das kann eben nur in einer Atmosphäre höchstmöglicher Wohligkeit und Behaglichkeit geschehen.

Dafür sprechen vor allem die negativen Erfahrungen mit Säuglingen, die gleich nach der Geburt von der Mutter getrennt werden müssen. Der beste Brutkasten und das modernste Säuglingsheim kommen nicht an die Wärme und Geborgenheit einer echten Bezugsperson heran, wie es die Mutter darstellt. Der Akt der Selbstfindung, der Akt der Ich-Entdeckung verzögert sich bei Brutkasten- oder Heimkindern. Das ist heute eine Erkenntnis, der man gottlob soweit wie möglich Rechnung trägt.

Auch das gesunde Kind darf heute nach der Geburt bei der Mutter sein und wird nicht mehr abgeschoben.

Was geschieht nun tatsächlich mit einem Kind, dem diese notwendige Geborgenheit und Wärme vorenthalten werden? Ein solches Kind wird vielleicht erst viel später sein ICH entdecken und dadurch auch viel später in ein rechtes Verhältnis zum DU und zum WIR finden. Es tut sich daher schwerer, bleibt in seiner Entwicklung auf der Strecke und wird aller Voraussicht nach ein schwieriges Kind sein.

Die Folge sind Menschen, die ihr ICH auch später nicht entdecken und bewältigt haben. Ihnen fehlt dieser erste und so entscheidende Liebesschub. Es müssen gar keine Brutkastenkinder sein. Kinder werden heute auch zu Hause vernachlässigt. In besten Familien kann es vorkommen, daß versäumt wird, dem Kind jenes Maß an Geborgenheit zu geben, das für diesen ersten Lebensabschnitt von so eminenter Wichtigkeit ist. Da ist einfach niemand da, der genug seelische Wärme verbreitet. Da fehlt es an Hautkontakt. Da ist Liebe unbewußt Mangelware. Berufliche Hektik. Freizeitstreß. Fernsehen. Gesellschaften. An die Bedürfnisse des Säuglings wird zuwenig gedacht. Er vereinsamt inmitten der Familie. Er kann sein ICH nicht finden. Vielleicht wird er ihm ein Leben lang vergeblich nachjagen.

Wie wunderbar, diese jungen Mütter und Väter, die ihr Baby in ein Tuch gewickelt hautnah mit sich tragen! Da ist Zweisamkeit. Das muß gut gehen.

Wir sehen also schon bei diesen ersten wenigen Gedanken, wie wesentlich es ist, daß die erste Stufe der Entwicklung gut genommen wird. Das geht eben nicht von selber. Es verlangt Einsatz und Hingabe. Noch ist der Zeitpunkt nicht gekommen, das Kind fester an die Kandare zu nehmen. Noch braucht es maßlos Wärme und Liebe, Geborgenheit und Hingabe. Geben wir, was wir haben! Verzichten wir auf vieles, das uns beruflich und privat so wichtig erschiene. Verzichten wir aber keinen Augenblick auf den kleinen Erdenbürger. Seien wir für unser Kind voll da! Haben wir es unendlich gern! Liebkosen wir es, ohne dabei zu ermüden. Reden wir mit dem Säugling. Und lassen wir ihn an der Mutterbrust, so lange es nur irgendwie möglich ist.

Wenn uns nämlich diese elterliche Hingabe in der ersten Lebenszeit unseres Kindes gelingt, haben wir fast schon alles getan, um dem Kind über die er-

16

ste seiner drei Entwicklungsstufen hinwegzuhelfen. Bei einem solchen Start liegt jedes Kind ein ganzes Leben lang gut im Rennen.

## 1. MAN SOLLTE WISSEN,

DASS ES NICHT GLEICHGÜLTIG IST, OB MAN EIN WUNSCHKIND HAT ODER OB'S HALT „PASSIERT" IST, UND DASS DIE SCHWANGERSCHAFT MEHR BEDEUTET, ALS EINEN DICKEN BAUCH ZU HABEN.

### *Das ungewollte Kind*

„Ihr habt mich ja nicht haben wollen", schrie ein 17jähriger in einer Jugendgerichtsverhandlung seinen Eltern entgegen. „Ich war euch immer im Weg!"

Ein 14jähriges Mädchen hat sich von einem Kirchturm in die Tiefe gestürzt. Sie war ein Pflegekind. Auf der Suche nach der eigenen Mutter hatte sie tags zuvor erfahren, daß diese leibliche Mutter sie nach der Geburt in eine Mülltonne geworfen hatte.

Das sind nur zwei Fälle von Kindern, die ich persönlich gekannt habe. Ich sehe aber noch viele andere Kinder vor mir, die ebenfalls nicht gewollt waren. Es sind durchwegs seelisch kranke Kinder. Auch wenn sie es nicht wissen, daß sie in dieser Welt ungewollt waren, ahnen sie unbewußt und schicksalhaft, daß etwas quer liegt in ihrem jungen Dasein. Kein Psychologe konnte bisher erklären, aus welchem Grund diese Kinder anders und schwieriger und labiler sind als die übrigen Kinder. Daß solche Kinder einem Erwachsenen im Weg waren, prägt sich ihnen unbewußt ein. Bei solchen Geschöpfen ist's halt passiert – und dann hat die Mutter den Termin für die erlaubte Abtreibung versäumt. Und so ist es eben zur Welt gekommen. Trotz Pille. Trotz Kondom. Trotz der Einstellung Erwachsener: Fort damit! Leben? Was ist schon so ein „kleines Leben"? In Indien krepieren sie zu Tausenden. Was bedeutet da schon so ein winziger Embryo? Zu dumm, daß wir ihn nicht weggekriegt haben. Nun kommt das Kind zur Welt. Aber zum Glück gibt's Pflegeplätze, Heime, Kinderdörfer. Man kann es zur Adoption freigeben. Oder die Großmutter nimmt es. Das wäre ja noch schöner, sich wegen eines Kindes einzuschränken...

Das ist nicht der Phantasie entsprungen. Das ist Realität, verehrte Eltern! Wirklichkeit des 20. Jahrhunderts. Tag für Tag werden Kinder geboren, die nicht gewollt sind und die man weghaben will. Freilich bricht bei vielen Müttern mit der Geburt des Kindes Mütterlichkeit auf. Manche Frau wird mit einmal zu einer glücklichen Mutter. Das kleine hilflose Wesen in ihren Armen mobilisiert einen Strom an Liebe. Aber es gibt eben auch die anderen Frauen, die so ein ungewolltes Kind weggeben und weglegen. Freilich auch unter Tränen. Aber die eigenen Interessenten haben Vorrang vor einer Mutterschaft. Und so etwas hängt dem Kind nach. Sehr lange sogar, vielleicht für immer.

Typischer Fall: Ein Sohn eines meiner Schulfreunde, 34 Jahre, seit sieben Jahren verheiratet, jammert mir vor, daß seine Frau ein Kind erwartet. „Das war nicht programmiert und bringt uns alles durcheinander", meinte er. Anfangs mußte für das Auto gespart werden, dann für die Eigentumswohnung. Ein Kind war im Budget noch nicht vorgesehen. Man erwartet es mit gemischten Gefühlen. Es ist kein Wunschkind.

Ich glaube einfach daran, daß ein Neugeborenes mit einem Hotelgast vergleichbar ist. Wird er freundlich empfangen, verbeugen sich Hotelboy und Portier, dann fühlt man sich gleich wohl in diesem bisher fremden Haus.

Sie wissen, was ich damit meine: Ein Kind, auf dessen Geburt sich die Eltern in froher Erwartung vorbereiten und das mit Freude und Hoffnung empfangen wird, tritt in eine freundliche Welt ein. Ja, schon die Zeit der Schwangerschaft ist für zwei Menschen zum Erlebnis einer neuen Menschwerdung geworden. Und wenn die Hände dieser beiden die Bewegung des Kindes unter der Bauchdecke der Mutter spüren, dann ist einfach etwas da, das man nicht beschreiben kann, etwas, das über das noch Greifbare hinausreicht.

Daher ist es auch nicht gleichgültig oder nicht von geringer Bedeutung, wie sich eine Mutter in ihrer Schwangerschaft verhält. Das reicht von der Ernährung bis zum Lesestoff. Einmal haben Fachleute darüber gelacht und solche Vorstellungen als verstaubte Märchen aus Großmutters Zeiten abgetan. Heute ist es wissenschaftlich untermauert, daß äußere Einflüsse in der Schwangerschaft auf das werdende Kind einwirken. Zum Beispiel spielt auch die Musik eine besondere Rolle. Mit seinen feinen Antennen registriert der Embryo den seelischen Zustand der Mutter – und dieser ist bei Mozartmusik sicher ausgewogener als unter einer Disko-Lärmglocke.

Schwangerschaft beschwört aber oft auch Krisen herauf. Die Frau spürt, daß mit dem ersten Kind das Ende der sorglosen Jugendzeit eingeläutet wird. Die mädchenhafte Figur ist dahin. Die jugendliche Anmut scheint vorerst einmal verloren. Finanzielle Sorgen drücken vielleicht. Gesellschaftliche Probleme. Befürchtungen sind da. Ängste. Jeder Frauenarzt weiß um solche negativen Phasen im Verlauf einer Schwangerschaft. Ja selbst wenn eine Frau schon mehrere Kinder zur Welt gebracht hat, sind oft innere Widerstände zu überwinden. Auch Väter reagieren während dieser Zeit oft unvorsichtig. Nicht immer wiegen sie sich nur in Stolz und Freude. Daher sollten beide Partner die Zeit der Schwangerschaft sehr bewußt wahrnehmen, sich darauf einstellen und sie miterleben. Dann, nur dann keimt allmählich diese fröhliche Erwartung auf, die mir so wichtig erscheint.

Daher möchte ich allen werdenden Müttern und allen werdenden Vätern eindringlich sagen:

18

Wünschen Sie sich Ihr Kind!
Bejahen Sie das werdende Leben!
Seien Sie bewußt voll froher Erwartung!

## Von der „schmerzlosen" Geburt

Zur Stunde der Geburt: Sicherlich, gebären tut weh. Es ist ein einschneidender natürlicher Vorgang, ein Ereignis, das die Mutter mit sich reißt. Der begleitende Schmerz ist natürlich. Er kann heute jedoch ganz oder weitestgehend gemindert werden. Der biblische Satz: „In Schmerzen sollst du dein Kind gebären", wurde bis in unser Jahrhundert herauf mißverstanden. Was wäre das auch für ein Gott, der den Menschen eine solche Strafe auferlegte! Vielmehr lehrt heute auch die katholische Kirche, daß Gott den Menschen nie verboten habe, den gesamten Reichtum der Schöpfung zu erforschen, sich nutzbar zu machen und dadurch das Leben erträglicher und schöner zu gestalten. Dazu gehört auch das heute sehr erfolgreich gewordene Bemühen, aus der Geburt keine Qual mehr zu machen.

Seit der bekannte englische Arzt und Professor der Geburtenhilfe Dr. Grantly Dick Read den praktischen Anstoß zu einer „natürlichen Geburt ohne Schmerzen" gegeben hat, ist die Angst vor dem Geburtsakt nicht mehr relevant. Mittlerweile gibt es mehrere wirksame Methoden einer „schmerzfreien" Geburt, wie etwa die immer rascher um sich greifende und in zahlreichen Gebärkliniken der Welt praktizierte Methode des Gebärens unter Wasser.

Ich habe den Text eines Briefes aufbewahrt, den eine Mutter an Doktor Read geschrieben hatte, als seine Methode der schmerzfreien Geburt noch in den Kinderschuhen steckte. Werdende Mütter sollten diesen Brief kennen.

„Lieber Doktor!
Nachdem ich beim ersten Kind das Unglück einer schweren Geburt hatte, sah ich der Geburt eines zweiten Kindes mit gemischten Gefühlen entgegen. Obwohl Sie ja viel getan haben, um mir während der Zeit vorher Mut zu machen, erwartete ich doch keineswegs eine derart herrliche Offenbarung.

Ihre Theorie, daß die Geburt eine durchaus einfache und verhältnismäßig leichte Funktion sei, schien mir, offen gesagt, kaum glaubhaft. Daß Sie recht hatten und ich unrecht, bewiesen dann die folgenden Ereignisse:

Am 18. November erwachte ich um 3.30 Uhr morgens mit dem Gefühl eines leichten Unwohlseins. Ich weckte meinen Mann und stand auf, um mir etwas Tee zu machen. Ich begann zu begreifen, was los war, als die Wehen jetzt deutlicher, aber keineswegs unerträglich wurden. Kurze Zeit später war dann fast ohne jede vorherige Warnung um 4.30 Uhr morgens das Kind da. Wir hatten gerade noch die Hebamme verständigen können.

Es ging so leicht und doch natürlich, daß ich nicht die geringste Angst davor habe, noch ein Kind zu bekommen. Ich fühlte mich nach der Geburt völlig wohl und spürte keinerlei Beschwerden. Es war wirklich verblüffend und mein glücklichstes Erlebnis."

## Wunschbild und Wirklichkeit

Jede schwangere Frau sollte daher die Möglichkeiten wahrnehmen, die heute in dieser Hinsicht angeboten werden. Das reicht vom Schwangerschaftsturnen bis zu Yoga oder autogenem Training.

Mit der Schwangerschaft kommen auch Vorstellungen über das zu erwartende Kind. Wird es ein Junge sein? Ein Mädchen? Heute läßt sich das zwar mit Sicherheit schon ärztlich feststellen, aber ich rate allen künftigen Eltern, sich diese Überraschung nicht nehmen zu lassen. Wird es blond sein? Dunkelhaarig? Fast alle Eltern basteln sich eine bestimmte Vorstellung von ihrem kommenden Kind zurecht. Manche Väter und Mütter fixieren sich geradezu darauf. Und groß ist die Anzahl der Väter und Mütter, die nur dieses Wunschbild lieben, dem ihr Kind entsprechen soll, und die dann enttäuscht sind, wenn die Wirklichkeit ganz anders aussieht.

Wichtig: Das Kind so nehmen, wie es ist. Bejahen, wie es einem die Natur beschert hat.

Unsere Liebe zum Kind sei ein Mut zur Wirklichkeit. Mit dieser Wirklichkeit haben wir uns abzufinden und sollten daher keinem trügerischen Wunschbild nachhängen.

Wie können wir Eltern eine solche Einstellung erwerben? Es ist schwierig, das wollen wir offen zugeben, denn welche Eltern möchten kein hübsches, lerneifriges und unkompliziertes Kind? Aber es gibt eben auch die vielen blassen Kinder, die rothaarigen und triebschwachen, die trotzigen, unfolgsamen und körperbehinderten Kinder. Ganz abgesehen davon, daß nur ca. zehn Prozent aller Kinder schulisch tatsächlich sehr begabt sind.

Und noch etwas: Jedes Kind ist ein selbständiges Wesen. Es ist von der Natur her mit einer Seele ausgestattet, die kein Produkt der Eltern, sondern ein Geschenk eines wunderbaren Schöpfungsplanes ist. Das Kind hat daher sein eigenes Leben, und unsere Aufgabe als Eltern besteht nur darin, im Kind jene Charaktereigenschaften zu fördern, die es zu einer wertvollen Persönlichkeit machen. Dies geht nur mit einer gesunden Mischung aus Liebe und Güte sowie aus Strenge und Konsequenz. An der Selbständigkeit des Kindes dürfen wir dabei nicht allzusehr rütteln. Wir müssen sie grundsätzlich bejahen, haben aber das Recht und die Aufgabe, einen Rahmen zu schaffen, in dem sich diese Selbständigkeit entfalten kann.

Haben wir unser Kind in seiner Selbständigkeit bejaht, müssen wir auch zu seinem Erscheinungsbild ja sagen; zu seiner Wirklichkeit. Diese Wirklichkeit wird infolge der ererbten Anlagen uns Eltern oft ähnlich sein – also auch unsere Schwächen und Fehler bekunden. Seien wir ehrlich genug, sie bei unserem Kind zu sehen und zu verstehen.

Vergleichen wir unser Kind nie mit anderen Kindern, denn sie werden uns sonst Enttäuschung bereiten. Sagen wir lieber: „Unser Kind ist so, und wir möchten es nicht anders!"

Ein bekannter Ausspruch lautet: „Unsere Problemkinder sind eigentlich keine Problemkinder. Wenn man den Fällen auf den Grund geht, gibt es nur Problemeltern." Machen wir also kein Problem aus unserem Kind, wenn die Wirklichkeit es anders modelliert hat, als unser Wunschbild es uns vorgaukelte. Jedem Kind ist die Chance gegeben, sich im Leben zu bewähren; auch dem verkrüppelten Kind, auch dem geistig behinderten Kind.

Unsere Zeit der Vermaterialisierung des Lebens hat zu einer Begriffsverwirrung geführt. Viele Eltern sind daher aus Egoismus nicht mehr bereit, ihr Kind bedingungslos zu bejahen. Ihre oft unbewußten Reaktionen sind entweder Ungerechtigkeit und Ungeduld oder ein Gehenlassen und übertriebene Rücksichtnahme. Beides ist nicht gut. Wir müssen den Weg der goldenen Mitte finden. Dieses Buch will Ihnen dabei helfen.

## Das Baby ist zu Hause

Nun ist es also da, das Baby. Ich gratuliere! Sie sind mit ihm aus der Klinik heimgekehrt. Die Wiege steht im Wohnzimmer. Ein rosaroter Baldachin spannt sich darüber. Das ganze alltägliche Leben ist plötzlich anders geworden. Etwas Neues ist da. Die Wiege wird zum Mittelpunkt der Familie. Man muß sich erst daran gewöhnen. Man ist noch unbeholfen. Unsicher. Man weiß nicht, ob man laut lachen darf, und wenn die Türe zu heftig ins Schloß fällt, geht es einem durch Mark und Bein.

Ja, der Einzug eines Neugeborenen daheim ist ein aufregender Moment. Auch der Vater spürt, daß ihm da eine Verantwortung aufgebürdet wird, der er sich nicht mehr entziehen kann – ganz gleich, wie sich dieses Kind körperlich und geistig entwickeln wird. Die Eltern haben einen neuen Menschen anvertraut bekommen, den sie führen und leiten, den sie zu einer Persönlichkeit machen müssen. Werden sie diese ungeheure Aufgabe bewältigen?

Tatsächlich hängt sehr viel davon ab, wie sich der Einzug eines Babys in die Familie gestaltet. Wenn es das erste Kind ist, dann besteht leicht die Gefahr einer übertriebenen Ängstlichkeit. Der Säugling ist jedoch von Natur aus mit viel Widerstandskräften ausgestattet, die wir nicht eindämmen, sondern vielmehr pflegen sollten. Mir wurde das immer wieder bewußt, wenn wir in unsere SOS-Kinderdörfer – vor allem in der dritten Welt – Säuglinge bekommen haben, die man irgendwo gefunden hatte, ja manchesmal auf einer Müllhalde. Sie hatten unter oft entsetzlichsten Verhältnissen überlebt.

Behandeln wir unseren Neugeborenen also nicht wie ein zerbrechliches Ei. Empfangen wir ihn zu Hause gleich wie ein vollwertiges Mitglied der Familie, der er sich auch einzuordnen hat. Das heißt: Eine gewisse Ordnung für die Ernährung und Pflege. Keine Panik, wenn es etwas Gezeter und Geschrei gibt. Legen wir viel Natürlichkeit an den Tag. Fassen wir ihn ruhig an, den Säugling, nehmen wir ihn auf den Arm. Er ist nicht zerbrechlich. Und das Allerwichtigste: Mütter, laßt euer Baby, so lange es nur irgendwie möglich ist, an der Brust! Muttermilch ist nun einmal Muttermilch. Sie ist durch die besten Präparate nicht zu ersetzen. Muttermilch gibt dem Kind genau das, was es für seine Entwicklung benötigt. Muttermilch und wieder Muttermilch! Ich kann es den Müttern nicht oft genug sagen.

Und in diesem Zusammenhang darf ich Ihnen von einem Wunder berichten, das ich miterleben durfte und mir unvergeßlich ist. Es war im SOS-Kinderdorf Greenfields bei New Delhi in Indien. Dort hatte man ein Baby bekommen, das von seiner leiblichen Mutter ausgesetzt worden war. Es wurde auf einer Tempelstufe gefunden. Eine indische Kinderdorfmutter bekam es in die Arme gedrückt. Aber das Kind wollte keine Nahrung zu sich nehmen. Alle Bemühungen, es am Leben zu erhalten, schienen vergeblich. Der Arzt resignierte. Da nahm diese indische Kinderdorfmutter das Baby an ihre leere Brust. Das Kind begann zu saugen und wieder zu saugen und wieder zu saugen – und das Wunder geschah: Plötzlich hatte die Frau Muttermilch. Und sie hatte diese wochenlang. Das Baby überlebte. Ein Ärzteteam untersuchte den Fall. Er war medizinisch nicht zu erklären. Ich kenne diese Kinderdorfmutter, und ich kenne das Kind; heute ein großer, starker Junge, der eine höhere Schule besucht.

Muttermilch ist also für das Kind lebensnotwendig. Aber es ist nicht nur die Nahrung, die das Kind an der Brust der Mutter in sich aufnimmt. Jede stillende Mutter weiß, daß ihr Baby noch lange weitersaugt, auch wenn es keine Milch mehr zu sich nimmt und gesättigt ist. Was will es dann noch an der Mutterbrust? Keine Frage: Es saugt Lebenskraft in sich hinein. Es holt sich Geborgenheit. Es holt sich Liebe. Es holt sich Mut. Es holt sich Freude. Es holt sich all das aus der Mutter, was es nicht nur für seine körperliche, sondern auch für seine seelisch-geistige Entwicklung benötigt. Nicht grundlos sagt man: Die Mutter „stillt" ihr Kind; sie macht es eben stille, macht es glücklich, beruhigt es, befriedet es. Man muß sich ja nur vorstellen, welch eine gewaltige Umstellung durch die Geburt für das Kind vor sich ging. Nach diesem Schock benötigt es dieses Beruhigen und Besänftigen und seelische Aufbauen. Das alles bekommt es an der Brust der Mutter.

Nun aber sollte keine Mutter verzweifeln, wenn sie krankheitshalber nicht in der Lage ist, dem Baby die Brust zu reichen. Der Arzt und die Hebamme werden ihr sagen, was zu tun ist. Fast immer gibt es in solchen Fällen auch die Möglichkeit, eine Amme zu finden. Und es gibt außerdem heute sehr gute Präparate, die den reinen Nährwert der Muttermilch bis zu einem gewissen

Grad ersetzen können. Um so wichtiger aber ist es, solche von der Natur benachteiligte Babys oft hautnah an die Brust zu drücken, sie saugen zu lassen, sie spüren zu lassen, daß da jemand für sie da ist.

Wenn schon ein Kind in der Familie ist – oder mehrere Kinder vorhanden sind –, läßt sich kaum ausschließen, daß Eifersucht aufkeimt. Alles dreht sich plötzlich ums Baby. Das ältere Kind fühlt sich vernachlässigt. Der neue Eindringling nimmt ihm etwas von der Liebe und Hingabe der Eltern. Und da wird es manchmal ungemütlich. Da können Bauklötze in die Wiege fliegen. Da können ältere Kinder kratzen und beißen. Oder Asthma bekommen. Ruhe bewahren, liebe Eltern! Die Signale wahrnehmen! Dem älteren Kind mehr Geborgenheit schenken. Ihm mehr Liebe zuwenden. Dann wird es sich bald an das Geschwisterchen gewöhnt haben.

Erwarten Sie bitte nicht, daß ich Ihnen mehr Ratschläge und Tips für Ihr Verhalten während der ersten Zeit mit Ihrem Baby erteile. Die Mütter sind heute durch Mutterberatungsstellen, durch Hebamme und Arzt meist gut aufgeklärt und informiert. Denken Sie immer daran, daß Ihr Baby der beste Berater ist. Der Säugling weiß am besten, was er braucht und was ihm gut tut. Er weiß sich auch zu artikulieren, um seine Bedürfnisse kundzumachen. Man versteht einander dann meist sehr schnell, und zwischen Mutter und Kind wächst eine Kommunikation, die ich immer wieder nur bewundern kann. Ich möchte diese natürliche Beziehung nicht durch Theorie belasten.

Aber nochmals: Haben wir Vertrauen in dieses kleine Geschöpf! Seien wir nicht besorgt und überängstlich. Machen wir keine zu großen Umstände. Nehmen wir das Kind als ein natürliches Geschenk an. Dankbar. In Ehrfurcht vor dem Leben. Und in der Gewißheit, daß es uns gelingen wird, es zu einem glücklichen Menschen zu erziehen.

Heute freilich gibt es viele Frühgeborene. Die Hast des modernen Lebens, Nervosität, Streß, Technik, Lärm und Reizüberflutung beeinflussen auch bei sorgsamstem Lebensstil während der Schwangerschaft die embryonale Entwicklung und den Geburtsakt. Das vier Kilogramm schwere Baby, das genau auf den errechneten Tag ankommt und es kaum erwarten kann, an der prallen Mutterbrust zu liegen, ist absolut keine Regel mehr. Die quälende Sorge, wie sich ein Frühgeborenes entwickeln wird, das vielleicht nur 1500 oder 2000 Gramm gewogen hat und noch dazu mit allerhand ärztlichen Kunstgriffen, medikamentöser Nachhilfe oder per Kaiserschnitt zur Welt kam, ist daher häufig.

Gleich vorweg: Allzuviele Sorgen um Frühgeborene oder untergewichtige Neugeborene sind unbegründet. Da geistern zwar viele Geschichten durch die Gegend und verwirren unsere Mütter. Aber es ist unwahr, daß frühgeborene Kinder armselige, schwache, kränkliche, leistungsschwache Menschen bleiben müssen. Vielmehr entwickeln sich auch zu früh Geborene, die keine körperlichen oder geistigen Schäden aufweisen, zu völlig normalen Kindern. Auch ist die Medizin heute in der Lage, hier wirksamste Hilfe zu leisten.

Freilich gilt es, einiges zu wissen und zu beachten:

Als frühgeboren werden Kinder bezeichnet, die ein Geburtsgewicht von weniger als 2500 Gramm aufweisen. Man kann sagen, daß sie also nicht „ausgebacken" sind und noch einiges nachzuholen haben. Das aber ist durchaus möglich.

So zum Beispiel vermögen es diese Frühgeborenen nicht, die Körpertemperatur zu halten. Sie haben vielfach Atemprobleme. Sie können noch nicht so komplikationslos Nahrung aufnehmen und verarbeiten. Es fehlt ihnen die Kraft, gegen Krankheitserreger anzukämpfen, usw. Bei allen diesen Schwierigkeiten kommt die Medizin zu Hilfe. Man muß nicht gleich erschrecken, wenn ein solches Baby an ein Sauerstoffgerät angeschlossen oder in einen Brutkasten gesteckt wird. Sobald es sich erfangen und Gewicht zugesetzt hat, wird es vom Arzt in häusliche Obhut übergeben. Man tut dies heute möglichst bald, da eben kein Gerät, keine künstliche Ernährung und keine noch so vorbildlich geführte Säuglingsklinik das Zuhause ersetzen kann. Freilich muß die Mutter genau die ihr von ärztlicher Seite aufgetragenen Maßnahmen einhalten.

Es ist gut, zu wissen, daß es oft einige Jahre dauern kann, bis der Rückstand bei einem frühgeborenen Kind aufgeholt ist. Rund zehn Prozent aller Frühgeborenen sind sogar noch im Schulalter anfällig.

Sie sind langsamer, unkonzentrierter, labiler. Aber nochmals: Wenn sich so ein Rückstand auch nur sehr zögernd an die normale Entwicklung angleicht, so gleicht er sich zuletzt doch an! Spätestens mit der Pubertät haben die wenigen Frühgeborenen, die so lange auf der Strecke geblieben sind, die Nachreifung vollzogen.

Man kann den Reifungsprozeß allerdings verzögern, wenn man mit einem frühgeborenen Kind besonders ängstlich und überfürsorglich umgeht. Da wird mit Gewalt ein schlechter Esser erzogen, weil man dem „armen Hascherl" ja mehr an Essen aufdrängen will. Da wird verhätschelt und verwöhnt. Damit tut man dem Kind nicht unbedingt etwas Gutes. Mit 3000 Gramm Körpergewicht kann ein Frühgeborenes wie jedes andere Baby gebadet werden, mit 4000 Gramm kann es beim offenen Fenster stehen und ausgefahren werden. Und wenn es einmal 5000 Gramm wiegt, dann ist es ohnehin über den Berg und muß nicht anders umsorgt werden wie jedes normalgewichtige Baby.

Noch ein Wort zu den Zwillingen! In meiner Nachbarschaft lebte ein Elternpaar mit acht Kindern. Sechs davon waren Zwillinge. Die Mutter dieser Kinder war keineswegs eine abgehärmte und erschöpfte Frau, sondern eine lebenslustige Person. Aus ihren Erfahrungen mit Zwillingen hat sie mir sechs Punkte genannt, die ich hiermit gerne an jene Eltern weitergebe, die ebenfalls das freudige Erlebnis von Zwillingen haben:

1. Man benötigt Hilfe. Viel Hilfe sogar. Daher muß diese schon vor der Geburt organisiert werden. Überraschungszwillinge gibt es heute ja kaum mehr.

2. Der Vater darf nicht abseits stehen. Er muß zu Hause mit anpacken, wenn
   es ihm nur irgendwie möglich ist. Auch seine moralische Unterstützung ist
   wichtig. Er muß dafür Sorge tragen, daß trotz der zusätzlichen Arbeit eine
   friedliche und fröhliche Atmosphäre herrscht.
3. Die richtige Ausrüstung muß vorhanden sein. Auch darüber muß man sich
   rechtzeitig informieren.
4. Ein wenig Oberflächlichkeit wird nicht zu vermeiden sein – und schadet
   zuletzt auch den Kindern nicht.
5. Brust geben, solange es möglich ist. Die Mutter produziert normalerweise
   genug Milch für zwei.
6. Regelmäßigkeit in der Ernährung ist wichtig. Der Vier-Stunden-Turnus erweist sich als vorteilhaft.

Ich kenne auch eine Familie in Wien mit Vierlingen. Die drei Töchter und
der eine Sohn sind jetzt neun Jahre alt. Die Freude und der Stolz der Eltern
sind groß.

## Wenn der Vater fehlt

Ich muß jetzt noch von jenen Müttern sprechen, die es besonders schwer
haben, da ihre Kinder vaterlos aufwachsen. Da kann es die ledige Mutter geben, die den Mut hatte, ihr Kind auch außerhalb einer Ehe zur Welt zu bringen. Da kann es die Witwe sein, die geschiedene Frau, die von ihrem Mann
getrennte Frau. Oder eben die Frau eines dieser „unsichtbaren" Väter von
heute. Die „vaterlose Gesellschaft" ist kein leeres Schlagwort, sondern Realität. Ich kenne viele solche alleinerziehenden Mütter. Und ich habe Hochach-
tung vor ihnen, da sie vielfach große Opfer bringen. Die meisten von ihnen
müssen einen Beruf ausüben, das heißt, sie haben drei Berufe: den Beruf als
Broterwerb, den Beruf der Hausfrau und den Beruf als Mutter. Drei vollwerti-
ge Berufe. Nur vor den Behörden gilt Muttersein noch immer nicht als Beruf.
Muttersein aber ist mehr als Beruf – es ist Berufung.
   Angesichts dieser oft heldenhaften Mütterlichkeit muß ich ein ernstes Wort
an die Väter richten.
   Ein 17jähriges Mädchen sagte neulich zu mir: „Zu meinem Vater habe ich
so gut wie keine Beziehung. Ich kann mit keiner Frage zu ihm kommen. Er
hat keine Zeit. Er würde mich auch unweigerlich an meine Mutter verweisen.
Seine Gefühle, seine Gedanken, ja sein ganzes Wesen sind mir fremd. Ich
kann kein Gespräch mit ihm führen. Oft meine ich, er ist wohl nur da, um das
Geld für uns zu verdienen. Es ist schrecklich. Ich leide darunter. Ich hätte so
gerne einen Vater, dem ich manches anvertrauen kann. Ich spüre, wie er mir
fehlt..."
   Dieses Mädchen ist kein Einzelfall. Ohne den Vater gibt es jedoch keine

Normalfamilie. Und ohne Normalfamilie sind allen Erziehungsproblemen Tür und Tor geöffnet. Ich kenne diese unsichtbaren Väter zur Genüge. Ich erlebe sie in meinem engsten Bekanntenkreis. Sie sind erfolgreiche Leistungsmenschen. Im Flugzeug zu Hause. Auf dem Tennisplatz. Mit dem Golfschläger vertraut und mit dem Surfbrett. Sie haben ihre Eigenjagd. Sie haben Prestige. Aber Familienleben haben sie keines. Nur so nebenbei.

Freilich bildet die Verbindung von Mutter und Kind den innersten Kern der Familie. Zwischen Mutter und Kind geht unbewußt ein Austausch seelischer Kräfte vor sich, der für die Persönlichkeitsbildung des jungen Menschen sehr maßgebend ist. Die Mutter ist daher schwerer ersetzbar als der Vater. „Alles, was wir haben, verdanken wir einmal unserem Vater, zweimal aber unserer Mutter", lautet ein altes Sprichwort.

Die Natur aber hat dem Vater ganz bestimmte Funktionen innerhalb der Familie übertragen. Wenn das väterliche Element heute auch vielfach in Frage gestellt wird, so kann nicht daran gerüttelt werden, daß ein guter Vater wie eine Achse der Familie ist. Er verkörpert die Willenskraft – oder sollte dies zumindest tun. Der Sohn sucht unbewußt seine Freundschaft, die Tochter ihren späteren Partner in ihm. Ein Vater, der sich zu Hause gehen läßt, der die Familie vernachlässigt und für sie keine Zeit hat, macht es der Tochter schwer, später den richtigen Partner zu finden. Vom Vaterbild hängt für das Mädchen das Gelingen ihrer späteren eigenen Ehe ab.

Freilich sind die Eltern heute – und so auch der Vater – vom harten Berufsalltag belastet. Das Kind hat unbewußt Verständnis dafür. Es kann den Vater auch zeitweise entbehren, wenn dieser aus beruflichen Gründen viel unterwegs sein muß. Dennoch sollte seine Gegenwart immer spürbar bleiben. Er sollte im Mittelpunkt der Familie stehen.

Väter, besinnt euch! Es ist ein ernstes Gebot der Stunde, daß wir unsere väterliche Aufgabe wieder voll erkennen und erfüllen. Unsere Kinder wachsen in einer schwierigen Welt auf. Sie sind bedroht von vielen schlechten Einflüssen. Sie brauchen dich, Vater! Sie werden es dir später lohnen, daß du für sie manche persönlichen Opfer erbracht hast.

Für die alleinerziehende Mutter gibt es heute viele Hilfsangebote, wie die Selbsthilfegruppen für alleinerziehende Mütter. Wichtig ist die trotz fehlendem Vater normale, fröhliche Familienatmosphäre. Eine vergrämte, verbitterte, gestreßte, enttäuschte, nervöse, verärgerte Mutter kann keine gute Erzieherin sein. Kinder haben feine Antennen. Sie spüren, wenn etwas nicht in Ordnung ist. Und reagieren. Die Palette der daraus entstehenden Erziehungsprobleme ist vielfältig.

Die alleinerziehende Mutter muß daher über alle Enttäuschungen und Belastungen hinweg eine fröhliche Mutter sein. Sie darf sich nicht von der Gesellschaft abkapseln. Sie sollte mitten im Leben stehen. Sie sollte für Freunde und Bekannte sorgen. Immer ist ein Kind, das außer der Mutter noch andere wertvolle Bezugspersonen erlebt, in seiner Entwicklung voraus und gestärkt.

Da gibt es auch gute Vatermodelle: einen Freund, einen Onkel, einen Bruder, einen Nachbarn, einen Großvater usw.

Eine besondere Gefahr besteht darin, daß sich alleinerziehende Mütter ein Muttersöhnchen heranzüchten. Unbewußt. Ungewollt. Da der Mann fehlt, bindet sich die Mutter an ihr Kind, vor allem, wenn es ein Junge ist. Das Kind wird zwangsläufig in diesen emotionellen Kreis gezogen. Es kann sich nicht mehr frei entfalten, ist eingeengt, bleibt an der Mutter hängen, kann sich oft ein Leben lang nicht richtig losstrampeln. Leistungsschwäche, Entscheidungsarmut, Liebesmangel – das sind die Merkmale einer derartigen Fehlentwicklung. Solche Kinder können sich später kaum selbst verwirklichen.

Alleinerziehende Mütter, erkennt diese Gefahr rechtzeitig! Laßt eurem Kind genug Freiraum! Haltet Distanz!


## 2. MAN SOLLTE WISSEN,

DASS JEDES KIND ANGST HAT, UND DASS WIR ES IHM LEICHTER MACHEN MÜSSEN, DIESE ANGST ABZUBAUEN.


### *Angst verträgt keine Gewalt*

Sie werden mir sofort beipflichten, denn auch Ihr Kind hat Angst, nicht wahr? Jedes Kind hat Angst. Das Kind ist klein, schwach, hilflos, schutzbedürftig, physisch und psychisch noch im Aufbaustadium. Es ist ein Neuling auf dieser wundersamen Welt voller Lärm, voll von Technik und grellem Licht. Weshalb also sollte dieses kleine Wesen nicht angsterfüllt sein?

Ein gerütteltes Maß an Angst darf man dem gesunden Kind bedenkenlos zugestehen, ohne daß sich die Eltern darüber den Kopf zerbrechen müssen. Diese Angst tut sich altersmäßig verschieden kund: vor der Dunkelheit etwa, vor Erwachsenen, anderen Kindern, Tieren, vor einem Arzt, vor einem bestimmten Haus, einer Glocke, einer Kellerstiege und und und… Ich habe nur einige Ängste aufgezählt, die mir bei Kindern untergekommen sind.

Wie sollen wir uns verhalten?

Gehen Sie auf diese Ängste nicht ein. Schelten Sie Ihr Kind aber deswegen auch nicht. Lenken Sie es ab! Machen wir eben einen Umweg vor dem Garten, in dem der kläffende Hund immer an den Zaun springt. Sprechen wir ruhig mit dem Kind, wenn es Angst zeigt. Eine Mutter erzählte mir, sie wäre der Angst ihres dreijährigen Töchterleins vor dem dunklen Schlafzimmer dadurch erfolgreich begegnet, indem sie ihm ein Märchen von einer Glühbirne erzählte, die den ganzen Abend arbeiten muß, um uns Licht zu geben, daher auch müde wird und mit den Kindern schlafen gehen will. Diese Mutter machte das

Kind mit dem Licht vertraut und sagte dem ängstlichen Mädchen, wenn es das Licht wieder nötig habe, würde die Mutter die Glühbirne gleich wieder rufen. Diese Mutter hatte richtig gehandelt: Ängstlichkeit muß verarbeitet werden, wie alles, was uns Menschen innerlich bewegt. Man kann sie nicht in das Kind zurückdrängen, ohne daß es später böse Folgen zeigt.

Denken Sie daran, daß auch wir Erwachsene immer wieder von Ängsten bedrängt sind. Wir müssen daher lernen, mit der eigenen Angst zurechtzukommen. Häufiger, als man sich vorstellen kann, geben Erwachsene aber ihre Angst an das Kind weiter.

Man kann einem Kind, das sich vor dem Einschlafen im Finstern fürchtet, freilich auch abrupt das Licht abdrehen und ihm sagen: „Unsinn, du brauchst doch keine Angst zu haben!" statt ihm ein Märchen von einer Glühbirne zu erzählen. Dann wird das Kind fünf oder zehn Abende hindurch vielleicht weinen und schreien, dann aber schließlich Ruhe geben und im Dunkeln schlafen. Doch – liebe Eltern – ich warne Sie vor solchen erzieherischen Gewaltakten. Sosehr ich für mehr Strenge und Konsequenz eintrete, so weiß ich doch aus Erfahrung, daß sich dies in bezug auf kindliche Ängste nicht verträgt. Angst, die nicht auf natürlichem Weg verarbeitet wird, die nicht mit vorsichtigen Mutter- oder Vaterhänden aus dem Herzen des Kindes genommen wird, bleibt vorhanden, auch wenn sie nicht mehr offen zutage tritt. Mit Gewalt haben Sie dann diese Angst bei Ihrem Kind verdrängt. Wohin? Nicht hinaus aus dem Seelenbereich des Kindes, sondern tiefer in den Seelenbereich hinein; ins Unterbewußtsein des Kindes, dorthin, wo diese Angst später, vielleicht sogar erst viel, viel später zu rumoren beginnt. Das geht dann wie bei einem Vulkan. Es bricht aus dem Inneren heraus, und die Lava, das sind die Spukgeister, die dem Kind und den Eltern das Leben schwer machen. In der Folge muß sich oft ein Psychotherapeut damit abquälen, zumal Komplexe vorhanden sind, die sich vorerst nicht erklären lassen. Ich habe es immer wieder erlebt: Unkonzentrierte Kinder, leistungsschwache Kinder, gehemmte Kinder usw. – sie hatten einfach als Kleinkinder ihre Ängste nicht verarbeiten können.

Treten wir dem Kind gegenüber immer möglichst sicher auf. Nehmen wir uns mehr Zeit für unsere Kinder. Lachen und spielen wir sorglos mit ihnen. Lesen wir viel vor. Sprechen wir viel miteinander. Dieses Da-Sein, dieses Geborgenheit-Geben, dieser enge Kontakt – das sind wichtige Faktoren für das Kind. Wenn es die Hand des Vaters halten und den Kopf im Schoß der Mutter verbergen kann, dann tankt ein Kind seelisch auf und macht seinen Ängsten den Garaus.

Ängstliche Kinder sind normale Kinder, denn jedes Kind hat eben auch Angst. Überängstliche Kinder jedoch sind Alarmzeichen dafür, daß in der Erziehung etwas falsch läuft.

Eine Faustregel: Verbannen wir möglichst das Wort „Angst" aus unserem Sprachschatz dem Kind gegenüber! Horchen Sie nur einmal auf das, was Sie dem Kind so tagsüber sagen, liebe Eltern. Wieviel wird da unbewußt von

Angst geredet. Wir tun aber noch ein übriges! Wir schrecken das Kind. Wir führen ihm den Krampus vor Augen. Und wir freuen uns königlich, wenn sich das Kind beim Kasperltheater vor einem Geist oder der Hexe fürchtet, und wir drücken ganz hingerissen auf den Fotoapparat, damit wir unser Kind auch einmal in Angst und Tränen ins Familienalbum bekommen.

Lassen wir die Angst aus dem Spiel! Das Gemüt des Kindes ist im Aufbau begriffen. Stören wir diese Entwicklung nicht durch Gespenstergeschichten und Krampusmasken. Lassen wir es mit den ohnehin oft angsteinflößenden Märchen genug sein. Aber selbst da sollten wir selektieren. Manche bekannte Märchen richten unentwegt seelischen Schaden an. Ich mußte das immer wieder feststellen. Angst gibt es für das Kind rundherum. Wir brauchen es nicht noch zusätzlich damit zu belasten.

Manche Ängste des Kindes äußern sich auch im nächtlichen Aufschreien oder in plötzlichen Verhaltensschwierigkeiten. Auch in diesen Fällen: Nicht die Nerven verlieren! Ruhig bleiben! Sicherheit ausstrahlen!

Schweißgebadet wachte der dreijährige Michael nachts auf und schrie: „Meine Hände! Meine Hände! Sie sind ganz schwarz!" Dabei streckte er in einem Anfall von Entsetzen die Hände von sich und zitterte am ganzen Körper. Seine Mutter ließ sich nicht aus der Ruhe bringen. Sie holte stets einen Waschlappen und wusch dem Kleinen mit kaltem Wasser die „schwarzen" Hände. „So", meinte sie dann, „ jetzt sind sie wieder sauber!" Die nächtlichen Anfälle waren bald verschwunden.

## Mit einer Kindheit voll Liebe...

Angst abbauen. Dem Kind Geborgenheit vermitteln. Das Kind bejahen. Für das Kind da sein. Es einbetten in eine Familie. Für eine heitere Atmosphäre sorgen – das alles sind Funktionen einer Kraft, ohne die Erziehung gar nicht möglich ist; einer Kraft, durch die das Kind erst zur Persönlichkeit reifen und sich später selbst verwirklichen kann. Diese Kraft ist die Liebe.

Die Liebe steht am Anfang und am Ende der Erziehung. Mit einer Kindheit voll Liebe kann man ein ganzes Leben lang haushalten. Mag unsere Zeit auch noch so viele störende und verwirrende Faktoren in die Erziehung hineintragen, die Liebe ist stärker. Sie erfüllt das Kind mit inneren Abwehrkräften gegen alles, was gegen seine schöpferische Programmierung spricht. Jedes Kind ist von Natur her anders angelegt, anders programmiert. Seine „Computerkarte" unterscheidet sich ganz wesentlich von den Computerkarten aller anderen Kinder auf dieser Welt. Es ist *sein* Leben, das dieses Kind leben und ausfüllen, es ist *sein* Schicksal, mit dem es zu Rande kommen muß. Wir als Eltern vermögen weniger, als wir glauben. Aber dieses Wenige, das wir Erziehung nennen, sollte erfüllt sein von Liebe, von leidenschaftlichem Gernhaben. Dann kann eigentlich gar nichts passieren. Es kann Krisen geben bei Ihrem

Kind, Rückschläge und Ärgernisse. Aber es kann kein endgültiges Versagen geben.

Ich habe mich viel mit drogensüchtigen jungen Menschen beschäftigt. Ich haben keinen kennengelernt, der zu Hause genug Liebe tanken und auf ein funktionierendes Elternhaus verweisen konnte. Ich habe bei fast allen feststellen müssen, daß es ihnen an Geborgenheit mangelt. An Bejahung. Am Gespräch daheim. Am Gernhaben.

Heute haben wir längst die Bestätigung der Wissenschaft für die Notwendigkeit elterlicher Liebe in der Erziehung. Wir wissen, weshalb es in den Waisenhäusern vergangener Zeiten so hohe Sterblichkeitsraten gab. Es fehlte an Wärme und Geborgenheit und Liebe. In manchen dieser Häuser hatte überhaupt kein einziges Kind eine Überlebenschance. Wichtiger ist die Liebe.

Und so möchte ich Ihnen, liebe Eltern, eines meiner Erlebnisse in dieser Richtung erzählen. Es ist die Geschichte von Christina. Sie war sechs Jahre alt, als ich sie im fernen Chile kennenlernte. Ihr Indianergesicht mit den ängstlich-traurigen Augen, umrahmt von pechschwarzem Haar, zeigte kein bißchen Freude oder Lächeln, als sie zu uns ins Auto stieg. Gemeinsam mit dem Leiter eines chilenischen SOS-Kinderdorfes hatten wir Christina von einem Krankenhaus in Santiago abgeholt, um sie ins Kinderdorf zu bringen, wo sie ein bleibendes Zuhause finden sollte. Christina war in einem Elendsviertel halb verhungert aufgefunden worden. Man hatte sie ins Krankenhaus gebracht, wo man Hungerödeme konstatierte, eine jener schrecklichen Spuren langandauernden Hungers, wenn es infolge Eiweißmangels zu Ansammlung von Gewebsflüssigkeit kommt. Ich hatte diese Hungerkrankheit schon gut gekannt, als ich damals Christina begegnete, denn ich hatte in Asien und Afrika zahlreiche Kinder mit ihren Hungeratrophien und den Knochenaufschwellungen erlebt. Und ich hielt manch sterbende Kinder in meinen Armen. Nie ließ mich die Frage los, wie es im 20. Jahrhundert überhaupt möglich sei, daß Kinder verhungern – nicht ein paar, sondern Hunderttausende, Millionen.

Christina aber war gerettet worden, und man hatte sie im Krankenhaus gesund gepflegt. Nun saß sie bei uns im Auto, und wir fuhren in Richtung Süden. Die Entfernungen in Chile sind groß. Das Land ist 4.300 km lang. Wir waren schon fünf Stunden unterwegs, als es zu dämmern begann. „Gehen wir wo abendessen", meinte der Dorfleiter, „bis wir ins Kinderdorf kommen, wird es spät sein." In der nächsten größeren Ortschaft machten wir Station und kehrten in ein kleines Restaurant ein. Wir bestellten drei Pizzas. Christina hatte bis dahin noch kein Wort gesprochen. Stumm saß sie zwischen uns, die Augen auf den Boden gerichtet. Was mag in diesem Kind nur vorgehen? fragte ich mich. Aber kaum stand die duftende Pizza vor uns, begann Christina wie wild das Essen in sich hineinzustopfen. Noch ehe wir die Hälfte unserer Pizza gegessen hatten, saß Christina vor einem leeren Teller und flüsterte mit vollem Mund: „Una mas!" „Noch eine!" Nun gut, sie bekam sie. Und wieder stürzte sie sich gierig auf die Pizza und schaufelte sie mit einem Tempo in sich hinein, daß mein Begleiter und ich erschrocken und schockiert waren. Ich konnte nicht mehr weiteressen. Und als die zweite Pizza verschlungen war und Christina wieder mit vollem Mund stammelte: „Una mas!", da rann es mir kalt über den Rücken. Sie vertilgte eine dritte Pizza. Wir hatten den Eindruck, als würden ihr Teig und Tomaten und Käse aus Nase und Ohren herausquellen. Mit prallen Backen kam es dann ein drittes Mal aus ihrem Mund: „Una mas!" – „Nein, mein Kind, nein", hörte ich den Dorfleiter sagen, „wir müssen jetzt fahren, sonst wird es zu spät, und man wartet im SOS-Kinderdorf auf uns. Dort wirst du zu essen bekommen, soviel du willst." Als Christina merkte, daß keine weitere Pizza auf den Tisch kommen würde, wischte sie mit den Fingern ihren Teller aus. Als sie ihn aber dann noch aufhob und mit ihrer Zunge sauberschleckte, da hatte es mich wieder einmal gepackt, und mir sind die Tränen über die Wangen gelaufen. Und dann habe ich das Mädchen in meine Arme genommen, ins Auto getragen und ihr Haar gestreichelt. Vier Stunden später legte ich sie einer Kinderdorfmutter in die Arme.

An jenem Tag im fernen Chile hatte ich von Christina viel gelernt. Ich erfuhr, wie tief verletzt ein Kind ist, das wir – unsere Gesellschaft! – hungern lassen. „Sie ist wieder gesund", hatte der Arzt im Krankenhaus von Santiago gesagt. Gewiß, die äußeren Anzeichen der Hungerkrankheit waren abgeklungen. Aber drinnen, tief drinnen war dieses Mädchen noch krank, noch wund und verletzt. Heute weiß ich, wie lange es dauert, bis auch dieses seelische Trauma ausgeheilt ist. Oftmals gehen Jahre darüber hinweg. Und das alles, weil wir ein Kind nach Brot haben hungern lassen.

Von Christian habe ich damals aber noch mehr gelernt: daß ein Kind, welches nach Liebe gehungert hat, ebenso tief verletzt ist, ja vielleicht noch mehr, da der Hunger nach Liebe stets größer ist als der nach Brot. Kinder sind zäh und halten lange durch, wenn sie zuwenig Essen bekommen. Jedenfalls halten sie den Hunger nach Brot länger durch als den Hunger nach Liebe. Ein ungeliebtes Kind hat keine Chance zum Überleben. Und daher ist das nach Liebe ausgehungerte Kind ein noch viel tiefer verletztes Kind, als es Christina gewesen ist. Und während ich diese Zeilen schreibe, um allen Eltern damit bewußt zu machen, was Liebe in der Kindererziehung bedeutet, sehe ich sie alle vor mir, diese Kinder, denen ich im Rahmen meiner jahrzehntelangen Arbeit mit den SOS-Kinderdörfern begegnen durfte: sie waren unterernährt an Liebe, unterernährt an Geborgenheit. Sie hatten keine Hungerödeme wie Christina, aber sie waren Bettnässer, und sie haben geschrien und gelogen und ihre Umwelt gequält. Sie waren oft unausstehlich. Manche haben der Kinderdorfmutter alles Böse angetan, was man sich vorstellen kann. Sie waren auch in der Schule die Schwierigen, die Unkonzentrierten, die Legastheniker, die Stotterer. Sie schrien nachts auf und waren tagsüber bockig und unberechenbar. Sie alle litten an derselben Krankheit: Wir hatten sie nach Liebe hungern lassen. Das sitzt tief. Sehr tief. Das können sie uns unbewußt lange nicht verzeihen.

Auf meinen vielen Reisen durch die Welt der Kinderfürsorge habe ich keine Institution entdeckt, die auch nur annähernd ein so erfolgreiches Rezept gegen diese Krankheit anzubieten hatte wie die SOS-Kinderdörfer. Denn diesen Kindern können keine Psychologen und keine Psychiater helfen. Auf diese Kinder ist kein pädagogisches Lehrbuch und kein Erziehungstrick anwendbar. Diese Kinder kann man nur wieder zu Menschen machen, indem man sie einfach gern hat, indem eine Frau da ist, die ein solches Kind an sich drückt und ihm tausendmal sagt: „Ich hab' dich lieb", „ich werde dich nie mehr verlassen", „du bist mein Schatz", „ich bin ganz für dich da..." *Das* ist für diese Kinder Therapie. *Daran* gesunden sie. Manchmal erst nach vielen Jahren. Aber sie gesunden. Sie müssen gesunden. Denn Liebe ist noch immer die stärkste Macht in der Kinderstube.

Diese wahre Geschichte möge uns vor Augen führen, was Liebe in der Erziehung unserer Kinder wirklich vermag. Liebe ist Jasagen zum Kind, wie immer auch es uns vom Schicksal in den Schoß gelegt wird. Jasagen aber bedeutet Hingabe an dieses Kind. Hingabe, das heißt Geborgenheit. Das heißt Einheit. Das heißt Verbundenheit. Die Eltern müssen sich mit ihrem Kind als eine solche Einheit erleben. Als ein WIR. Dieses Wir ist die Familie. In ihr – und nur in ihr – erfährt das Kind eine Fülle von Lebensformen, die seine körperliche und geistige Entwicklung fördern.

Wer dieses wechselvolle Spiel innerhalb einer Familie nie erlebt hat, wer ausgestoßen war von dieser seelischen Schutzhütte, bleibt ein Leben lang ein Mensch der Verzweiflung.

## Erziehung fordert uns heraus

Kürzlich machte ich die Bekanntschaft eines Industriellen, mit dem ich auf das Thema der heutigen Familiensituation zu sprechen kam. Er meinte, dem Strukturwandel der Familie stünden wir machtlos gegenüber. Er könne dabei seine eigene Familie als Beispiel anführen: Er habe drei Kinder, sorge für sie, nehme sich auch bewußt Zeit für sie und führe ein klagloses Eheleben. Und doch fühle er eine innere Spannung, solange er sich bei der Familie befinde. Er müsse gestehen, keinen wirklich innigen Kontakt zu seinen Kindern zu finden. Seiner Frau fühle er sich mehr kameradschaftlich denn in Liebe verbunden. Nun, das verstehe er noch, zumal er doch schon 17 Jahre verheiratet sei. Aber daß er keine echten Gefühle der Liebe zu seinen Kindern aufbrächte, habe ihn lange gequält. Er habe jedoch einsehen gelernt, daß wir Menschen des 20. Jahrhunderts einfach nicht mehr so liebesfähig seien wie vielleicht unsere Vorfahren. Er habe auch so viel Widerwärtiges von Menschen erfahren müssen, daß er sie nicht mehr liebenswert fände. Er glaube nicht an die Liebe. Für ihn sei es genug, für das Wohl der Familie und eine ordentliche Ausbildung der Kinder zu sorgen.

Man mag diesen Menschen einordnen, wie man will – am besten wohl unter die Gruppe der gestreßten Manger – , die Frage aber bleibt im Raum stehen: Sind wir Menschen von heute tatsächlich liebesärmer geworden? Hat die Liebe keinen Platz mehr in der Rumpelkammer unserer Zivilisation? Fast scheint es so. Zwei grausame Weltkriege. Korea. Vietnam. Äthiopien. Deportationen. Geiselnahmen. Flüchtlingsströme. Organisiertes Verbrechen. Rüstung. Atombombe. Der menschliche Geist dient unentwegt dem Fortschritt, aber nicht der Liebe. Der Mensch bleibt auf der Strecke. Und wir – Sie und ich, werte Leserinnen und Leser –, wir stehen mitten drin in dieser Welt des Hasses, des Terrors, der Unmenschlichkeiten, des Hungers, der Vereinsamung... Und dennoch ist die Liebe nicht tot. Sie ist auch nicht ärmer geworden, denn bei der Liebe handelt es sich nicht um eine Ölquelle, deren Ergiebigkeit einmal aufhört. Liebe ist unerschöpflich, ein Gesetz der Natur. Wie sagt doch Heinrich Heine so wunderbar:

> Die Jahre kommen und gehen,
> Geschlechter stürzen ins Grab,
> Doch nimmer vergeht die Liebe,
> Die ich im Herzen hab.

Nein, wir sind nicht an Liebe ärmer geworden, aber wir haben alles getan, um sie hinter den menschlichen Fortschritt zurückzudrängen. Wir lassen unser Herz verkrusten und behaupten dann, nicht mehr liebesfähig zu sein. Es liegt aber nur an uns selber, diese Kruste abzukratzen und die Liebe wiederzuerwecken.

Ich stelle dies deshalb so deutlich in den Vordergrund meines Erziehungsbuches, da wir ohne hinreichender Liebe heute mit unseren Kindern nicht mehr zu Rande kommen. Trainieren wir daher in Sachen Liebe. Was heißt das? Es heißt: Öffnung zum Nächsten! Sich-Verschenken! Einsatz für den anderen! Da müssen wir freilich sehr persönlich bei uns selber beginnen. Wir müssen den Mut haben, an uns selber zu glauben und uns selber zu bejahen. Leben wir mit Würde! Reisen wir in unserem Dasein mit leichtem Gepäck! Halten wir Distanz zum Wohlstand! Befreien wir uns von den gesellschaftlichen und beruflichen Zwängen, soweit dies möglich ist! Gewinnen wir dadurch eben mehr Zeit für Alte, Kranke und Behinderte – einfach für alle, die neben uns gehen und arbeiten und leben! Einsame können nicht erziehen. Egoisten, Überbeschäftigte, Ängstliche und Unsichere ebenfalls nicht.

Liebende jedoch können erziehen...

Erziehung fordert uns heraus. Kinder wachsen nicht von selbst heran. Zwar benötigen sie Kleider und Essen und Spielzeug und Schulbücher und – leider – heute wohl auch einen Fernseher. Aber das Entscheidende ist die menschliche Wärme und Liebe von uns Eltern.

## Mütter, bleibt Mütter!

Man stellt heute vieles in Frage. Sogar die Mutter. Gewiß gibt es veraltete, überholungsbedürftige, dumme und entbehrliche Regeln in unserer Gesellschaft. Aber es gibt eben Normen und Werte, die aus der menschlichen Natur an sich stammen, nicht veränderbar sind und in denen biologische Wurzeln sichtbar werden. Dazu zählt zweifellos die Familie. Der Mensch war immer ein familiales Wesen. Er wurde immer von einer Mutter geboren und meist an ihr Herz gedrückt. Um die Mutter kommen wir bei allem Verständnis für modernes Gedankengut von Soziologen und Psychologen nicht herum. Noch ist der Selbstbedienungsladen, in dem man sich einen Embryo aussuchen und womöglich dem Mann zum Austragen einpflanzen kann, eine Horrorvision. Bis zu diesem Tag X jedenfalls brauchen wir die Mutter.

Freilich ist Mütterlichkeit mit persönlichen Opfern verbunden. Aber wenn wir Erziehung nicht auf uns nehmen, indem wir alles in sie investieren – unsere Freizeit, unser Geld, unsere Wünsche usw. –, dann kann es mit einer gesunden Gesellschaft von morgen nicht funktionieren. Dann werden die „Nicht-Erzogenen" die Überhand gewinnen, die Mutterlosen, die Frustrierten. Und dann wird es kalt und kälter werden unter den Menschen dieser Erde.

Mütter, bleibt Mütter! Mehr denn je! Die Zukunft braucht Mütter und nicht Frauen, die sich in der Berufswelt bewähren, aber zu Hause wenig Einsatz leisten und damit das Kind vernachlässigen. Mütter, seid Mütter! Gebt dem Kind eure ganze Kraft. Laßt euch nicht verwirren.

## Von den kleinen Daumenlutschern

Das Saugen ist die erste Tätigkeit des Kindes und seine erste Fähigkeit, sein Leben zu erhalten. Ein Säugling – der Name allein sagt dies schon aus – liegt saugend und wohlig geborgen an der Mutterbrust. Wir haben dafür den tiefsinnigen Ausdruck: Die Mutter stillt das Kind. Sie macht das Kind stille. Beruhigt es. Befriedigt es. Und ich habe Ihnen schon sehr eindringlich zur Kenntnis gebracht, wie wichtig es ist, dieses Erlebnis an der Mutterbrust dem Kind solange als möglich zu erhalten.

Wissenschaftliche Untersuchungen haben ergeben, daß Kinder, deren Saugbedürfnis zu früh beschränkt wurde, deutliche Merkmale von Unzufriedenheit aufweisen, ja sogar nervöse Störungen zeigen. Saugen ist eben ein Trieb, der nicht ungestraft willkürlich unterbunden werden darf. Saugen baut überdies Angst ab. Das wirkt bis ins Erwachsenendasein fort. Im Augenblick der Angst greifen Menschen zum Mund. Das orale Erlebnis wirkt der Angst entgegen, produziert Sicherheit.

Von dieser Erkenntnis her müssen wir zwei „Schreckgespenster" mancher Mütter beleuchten: den Schnuller und den Daumen.

Reden wir zuerst vom Schnuller. Muß er wirklich zu einem Problem werden?

Nein. Haben Sie keine Scheu vor diesem kleinen Gummiding, liebe Mutter! Ich weiß, daß ich mich in Gegensatz zur modernen Kinderpflege stelle, wenn ich mich zu einem Fürsprecher des Schnullers mache. Ich habe jahrelang aus eigener Beobachtung seine Schädlichkeit und Nützlichkeit studiert. Und ich habe noch kein Kind erlebt, das durch einen Schnuller Schaden erlitten hätte, wohl aber seelisch labile, nervöse und raunzige Kinder, denen man ihr Saugbedürfnis gewaltsam unterbunden hatte. Die glücklichen Augen derjenigen Kinder, die genießerisch an ihrem Schnuller lutschen, werde ich nie vergessen. Der Schnuller schadet in seiner Problematik den Eltern, nicht den Kindern. Ich habe in Gedanken die genervten Eltern vor mir, die schlaflose Nächte erleben müssen, weil das Kind vergeblich nach dem Schnuller schreit. Wieviel Frieden und Harmonie aber dort, wo das schmatzende Geräusch von der Wiege her die Zufriedenheit des Kindes verkündet. Wenn es Ihr Kind beruhigt, so geben Sie ihm ruhig den Schnuller! Fast alle Kinder verlangen danach. Denn fast alle Kinder unserer Zonen haben zuwenig Mutterbrust erlebt.

Gewöhnen Sie Ihrem Kind jedoch nach dem ersten Jahr den Schnuller tagsüber ab, Mittagsschläfchen ausgenommen! Ein Kind, das viel spielt, an allem interessiert und überall dran ist, wird den Schnuller tagsüber rasch vergessen. Mit drei Jahren soll es auch nachts vom Schnuller entwöhnt sein. Dazu bietet sich gewiß Gelegenheit. Unser Sohn Michael, der sehr an seinem Schnuller hing, gab diesen – als wir einmal auf dem Land waren – einer Kuh zu fressen. Dies hatte zuerst ein bißchen Weinen beim Einschlafen zur Folge, doch ein paar beruhigende Worte der Eltern ließen ihn den Verlust rasch verschmerzen. Und überdies: Die Kuh hatte ihn ja gefressen. Da gab's immer was zu lachen.

Nun zum Daumen. Er gleitet halt gar zu gerne in den Mund unserer Kleinen. Beim Säugling lächelt man noch darüber. Beim Dreijährigen wird man schon besorgt, aber wenn ein Fünfjähriger noch immer am Daumen lutscht, gibt es Aufregung bei den Eltern. Da werden dann zuerst die „bewährten" Hausmittel angewendet: Bittere Flüssigkeit auf den Daumen! Mullbinde um den Daumen! Ärmel des Pyjamas zunähen! Struwwelpeter – Szene des flinken Schneiders mit der großen Schere – zitieren! Alles vergebens.

Daumenlutschen ist ein kleines Übel. Wir kommen ihm mit Ruhe und Überlegenheit bei. Vor allem aber müssen wir wissen, daß unser daumenlutschendes Kind ein besonders starkes Saugbedürfnis hat. Irgendwo in seinem Seelenbereich sind Ängste noch nicht verarbeitet. Ständiges Daumenlutschen kann freilich zu einer Fehlstellung des Kiefers und Gebisses führen. Aber das sind schon Ausnahmesituationen.

Wie erfolgt nun die Entwöhnung, wenn unser Kind mit fünf oder sechs Jahren tatsächlich noch am Daumen lutscht?

1. Das Kind braucht Sicherheit! Daumenlutscher leiden meist an einem Mangel an Geborgenheit und Liebe, durch die sie eben ihre tiefsten Ängste auf natürliche Weise abbauen können. Daher Zuwendung, Körperkontakt! Zeit haben für das Kind. Vorlesen. Kein Fernsehen!
2. Ablenken! Das Kind sollte viel beschäftigt werden. Wir müssen uns mehr Zeit nehmen, mit ihm zu spielen, herumzutollen, spazierenzugehen, zu schwimmen, zu wandern, schizulaufen usw. Nur ein gelangweiltes Kind ist anfällig für weiteres Daumenlutschen. Aber bitte bedenken Sie, liebe Eltern, daß sich heute viele Kinder inmitten ihrer Berge an Spielzeug und Stoffpuppen dahinlangweilen – weil wir Eltern oft zu wenig Phantasie mitbringen, um dem Kind das Spielen attraktiv zu machen.

## 3. MAN SOLLTE WISSEN,

DASS NICHT ALLES VERERBT WIRD, SONDERN DASS AUCH DIE UMWELT EINEN BEDEUTENDEN EINFLUSS AUF DIE ENTWICKLUNG HAT.

### *„Den Jähzorn hat er vom Vater!"*

„Den Jähzorn hat er vom Vater!" – Wie oft hört man solche oder ähnliche Behauptungen. Wie oft quält sich eine Frau, weil ihr Mann so nebenbei bemerkt: „Deine Tochter gerät ganz dir nach, sie ist genauso egoistisch!"

Was hat es damit auf sich? Sind die Anlagen, die ein Kind mitbekommt, tatsächlich so stark, daß unserer Erziehung von vornherein weitestgehend die Hände gebunden sind? Sind wir wirklich machtlos, wenn ein Kind so oder so ist, weil es das geerbt hat?

Aus dieser Annahme resultiert leider viel Angst, die die Eltern durchstehen. Erst vor wenigen Tagen weinte sich eine Frau bei mir aus, weil sie ihren elfjährigen Buben erwischt hatte, als er mit zwei Freunden vom gleichen Haus eine Likörflasche leerte. „Ich hab's ja schon immer gefürchtet und gespürt, daß er auch ein Trinker wird wie mein Mann. Ach, hätt' ich das vor der Ehe gewußt. Was kann ich denn noch tun, wenn er das geerbt hat?!" Ich mußte lachen, als mir die besorgte Mutter dies erzählte, und schämte mich darüber. Aber mir war eingefallen, daß ich einmal genau dasselbe getan hatte. Nur war kein Likör in der Flasche gewesen, sondern Weingeist. Auch ich war damals knapp über zehn. Und später haben wir geraucht wie die Schlote. Man fühlte sich dabei ja *so* erwachsen.

Damit sei aber nicht gesagt, daß die Vererbung keine bedeutende Rolle spielt. Vererbungen sind bekanntlich in zahllosen wissenschaftlichen Untersuchungen nachgewiesen. Und wir brauchen uns ja nur die Kinder und Eltern anzusehen, um zu erleben, wie frappierend oft physische Merkmale durchschlagen. Daß es auch eine Vererbung der verschiedenen Charaktereigenschaften gibt, ist unleugbar. Hier aber müßte ich Ihnen eine wissenschaftliche Abhandlung vorlegen, um Ihnen Verständnis dafür zu geben, was ich Ihnen jetzt als wissenschaftliche Erkenntnis biete: daß nämlich auch der Vererbung psychischer Eigenschaften nur die Vererbung körperlicher Eigenschaften zugrunde liegt. Das Kind bekommt also lediglich körperliche Eigenschaften vererbt. Und nicht einmal das – sondern nur die Anlagen zu diesen Eigenschaften. Wir verstehen diese vielleicht am klarsten an einem Beispiel. Weshalb ist ein Kind musikalisch? Wir können einfach sagen, daß es die Musikalität vom Vater oder Großvater geerbt hat. Aber wir wissen heute, daß es nicht die Musikalität ist, die vererbt wird, sondern jenes Zellensystem, das im Bereich unseres Gehirns dafür zuständig ist. Nennen wir es „Musikzellen". Das musikalische Kind hat also eine glücklich große Anzahl solcher untereinander verbundener und gegenseitig aufeinander wirkender „Musikzellen" geerbt. Durch diese vererbte Kombination der für das Musikalische zuständigen Spezialzellen wurde ihm erst die Anlage für seine Musikalität mitgegeben. Und ähnliche körperliche Grundlagen finden sich für alle psychischen Eigenschaften.

Nun ist aber damit noch nicht vorausbestimmt, daß dieses Kind mit der so glücklichen Kombination der „Musikzellen" unbedingt ein großer Musiker werden wird. Wenn wir in ihm seine angeborene Anlage nicht fördern, mit diesem Kind nicht singen, ihm wenig Musik zu hören geben, es kein Instrument erlernen lassen, wird diese Anlage nie zum Durchbruch kommen. Das Kind wird nicht mehr oder weniger musikalisch sein als andere mit einer viel unglücklicheren Zellenbildung im zuständigen Ganglienbereich.

Wir alle sind ein Produkt dieser teils gepflegten, teils unbeachteten Anlagen, die wir vererbt bekommen haben. In jedem von uns sind teils starke, teils schwache Anlagen in allen Bereichen des Psychischen vorhanden. Dies ist letzthin jenes „Gut und Böse", das in jedem Menschen wohnt. Das sind die „zwei Seelen", die in deiner Brust wohnen. Das aber bestimmt schließlich auch unser Suchen und Irren.

So ist also auch Ihr Kind auf diese Welt gekommen, mit einer Summe von kleinen und großen Anlagen. An den verantwortungsvollen Eltern liegt es, die guten Anlagen zu fördern, die schlechten aber verkümmern zu lassen.

Wenn sich nun bei Ihrem Kind ein starker Hang zu einer schlechten Eigenschaft zeigt, so müssen Sie alles aus dem Weg räumen, was diese Eigenschaft fördern könnte. Geben Sie den schlechten Anlagen Ihres Kindes keine Nahrung. Es hat nämlich genauso viele gute Anlagen, die einer Nahrung dringend bedürfen.

Sie erleben, daß Ihr Kind stark triebhaft ist: Es ist leicht jähzornig, habgierig, es schreit und gebärdet sich anormal, wenn Sie ihm etwas vorenthalten, es ißt gierig in sich hinein, es ist wild in seinen Bewegungen und draufgängerisch, aber auch ehrgeizig und hat einen „Dickkopf". Alle solchen Momente oder schon leichte Anklänge deuten darauf hin, daß wir es mit einem triebstarken Kind zu tun haben. Freuen Sie sich darüber, denn es wird sich im Leben einmal leichter durchsetzen, wenn – ja, wenn Sie es richtig führen. Diese Triebhaftigkeit kann – extrem gesprochen – zu einem Verbrecher oder zu einem Heiligen führen. Es kommt auf Sie an, ob es Ihnen gelingt, die Weichen rechtzeitig zu stellen und die Triebe auf das rechte Geleise zu bringen. Dies ist aber gar keine große erzieherische Kunst. Jede Mutter ist von Natur aus eine Meisterin darin. Sie brauchen auch gar nicht viel nachzugrübeln, wie Sie es in den einzelnen Fällen handhaben sollen, sondern nur das eine große Erziehungsgeheimnis in Ihrer Familie zu verwirklichen: dem Kind ein glückliches, schönes Milieu, eine gute Atmosphäre zu verschaffen. Und, sehen Sie, schon sind wir wieder dort, wo ich mich an Vater und Mutter mit dem Rat wandte, dem Kind Eltern zu sein, für das Kind dazusein. In der Geborgenheit einer Familie, in einer Umgebung, in der sich das Kind naturbedingt am Vorbild der Eltern entwickelt, findet die Triebhaftigkeit Ihres Kindes nur gute Nahrung. Bauen Sie daher dem Kind um alles in der Welt dieses Daheim! Es muß nicht auf Teppichen wandeln. Ein gescheuerter Weichholzfußboden tut es genauso. Es muß nicht die Barbie-Gehpuppe mit dem rosa Seidenkleidchen sein, die Ihr Kind hat, sondern ein hölzernes Püppchen tut es auch, und ein Fleckchen Stoff findet sich bald, um daraus ein Kleidchen zu schneidern. Was wir für unser Kind brauchen ist das seelische Milieu. Die Liebe der Mutter, das Da-Sein des Vaters.

Erich kam im Alter von neun Jahren zu uns ins SOS-Kinderdorf. Man hatte ihn bei einem Raubüberfall einer jugendlichen Wiener Halbstarkenbande aufgegriffen. Als „Pfeiferlbub". Er stand Schmiere, während die anderen eine Trafik ausraubten. Wild und verwegen, ein spöttisches Lachen auf dem Lausbubengesicht, stand er dann vor mir. Seinen Vater hat er nie gekannt. Die Mutter bekam er nur alle paar Monate zu Gesicht. Sie kümmerte sich nicht um den Jungen, der bei seiner Großmutter aufwuchs; einer unappetitlichen, mürrischen Frau, die mit dem Kind in der Küche schlief, während sie das Kabinett stundenweise an junge Pärchen vermietete. Erich war dort oft an der Tür gestanden. Ihm war nichts mehr fremd. Die Straße war sein Daheim. Er wußte mehr, als wir Erwachsene zumeist wissen. Wir hatten Sorge, den Buben in eine Kinderdorffamilie zu geben. Es waren aufreibende Wochen für die Kinderdorfmutter. Es gab schlimme Szenen und Auftritte. Bald wurden sie seltener. Eines Tages hörten sie auf. Eines Tages war Erich da. Er erlebte das erste Mal eine Frau, die ihn nicht „Schweinkerl" und „Mistbub" nannte, sondern die abends an seinem Bett saß und ihm übers Haar streichelte. Und die ihm immer wieder verzieh! Die ihm immer wieder vertraute! Die an ihn glaubte. Was war es doch gleich, was diese Frau ihm eines Abends gesagt hatte? Ach ja, sie brauche ihn, ohne ihn ginge es nicht mehr in einer zehnköpfigen Familie. Er müsse ihr helfen. Das erste Mal in seinem Leben wurde er gebraucht. Das erste Mal in seinem Leben wurde ihm geglaubt, auch wenn er sie anfangs anlog. Dann gab er das Lügen auf. Er durfte „Mama" sagen. Zuerst haßte er es und sagte gar nichts. Dann gefiel es ihm. Heute ist es herrlich, wenn er „Mama" rufen kann, und dann steht sie da und fragt: „Was ist denn, Erich, brauchst du mich?" Und dann waren da die anderen Geschwister. Die größeren Buben, die mit ihm draußen Fußball spielten. Der Peter. Zuerst wollte er ihm das Messer hineinrennen, dem blöden Kerl, der ihm eine Ohrfeige gegeben hatte, weil er zu ihm ins Bett wollte. Aber dann entpuppte Peter sich doch als feiner Kerl. Letzthin, als sie auf den Berg gestiegen waren. Was hatte Erich da der Durst gequält! Und Peter hatte noch seine halbe Flasche voll Himbeersaft. Die gab er Erich. Das war fein von ihm...

Ja, und so wurde dieser Erich allmählich ein Junge wie alle anderen, nicht schlimmer und nicht braver. Heute ist er dreißig Jahre alt, Fernsehtechniker, verheiratet, Vater von zwei Töchtern und ein glücklicher, erfolgreicher Mensch.

Glauben Sie, liebe Leser, daß es sich hier um eine Ausnahme handelt? Nein. Aber die Triebhaftigkeit dieses Buben, die sich zuvor in schlechtesten Bahnen austoben konnte, wurde noch rechtzeitig auf das gute Geleise umgelegt. In der sauberen und glücklichen Atmosphäre einer Kinderdorffamilie fanden die schlechten Anlagen keine Nahrung mehr, die guten aber wurden gefördert. Kein Psychologe und Erziehungsberater war bei Erich am Werk. Nur das Herz einer Frau und die Wärme einer Wohnstube. Wieviel mehr können wir unseren Kindern diese Atmosphäre errichten, um den schlechten Anlagen keinen Nährboden zu geben! Wir bringen viele Voraussetzungen mit. Wir müssen sie nur einsetzen. Für das Kind. Dieses wird es uns danken und sich formen und erziehen lassen, ohne elterlichen Ärger. Uns nur zur Freude!

## Umwelteinflüsse, vor denen wir abschirmen sollten

An dieser Stelle müssen wir nochmals vom Einfluß der Umwelt sprechen. Unsere Zeit krankt nämlich an der mangelnden elterlichen Hingabe. Das Kind wird dadurch vielfach von Umwelteinflüssen geprägt, die außerhalb der Familie liegen. Noch nie waren Kinder für politische, ideologische oder geschäftliche Gruppen so leicht beeinflußbar und lenkbar. Es fehlt das Korrektiv der Eltern, die Wertskala der Familie, an der sich das Kind unbewußt orientieren kann. Da hilft die beste Erbmasse nichts.

Die fortschreitende Zivilisation hat den Familienverband gelockert. Die Eltern sind eingespannt in die Unruhe eines oft monotonen Berufslebens, aber auch in die Zwänge einer Vergnügungs- und Zerstreuungsindustrie. Das Kind ist von ihnen losgelöst. Es ist allein und allen Umwelteinflüssen ausgesetzt, die wir erst gar nicht so hautnah an das Kind herankommen lassen sollten.

Im bäuerlichen und handwerklichen Lebenskreis der früheren Zeit war das

Kind noch fest in die Familie und darüber hinaus auch noch in die sozialen Gruppen der Verwandtschaft, der Nachbarschaft und der kirchlichen Gemeinschaft eingegliedert. Sein Dasein war von Geburt an durch traditionelle Formen bestimmt und erhielt dadurch Stabilität, Vertrautheit und Sicherheit. Das Kind war geborgen. Es wurde praktisch wie selbstverständlich bejaht – ganz gleich, wie es beschaffen war. Man nahm seine Entwicklungsschwierigkeiten als etwas hin, über das man sich nicht viel Gedanken machte.

Die Familie war das Zentrum der Gemeinschaft, der Bindung, des Zusammenhalts. Heute ist sie nicht selten zerrissen und oft nur durch das äußere Band des Namens zusammengehalten. Die Eltern verbringen den Großteil des Tages außerhalb des Familienbereiches und klagen über Arbeitsüberlastung. Sie sind übermüdet, überreizt und nervös.

Ein Kind ohne Familie verkümmert aber. Es braucht die Geborgenheit im Schoß der Familie wie ein Stückchen Brot. Eltern bedeuten für das Kind Sicherheit, Bindung, Erlebnis, Dasein, Kultur. Jedes Kind pendelt zwischen dieser Geborgenheit und Verlassenheit, zwischen Hoffnung und Angst, zwischen Liebe und Lieblosigkeit. Ein gutes Elternpaar ist die Quelle der Wert-Anschauung für das Kind. Aus dieser Quelle fließen Achtung, Verehrung, Gehorsam, Unterordnung und Vertrauen. Ohne Eltern ist kein geordneter Aufbau der Persönlichkeit möglich. Elternschaft läßt sich auch heute trotz aller Störfeuer der modernen Welt verwirklichen, denn sie ist in erster Linie Glaube an das Kind.

Wir können die Zeit nicht zurückdrehen. Wir können uns nicht völlig abschirmen vor den Umwelteinflüssen. Wir sind alle eingespannt in den Karren der Zivilisation. Die Hast des Daseins nimmt von uns Besitz, auch wenn wir uns noch so dagegen zu stemmen versuchen. Jede Familie ist daher heute bedroht. Und trotzdem können wir dem Kind jenes Maß an Geborgenheit, Liebe und Vertrauen schenken, das es braucht, um gesund wachsen und gedeihen zu können. Wir können es, indem wir an unser Kind glauben und es bejahen, welche Schwierigkeiten auch immer seine Entwicklung an uns heranträgt. Wir dürfen nicht den Mut sinken lassen, auch wenn wir manchmal unser eigenes Versagen als Eltern registrieren müssen.

Und das Kind wird diese Bejahung durch die Eltern spüren, denn Kinder sind feinfühlig. In diesem Vertrauen der Eltern wird es geborgen sein, auch wenn es der Eltern manchmal entbehren muß. Aus dieser Einstellung der Eltern heraus wird es Sicherheit erlangen.


### Brauchen wir morgen noch die Familie?

Ich verteidige in diesem Buch so vehement den Raum der Familie, weil er ernsthaft bedroht ist. Die schwedische Regierung zum Beispiel hat der UNO einen Bericht über die Familie vorgelegt, der getragen wird von einem Menschenbild, für das Ehe und Familie keine ethischen Werte mehr darstellen. Der abendländische Charakter der Familie sei ein indirektes Hindernis für die Verwirklichung einer modernen Industriegesellschaft, heißt es dort. Der Mensch wird in diesem Bericht nur noch als wirtschaftlicher Faktor im Produktionsprozeß betrachtet, als Erzeuger und Abnehmer von Verbrauchsgütern.

Diesem Bericht, der sich allerdings selbst als revolutionär bezeichnet, folgten später Richtlinien für die Reform des schwedischen Familienrechts, die mittlerweile zum Teil Wirklichkeit geworden sind. Staat und Gesellschaft übernehmen nach und nach die Aufgaben der Familie. Die Frau hat Erwerbsarbeit und ist damit finanziell von ihrem Mann unabhängig. Die Kosten für die Ausbildung der Kinder werden von der Gesellschaft getragen. Sozialversicherungen aller Art übernehmen bei Krankheit, Alter und Tod jene Belastungen, die früher Angehörige zu tragen hatten. Der einzelne wird dadurch von der Familie immer freier und unabhängiger. Ehe und Scheidung werden zur Formsache. Registrierung beim zuständigen Standesamt genügt. Ein Anmeldungsverfahren ersetzt jeden Trauungsakt. Ein solcher sei Tradition, und daher müsse man damit aufräumen.

Die Gesellschaft von morgen brauche keine Tradition, kein Brauchtum und keine Bindungen an die Vergangenheit. Dies alles sei für ihre Aufgabe im Produktionsprozeß nur störend. An die Stelle der Familie sollen andere Formen des menschlichen Zusammenlebens treten. Kommunen, Lebensgemeinschaften von Homosexuellen usw. stehen heute unter dem Begriff „Familie" bereits im Gesetz, neben der traditionellen Familie als gleichberechtigte Formen eines „freiwilligen Zusammenlebens wirtschaftlich voneinander unabhängiger und selbständiger Individuen". Es lebe die totale Freiheit! Im Sinne dieser angestrebten Freiheit muß man freilich auch das Kind aus der Familie herauslösen. Für die Entwicklung der Gefühlswelt sei die Familie im herkömmlichen Sinn schädlich. Erziehung muß von der Gesellschaft übernommen werden. Noch sind in Schweden Kinderhorte – für Kinder ab sechs Monaten – und Freizeitheime freiwillig, aber Kindergärten schon obligatorisch. Der Griff des Staates nach dem Baby ist im Gang.

Auf dem Gebiet der Familienpolitik hat in unserem westlichen Kulturkreis Schweden das Experiment am weitesten vorangetrieben. Ich halte dieses Experiment für notwendig, damit wir die Grenzen erkennen, innerhalb derer wir uns in einer gesellschaftlichen Umstrukturierung – die ja im Gang und auch notwendig ist – vorwagen können. Was hat dieses Experiment bis jetzt gezeigt? Über alle Proteste und heftigen Reaktionen und Tatsachen hinweg, daß sich trotzdem noch vier von fünf Eheleuten einer althergebrachten Trauung unterziehen und trotz totaler Emanzipation zur ehelichen Treue und elterlichen Aufgabe stehen – wie Umfragen immer wieder ergeben, die die Gesetzesmacher erschrecken! –, spürt man heute schon ein allgemeines Unbehagen und eine seelische Trostlosigkeit. Die Selbstmordziffern in Schweden sind erschreckend hoch und steigen von Jahr zu Jahr. Und in mutiger Offenheit bekannte der „Baumeister" des schwedischen Wohlfahrtssystemes, Gunnar Myrdal: „Noch nie haben wir es so gut und so schön gehabt in unserem Land, und trotzdem klagen die Menschen. Die Freude erstickt im Gejammer." Die psychischen Krankheiten greifen rapid um sich. Statistiken auf diesem Gebiet sprechen eine deutliche Sprache. Zwei Drittel aller Frauen schleppen psychische Leiden mit sich. In der Universitätskinderklinik Stockholm hat das Psychologen-Ehepaar Lagercrantz die Beziehung von Müttern zu ihren erstgeborenen Kindern untersucht. Nur 24 Prozent der untersuchten Mütter freuten sich über ihre Schwangerschaft. Die Entbindung war für die meisten ein Trauma. Dahinter steht der psychische Druck, der auf die Menschen in Form von Veränderungsbestrebungen der schwedischen Gesellschaft ausgeübt wird. Ist mein Kind noch mein Kind? Wird es nicht morgen einfach das Kind der Gesellschaft sein? Mutter und Kind aber brauchen diesen geborgenen, schutzbietenden Raum der Familie. Wenn man an sein Fundament den Schlaghammer ansetzt, zeichnen sich Angst und Unsicherheit als Erschütterungen ab. Es ist offenbar, daß das „Experiment Menschheit" in Schweden bisher nicht gelungen ist. Im Gegenteil. Viele Menschen sind unzufrieden und unglücklich. Das bezweifelt heute niemand mehr. Und der materielle Wohlstand, der die Zerschlagung der Familie kompensieren soll, erwies sich längst als eine Schale ohne Inhalt.

Es ist sehr einfach, gegen die Familie ins Feld zu ziehen und alles zu zerschlagen. Aber hier ist unser Kind, das habe ich als Mutter geboren, und dem ist mein Mann Vater. Wir lieben dieses Kind, und seine Geburt ist uns irgendwo ein Mysterium geblieben. Wir haben Respekt davor, wir glauben an diesen neuen Menschen und möchten, daß er das verwirklicht, was von der Natur her in ihn hineingelegt wurde. Wer wagt es, einer Mutter zu sagen: „Geh hin und verkaufe gegen wirtschaftliche Sicherheit und gegen deine Versorgung im Alter dein Kind an den Staat, und im übrigen reihe dich wieder brav in das Heer der Fließbandarbeiterinnen ein"?

Solange noch Mütter Kinder zur Welt bringen, wird es wie überall in der Natur sein. Das schwedische Experiment war begrüßenswert, denn es öffnete uns die Augen darüber, daß man die Familie nicht zerschlagen kann. Das hat man eine lange Menschheitsgeschichte hindurch schon mehrmals versucht. Es ist nirgendwo gelungen. Sollte es aber einmal gelingen, dann in einer Gesellschaftsform, die keine menschliche mehr sein wird. Denn der Mensch – ich sage es nochmals mit Deutlichkeit – ist ein familiengebundenes Wesen. Und weil er das ist, geht Erziehung dort schief, wo wir die Familie vernachlässigen, verkennen oder verstümmeln. Erziehung funktioniert überall dort, wo wir die Familie festigen, aktivieren und als sinnvolle Lebensaufgabe sehen.

## Weder Tiger noch Papiertiger

Dieses so entscheidende Familie-Sein stellt heute harte Anforderungen an uns Eltern. Es fordert zum Beispiel, daß wir uns einerseits dem oft sehr progressiven Gedankengut der Gegenwart anzupassen, andererseits aber noch die Gültigkeit vergangener Tage zu bewahren haben. Denn nicht alles, was in unserer Zeit an neuen Erkenntnissen in der Erziehung vorhanden ist, darf als unrealisierbar abgetan werden. Wir müssen bereit sein, Arbeit über Bord zu werfen, Neues zu akzeptieren. Aber wir müssen dabei das rechte Maß einhalten. Wir müssen auf dem goldenen Mittelweg bleiben.

Denken wir etwa an die antiautoritäre Erziehung, die vor einigen Jahren die Eltern ganz durcheinandergebracht hat. Manches an ihr war brauchbar. Autoritär nämlich können und dürfen wir heute nicht mehr erziehen. Der allgemeine Autoritätsschwund unserer Zeit ist eine Tatsache. Es wäre verkehrt, sich blind dagegenzustellen. Wir stehen auf dem geistigen Fließband in eine neue Gesellschaft. In ihr soll sich unser Kind als freier, glücklicher und erfolgreicher Mensch bewähren. Autoritäre Erziehung wird heute zur unbrauchbaren Aufzucht. Autoritäre Erziehung aber führt heute noch ins Chaos. Unsere Zeit ist noch nicht reif dafür. Wir haben einmal mehr den goldenen Mittelweg zu beschreiten.

Manche sagen heute: „Seht euch diese Eltern an! Sie sind mächtig und stark und entscheiden alles." Man hält uns also vor, daß wir dem Kind Entscheidungen abnehmen. Man wirft uns vor, daß wir ihm zuwenig eigene Entscheidungsfreiheit lassen.

Ich sage Ihnen, liebe Eltern: Gottlob, daß es noch Eltern gibt, die mächtig und stark sind und Entscheidungen treffen können. Denn das Kind braucht diesen Raum der Sicherheit. Es muß sich irgendwo anhalten können. An Schwächlingen kann man sich nicht anhalten. An schwachen Eltern kann das Kind nicht wachsen. Es greift nach der Hand des Vaters, weil er stark ist. Und weil er mächtig ist. Das Kind sucht Zuflucht im Schoß der Mutter, wenn es Hilfe braucht: Wo sonst als bei den Eltern sollte es Schutz finden? Also müssen Eltern stark sein, Sicherheit ausstrahlen, Geborgenheit anbieten! Das junge Bäumchen braucht die Stütze, sonst würde es verkrümmt aufwachsen. Es braucht eine starke Stütze, sonst reißt der nächste Sturm alles um, Bäumchen und Stütze. Macht und Stärke aber sollen uns nicht zu autoritärer Erziehung verleiten. Wir dürfen diese Macht und Stärke und diese Überlegenheit, die uns Erwachsene dem Kind gegenüber auszeichnen, nicht aufdrängen, nicht zur Schau stellen. Das Kind muß diese Stärke nach und nach entdecken und aufspüren. Es muß von sich aus diese Sicherheit suchen. Der Säugling sucht sie an der Mutterbrust. Er sucht sie beim Vater, von dem er sich gern in die Höhe werfen läßt, da er erkannt hat, daß starke Arme ihn wieder weich auffangen.

Wo wir unsere Stärke bei den Kindern zu Markt tragen, werden wir autoritär. Und wenn wir autoritär sind, wollen wir alles entscheiden. Das ist schlecht. Darin hat die Kritik an uns Eltern recht.

Gottlob, habe ich gesagt, daß es noch Eltern gibt, die entscheiden können. Aber wie schrecklich, daß es noch Eltern gibt, die alles entscheiden. Goldener Mittelweg!

Das Kind fragt, Eltern haben zu antworten. Das Kind erwartet eine Antwort, eine Entscheidung. „Darf ich in den Garten spielen gehen?" Diese Frage verlangt Entscheidung. Ja oder nein. Unsicher gewordene Eltern antworten: „Ja, aber du solltest zuerst deine Schulsachen in Ordnung bringen..." Darf das Kind jetzt in den Garten oder nicht? Haben wir Mut zur Entscheidung, auch wenn wir manchmal falsch entscheiden. Besser falsch entscheiden als gar nicht. Wenn wir aber entschieden haben, müssen wir auch dazu stehen. Das ist die Konsequenz, die wir Eltern brauchen. Mangel an Konsequenz ist die Quelle zahlreicher Erziehungsprobleme!

Eltern sollen aber nicht alles entscheiden. Sie sollen nicht mehr entscheiden, als vom Kind aus an sie herangetragen wird und noch ein Quentchen darüber hinaus, weil eben Kinder nicht wirklich alles an die Eltern herantragen. Wir sollten dem Kind jedoch nicht Entscheidungen abnehmen, die es selbst treffen kann. Das Kind wird freilich auch Fehlentscheidungen treffen. Soll es doch! Nur so kann es lernen, mit der Umwelt nach und nach immer mehr allein fertigzuwerden. Nur so wird es selbständig, gewinnt es allmählich an Sicherheit. Nur so – merken Sie bitte auf, Eltern! – wird es frei.

Vieles werden wir Eltern freilich von uns aus zu entscheiden haben. Mit seinen acht Jahren wird der kleine Peter kaum entscheiden, ob er Klavierunterricht nehmen soll oder nicht. Aber er ist musikalisch. Wir Eltern entscheiden daher, daß er Klavier lernen soll. Wie zu allen unseren Entscheidungen müssen wir dann auch zu dieser stehen. Das ist Ausdruck jener Stärke, die das Kind benötigt und bei uns Eltern sucht. Denn es wird bald Tränen geben, wenn die Übungen am Klavier schwierig werden, das Wetter schön ist und draußen die Freunde warten. Wir werden stark bleiben. Konsequent bleiben. Es ist reiner Unfug, zu glauben, die antiautoritäre Erziehung habe soweit zu gehen, daß man einem Kind nur dann Klavierunterricht geben läßt, wenn es selbst danach verlangt und solange es Freude daran hat. Dann könnten wir mit der Schule einpacken. Dann würde es Kinder mit zehn und zwölf Jahren geben, die noch nicht richtig lesen und schreiben können. Das aber würden sie nicht mehr nachholen, auch wenn ihnen später „der Knopf" aufginge. Freilich haben wir dem Kind möglichst bei jeder Entscheidung zu sagen, weshalb wir so oder so entschieden haben. Wir sollten unsere Entscheidungen begründen. Dies schafft Vertrauen.

Wir Erwachsenen sind also mächtig und stark, aber wir wollen dies nicht in Autorität ausspielen. Und wir Erwachsenen sind entscheidungsfreudig, aber wir wollen nicht alles entscheiden, sondern möglichst viele Entscheidungen dem Kind selbst übertragen.

Man sagt uns Eltern heute nach, wir seien Tiger. „Aber auf die Dauer können eure Eltern keine Macht über euch gewinnen, denn sie sind letztlich nur Papiertiger", vermeldete das „Rote Schülerbuch". Ich sage Ihnen, liebe Eltern: Wir dürfen weder Tiger noch Papiertiger sein. Viele Eltern aber sind Tiger. Die Zeit jedoch, da Kinder von den Eltern seelisch aufgefressen wurden, ist vorbei. Stärke und Macht dürfen sich nie im Tigersein kundtun. Vor Tigern hat man Angst. Viele Eltern sind Angstmacher. Die Kinder fürchten sich bewußt oder unbewußt vor ihnen.

Viele Eltern sind Papiertiger. Sie brüllen, geben dann aber klein bei. Sie plustern sich auf, demonstrieren Macht und sacken zusammen, wenn das Kind schreit und seinen Kopf durchsetzen will.

Die 16jährige Mathilde will ins Kino gehen. Sie hätte aber zu lernen. Und außerdem lehnen die Eltern den Film, den sie sehen will, ab. Was nun? Papiertiger fallen in sich zusammen, wenn Mathildes um Kinogeld schreien. Dafür hat die Jugend letztlich nur Verachtung und Mitleid übrig. Tiger fressen auf, wenn Mathildes um Kinogeld schreien. Sie brüllen, schlagen vielleicht zu, fallen aus der Rolle. Verlieren die Nerven. Spielen Autorität. Verrennen sich. Auch dafür hat die Jugend nur Verachtung und Mitleid übrig.

Der goldene Mittelweg?

Mathilde schreit nicht um Kinogeld, wenn die Eltern sich auf dem goldenen Mittelweg befinden. Mathilde entscheidet entweder selbst und dann werden die Eltern einmal nichts sagen, sondern nach dem Kino ein Gespräch mit Mathilde suchen. Oder Mathilde fragt. Die Eltern werden vielleicht nein sagen, Mathilde wird möglicherweise schmollen, aber die Entscheidung respektieren. Denn zwischen Mathilde und ihren Eltern ist längst etwas aufgebaut, das man nur auf dem goldenen Mittelweg in der Erziehung aufbauen kann: Vertrauen.

Ohne Stärke gibt es kein Vertrauen. Zu schwachen Eltern kann man kein Vertrauen haben. Schon gar nicht aber zu Eltern, die Tiger sind.

Es war notwendig, diese Weichen zu stellen, da wir den Problemen unserer Kleinkinder sonst nicht mit jener Grundeinstellung begegnen können, die wichtig ist, damit es sein Ich zu erkennen vermag.


### Das behinderte Kind

Das Schicksal kann uns aber auch ein geistig oder körperlich behindertes Kind überantworten. Was dann?

Einem mir gut bekannten Ehepaar, das bereits zwei gesunde, nette Kinder hat, wurde noch ein Junge geboren. Doch der Säugling bot nicht mehr das Bild eines gesunden Kindes. Beiderseits Klumpfüße, verstümmelte Hände und zudem eine Mundsperre waren ihm mit auf den Lebensweg gegeben. Ich war von der Nachricht sehr betroffen. Wie aber staunte ich, als ich einige Monate später diese Familie besuchte! Ich fand glückliche Eltern und ein lustiges Baby. Das Geheimnis: Man hatte dieses Kind ebenso dankbar und ehrfürchtig aufgenommen wie die beiden vorangegangenen.

Mir wurde dabei eines bewußt: Dieses körperlich so benachteiligte Kind wird es dennoch leichter und schöner im Leben haben als viele körperlich gesunde Kinder, die keine solchen Eltern ihr eigen nennen können. Eltern müssen ja sagen zu ihrem Kind. Ganz egal, wie es ihnen von der Natur geschenkt wurde. Dieses Ja zum Kind ist die erste und wesentlichste Hilfe, die wir Eltern einem verkrüppelten Kind angedeihen lassen müssen. Mit einem solchen Jasagen bricht auch die natürliche Liebe zum Kind auf. Es wird echte Elternliebe sein, wie man sie einfach jedem Kind zuwendet. Eine weitere Hilfe muß es freilich sein, einem derart von der Natur benachteiligten Kind alle nur mögliche fachärztliche Behandlung zukommen zu lassen. Die Medizin ist heute in diesen Belangen schon weit fortgeschritten. Bringen wir unserem verkrüppelten Kind dieses meist harte finanzielle Opfer! Es macht sich bezahlt. Ebenso müssen wir dafür sorgen, daß es eine entsprechende Sonderschulausbildung erhält. Was so einem Kind körperlich fehlt, vermag gerade geistig weitestgehend ersetzt zu werden. Denken wir an das Beispiel der amerikanischen Schriftstellerin Helen Keller, die mit 19 Monaten Augenlicht und Gehör verlor. Blind, taub und stumm wuchs das kleine Mädchen wie ein Tier auf, bis sich – als sie schon acht Jahre war – Anne Sullivan seiner annahm. Die junge Lehrerin, als Kind von demselben Gebrechen heimgesucht, machte mit unendlicher Geduld aus Helen einen Menschen. Und welch einen Menschen!

Noch schwieriger freilich haben es Eltern geistig behinderter Kinder. Der schmerzhafte Schock der Entdeckung eines solchen Defektes ist größer. Ihm folgt meist Traurigkeit. Solche Eltern fühlen sich vom Schicksal benachteiligt. Schließlich mischen sich Schuldgefühle mit hinein. „Was haben wir falsch gemacht?" – „Vielleicht hätten wir gar keine Kinder in die Welt setzen dürfen." Es braucht einige Zeit, bis Eltern eines geistig behinderten Kindes ihr Gleichgewicht wiedergefunden haben. Zwei Dinge müssen wir dabei als Außenstehende beachten:

1. Wir dürfen nicht glauben, daß Eltern solcher Kinder nur über ihr Unglück jammern und mit ihrem „schrecklichen Schicksal" hadern. Im Gegenteil: Oft ist es so, daß gerade diese Eltern sehr an ihren Kindern hängen und ihre ganze Liebe und Hingabe für dieses Kind aufwenden. Dies ist wohl ein Ausgleich der Natur, der dem so hart betroffenen Kind hilft und dadurch den Eltern die Situation ebenfalls erträglich macht.
2. Die verworrene Vorstellung, die noch immer in den Köpfen vieler Menschen spukt, daß in der Familie eines geistesschwachen Kindes etwas „nicht stimmen", an Erbanlagen oder Lebenswandel etwas „faul" sein dürfte, hält wissenschaftlichen Erkenntnissen nicht stand. Das sind überholte Vorstellungen.

Allerdings gibt es vererbten Schwachsinn. Die überwiegenden Ursachen für geistige Störungen bei Kindern sind jedoch: Schädigung des Gehirns durch Hirnhautentzündungen, durch Gehirnquetschungen, z. B. bei Unfällen, Gehirnschädigungen nach einer Zangengeburt, durch Vergiftungen, Stoffwechsel- und Ernährungsstörungen oder durch Erkrankungen der Mutter während der Schwangerschaft (beispielsweise kann eine hartnäckige Mandelentzündung dem Embryo zerstörende Giftstoffe zuführen). Auch der Rhesusfaktor der Eltern oder ein schädliches Medikament können schuld sein. Bei rund 20 Prozent geistig behinderter Kinder, nämlich den Mongoloiden, hat die Schädigung bereits die Eizelle betroffen.

Auf jeden Fall ist es ein grausamer Irrglaube, Eltern schwachsinniger Kinder seien mit „Schuld" belastet. Dies ist notwendig, zu wissen, ehe man mit den Eltern geistesschwacher Kinder in Kontakt zu treten sucht. Gerade die Verständnislosigkeit der meisten Mitmenschen führt ja dazu, daß solche Eltern oft ein „Einsiedlerdasein" führen. Sie müssen deshalb keineswegs unglücklich leben, aber sie wollen den Menschen, die so wenig Verständnis zeigen – und auch so wenig Takt –, lieber aus dem Weg gehen. Wir tun also sehr gut daran, wenn wir Kontakt mit diesen Eltern suchen, um ihnen wieder Glauben an die Mitmenschen zu schenken.

Nun gibt es für diesen Kontakt keine anderen Regeln als für jenen, den wir mit jedem anderen Nachbarn eingehen: Wir müssen natürlich und offen sein. Stellen Sie ruhig die Frage, wie es zu dieser Schädigung kam und wie stark sie ist. Lassen Sie sich von den Eltern über diese Störungen berichten, zeigen Sie sich daran interessiert, ohne zu bemitleiden. Seien Sie auch dem Kind gegenüber ganz natürlich. Behandeln Sie es wie ein normales Kind. Je offener, je ungezwungener wir sind, desto dankbarer werden die Eltern geistesschwacher Kinder uns gegenüber sein.

Es ist dies zweifellos ein Problem, das uns alle angeht und mit dem wir vielleicht einmal direkt in Berührung kommen werden. Die Zahl der intelligenzgeschädigten Kinder ist im Anwachsen. Die Zunahme der geistig geschädigten Kinder ist unter anderem auch auf die niedere Säuglingssterblichkeit zurückzuführen; früher verliefen zum Beispiel fast alle Gehirnhautentzündungen tödlich. Überall auf der Welt hat man daher in den letzten Jahrzehnten Einrichtungen geschaffen, diesen Kindern zu helfen. Ungefähr 70 Prozent werden in Hilfs- und in Sonderschulen gefördert und soweit geschult, daß sie später ihren Platz in der Gesellschaft finden. Nur knapp 5 Prozent sind so stark geschädigt, daß sie keine sinnvolle Beschäftigung ausführen können. Für diese bedauernswerten Fälle wird es auch in Zukunft entsprechende Heime geben müssen.

Es muß noch viel geschehen auf diesem Gebiet. Vor allem ist Aufklärung notwendig. Das geistig behinderte Kind muß seinen Platz innerhalb der Gesellschaft finden, ohne daß wir diesem Kind und seinen Eltern lediglich neugierige, bedauernde oder verständnislose Blicke zuwerfen.

# 4. MAN SOLLTE WISSEN,

DASS GEBORGENHEIT IN DEN ERSTEN LEBENSJAHREN JENE ACHSE IST, UM DIE SICH DIE ENTWICKLUNG DES KINDES DREHT, UND DASS IHR FEHLEN SCHWERE SCHÄDEN VERURSACHEN KANN.

## *Heimkinder bleiben auf der Strecke*

Um die Familie kommen wir also nicht herum. Das dürfte ich Ihnen, liebe Mütter und Väter, nun eindringlich genug gesagt haben. Menschenkinder lassen sich nicht im Rudel heranzüchten. Jedes von ihnen ist ein Individuum und viel längere Zeit hilflos als ein junges Pferd. Und viel sensibler. Es kann auch lauter schreien als ein junges Pferd. Es verlangt nach der Brust, nach trockenen Windeln, nach Schlaf. Vor allem aber verlangt es nach Geborgenheit. Diese kann ihm kein Kollektiv und keine Säuglingskrippe ersetzen. Diese Geborgenheit findet es nicht in den Armen von Vater Staat, sondern nur in den Armen seiner Mutter oder wenigstens einer mütterlichen Bezugsperson.

Um dem Kind das Gefühl der Geborgenheit zu vermitteln, sind die ersten Lebensjahre die entscheidenden. Diese Jahre dürfen wir nicht übersehen. Da braucht es unseren ganzen Einsatz als Eltern.

Die Erfahrungen in Säuglings- und Kleinkinderheimen sprechen in diesem Zusammenhang eine deutliche Sprache.

Ein Psychologenteam der Universität Wien z. B. hat in einer Untersuchung von 70.000 Heimkindern festgestellt, daß es nicht damit getan ist, wenn moderne Kleinkinderheime medizinisch und hygienisch noch so einwandfrei geführt werden. Sie bringen dennoch seelisch deformierte Kinder hervor. 98 von 100 dieser Kleinkinder bleiben in ihrer geistig-seelischen Entwicklung weit hinter gleichaltrigen zurück, die „normal" in der Familie aufgezogen werden. Das ist ein alarmierendes Ergebnis.

Ein Heimkind von anderthalb Jahren steht sowohl im sozialen Verhalten wie in der Lernfähigkeit auf der Stufe eines einjährigen Normalkindes, und ein Heimkind von zweieinhalb Jahren erreicht nur knapp das übliche Niveau der Eineinhalbjährigen. Die Kluft vergrößert sich also progressiv. Rund 50 Prozent aller Heiminsassen können mit drei Jahren kaum gehen und sprechen, obwohl ihnen im Grunde „nichts fehlt". Sie haben keinerlei organische Krankheiten. Ihr Leiden ist seelischer Natur.

Paradoxerweise werden die Heime ausgerechnet durch jene Bedingungen zu einem derart schlechten Aufenthaltsort, die für ihren Betrieb unerläßlich sind: Sauberkeit, Ordnung, Exaktheit. Oder, drastisch ausgedrückt: je perfekter ein Heim, desto gestörter das Innenleben seiner Pfleglinge.

Die Heimkinder wachsen in einer chemisch gereinigten, sterilen Atmosphäre zu Geschöpfen ohne Erfahrung und Initiative heran. Sie liegen in einer

Lawine weißer Laken, weißer Mäntel und weißer Möbel. In ihrem Blickfeld hängen zusätzlich weiße Tücher, welche erfahrungsgemäß die „Lust am Schreien" dämpfen. Keine Farbe, kaum ein Spielzeug, kein überflüssiger Reiz, so heißt es in dem Psychologen-Report, unterbricht die schneeige Monotonie.

Die Arbeit der überlasteten Schwestern und Pflegerinnen geht in Fließbandmanier und nach dem Motto „gleiche Behandlung für alle" vor sich. Mangelnde Zeit verbietet individuelle Gunstbeweise, Zärtlichkeit oder Scherz. Auch die Abspeisung erfolgt zeitsparend rationell. Tag und Nacht herrscht ein strenges Regiment ohne geistige Anregung, mit nur geringen Möglichkeiten zu eigener Betätigung.

Verschlimmert wird dieses „Zuwenig" an individueller Fürsorge durch ein „Zuviel" an Gleichaltrigen. In dieser Gesellschaft ist das Kleinkind sozial überfordert und gemütsmäßig unterernährt. Gestützt auf seine experimentellen Ergebnisse, widerspricht das Wiener Psychologenteam der landläufigen Meinung, daß ein Baby oder Kleinkind ohnehin nicht merkt, wer es füttert, wer mit ihm spielt und wer es zum Spaziergang führt. Ganz im Gegenteil: die Kleinsten sind am empfindlichsten. „Deutliche Schäden lassen sich bereits an Babys von drei Monaten feststellen, nach acht Monaten erweisen sie sich als irreparabel. Bis zur Vollendung des dritten Lebensjahres ist selbst die schlechteste Familie dem besten Heim vorzuziehen." – So der Bericht.

Es besteht somit kein Zweifel daran, daß schon im Windelalter die Entscheidung über das künftige Schicksal eines Kindes fällt. Die Nachteile, die ihm ein Heimaufenthalt während dieses kritischen Stadiums einwirtschaftet, wird der Heranwachsende oft nie mehr völlig los. Manchmal erweist er sich für immer außerstande, ein normales Leben außerhalb der schützenden Mauern zu führen und sich den wechselnden Forderungen der „freien Wildbahn", das heißt des normalen Lebenskampfes, anzupassen. Der Hospitalismus kann zu Weltfremdheit, zu falscher Einstellung gegenüber den Mitmenschen und in letzter, höchster Konsequenz gelegentlich sogar zur Kriminalität führen.

Nun gibt es aber Kinder, die in normalen Familien aufwachsen und nicht mehr menschliche Kommunikation haben als in einem Säuglings- oder Kleinkinderheim. Robert ist ein derartiger Fall. Als er in eines unserer SOS-Kinderdörfer kam, war er acht Jahre alt, klein, schmächtig, blaß und blickte aus Augen, die ständig in Bewegung waren. Er machte den Eindruck eines geistig anormalen, körperlich unterentwickelten Kindes. Seine Eltern waren wohlhabende Leute. Aber moderne Menschen. Sie hatten nie Zeit für das Kind. Beide waren von früh bis abends im Geschäft. aber man konnte sich ja ein Kindermädchen leisten, nur hatte man nie Glück bei der Wahl desselben. Robert hat zwölf verschiedene erlebt. Keine hat ihm nur annähernd die Mutter ersetzt. Jeder weiß, daß Blumen frisches Wasser benötigen, um nicht in der Vase zu verwelken. Robert hat man nie Wasser der Liebe in die Vase seines jungen Daseins gegossen. Er mußte verwelken. Körperlich und geistig. Und je mehr er verfiel, desto größer wurde der Schrecken der Eltern. Dann überschlug sich ihr Mercedes auf der Autobahn zwischen Salzburg und München, und Robert hielt den Totenschein seiner Eltern in den Händen, den er unbeglaubigt schon in die Wiege mitbekommen hatte.

Heute hat Robert, der nun schon vier Jahre im SOS-Kinderdorf ist, dieses Manko der ersten Lebensjahre noch lange nicht ausgeglichen. Er hat wieder eine Mutter, er hat wieder ein Zuhause, die Wärme eines häuslichen Herdes, hat Geschwister, Geborgenheit und vor allem Liebe. Seine Kinderdorfmutter weiß, daß sie alles an Liebe aufbieten muß, damit Robert sich seelisch einpendeln kann. Mittlerweile hat er schulisch gute Fortschritte gemacht. Er ist im Gymnasium. Aber er ist labil. Schwierig. Einmal scheu, dann wieder voll Jähzorn. Er leidet noch unbewußt. Und es werden gewiß noch Jahre der Geduld und eines großen mütterlichen Einsatzes dahingehen, bis er sich als Persönlichkeit wird entfalten können. Wenn die ersten Lebensjahre vermasselt wurden, ist es sehr schwierig, die leergebliebenen seelischen Räume nachträglich aufzufüllen.


## Schon mit dem Säugling sprechen!

Die Mutter ist in den ersten Lebensjahren aber nicht nur das Schicksal des kindlichen Herzens, sondern auch der Intelligenz des Kindes. Was in den ersten Lebensjahren nicht bloßgelegt wird, bleibt meist verschüttet.

In Deutschland hat die Psychologieprofessorin Hildegard Hetzer bei Einjährigen untersucht, wie stark Kinder beim Sprechenlernen von ihrer Umgebung abhängig sind. Frau Hetzer arbeitete mit zwei Testgruppen, die aus unterschiedlichem Erziehungsmilieu kamen. In der einen Gruppe waren Kinder, deren Mütter sich viel mit ihnen beschäftigten und vor allem von ganz klein auf viel mit ihnen gesprochen hatten. Die Kinder in der anderen Gruppe wuchsen vorwiegend in Kinderkrippen und Tagesheimen auf. In einer Vergleichstabelle wurde festgehalten, wieviel Wörter die Kinder bei Testbeginn sprechen konnten und wieviele sie innerhalb von 18 Monaten, also bis zum Alter von zweieinhalb Jahren, jeweils dazulernten. Ein Kind aus „günstigem Milieu" der ersten Gruppe brachte mit 12 Monaten sieben Wörter mit, die es von sich aus öfter und klar verständlich sagte. Mit 15 Monaten hatte es einen verfügbaren Wortschatz von 49, mit 19 Monaten von 91, mit 21 Monaten von 121, mit 24 Monaten von 216 Wörtern; mit 30 Monaten gab die Beobachtungsperson das Mitzählen auf. Die schlechtesten Werte bei der zweiten Gruppe aber sahen so aus: 12 Monate kein Wort, 15 Monate ein Wort, 18 Monate vier, 24 Monate 27, 30 Monate 92 Wörter.

Der statistische Durchschnitt der Kinder hat mit etwa 18 Monaten einen verfügbaren Wortschatz zwischen 40 und 70 Wörtern. Spricht ein Kind weniger, meint die Psychologin, besteht noch kein Grund zur Sorge. Auch lernen

Mädchen in der Regel früher sprechen als Jungen. Immerhin zeigt dieser Test, wie wichtig die beiden ersten Lebensjahre auch für die intellektuelle Entwicklung sind und wie eine falsch verstandene Kleinkinderromantik – eine Schöpfung der Erwachsenen! – dem Kind schadet, wenn sie ihm intellektuelle Anstrengung so lange als möglich fernhält. Die Diskussion um das Frühleseverfahren beispielsweise wäre hierzulande kaum theoretisch verbissen und emotional geführt worden, wäre in der breiten Öffentlichkeit mehr über die neueren Einsichten der Kinderpsychologie, über die Art und Weise, in der ein kleiner Mensch „lernt", bekannt gewesen. Zu den Grunderkenntnissen dieser experimentell beobachtenden Wissenschaft zählt, daß Sprache und Intelligenz aufs engste verknüpft sind und daß man kindliche Intelligenz trainieren kann.

Zur falsch verstandenen Kleinkinderromantik gehört die Meinung, daß man Babys und Kleinkinder vor unnötigen Reizen möglichst schützen soll. Sie wurde von einem Münchner Team von Doktoranden unter Leitung von Prof. Theodor Hellbrügge an tausend Münchner Heimkindern bis zu drei Jahren widerlegt. Hellbrügge wendet sich gegen die vereinfachte Baby-Theorie unserer Großmütter, wonach Ruhe im Kinderzimmer das Wichtigste ist. Für die überfüllten Kleinkinderheime bedeutet es meist einen bitteren Zwang, an dieser Theorie festhalten zu müssen, auch wenn Hellbrügge auf einem Fachkongreß in München nachdrücklich forderte, Kinderpflegerinnen und Krankenschwestern schon in der Ausbildung mehr darauf hinzuweisen, daß Liebkosung und Sprechen gleichrangig neben der besten Pflege stehen müssen und daß mütterliche Zuwendung wichtiger ist als ein chromblitzender Wagen.

Die vielbesprochene Bildungsreform beginnt nicht in der Volksschule, auch nicht im Kindergarten, sondern im Kinderzimmer. Das haben Mütter schon immer gewußt und sich dementsprechend verhalten. Sie haben es instinktiv geahnt, daß ein kleines Kind nicht aus Schubladen besteht, die nacheinander herausgezogen werden, mit Aufschriften „Körper", „Seele" und „Geist", wobei die letzte Schublade so lange als möglich verschlossen bleiben sollte, da mit ihrem Öffnen das Paradies endet. Welches Paradies? Es gibt keinen Beweis dafür, daß dumme Kinder glücklicher sind. Es gibt nur viele wissenschaftlich erhärtete Beweise dafür, daß vernachlässigte Kinder sich ihr Leben lang schwerer tun.

Das menschliche Großhirn, dem die Sprache und die Fähigkeiten des Intellekts zugeordnet sind, durchläuft in der ersten Lebensphase eine viel gewaltigere Entwicklung als andere Körperteile. Am Ende des ersten Lebensjahres hat es die Hälfte, mit dem dritten Lebensjahr bereits 75 Prozent seines späteren Gesamtgewichtes erreicht. Diese Entwicklung wird von außen angeregt oder verlangsamt. Schon der kleine Mensch nimmt die Sprache der Mutter in sein Unterbewußtsein auf und läßt sich durch dieses Angesprochensein selber zum „Sprechen" anregen. Das Gekrähe eines Babys ist durchaus Sprache.

Auch hier haben die Psychologen und Mediziner einen Test parat: Selbst taube Kinder fangen etwa im zweiten Monat zu lallen an, aber sie verstummen bald, da sie die eigenen Laute nicht hören und von draußen keine Anregungen erhalten. Deshalb rät man heute jungen Müttern, schon in den ersten Wochen ihrem Sprößling, wenn er wach ist, möglichst viel von sich zu „erzählen". Und zwar nicht in einer künstlichen Kleinkindersprache, sondern vom Anfang an deutlich und akzentuiert. Gehöreindrücke sind ebenso wichtig wie Gesichtseindrücke. Nur auf diese Weise lernt ein kleines Kind, Worte und Sachen einander zuzuordnen. Hör- und Sehstörungen bei kleinen Kindern gehören, sobald beobachtet, unter ärztliche Kontrolle, denn sie erschweren, was in dieser Lebensphase die Hauptsache ist: die Welt zu „begreifen".

Der Grundsatz, daß Leistung herausgefordert werden muß, gilt heute schon für die frühen Lebensjahre. Es ist ein merkwürdiger Widerspruch gerade in der traditionellen deutschen Pädagogik, daß sie ihr Schulsystem auf den reinen Leistungsdrill aufgebaut hat, aber in der Vorschulzeit mit derselben Grundsatzverbissenheit eine „selige Kinderwelt" zu konservieren suchte, in die kein Erwachsener mit Forderungen eindringen sollte. Besonders anschaulich wird dies an einem Vergleich der alten deutschen Kindergartenpädagogik der Fröbel-Richtung mit ausländischen Entwicklungen – Maria Montessori etwa ist einen ganz anderen Weg gegangen und bezeichnenderweise durch ihr Training mit geistig behinderten Kindern erst zu ihrem Lehrsystem für das gesunde Kleinkind angeregt worden. In den meisten Fällen, so resümieren heute Kinderpsychologen, liegt es an den Eltern, vor allem an der Mutter, wie gut ein Kind sprechen lernt, wobei man davon absehen kann, daß es auch „wortkarge" Kinder gibt, die später gute, ja glänzende Schüler werden.

## Großmütter, jetzt wird scharf geschossen!

Sie reiben sich die Hände: Jetzt zieht er gegen die Großmütter ins Feld! „Ich habe es ja schon immer gesagt", werden Sie meinen, „die Großmütter bringen den Wirbel zustande, jetzt geht's ihnen an den Kragen!" Vielleicht werden Sie ein bißchen recht behalten.

Aber keine Sorge, meine lieben Omamas! Ich bin Ihr glühender Verehrer, denn niemand kann so schön Märchen erzählen wie Sie, niemand kann dem Kind so beruhigend über den Schopf streicheln, wie es Ihre abgearbeiteten Hände vermögen, niemand zerbricht sich so viel den Kopf über die kleinen Bengel wie Sie. Niemand hat sie aber auch so lieb. Dafür tausend Dank, verehrte Großmütter! Ihr Titel allein sagt ja schon alles aus: Große Mütter. Wo könnte sich ein Kind in verzweifelten Stunden wohler fühlen, als wenn es die Tränen in Ihren Schoß fließen lassen darf.

Ja, es ist ein wundersames Geheimnis um die Großmütter, und wir sollten es nicht achtlos abtun. Wir sollten es dem Kind vermitteln, denn seine Seele wird reich dabei. Also preisen wir uns glücklich, wenn eine Oma da ist.

Und doch könnte ich Ihnen, liebe Leser, im gleichen Atemzug ein Klagelied über Großmütter singen. Ich denke an eines unserer Sorgenkinder im SOS-Kinderdorf, den elfjährigen Edi. Den Vater hat er nie gekannt. Die Mutter ging in eine Fabrik arbeiten und war maßlos in ihren Männerbekanntschaften. Edi war ja gut aufgehoben bei ihrer Mutter, einem braven, alten Mütterlein von 68 Jahren. Sie hatte es schwer gehabt, ein langes Leben hindurch. Nun aber durfte sie noch einmal Mutter spielen, ein Kind gern haben, es lieben. Sie gab aus vollstem Herzen. Aber was sehen schon Augen, die müde geworden sind und dicke Brillen brauchen, wenn sie sich über ein Buch beugen? Was fühlen schon Hände, die gichtig geworden sind und gerade noch für die Hausarbeit taugen? Was erkennt schon eine bedingungslose großmütterliche Liebe, zumal der Enkel auch ein hübsches Kind ist?

So entglitt ihr Edi. So kam er auf die Straße, wo er bald verdorben war. Die Großmutter glaubte ihn in der Schule oder bei Freunden mit Aufgaben beschäftigt. In Wirklichkeit trieb er sich mit anderen Halbwüchsigen herum und lernte bald alles Schlechte, von dem die gute Omama ein ganzes arbeitsreiches Leben lang nicht einmal etwas gehört hatte. Dann griff das Jugendamt ein. Es gab Tränen und ein wildes Aufbegehren der alten Frau, die sich ihres Kostbarsten beraubt sah. Der Mutter war es gleichgültig. Ihr bedeutete Edi nichts. Er kam ins SOS-Kinderdorf. Sittlich verdorben, ein kleiner Dieb, faul und haltlos, mit allen Wassern gewaschen. Ein langwieriger Heilungsprozeß begann und war lange nicht zu Ende. Jeden Monat aber hatte ich ein schluchzendes Großmütterchen bei mir, das unsere grausame Welt nicht verstehen konnte. Edi war doch der Bravste, der Folgsamste – ein reiner Engel. Ich brachte es nie übers Herz, dieser guten Frau die Wahrheit zu sagen.

Diese Wahrheit aber darf ich Ihnen mitteilen, liebe Leser. Es ist wahr, daß eine Großmutter für die Erziehung der Kinder zur Gefahr werden kann, wenn kein vernünftiges Elternpaar vorhanden und die Großmutter zu weltfremd geworden ist.

Wie verhalten wir uns also Großmüttern gegenüber richtig? (Von Großvätern will ich nicht sprechen, denn ihre Funktion erschöpft sich meist nur in Spaziergängen, die für Eltern entlastend und für Kinder interessant sind.)

Wenn wir vom Anfang an jeden Ärger in unserer Erziehung in diesem Punkt ausschalten wollen, dann geben wir den Großmüttern zu erkennen, daß wir sie schätzen, sie brauchen und ihren Ratschlägen großen Wert beimessen. Die Omamas fühlen sich dadurch geschmeichelt und vor allem ernstgenommen. Wir haben ihnen jedoch unbemerkt schon die Spitze abgebogen, mit der sie oft ganz gewaltig in einer Familie Unruhe stiften können. Bei aufkommenden Meinungsverschiedenheiten – die wird es fast immer geben, da sich auch die Erziehung in den letzten Jahren entschieden gewandelt hat – stampfen wir nicht gleich mit dem Fuß auf und rufen empört: „Schließlich ist es *mein* Kind, und ich weiß schon, was ich tun muß!" Sprechen wir beruhigend mit der wohlmeinenden Omama. Sagen wir ihr, wir würden uns ihre Ratschläge durch den Kopf gehen lassen und noch in der Mütterberatungsstelle oder mit dem

Arzt darüber reden. Und dann fügen wir hinzu, daß sich die Zeit eben etwas geändert habe, aber Omama könne beruhigt sein, es werde schon recht werden. Auch in der Schule handhabe man heute ganz andere Lehrmethoden – und mit Erfolg.

Mit konsequenter Freundlichkeit und Höflichkeit stellen Sie eine Atmosphäre der Harmonie her und geben der Großmutter den Eindruck, daß ihre Enkelkinder ganz nach ihren Vorstellungen erzogen werden, obwohl es gerade umgekehrt geschieht. Sie sind am Ziel. Lassen Sie der Großmutter den Glauben. Bemerken Sie, daß sie Ihr Kind zu verwöhnen beginnt, dann ist ein ernstes, aber herzliches Wort am Platz. Vergessen Sie aber nicht, daß Sie zur gleichen Zeit auch Ihrem Kind eine Haltung der Omama gegenüber konsequent vorzeichnen sollten. Es muß wissen, daß es sich von der Omama nicht verwöhnen lassen darf. Wenn Sie in diesem Punkt streng zu Ihrem Kind sind, wird es bald aufhören, von der Großmutter Handreichungen zu verlangen, von denen es weiß, daß die Eltern sie untersagen würden.

Schließlich sollen wir die Großmutter nicht zur Unterstützung unserer Bequemlichkeit und unseres Freiheitsdranges benützen oder mißbrauchen. Glauben wir nicht, ständig Urlaub vom Kind nehmen zu können, wenn eine Großmutter vorhanden ist. Verzichten wir auf die Italienreise, wenn wir unser Kind während dieser Zeit nicht einer wirklich perfekten Omama anvertrauen können. Wir werden in einem Ort unserer Heimat in Gesellschaft unserer Kinder mehr Erholung und Freude finden. Später würden wir es bereuen, auch nur eine Woche Urlaub ohne Kind genommen zu haben.

Es ist eine falsche Ansicht, daß wir von Zeit zu Zeit eben ohne Kinder ausspannen müssen. Wenn Sie die Regeln dieses Buches befolgen, können Sie Ihre Kinder immer und überall bei sich haben, und sie werden Ihnen nie lästig fallen. Auch das Wochenende des Kindes soll nicht der Großmutter allein gehören, sondern Ihnen. Flüchten Sie daher nicht vor Ihrem Kind mit 80 PS, wenn der Samstag gekommen ist. Sie werden eine Woche lang Ärger haben, weil Ihr Kind zwei Tage lang verwöhnt wurde!

Ich weiß, wieviel Kummer Großmütter oft in die Erziehung tragen. Nicht die wunderbaren Omamas sind daran schuld, sondern die lieben Eltern, da sie es nicht verstanden haben, die Großmütter als Erziehungsfaktor einzusetzen. Seien wir dankbar, wenn uns das Schicksal eine Großmutter zur Seite gestellt hat. Lenken wir ihr Wirken aber mit der ganzen Verantwortung, die wir unseren Kindern gegenüber haben. Dann wird diese Großmutter Sie, liebe Mutter, sehr entlasten und für Ihr Kind ein bleibendes seelisches Erlebnis bedeuten.

Wie köstlich werden dann die stillen Winterabende sein, wenn es vom Schaukelstuhl her tönt: „Es war einmal…"

## Die „böse Stiefmutter" gibt's fast nur im Märchen

Eine ganz andere Problematik ergibt sich bei der Stiefmutter.

Ich weiß aus Erfahrung, wieviel schwierige Stiefmüttersituationen es gibt. Dem müßte nicht so sein. Sprechen wir schon jetzt darüber, obwohl es die Stiefmutter mit einem übernommenen Baby oder Kleinkind ja viel leichter hat als mit einem Jugendlichen, dem sie nun plötzlich Mutter sein soll. Aber gerade bei den Kleinen besteht die Gefahr, daß Stiefmütter sie nicht mit jener notwendigen Natürlichkeit aufnehmen, sondern entweder zuviel oder zuwenig des Guten tun.

„Brüderchen nahm sein Schwesterchen bei der Hand und sprach: Seit die Mutter tot ist, haben wir keine gute Stunde mehr; die Stiefmutter schlägt uns alle Tage, und wenn wir zu ihr kommen, stößt sie uns mit den Füßen fort..." – So beginnt Grimms „Brüderchen und Schwesterchen", und es ist nur eines der vielen bekannten Märchen, in denen eine böse Stiefmutter vorkommt. Das Bild der Stiefmutter ist seit alters her belastet. Dies hat sich bis heute nicht geändert. Und da es noch nie so viele Stiefmütter gegeben hat wie in unserer scheidungsreichen Zeit, stehen diese Sorgen sehr spürbar in unserem Lebensbereich. Ist aber nun wirklich jede Stiefmutter böse und grausam?

Ganz im Gegenteil. Eine Frau, die einen Mann mit Kindern heiratet, hat sich ja vom Anfang an innerlich dazu entschlossen, diesen Kindern auch wirklich Mutter zu sein. Wir erleben oft, daß solche Frauen mit dem Aufgebot ihrer ganzen Mütterlichkeit den neuen Lebensbund eingehen. Sie haben durchwegs den guten Willen und die Bereitschaft, die Kinder zu akzeptieren, zu lieben und zu bejahen. Sie wissen ja, daß auch ihr eigenes Glück daran hängt, ob es ihnen gelingen wird, das Vertrauen der Kinder zu erringen. Und sie sind entschlossen, um dieses Vertrauen zu kämpfen. Dennoch scheitern so viele Stiefmütter an dieser Aufgabe. Weshalb?

Solange es sich um Kleinkinder handelt, ist alles weniger problematisch. Das zwei- oder dreijährige Kind hat noch keine starke Erinnerungsfähigkeit. Der Mutterwechsel wird sich vielleicht in einer Trotzkrise auswirken, in einer Verzögerung des Sauberwerdens usw., aber der Anschluß wird bald gefunden sein. Das Kind wird einige Jahre später in sich nur noch das Bild der Stiefmutter als der wahren Mutter tragen.

Anders beim älteren Kind. Ist die leibliche Mutter tot, wird das Kind die Gedanken an diese immer mit sich tragen. Das Bild der leiblichen Mutter wird sogar verherrlicht werden. Und die Stiefmutter muß nun diesem immer mehr zum Idealbild werdenden Erinnerungsbild standhalten, sich neben diesem Idealbild bewähren und dem stummen Vergleichen des Kindes die Stirn bieten – ohne Auflehnung, ohne Bitterkeit. Sie muß die Liebe ihrer neuen Kinder mit diesem Idealbild teilen oder längere Zeit überhaupt auf die Liebe der Kinder verzichten, die noch ganz der toten Mutter gehört.

Noch schwieriger gestaltet sich die Aufgabe der Stiefmutter in jenen Fällen, in denen die leibliche Mutter noch lebt und die Beziehungen weiterbestehen. Die Stiefmutter ist dadurch einer noch intensiveren Wertung und Vergleichung ausgesetzt. Und Kinder sind grausam, da sie ihren Reaktionen und Gefühlen noch spontan Ausdruck verleihen. Sie kennen keine Schonung. Sie lassen die Stiefmutter fühlen, daß dies oder jenes bei der leiblichen Mutter ganz anders oder besser war.

Je älter die Kinder sind, desto belastender können sich die Beziehungen für alle Beteiligten auswirken. So verhalten sich namentlich Mädchen, die zum Zeitpunkt der Wiederverehelichung des Vaters in die Reifejahre vorgerückt sind, wenn nicht ausgesprochen ablehnend, so doch ohne Anerkennung einer Autorität der Stiefmutter, während sich umgekehrt bei pubertierenden Knaben ungesunde erotische Beziehungen entwickeln können.

Nun habe ich Ihnen, liebe Mütter, mit diesen Ausführungen freilich nichts Erfreuliches gesagt. Aber diese Schwarzmalerei war notwendig. Stiefmütter sollten sich keinen Illusionen hingeben. Sie müssen um die ganze Problematik wissen. Die Schwierigkeiten und Gefahren müssen ihnen bekannt sein. Nur dann werden sie sich Enttäuschungen ersparen und die Aufgabe, die das Schicksal ihnen gestellt hat, bewältigen.

Was läßt sich nun an guten Ratschlägen erteilen?

Das Wesentlichste ist die ernsthafte Mitarbeit des Vaters. Er muß ganz auf der Seite der neuen Mutter stehen. Er muß sie den Kindern gegenüber bejahen. Er muß die Wogen anfänglicher Auflehnung glätten. Er muß die Brücke zu einem Vertrauensverhältnis bauen. Er muß Vorbild sein, in jeder Beziehung. Er wird mit den Kindern öfter allein sprechen und ihnen die neue Situation verständlich und erträglich machen. Sein Einsatz ist entscheidend.

Das Vertrauen der Kinder gewinnt man nicht mit überschwenglicher Zärtlichkeit. Die Stiefmutter muß wissen, daß die Kinder seelisch durcheinandergeraten und daher ablehnend, vorsichtig, prüfend, beobachtend, kritisch und vielfach auch ungezogen, frech und auflehnend sind. Seien Sie daher eher zurückhaltend! Vorsichtig sollen Sie Ihre Liebe an die Kinder herantragen, langsam sollen Sie sich mit mütterlichen Händen an die Kinder herantasten. Das Schicksal verlangt von Ihnen in dieser Lebensphase viel Feingefühl. Sie müssen spüren, wo Sie in Ihrer Zuneigung vorstoßen, wo Sie sich zurückhalten müssen. Und Sie müssen warten können. Sie müssen Geduld haben. Nicht verzagen. Enttäuschungen als etwas Natürliches hinnehmen. Den Kindern nichts nachtragen. Immer wieder verzeihen. Freundschaft suchen. Auf die Interessen der Kinder eingehen. Das Bild der leiblichen Mutter hochhalten. Mit den Kindern wie mit Erwachsenen sprechen.

Ich kenne viele glückliche Stiefmuttersituationen und glaube deshalb daran, daß sie fast immer gut ausgehen können. Dazu aber ist es notwendig, daß die Stiefmutter mit der ganzen Kraft ihrer Persönlichkeit die wesentlichste Eigenschaft pflegt, die wir alle in der Erziehung unserer Kinder benötigen: die Geduld.

## Wenn ein Kind adoptiert wird

Es war vor zehn Jahren, als die Ehe des Prokuristen Martin M. in die Brüche zu gehen schien. Acht Jahre war er damals verheiratet, aber der von ihm so ersehnte Kindersegen war ausgeblieben. Dann hatte eine ärztliche Untersuchung festgestellt, daß seine Frau nie ein Kind bekommen könne. Obwohl er sie gern hatte und sich mit ihr gut verstand, hatte er begonnen, von einer Scheidung zu sprechen. Die Ehe schien unrettbar...

Und gerade in jenen Tagen war Martin M. mit dem Leiter eines Säuglingsheimes ins Gespräch gekommen. Dieser schilderte ihm den Fall eines Kindes, das von seiner Mutter gleich nach der Geburt verlassen wurde. Ein paar Tage später war dieses Kind im Haus des Martin M. und wurde später adoptiert. Heute gibt es in der Familie M. drei adoptierte Kinder. Sie sind eine glückliche Familie geworden.

Die Zahl der Adoptionen steigt von Jahr zu Jahr. Unsere Zeit hat das Problem des elternlosen und verlassenen, des unehelichen und des Scheidungskindes, des Flüchtlings- und des Niemandskindes ins oft fast Unlösbare gesteigert. Die Praxis kann mit der wissenschaftlichen Erkenntnis über die gesunde Entwicklung solcher Kinder nicht Schritt halten. Noch gibt es unzählige Heime und Anstalten alten Stils. Auf einer Tagung des Allgemeinen Deutschen Fürsorgeverbandes wurde festgestellt, daß viele hundert Millionen Mark notwendig wären, um den Bedürfnissen dieser elternlosen Kinder gerecht zu werden.

Zum Glück aber gibt es heute mehr denn je Adoptionsplätze.

Immer mehr Elternpaare sind bereit, ein Kind zu adoptieren. Und wir alle kommen im Alltag mit diesem Problem in Berührung. Daher mag es gut sein, darüber ein wenig Bescheid zu wissen.

Die Vermittlung eines adoptionsfähigen Kindes erfolgt über Adoptionsstellen, wie sie von Landesjugendämtern oder Verbänden der freien Wohlfahrtspflege, der Caritas, der Inneren Mission, der Arbeiterwohlfahrt u. a. geführt werden. Diese Stellen geben bereitwillig Auskunft über alle Fragen. Vor allem jedoch nehmen sie die Auswahl der Annahmewilligen und der Kinder vor. Dies ist sehr wesentlich, denn wie die Adoptionseltern die Gewähr für eine gute Erziehung und liebevolle Geborgenheit des Kindes bieten müssen, soll auch das Kind körperlich und geistig so beschaffen sein, daß es nach menschlichem Ermessen in der neuen Familie einen sicheren Platz finden kann. Daher haben Adoptionseltern auch das Recht, zu verlangen, daß Gesundheit und Abstammung des Kindes geprüft werden und daß ihnen offen Auskunft gegeben wird. Auch muß der Einleitung des eigentlichen Adoptionsverfahrens eine Probezeit vorausgehen.

Heute weiß man, daß sich die meisten Adoptionskinder sehr günstig entwickeln. Die Entfaltung der geistigen Fähigkeiten ist manchmal sogar besser als bei ehelichen Kindern. Dies mag wohl daran liegen, daß Adoptionseltern besonders viel Sorgfalt, Zeit und Geld aufwenden, um das angenommene Kind voranzubringen.

Das zentrale Problem bei Adoptionskindern scheint immer in der Aufklärung des Kindes darüber zu liegen, daß es adoptiert wurde. In der Praxis zeigt sich jedoch, daß dieses Problem nicht schwer zu lösen ist. Dort, wo Adoptiveltern wirkliche Eltern geworden sind und das „fremde Kind" zu ihrem eigenen Kind gemacht haben, das sie lieben und für das sie ihre ganze Hingabe aufwenden, kommt es fast nie zu Schwierigkeiten. Auch werden vernünftige Adoptiveltern ihr angenommenes Kind möglichst frühzeitig aufklären, zumindest mit Beginn der Schulpflicht. Dadurch vermeiden sie, daß es von dritter Seite ungeschickt oder gar roh informiert wird. Eine zu späte Aufklärung wiederum kann sich ungünstig auf die Pubertätszeit auswirken. Freilich kann man einem sechsjährigen Kind nicht sagen, daß seine Mutter vielleicht noch lebt oder wer sein wirklicher Vater ist. Man wird ihm vorläufig den Glauben daran lassen, daß es ein Waisenkind ist. Es wird später verstehen, daß man ihm die volle Wahrheit nicht früher sagen konnte.

Grundsätzlich dürfte ein Kind nur adoptiert werden, wenn der Wunsch danach bei beiden Adoptiveltern gleich groß ist. Auch das adoptierte Kind braucht ja die Sicherheit, daß Vater *und* Mutter es von Herzen lieben und bejahen. Es ist schlimm für ein adoptiertes Kind, wenn es fühlt, daß ein Elternteil es nicht zur Gänze akzeptiert. Die Adoption eines Kindes muß Herzensangelegenheit zweier erwachsener Menschen sein.

Wenn möglich, sollte man ein Kind tunlichst jung adoptieren. Adoptiveltern, die einen Säugling aufnehmen, können schon in dessen ersten Lebensjahren all das aufbauen, was für die spätere Entwicklung von so besonderer Bedeutung ist. Gleichzeitig können sie alle Stadien der Entwicklung miterleben, wodurch sie rasch in die Rolle natürlicher Eltern hineinwachsen.

Jede neue menschliche Bindung ist ein Wagnis. Aber zu solchen Wagnissen sind wir Menschen geboren. Und nur in solchen Wagnissen – seien es Ehe, Freundschaften oder eben auch eine Adoption – finden wir menschliches Glück und persönliche Befriedigung.

## 5. MAN SOLLTE WISSEN,

DASS UNS AUCH DAS BABY SCHON VOR DEN KOPF STOSSEN UND ENTTÄUSCHEN KANN UND SICH DA SCHON ZEIGT, DASS BRAVE KINDER VERDÄCHTIG SIND.

### *Das Einzelkind ist in Gefahr*

Ich hoffe, daß Sie meine Bemühungen, Familie, Geborgenheit und Liebe von allen Seiten zu beleuchten, nicht als Aufforderung dafür verstanden haben, Ihr Kind zu verwöhnen. Das wäre verkehrt. Familie, Geborgenheit und Liebe bedeuten nicht Auslieferung des Kindes, Beschneidung seiner Freiheit, Einengung seines Entwicklungsprozesses oder gar Verhätschelung und Unselbständigmachen des Kindes. Familie ist einfach Raum. Ist Atmosphäre. Ist das Dasein der Eltern. Bedeutet Schutz, Geborgenheit, Bejahung, Halt und Sicherheit. Weil aber heute die rechte Einstellung zum Kind und das gesunde Verhältnis zur Liebe angekränkelt sind, begehen Eltern so viele Fehler. Daher kann ich Sie noch nicht aus dieser ersten Phase unseres Gespräches entlassen, in der es darum geht, einen festen geistig-seelischen Unterbau für die Erziehung zu schaffen.

Dazu bedarf es der Liebe. Denn sie ist dazu geschaffen, von mir weg zu den anderen zu gehen. Liebe hat also von Mutter und Vater weiterzugehen zum Kind. Liebe ist zu fragen, was der Entfaltung des Kindes guttut, und danach zu handeln. Wenn wir so fragen, wird Liebe zu einer sehr schweren Prüfung. Sie fordert von uns Eltern Verzicht, Opfer, Hingabe, Nervenstärke.

Und vor allem wird die Liebe auf eine harte Probe gestellt, wenn Eltern ein Einzelkind haben. Einzelkinder befinden sich nicht deshalb in einer heiklen Lage, weil ihnen der Spielgefährte und der Raufpartner zu Hause fehlen, sondern weil sie der elterlichen Verwöhnung zu sehr ausgesetzt sind. Sie sind schwieriger, da die Eltern ihnen zuviel Aufmerksamkeit widmen, sie zuviel bewundern, beschnüffeln, beobachten, aber auch belehren und benörgeln – vor allem aber, weil sie zuviel herzen und liebkosen und es etwas an Distanz fehlen lassen. Man sollte für Eltern von Einzelkindern einen Pflichtlehrgang für Kindererziehung organisieren. Ist es nicht auffallend, daß die Zweitgeborenen fast durchwegs unkomplizierter, vifer, frühreifer und weniger anfällig für Erziehungsschwierigkeiten sind als die Erstgeborenen? Darüber gibt es allerlei Theorien. Die Wahrheit ist aber, daß Erstgeborene eben eine Zeitlang ein Einzelkind waren. Wir haben es stolz herumgezeigt. Wir haben es verwöhnt. Wir haben es ihm schönmachen wollen – zu schön.

Beim zweiten Kind hatten wir schon keine Zeit mehr dafür. Wir mußten es etwas vernachlässigen. Und siehe da, dieses bißchen Vernachlässigung war gut so.

In der kinderreichen Familie erzieht es sich viel leichter. Das ist eine alte Erfahrung. Man kann ihr viele psychologische Ursachen unterschieben, aber zuletzt bleibt doch nur eine wesentliche Wahrheit: Die Mutter mehrerer Kinder hat eben weniger Zeit für das einzelne Kind. Und da sie weniger Zeit hat, kann sie auch nicht so viel nörgeln, belehren und kritisieren, aber auch nicht so viel liebkosen, umhegen und für absolute Sauberkeit sorgen.

Jedes Kind braucht einen Raum, in dem es sich seelisch bewegen und frei entwickeln kann. Es braucht innere Freiheit. Die freie Auseinandersetzung mit der Umwelt, ohne ständig von der Hand der Eltern geführt zu werden. Den Schmutz im Gesicht, die zerrissene Hose und die Schlägerei.

Dem Einzelkind bleibt dieser seelische Raum vielfach versagt. Es wird, bewußt oder unbewußt, in die Rolle des Musterkindes gedrängt. Es muß besonders schön Knickschen machen und Gedichte aufsagen können, es soll immer ein Muster an Sauberkeit sein und unter den anderen Kindern hervorstechen. Eitle Zukunftspläne werden erstellt. Und jede Lebensäußerung wird mit Aufmerksamkeit und oft verhaltener Sorge beobachtet. An guten Ratschlägen fehlt es zumeist eine ganze Kindheit hindurch nicht. Das alles birgt die Gefahr in sich, daß Einzelkinder leicht verzogene Kinder werden, unselbständige Kinder, unsichere Kinder, überbewertete Kinder, unkonzentrierte Kinder. Ja, man kann fast sagen: Ein Einzelkind ist in seiner Entwicklung gefährdet. Mit etwas Menschenkenntnis lassen sich noch in der Begegnung mit Erwachsenen sehr häufig diejenigen, die als Einzelkind aufgewachsen sind, erkennen.

Dem aber müßte nicht so sein, denn es gibt für Einzelkinder tatsächlich grundsätzliche Verhaltensmaßregeln. Sie alle lassen sich in dem einen Satz zusammenfassen, der in jeder Einkindfamilie oberstes Gebot sein sollte: *Nur keine Extrawürste!*

An dieser simplen Erziehungsregel sollten sich alle Eltern orientieren, die ein Einzelkind aufzuziehen haben. Dann würde auch für dieses Kind die Erziehungsumwelt viel natürlicher werden und das gesamte elterliche und familiäre Dasein nicht mehr ausschließlich um seine Person herum geordnet sein. Dann würde man es unbesorgt mit anderen Kindern spielen und in den Kindergarten lassen, würde alles Getue um das Kind vermeiden, in seinen Liebesbezeugungen zurückhaltender und in seinen Ermahnungen und ständigen Belehrungen maßvoller sein. Dann würde man nicht das teuerste Spielzeug und den schnittigsten Wintermantel aussuchen, sondern vielmehr dem Kind Freiheit gönnen und Auseinandersetzungen mit der Realität und somit mit den Schwierigkeiten des Lebens.

Doch dies ist alles nicht so einfach und verlangt den Eltern von Einzelkindern viel Energie und Konsequenz ab. Muß denn die berufstätige Frau von heute ihr Kind nicht schon notgedrungenerweise vernachlässigen? Ja, sie muß es! Und es ist durchwegs gar nicht so schlecht, wenn das Kind in der Zwischenzeit nicht einer in den Enkel zu sehr verliebten Oma ausgeliefert bleibt, die es verwöhnt, und wenn die Mutter nicht versucht, am Abend all das gutmachen zu wollen, was sie tagsüber versäumt hat. Gerade darin liegt die eigentliche Belastung der berufstätigen Frau – daß sie ihre aufgestauten Emotionen zu Hause bremsen, natürlich sein und alle guten Eigenschaften einer perfekten Erzieherin mobilisieren soll. Die berufstätige Mutter ist heute etwas Unvermeidliches. Eltern und Kinder müssen damit fertigwerden. Und das ist möglich. Es gibt allerdings kein spezielles Erziehungsrezept für berufstätige Mütter, sondern nur den dringenden Appell, den goldenen Mittelweg in der Erziehung zu finden. Dies bedeutet, daß die Eltern ihre Situation gegenüber dem Kind eingehend besprechen und vieles organisieren müssen, um die Familie intakt zu halten. Dies bedeutet aber manchen Verzicht für Mann und Frau.

## „Brave" Kinder sind verdächtig

Schon unser Baby kann ganz ordentlich an unseren Nerven zerren. Und wenn das Kerlchen erst auf seinen wackeligen Beinchen steht und durch die Wohnung zu tapsen beginnt, entwickelt es sich oft zu einem echten Quälgeist, der uns über all seinen Liebreiz hinweg zur Verzweiflung bringt. Wir sollten daher schon ab diesem Stadium eine Grundhaltung einnehmen, die wir auch später immer brauchen werden. Lernen wir unsere Kinder zu ertragen! Ich kann Ihnen kein fruchtbareres Geheimnis in meinem Buch mitteilen als eben dieses. Freilich ist es leicht, ein nettes, gesundes, frohes, fleißiges, sauberes, lächelndes und dankbares Kind zu ertragen. Wir verlieren jedoch rasch den Mut, wenn es – was übrigens sehr wahrscheinlich ist – nicht immer all diese löblichen Eigenschaften gleichzeitig auftischt. Wie aber sollen wir das Kind in seinem Verhalten ändern, wenn wir ihm nicht seelisch nahe sind, indem wir es ertragen? In Geduld und Liebe, Wärme und Hoffnung. Wie wollen wir das Kind ändern, wenn wir zuvor nicht uns ändern?

Die achtjährige Irmgard war, als sie zu uns ins SOS-Kinderdorf kam, ein verlorenes Kind: dumm, faul, verlogen, boshaft, bettnässend, nägelbeißend und jähzornig, unfreundlich, schlampig und undankbar. Die Ehe ihrer Eltern war entzweigegangen. Sie war dem Vater zugesprochen worden und erhielt eine Stiefmutter. Das bis dahin normal entwickelte Kind begann gegen die neue Situation zu trotzen. Die Stiefmutter hatte keine Beziehung zu dem Kind. Der Vater hatte keine Zeit für sie. Irmgard wurde „schwierig". Sie versagte in der Schule völlig und wurde in eine Sonderschule gebracht. Fünfmal lief sie von daheim fort und streunte durch die Gegend. Sie stahl wie eine Elster, log wie gedruckt und war falsch wie eine kleine Raubkatze. Vater und Stiefmutter ertrugen das Kind nicht mehr. Das Kind seine Erzieher ebenfalls nicht. Es kam zunächst in eine heilpädagogische Anstalt und von dort in unser SOS-Kinderdorf Hinterbrühl.

Und was, glauben Sie, verehrte Leser, was in einem Jahr aus dem verwilderten Mädchen eine ordentliche, saubere, nette, fleißige, folgsame Irmgard gemacht hat, die im letzten Zeugnis – sie besucht wieder die normale Volksschule – nur Einser und Zweier hatte? Nicht das Kind war anders geworden, weil es zu uns gekommen war, aber die Erwachsenen hier waren anders zu ihm. Eine Mutter war anders, denn sie sagte „ja" zu diesem Ausbund an Unarten. Sie war entschlossen, dieses Kind zu ertragen. Sie schenkte ihm Vertrauen. Glaubte an das Kind, liebte es. Irmgard mußte so werden, wie sie heute ist. Es gab keinen anderen Ausweg für sie.

Auch für unsere Kinder gibt es keinen anderen Ausweg, als ordentlich und anständig zu werden, wenn wir sie ertragen: in jeder Situation, in jeder schwierigen Erziehungsphase, bei jedem Streich, in jedem Versagen. Glauben wir daran, daß wir das Kind nur dann ändern können, wenn wir Erwachsene uns ihm gegenüber geändert haben.

Und merken wir uns noch einen Erfahrungswert aus dem Reich der Kindererziehung: Brave Kinder sind immer irgendwie verdächtig.

Die heutige Psychologie hat längst die Zusammenhänge zwischen Erziehungszwang und Verdrängungen aufgedeckt. Ein Mensch, der seine Antriebe, Wünsche und Bedürfnisse nicht befriedigen kann und unterdrücken muß, wird gehemmt und in seiner Kraft gebrochen. Oder es stauen sich in ihm explosive Triebkräfte, die eines Tages verheerend losbrechen können. Genauso ist es beim Kind. Es muß über jenen Raum der seelischen Entfaltung verfügen, innerhalb dessen es seine Antriebe, Wünsche und Bedürfnisse befriedigen kann. Dabei muß es sich freilich anpassen. Anpassen an die Forderungen der Gesellschaft. Aber es muß sich auch „austoben" dürfen. Es muß wo anrennen können. Es muß sich irgendwo den Kopf blutig schlagen. Wenn wir ständig unsere Arme um das Kind schlingen, versperren wir ihm diese Möglichkeit. Es wird dann vielleicht ein sehr braves Kind werden. Doch brave Kinder sind verdächtig.

Es gibt nämlich keine „braven Kinder", weil wir das „Bravsein" mit dem Maßstab der Erwachsenen messen. Das Kind aber ist kein Erwachsener. Das Kind ist ein Kind. Da gelten andere Maßstäbe. Das sollten wir unbedingt einsehen, wollen wir die goldene Mitte in der Erziehung erreichen.

Wenn wir den speziellen Maßstab für das Verhalten des Kindes anerkennen, werden wir allerdings auf einmal kein „braves" Kind mehr haben. Zumindest nicht in den Augen der Umwelt. Die Nachbarn werden schimpfen und die Verwandten den Kopf schütteln. Aber wir werden ein Kind mit Zukunft haben, das sich in seiner Welt – in der Welt des Kindes, die man auch gern als letztes Paradies bezeichnet – austoben durfte, damit es sich in der Welt der Erwachsenen später bewähren kann.

„Brave Kinder" lassen sich freilich auch heute noch „züchten". Und werden auch gezüchtet, da viele Eltern ihr Kind unbewußt so erziehen, daß es ihnen möglichst wenig auf die Nerven fällt. Also muß das Kind folgsam sein, muß parieren, stets fleißig lernen, immer schön grüßen, „bitte" und „danke" sagen und sich einer artigen Sprache bedienen. Das Ergebnis ist eine mehr oder weniger gelungene Dressur, die spätestens in der Pubertät wieder abgelegt wird. Dann sprengt der junge Mensch den Glassturz, den man über ihn gestülpt hatte, und es gibt Scherben. Es sollte aber keine Scherben geben, wenn das Kind eine adäquate Erziehung erhalten hat.

Seien wir also nicht darauf aus, „brave" Kinder zu züchten. Lassen wir die Umwelt bewußt miterziehen, mitformen. Dadurch erhält das Kind jenen geistig-seelischen Bewegungsraum, in dem es sich entfalten kann.

## Wohlstand verleitet zur Verwöhnung

Max bekommt von der Mutter eine Tafel Schokolade. Es ist die zweite, die sie ihm heute kauft. „Weißt du", sagte sie zu ihrer Freundin, „ich bin mir wohl bewußt, daß ich nicht immer nachgeben sollte, wenn er darum bettelt. Aber ich kann mir einfach nicht helfen. Er ist jetzt so ein herziger Bengel. Mein Gott, und wie schnell vergehen doch die schönen Jahre der Kindheit; wenn er zur Schule kommt, ist der Ernst des Lebens da!"

Alarm, liebe Eltern! Alarm! Liebe heißt immer Opfer bringen. Auch in der Erziehung. Und Opfer bedeutet für uns Eltern vielfach das Hartsein gegenüber den Wünschen der Kinder, bedeutet konsequent bleiben, bedeutet nicht nachgeben.

Unsere Liebe zum Kind darf keine kurzsichtige sein, die in einem Verwöhnen und Verhätscheln endet, letztlich dem Kind schadet und die Erziehung zur Qual macht.

Im Verhandlungssaal des Wiener Jugendgerichtes erlebte ich vor einigen Jahren einen 18jährigen Jungen, der wegen Raubüberfalles angeklagt war. Er war mit zwei geladenen Pistolen in eine Trafik eingedrungen und hatte die Inhaberin zur Herausgabe der Kasse gezwungen. Es ging alles wie geplant, genauso wie er es in einem Gangsterfilm gesehen hatte. Dreimal hatte er die Vorstellung besucht. Dann war ihm sein Vorhaben klar vor Augen gestanden. Obwohl er der Trafikantin mit dem Erschießen gedroht hatte, falls sie die Polizei verständige, war er nach vollbrachter Tat nervös und zerfahren, fing an zu rennen, lenkte die Aufmerksamkeit von Straßenpassanten auf sich und saß schon zehn Minuten später kleinlaut auf der Polizeistation.

Vor dem Richtertisch war sein Heldentum wie weggeblasen. Mit leiser Stimme erzählte er von seiner Kindheit. Hier das kurze Bild:

Seine Eltern sind ordentliche Leute. Der Vater Versicherungsbeamter. Die Mutter Hausfrau. Keine Geschwister. Die Eltern hatten den Buben über alles gern. Er war ihr Stolz, ihre Freude. Nichts wurde ihm versagt. Alles mußte er haben. Jeder Wunsch wurde ihm erfüllt. So wuchs er heran: verwöhnt und verhätschelt. Er sollte Lehrer werden. Aber es zog ihn zur Technik. In der Schule kam er dann jedoch nicht mit und wurde Mechanikerlehrling. Die Eltern sparten für ein Fahrrad. Zu seinem 17. Geburtstag bekam er es. Die Freude war da, aber nicht übermäßig. Er war es gewohnt, alles zu bekommen, was er sich erträumte. So wünschte er sich nun sehnlichst ein Moped. Die Eltern konnten es sich nicht leisten, das sah er ein. Und sparen lag ihm nicht. Aber schließlich wollte er ja den anderen Kollegen nicht nachstehen. Überhaupt nicht dem Fred. Der besaß einen weinroten Motorroller. Wie der es nur wohl dazu gebracht hatte? Freds Antwort war ein überlegenes Achselzucken. Später wurden sie enger befreundet. Nun wußte er mehr. Dann lieh ihm Fred die beiden Pistolen. Das Unglück geschah. Nun saßen die Eltern noch immer fassungslos über diese Schmach auf der Zeugenbank. Der Verteidiger drückte es folgendermaßen aus: „…Und hier trifft wohl die Eltern ein gerüttelt Maß an Schuld, hoher Gerichtshof. Sie haben gehört, daß dem Angeklagten niemals ein Wunsch abgeschlagen wurde. Er ist der Typ des verwöhnten Kindes. In ihrer blinden Liebe zu ihrem Buben erkannten die Eltern nicht, welch schlechten Dienst sie ihm damit erwiesen. In ihrer Arglosigkeit begriffen sie nicht, daß der Bub nach heldenhafter Bewährung suchte, dem Milieu entfloh, das ihm fad und abgestanden schmeckte. Es ist eine bittere Tragik für das Elternpaar des Angeklagten, ihre Liebe und Hingabe derart entlohnt zu sehen. Für die Mütter und Väter aber möge es eine abschreckende Lehre sein: ein Kind zu sehr verwöhnen heißt, es für die Gefahren, denen unsere heutige arbeitende Jugend ausgesetzt ist, anfällig zu machen…"

Ich habe mir diese Sätze aus dem Stenogramm, das ich damals von dem Plädoyer aufnahm, herausgeschrieben. Ich kann sie heute auswendig, weil ich sie den Eltern immer wieder als eine „Warnungstafel" in der Erziehung vorhalte. Unsere Liebe möge nie dermaßen ausarten, daß wir darüber vergessen, wie sehr wir unser Kind verwöhnen und es dadurch für das wirkliche Leben unreif machen.

Es gibt aber auch eine seelische Verwöhnung. Ihr Kind soll freilich Freude, viel Freude erleben. Aber es muß auch lernen, daß es im Leben nicht nur Freude, sondern auch Schmerz gibt: Entsagung, Enthaltung, Disziplin, Selbstbeherrschung. Wie notwendig wird Ihr Kind diese Eigenschaften brauchen! Unterstützen Sie es daher nicht immer, wenn es sich einmal anstrengen muß. Ihr Sprößling gewöhnt sich sehr rasch daran, daß ihn der Vater beim Spazierengehen immer „Hoppa-Reiter" trägt. Ab und zu sollte das Kerlchen aber wieder herunter von der Schulter und laufen, auch wenn es Tränen gibt. Ihr Kind sollte auch bald lernen, sich selbst anzuziehen. Verwöhnen sie es nicht, indem Sie ihm dies bis ins Schulalter hinein abnehmen. Auch seine Schuhe kann es selbst reinigen. Das Dienstmädchen ist nicht für Ihr Kind da. Ein Lehrer erzählte mir, daß er den Sohn eines sehr wohlhabenden Ehepaares wegen seiner schlechten Schrift rügen mußte. Darauf der Junge: „Ich brauche ja nicht schönschreiben zu können, ich werde einmal eine Sekretärin haben." Es steht doch mehr als Kindermund hinter diesen Worten eines Siebenjährigen! Bringen Sie Ihr Kind, wenn möglich, nicht mit dem Auto zur Schule. Gewöhnen Sie es an Selbständigkeit – schon auf dem Schulweg. Sie werden sich dann in der Erziehung viel leichter tun.

Es gibt noch vieles dazu zu sagen. Aber ich glaube, daß Sie verstanden haben, worauf es ankommt. Wir Eltern leben heute alle in der Versuchung, unser Kind zu verwöhnen. Seien wir ein bißchen hart in unserer Liebe. Lernen wir, vernünftig zu lieben. Dies sollte uns schon unter die Haut gehen, wenn unser Kind noch in der Wiege liegt.

## Nervöse Kinder – gibt es die?

Leider muß ich aufgrund wissenschaftlicher Untersuchungen und eigener Erfahrung feststellen, daß es heute sehr viele nervöse Kinder gibt. Die nervösen Störungen bei der Jugend nehmen sogar in einem erschreckenden Ausmaß zu. Heute wissen alle Schulärzte und Jugendpsychologen, daß die Jugendlichen gereizter und nervöser, zerfahrener und labiler sind als ihre Altersgenossen vor zehn Jahren – von der sogenannten Vorkriegsgeneration ganz zu schweigen.

Solange wir unser Kind noch auf dem Wickeltisch haben, wird uns dies wenig berühren. Aber gerade jetzt müssen wir uns schon mit dieser Frage auseinandersetzen, weil zahlreiche nervöse Erscheinungen bei Kindern und Jugendlichen ihre Wurzeln in einem Fehlverhalten der Eltern während der ersten Lebensjahre ihrer Kinder haben. Ein deutlicher Beweis für diese entmutigende Feststellung ist die Zunahme der Fälle von chronischer Gastritis bei Jugendlichen. Innerhalb der letzten zehn Jahre hat sich deren Anzahl verdreifacht. Diese Form der Magenschleimhautentzündung, die nur allzuoft zu Magengeschwüren führt, ist in den allermeisten Fällen psychogenen Ursprungs – also durch seelische Störungen hervorgerufen.

Walter Spiel, Jugendpsychiater in Wien, hat schon mehrfach auf diese Entwicklung hingewiesen und seiner Besorgnis darüber Ausdruck gegeben. Er untersuchte die Zuwachsrate der jugendlichen Patienten an der psychiatrisch-neurologischen Universitätsklinik in Wien und kam zu dem Schluß, daß sie bei psychogenen Erkrankungen – Verwahrlosung, Psychopathie, Erlebnisreaktionen, Neurosen, Hysterie und Selbstmordversuchen – um 100 Prozent gestiegen war. Es handelt sich dabei durchwegs um junge Menschen im Alter von 14 bis 21 Jahren. Spiel meint, daß diese psychogenen Störungen bei Jugendlichen auch in den kommenden Jahren noch zunehmen würden.

Wo liegen die Ursachen dieser erschreckenden Erscheinung?

Einmal können sie erblich bedingt sein. Nervöse Kinder aufgrund starker Anlagefaktoren hat es schon immer gegeben. Es sind jene Kinder, die schon vom ersten Schrei in der Wiege an nervös waren, noch bevor die Umwelt auf sie einwirken haben kann.

Der Großteil der nervösen Kinder ist jedoch das Produkt der ungünstigen Umwelteinflüsse von heute. Die vitalen Instinkte des jungen Menschen werden durch die Reizüberflutung auf allen Sinnesgebieten gefährdet. Da sind das Getöse des Straßenverkehrs, die ständige Lärmberieselung durch das Radio, die flimmernde Welt des Fernsehens und all die anderen visuellen und auditiven Eindrücke, die auf Schritt und Tritt an uns heranrücken. Da ist aber auch die starke Tempobeschleunigung unseres Alltagslebens, mit der sich unser Kind schon auf dem Schulweg auseinanderzusetzen hat. Und da ist nicht zuletzt die ganze Wucht der Technik, die uns in ständige Spannung versetzt – eine Spannung, die das Kind seelisch bewältigen soll.

Unser Dasein ist voll Lärm und Reiz; es läßt nur wenig Raum für Stille, Geborgenheit und Besinnung. Diese letztgenannten Faktoren jedoch sind es, die ein gesundes seelisches Heranreifen unserer Kinder garantieren. Wo aber gibt es sie noch?

Vielleicht haben Sie den Ausspruch des 1948 verstorbenen französischen Schriftstellers Georges Bernanos gehört: „Der kennt unsere Zivilisation nicht, der nicht eingesehen hat, daß sie die reinste Verschwörung gegen jede Innerlichkeit ist."

Es ist daher verständlich, daß der junge Mensch auf diese Umwelt mit psychischen und physischen Störungen reagiert. Man darf vor allem letztere nicht unterschätzen, zumal ja alle körperlichen Organe vegetativ erregbar sind. Dies äußert sich dann in Appetitstörungen und Eßlaunen, in Erbrechen und in Komplikationen des Magen-Darm-Bereiches, in zahlreichen Kreislauf- und Schlafstörungen, in Bettnässen, nervösen Sprachstörungen und Ticks. Nägelbeißen, Nasenbohren, Herumwetzen, Herumfingern, Daumenlutschen usw. liegen ebenfalls in diesem Bereich. Das Kind von heute ist im allgemeinen unruhiger, unkonzentrierter und überempfindlicher. Es fehlt ihm an einem gesunden seelischen Nährboden. Und genau hier wurzeln auch die vielen „Erziehungsschwierigkeiten". Ihr Bub mit seinem störrischen und gereizten Verhalten scheint genau auf dieser Linie zu liegen. Es ist kein Ausnahmefall. Versuchen Sie also mit mehr Ruhe, Liebe und einem aktiven Familienleben diesen Erscheinungen entgegenzuwirken. Der Weg zum Nervenarzt soll dabei der letzte – aber auch wirklich der allerletzte – Ausweg sein. Er ist in den meisten Fällen nicht notwendig, wenn die Eltern bereit sind, dem Kind durch persönliche Opfer alles zu ersetzen, was ihm die heutige Umwelt versagt.

Das ist allerdings leicht gesagt. Ich kenne die Wirklichkeit nur zu gut. Wir Erwachsenen sind ebenfalls gereizt und nervös. Wir schalten das Radio ein, sobald wir zu Hause sind, und sitzen viel zu oft vor dem Fernsehapparat. Wir haben zuwenig Zeit für das Kind. Wir haben keine Geduld mehr, auf dieses Kind einzugehen. Und wir haben eine Entschuldigung dafür: unseren Beruf, den Verkehr, die Hast…

Ein wenig Besinnung würde hier Wunder wirken. Nehmen wir uns daheim zusammen, anstatt uns gerade dort „gehenzulassen". Beherrschen wir uns in Gegenwart des Kindes. Seien wir ruhig. Hören wir ihm zu. Reden wir sanft mit ihm. Zähmen wir unsere Gereiztheit. Seien wir im Umgang mit dem Kind möglichst ausgeglichen.

Erziehung ist Vorbild. Da mag die Umwelt noch so voller Reize sein: das Kind wird sie bewältigen, wenn es wenigstens zu Hause eine Atmosphäre der Ruhe und Ausgeglichenheit vorfindet, und wenn es vor allem Eltern erlebt, die Wärme und Besonnenheit ausstrahlen. Nur so können wir nervösen Kindern erfolgreich begegnen und ihnen für ihr späteres Leben helfen.

Können wir schon unser Baby gegen Einflüsse, die möglicherweise später zu nervösen Störungen führen, abschirmen? Abschirmen, ganz im wörtlichen

Sinn genommen, wäre falsch. Man soll und kann vom Baby und Kleinkind nicht alles fernhalten. Wir können unserem Kind aber schon jetzt helfen, später weniger anfällig zu sein, wenn wir noch und noch Sicherheit investieren. Ohne großen erzieherischen Aufwand. Nur durch unser Da-Sein, unsere Schutzfunktion, unser Vertrauen und unsere Liebe.

## Baby wird immer selbständiger

Die ersten Lebensjahre eines neuen Erdenbürgers sind für Eltern und Kind eine Zeit voller Abenteuer. Für das Kind ist alles neu, und mit seinen fortschreitenden Möglichkeiten, die ihm seine körperliche und geistige Entwicklung eröffnen, beginnt es, dieses Neue zu erforschen. Oft hat man den Eindruck, daß es für ein Kleinkind eine ernsthafte, schwere Arbeit darstellt, irgendeinen Gegenstand zu untersuchen. Es prüft ihn mit den Augen, mit den Händen, mit den Zähnen, mit der Nase und macht dann meist noch eine letzte „Probe auf seine Widerstandsfähigkeit", indem es ihn durch die Gegend schleudert. Das ist Schwerarbeit. Nur in unseren Augen ist es Spiel. Das Kind erobert sich seine Umwelt nicht weniger mühsam als ein Bergsteiger einen bisher unbezwungenen Gipfel oder ein Forscher ein noch unbekanntes Stück Erde.

Wir Eltern erleben dies mit Staunen, Freude und Ehrfurcht. Es hält uns nicht minder in Atem. Hier krabbelt sich aus der Wiege ein Menschenkind frei, mit eigenen Empfindungen und einem eigenen Willen. Noch rutscht dieser kleine Erdenbürger in Mutters nächster Nähe. Aber dieser Kreis wird immer größer, bis das Baby ihn eines Tages sprengt. Vernünftige Eltern werden diese Forschungsphase des Kindes in keiner Weise stören und nicht mit von Angst diktierten Maßnahmen beschränken. Lassen wir dem Kind diese Bewegung! Haben wir keine Sorgen darüber, was da alles in den Mund unseres Kindes wandert! Keine übertriebene Angst vor Bakterien, keine Überängstlichkeit! Aber seien wir auf der Hut, indem wir den wichtigsten Gefahrenmomenten vorbeugen. Passen wir auf,

- daß unser Kind nirgendwo herunterfällt. Nicht vom Wickeltisch, nicht aus dem Kinderwagen, nicht von einem Kinderstühlchen. Unsere Krabbler entwickeln – wie jede Mutter weiß – viel Kraft und Bewegung, so daß mit Schwung umfallende Kinderwagen keine Seltenheit sind;
- daß Stiegen, niedrige Fenster, Balkone, Terrassen usw. abgesichert sind;
- daß wir unser Kind nicht in der Küche übersehen, wenn wir am Herd tätig sind. So manche Mutter ist über ihr Kind gestolpert und hat dabei einen Kochtopf mitgerissen;
- daß die Zipfel der Tischtücher nicht erwischt werden können, mittels derer Kleinkinder oft einschließlich der Suppenschüssel alles zur Erde ziehen;

- daß keine Knöpfe, Zigaretten, Medikamente, Messer, Scheren, Zündhölzer, Reinigungsmittel usw. in Griffweite des Kindes sind;
- daß elektrische Leitungen und Steckdosen abgesichert sind;
- daß unser Kind im Garten nicht in den Swimming-pool fallen oder sich an einer Dornenhecke verletzen kann.

Seien wir also weder ängstlich noch leichtsinnig! Ersparen wir uns und dem Kind Ärger, indem wir die Wohnung so einrichten, daß es darin nach Herzenslust seine Entdeckungsfahrten auf allen vieren machen kann. Eltern, die ständig auf der Lauer liegen, die andauernd ermahnen und diesen oder jenen Gegenstand in Schutz nehmen müssen, hemmen im Kind die so notwendige Entfaltung. Solche Kinder werden es schwer haben, ihr Ich zu bewältigen. Kleinkinder, die zu streng gehalten werden, die man vor anderen Kindern und Erwachsenen abzuschirmen sucht, von denen man Tiere fernhält und die man auch sonst in keiner Weise mit der Umwelt vertraut macht, bleiben die gesamte Kindheit hindurch am Schürzenband der Mutter hängen.

Das Kleinkind soll keine Scheinwelt, sondern möglichst früh die Wirklichkeit erleben. Lassen wir es daher ruhig in einer Sandkiste spielen, auch wenn es manchmal den Mund vollbekommt. Nur so führen wir es langsam in unsere Welt ein, vor der es in diesem Alter manches Mal – und darum sagt man auch „Schreckalter"! – richtiggehend erschreckt.

Da klingelt ein Telefon. Dort dröhnt ein Flugzeug. Ein Auto hupt. Ein Hund bellt. Ein Radio kreischt. – Solche Schreckerlebnisse können nachwirken. Denken wir nur an die Angst vor einem Hund. Es ist dieselbe Reaktion wie die Angst vor dem Baden, wenn dem Kind einmal Seife in die Augen gekommen ist. Rücken wir solcher Angst behutsam zu Leibe.

Kann man ein solch kleines Wesen schon bestrafen? Wie soll man ihm beibringen, daß es nicht an den Fernsehknöpfen drehen und an den Vorhängen reißen darf? Viele Eltern schwören auf den Klaps auf die Finger oder auf das Hinterteil. Ich bin dagegen. Man schlägt kein Kind – und in diesem Alter schon gar nicht. Aber reden nützt doch nichts! Richtig, die Ermahnung: „Das darfst du nicht, wie oft soll ich's dir noch sagen!" scheint bei einem Ohr hinein- und beim anderen hinauszugehen. Und doch kommen wir nur mit Geduld sicher ans Ziel. Bleiben wir – wenn wir etwas verboten haben – bestimmt und konsequent. Lenken wir das Kind ab. Tragen wir es in einen anderen Raum. Ziehen wir ihm die Hände von den Fernsehknöpfen weg und beschäftigen wir sie mit etwas anderem. Und lassen wir uns dabei von Gezeter und Geschrei nicht irritieren. Bleiben wir bestimmt bei unserem Nein, aber ohne Schläge und ohne Strafen. Unser Kind befindet sich in einer Phase, in der es die Grenzen des Möglichen abzustecken beginnt. Lassen wir uns da nicht aus der Fassung bringen. Unsichere Mütter werden einem Kind, das sie z. B. in den Garten bringen, sagen: „Aber wirf heute ja keine Steine mehr durch den Zaun!" Ein normales Kind wird daraufhin sofort ans Werk gehen, Steine durch den

Zaun zu werfen. Wir haben das Kind ja darauf hingelenkt. Wir aber sollten unser Kind ablenken.

Nach dem ersten Lebensjahr wird die Kinderstubenordnung erschüttert. Ein Baby will auf einmal vormittags nicht mehr schlafen. Ein anderes verweigert bestimmte Speisen. Ein drittes lehnt die Gehschule oder ein bestimmtes Spielzeug ab. Es ist einfach jeden Tag etwas los. Die Zähnchen kommen. Irgendwo klemmt sich das Kleine den Finger ein oder schlägt sich den Kopf blutig. Stößt nachts Angstschreie aus. Läßt mit dem Sauberwerden auf sich warten. – Diese Zeit verlangt der Mutter viel Flexibilität ab. Es wäre verkehrt, ein Kind immer zu etwas zu zwingen. Haben wir Vertrauen in seinen Körperhaushalt. Eine gute Mutter sollte erkennen, wo nur Laune ausgespielt wird oder die Natur sich meldet.

Es ist nachgewiesen, daß Kinder, die unter verschiedenen Speisen frei wählen können, immer dort zufassen, wo es ihrem Körper am zuträglichsten ist. Darüber gibt es interessante Versuche, die uns ermuntern sollten, auch in bezug auf das Essen die Geduld nicht zu verlieren.

Nun läuft das Kind schon. Es kann sein „Geschäftchen" selbst erledigen. Es hat Zähne, einen wilden Haarschopf, muntere Augen, Gesicht und Hände voller Schmutz, zerrissene Hosen. Es plaudert, schreit und weint, ist zärtlich, aber auch kratzbürstig, schüchtern und draufgängerisch. Es hat sich körperlich, geistig und seelisch zusammengewachsen, um seine erste echte Hürde zu nehmen: den Sprung in die Entwicklung zum Du hin.

Diese erste Phase der Ich-Erfahrung sollte im Alter zwischen drei und fünf Jahren abgeschlossen sein. Aber es gibt auch hier Früh- und Spätzünder.


## 6. MAN SOLLTE WISSEN,

DASS TROTZ GESUND IST UND WIR AN SEINER STÄRKE ABLESEN KÖNNEN, OB DIE ERSTE ENTWICKLUNGSSTUFE BEZWUNGEN WURDE.


### *Von der ersten Lösungsphase*

Dieser Sprung des Kleinkindes in sein neues Entwicklungsalter, in einen neuen Abschnitt seines menschlichen Werdens, sollte dramatisch spürbar sein. Er muß den Eltern wehtun. Nicht umsonst bezeichnet man diese kleinkindliche Trotzperiode in der Entwicklungspsychologie als eine „Lösungsphase", als die „erste Lösungsphase". Die zweite Trotzperiode und Lösungsphase ist die Pubertät.

Das drei- bis fünfjährige Kind, das so an uns gehangen und von uns abhängig war, löst sich von uns. Es bricht aus. Reißt sich los. Und das ist – von der

Natur her betrachtet – gut so. Das Kind muß sich ja eines Tages zu einem selbsterhaltungsfähigen, reifen Menschen auswachsen.

Mit dieser ersten Lösungsphase bricht etwas zwischen Eltern und Kind entzwei. Man will es sich nicht eingestehen, aber irgendwie sind die ersten lieblichen Babyjahre damit in die Vergangenheit verwiesen. Das Kind offenbart sich jetzt in seiner Persönlichkeit, mit seinen Launen, seiner Eigenart, seinem Willen. Das müssen wir wissen und erkennen.

Freilich kann auch ein zweijähriger Knirps „nein" sagen und unfolgsam sein. Dieser „Negativismus" des Kleinkindes bricht sich immer wieder Bahn. Aber noch ohne Dramatik, mehr als Spiel. Das Kind ist noch ganz in unserer „Gewalt". Wir können ihm das Nein noch leicht abnehmen. Seine Tränen trocknen rasch. Es sind kleine Kraftproben des Babys, um seine Umwelt zu testen und Erfahrungen zu sammeln, wie die Menschen auf bestimmte Handlungen und Aussagen reagieren. Vielleicht hat die Natur damit auch den Bemühungen mancher Eltern, ihr Kind ständig zu bevormunden und seine Freiheit einzuschränken, einen Riegel vorgeschoben. Dies alles hat aber noch nichts mit dem eigentlichen Trotz zu tun, der kein bloßes Neinsagen mehr ist, sondern die bewußte Willensäußerung eines Menschenkindes, das sein Ich entdeckt hat und es zur Feuerprobe in Einsatz bringt.

Einer meiner Freunde hat eine bemerkenswerte Sammlung von Kinderbildern. Sie sind ganz besonderer Art, denn sie zeigen durchwegs Kinder mit trotzigen Gesichtern. Was gibt es da für köstliche Mienen! Den schmollenden Mund eines kleinen Mädchens. Den bockigen Blick eines Jungen. Verzogene Mundwinkel, faltige Stirnen, gesenkte Köpfchen, geballte Fäustchen, wirre Haare, finstere Augen. – Ich kann mich an diesen Fotografien nicht satt sehen! Sie sind mir immer ein neues Studium eines Entwicklungsabschnittes, der das Kind unserer besonderen Liebe und unserem Verständnis empfiehlt. Betrachtet man die Augen eines trotzigen Kindes genau, dann spürt man, daß darin das erste Mal ein geistiges Reifen aufflammt.

Das trotzende Kind überwindet eine große Hürde seines geistigen Reifeprozesses. Es nimmt zum ersten Mal die Umwelt nicht kritiklos hin, sondern bäumt sich dagegen auf. Es erkennt sich selbst. Es wird ihm bewußt, daß man auch „nein" sagen kann. Es zeigt seinen Willen. Und es versucht bewußt, ihn durchzusetzen.

Die meisten Eltern sind überrascht und erschreckt, wenn sie ihr Kind so erleben. Bisher hat Käthe doch immer so folgsam und willig ihre Spielsachen aufgeräumt, wenn es Zeit zum Schlafengehen wurde. Heute trifft sie keine Anstalten dazu. Die Mutter fragt erstaunt: „Ja, willst du denn deine Spielsachen gar nicht schlafen legen?" Und da kommt es plötzlich, dieses unheimliche „Nein", und es wird förmlich hinausgeschrien. Die Mutter steht fassungslos vor ihrem Kind, greift ihm an die Stirn, ob es vielleicht Fieber habe und krank sei. Aber nichts dergleichen. Da wird sie energisch: „Also, Käthe, jetzt aber flink", und wieder das Nein! Hilflos steht die Mutter ihrem dreijährigen Mädchen gegenüber. Ein letzter Versuch: „Käthe, willst du nicht folgen? Jetzt wird aber rasch aufgeräumt!" – „Ich will nicht", kommt es zurück. Es ist soweit! Käthe trotzt. Der Gong ist ertönt. Kind und Erzieher gehen in die erste Runde.

Blindlings sage ich einem solchen Kampf den K.-o.-Sieg des kleinen Dreikäsehochs voraus. Und leider kommt es in den meisten Fällen zu diesem ungleichen Kräftemessen. Dann ist die Niederlage der Eltern eine Katastrophe. Für die Erwachsenen, weil sie sich besiegt fühlen, und für das Kind, weil es sich den Erwachsenen überlegen fühlt.

Herbert wurde von einer heilpädagogischen Anstalt in unser SOS-Kinderdorf Hinterbrühl überstellt. Er war in dieser Anstalt ein halbes Jahr lang wegen schwerer Verhaltensstörungen behandelt worden. Als er dort eingeliefert wurde, war er elf Jahre alt. Elf verschiedene Pflegeplätze hatte er bereits absolviert, davon sechs im Alter zwischen zwei und fünf Jahren. Seine Trotzperiode hatte sich daher nirgendwo abreagieren können. Er blieb trotzig. Alles in ihm war Ablehnung. Grundsätzlich sagte er zu allem nein. In der Schule blieb er oft vor der Klasse stehen oder lief fort. Von einer Mitarbeit war überhaupt keine Rede mehr. Sein letzter Schulaufsatz „Meine Ferien" lautete: „Ich sah eine Maus und die Geschichte ist aus. Herbert." Dies trug ihm seine Einlieferung in die heilpädagogische Anstalt ein.

Als Herbert zu uns kam, war er schon lenkbar, doch hielt er uns Monate hindurch in Aufregung. Wenn seine Kinderdorfmutter sagte: „Herbert, kämm dich, du siehst ja wild aus!" war ihm das bereits zuviel an Kritik. Er senkte den Kopf, stampfte mit dem Fuß auf, lief vor das Haus und blieb dort stehen, bis es dunkel wurde. Einmal stand er so bis drei Uhr morgens. Von den anderen Kindern wurde er bei solchen Trotzanfällen neugierig umlagert. Dann wieder zerschlug er in aufbäumendem Trotz zahlreiche Fensterscheiben. Mehrere Male lief er davon und versteckte sich. Unendlich viel Geduld und Liebe seiner Kinderdorfmutter brachten ihn schließlich wieder ins Geleise. Heute ist Herbert ein normaler Bub, lernt ordentlich und bereitet keinerlei Schwierigkeiten. Seine Pfadfinderpatrouille ist die beste von allen.

Was aber wäre aus diesem Jungen geworden, wäre sein Trotz auch weiterhin nur auf eine Mauer an Verständnislosigkeit der Erwachsenen geprallt?

Das Gegenstück zu Herbert war die achtjährige Annemarie, die zu unseren schwersten Fällen von Bettnässern gehörte. Ein hübsches, blondes Mädchen, aber willenlos, leistungsschwach, haltlos und gleichgültig. Ihre Mutter starb bei der Geburt. Der Vater – ein Steinmetz von Beruf – heiratete ein zweites Mal. Die Stiefmutter lehnte das Kind ab. Sie war hart und grausam zu Annemarie, der Vater grob und gleichgültig. Im Fürsorgebericht wurde auf eine starke Trotzperiode des Kindes hingewiesen. Die Stiefmutter aber brach diesen kindlichen Trotz mit unbarmherziger Gewalt. Jeder Funke von Auflehnung wurde durch Schläge erstickt. Das Mädchen ergab sich in sein Schicksal. Es wurde willenlos, gleichgültig und ernst. Seine Auflehnung tat sich dann in nächtlichem Einnässen und Einkoten kund.

Diese beiden extremen Beispiele sind leider keine Einzelfälle. Sie mögen uns vor Augen führen, daß wir dem Trotzen des kleinen Kindes Beachtung schenken müssen.

### *Achtung, wenn ein Kind nicht trotzt!*

Sobald Sie, liebe Eltern, merken, daß die Trotzphase anbricht und sich Ihr Kind in Eigenwillen und Unnachgiebigkeit verbeißt, rate ich Ihnen vor allem eines: Bewahren Sie Ruhe! Merken Sie sich bitte eine erzieherische Erfahrungsweisheit: Trotz ist eine natürliche Erscheinung, und wir müssen eher besorgt sein, wenn unser Kind nicht trotzt, als wenn es zuviel trotzt. Im Trotz bilden sich der Wille des Kindes, seine Selbständigkeit, seine Persönlichkeit. Lassen wir dieser gesunden Entwicklung ihren freien Lauf!

Freilich äußert sich die eigene Willenskraft schon beim Säugling. Wie kann er doch schreien, wenn er naß ist und trockengelegt werden will. Aber diese Entwicklung ist eine langsame, unauffällige. Sobald das Kind laufen kann und zu sprechen anfängt, sich also schon selbständig in seiner Umwelt bewegt, gerät es mit ihr in einen natürlichen Konflikt. Es ist jene Zeit – meist so um das dritte Lebensjahr –, da diese Entwicklung einen gewaltigen Sprung macht. So wie das Kind seine Stimme geübt hat, bis es reden konnte, wie es seine Beine trainiert hat, bis es zu laufen imstande war, so übt es nun seinen Willen, um zu lernen, ihn zu beherrschen.

Trotz ist also keine Krankheit und kein anormales Verhalten. Wir brauchen ihn nicht zu heilen, müssen ihn aber steuern und lenken.

Wieder möchte ich Ihnen einige einfache Regeln mitgeben, um mit dem trotzigen Kind fertig zu werden, ohne dessen natürliche Entwicklung zu stören.

1. Nie den Trotz brechen! Es ist sehr einfach für uns Erwachsene, auf ein Kind einzuschlagen, wenn es trotzig ist und seinen eigenen Willen durchsetzen will. Wir sind ja die Stärkeren. Wir kriegen es schon unter. Aber wir sind dabei die Verlierer. Denn wir haben uns die Tür zu einer Erziehung ohne Ärger und Aufregung versperrt, dem Kind haben wir geschadet, da wir die Entwicklung seiner Persönlichkeit hemmten. Ausnahmen bestätigen auch hier die Regel. In manchen Fällen wird ein auf das schon den halben lieben Tag raunzende, lästige, trotzige Kind niederfahrendes Donnerwetter vielleicht befreiend wirken. Aber halten wir uns im Zaum!

2. Ruhe und Fröhlichkeit bewahren! Die Trotzkrise geht meist rasch vorbei, wenn wir dem trotzenden Kind nicht mehr oder weniger Beachtung schenken als sonst. Wir können ihm auch ruhig zureden: „Das ist aber schade, daß du heute deine Spielsachen nicht aufräumst. Da wird der Teddy nicht schlafen können. Weißt du, und Mama hat so viel Arbeit. Sie muß noch ko-

chen für dich und für Papa. Das Bett muß sie auch noch herrichten. Wenn ich nur ein bißchen Zeit hätte, würde ich dir gern helfen. Heute weiß ich übrigens ein ganz wunderschönes Märchen für dich, wenn du im Bett bist. Also, ich gehe jetzt rasch in die Küche, mache das Essen fertig, und du bringst Teddy zu Bett." Wir können dem Kind – auch einem dreijährigen – bereits erklären, aus welchem Grund wird dieses oder jenes von ihm verlangen. Jedes Kind ist dankbar für eine Erklärung, aber es muß das Gefühl haben, daß wir es auch wirklich ernst meinen. Bleiben wir also ruhig, als wäre nichts geschehen. Lenken Sie Ihr Kind ab. Bringen Sie es auf andere Gedanken. „Horch, da kommt doch wer? Ob es vielleicht Omama ist?" – „Schau, was ist das für ein lustiger Apfel!" – „Oje, jetzt hab' ich mir wehgetan, bitte hilf mir!" Rasch hat das Kind den Trotz vergessen.

3. Wenn alles nichts hilft oder Sie sich nicht länger beherrschen können, dann lassen Sie das Kind allein. Verweisen Sie es nicht unter Schimpfworten in eine Ecke des Zimmers. Nein! Gehen Sie einfach hinaus. Tun Sie, als ginge Sie dies gar nichts an. Zeigen Sie dem Kind nicht, daß Sie sich ärgern, weil es heute seine Spielsachen nicht aufgeräumt hat oder sich so ungezogen benimmt. Ein trotzendes Kind will gerne Bewunderer haben. Es möchte Aufmerksamkeit erregen. Deshalb läßt es sich ja so herrlich weitertrotzen, wenn die Eltern schimpfen, aufgeregt hin und her eilen oder das trotzende Kind nervös beobachten. Aus diesem Grund kann Trotz auch zur Epidemie werden und ein einziger trotzender Schüler eine ganze Trotzklasse verursachen. Lassen Sie Ihr trotzendes Kind also allein, und es wird schneller ausgetrotzt haben, als Sie vermuten. Wenn Sie sich daran halten, wird die Trotzperiode Ihres Kindes vorübergehen wie das Daumenlutschen oder die Masern. Mehr als in jeder anderen Erziehungssituation müssen wir uns aber in der Hand haben, ruhig, sicher, geduldig und vor allem fröhlich bleiben. Ein heiteres Wesen der Eltern wird auch dem Trotz mit all seinen oft häßlichen und beleidigenden Äußerungen in der richtigen Form zu begegnen wissen.

*Nicht gleich zum Kinderpsychologen!*

Eine starke Trotzperiode ist häufig Ursache dafür, daß Eltern erstmals besorgt zum Fachmann laufen.

Zum Erscheinungsbild unserer Zeit gehören neben Atomreaktoren, Fernsehapparaten und Airbussen auch die Erziehungsberatungsstellen, schulpsychologischen Dienste, heilpädagogischen Stationen und ähnliche Einrichtungen. Sie haben den technischen Errungenschaften unserer Epoche – die zumeist nur scheinbar unserem Wohl dienen – das eine voraus: daß sie nämlich tatsächlich um den Wert des Menschlichen besorgt sind. Von den atombombentragenden, ferngesteuerten Raketen läßt sich das kaum behaupten. Die Arbeit von Heilpädagogen, Jugendpsychologen und Erziehungsberatern ist aufopfernd und trägt zumeist auch Früchte. Es wäre freilich glücklicher um uns bestellt, brauchten wir sie nicht. Die Romantik waldmüllerscher Familienidylle ist jedoch passé. Die Zivilisation poltert grob in unsere Wohnstuben, und durch die aufgerissene Tür strömt der Zeitgeist, der uns die Kinder vom häuslichen Herd lockt.

Wir wollen um unseres Glücks und des Glückes unserer Kinder willen standhalten und das Fundament der Familie stärken, statt es preiszugeben. Ein guter Gott hat das Kind in den Schoß einer Familie gedacht. Die Frage ist nur, ob diese Familie eine gute sein wird oder eine schlechte. Das ist das Barometer für die Entwicklung der Menschheit.

Wenn wir diese Notwendigkeit einer gesunden Familie einsehen, werden wir auch den Erziehungsberater und Kinderpsychologen in seiner großen und wertvollen Aufgabe anerkennen: dort zu helfen und zu heilen, wo etwas krank geworden ist, wo wir mit unserem erzieherischen Hausverstand nicht mehr zurechtkommen, wo uns die Schwierigkeiten und Probleme über den Kopf gewachsen sind. Soweit sollte es aber gar nicht kommen. Das können und müssen wir verhüten. Ich möchte Ihnen, liebe Eltern, damit jedoch keinesfalls in Ihrer Bedrängnis den Weg zum Erziehungsberater abschneiden. Aber Sie haben ihn vergebens getan, wenn Sie nicht Ihre ganze Einstellung zum Kind ändern. Ihnen dabei zu helfen, ist mein Anliegen.

Sie klagen: „Mein Kind bereitet wirklich ernste Erziehungsschwierigkeiten!" – Ich antworte: „Sie werden damit ohne großen Ärger auch alleine fertig werden!"

Fragen wir uns einmal, wann wir es mit einem erziehungsschwierigen Kind zu tun haben. Denn es gibt ausgesprochene Erziehungsschwierigkeiten. Wir haben sie zum Teil bereits kennengelernt. Und wir können sie jetzt ordnen und feststellen, daß es

1. organisch bedingte Erziehungsschwierigkeiten,
2. milieubedingte Erziehungsschwierigkeiten,
3. entwicklungsbedingte Erziehungsschwierigkeiten gibt.

Zu den organisch bedingten Erziehungsschwierigkeiten zählen jene Probleme, die dem Organismus des Kindes entwachsen: durch Geburtsschädigungen, Verkrüppelungen, Debilität, Gehirnkrankheiten usw. Körperliche oder geistige Fehler des Kindes können seine Anpassungsfähigkeit herabsetzen. Es entgleitet durch seine Abnormität unserer Erziehung. Es wird schwierig.

Die milieubedingten Erziehungsschwierigkeiten ergeben sich aus einer für das Kind ungünstigen Umwelt: Streit im Elternhaus, Trunksucht der Eltern, Verwöhnung im reichen Haus, Lieblosigkeit usw. schaffen eine Umgebung, in der es sich nicht normal entwickeln kann. Es wird von seinem Milieu geschädigt und dadurch schwierig.

Entwicklungsbedingte Schwierigkeiten können während der geistigen und körperlichen Wachstumsperioden auftreten. Die körperliche und geistige Entwicklung des Kindes erfolgen nämlich nicht gleichmäßig, sondern in Etappen. Die Erziehung kann damit nicht immer Schritt halten. Das Kind wird schwierig. Ein typisches Beispiel sind die Trotzperioden.

Es ist also nicht zu leugnen: Erziehungsschwierigkeiten kann es geben, und sie sind so vielfältig wie ihre Ursachen. Aber als uneingeschränkte Wahrheit gelten auch die Worte des italienischen Priesters und Pädagogen Don Bosco: „In jedem jungen Menschen, auch im unartigsten, gibt es einen Punkt, wo er dem Guten zugänglich ist, und so ist es erste Pflicht des Erziehers, diesen Punkt, diese empfängliche Seite des Herzens zu suchen und sie zu nutzen."

Auf diesen Punkt kommt es an. Ihn findet eine gute, liebende Mutter zu jeder Zeit. Eine Mutter aber, die sich keine Zeit für ihr Kind nimmt, die keine richtige Einstellung, keinen Frieden im Herzen, keine aufopfernde Liebe kennt, wird ihn nie treffen. Da hilft keine Erziehungsberatung. Da nützt es nichts, von Erziehung etwas zu verstehen. Da kommt es darauf an, sie zu leben. „Nicht, daß man lesen und schreiben kann, sondern was man liest und schreibt, darauf kommt es an", sagt ein altes Sprichwort. In der Erziehung gilt dies ebenso.

Befolgen Sie auch in schwierigen Erziehungssituationen folgende Regeln:

> Wenig schimpfen, viel loben;
> wenig strafen, viel lieben;
> wenig Forderung, viel Konsequenz;
> wenig Jammerei, viel Fröhlichkeit;
> wenig Drohungen, viel Freude.

Fünf wichtige Grundregeln, um Kinder zu erziehen!


## Wenn das Kind stottert

In der ersten Trotzperiode, wenn das Kind voll innerer Spannungen ist und sich selber und der ganzen Welt Widerstand entgegenzusetzen beginnt, ist das Auftreten von Sprechstörungen, vor allem das Stottern, häufig zu beobachten. Das Kind kämpft ja in diesem Alter, zwischen dem zweiten und dem dritten Lebensjahr, um seine Sprache. Waren es bisher nur bruchstückartige Sätze, mit denen es sich verständlich machte, so setzt jetzt das Bedürfnis ein, ganze Sätze zu formulieren.

Das aber klappt nicht so leicht. Die Erwachsenen verlieren die Geduld. Und das Kind ist unausgeglichen, da es sich mitten in der Phase eines Entwicklungssprunges befindet. Da ist die Bereitschaft zum Stottern deutlich vorhanden. Auslösendes Moment ist jedoch zumeist irgendein psychischer Schock; ein Ereignis, das unser Kind durcheinanderbringt, wie z. B. Eifersucht auf ein neues Geschwisterchen, Tod eines Familienmitgliedes, Erkrankungen, Veränderungen durch Reisen usw. Freilich sind sensible Kinder dafür anfälliger, auf solche Ereignisse mit Stottern zu reagieren, und schließlich spielt auch die Vererbung beim Stottern eine Rolle.

Stottern und andere Sprachstörungen kreuzen den Entwicklungsweg fast aller Kinder. Die Eltern sind meist erschrocken und besorgt. Ein unrichtiges Verhalten kann die Chance der raschen Heilung verbauen.

Normalerweise überwinden 90 Prozent der Kinder – und nicht nur zwei- bis dreijährige, sondern auch ältere – ihre Sprechstörungen nach einiger Zeit ganz alleine. Nur bei hartnäckigen Fällen sollte man den Facharzt zu Rate ziehen.

Wie sieht das richtige Verhalten der Eltern beim Auftreten von Sprechstörungen aus?

1. Fragen wir uns nach den Ursachen, und schalten wir nach Möglichkeit den Störungsfaktor aus. Z. B. kann ein dreijähriger, sensibler Junge zu stottern beginnen, da er mit einem aggressiven Nachbarkind spielen mußte. Halten wir ihm dieses Ärgernis aber einige Zeit vom Leib, so wird sich das Kind wieder beruhigen. Wir haben schon viel gewonnen, wenn wir die Ursache der Störung erkennen.

2. Übersehen wir jede Sprechstörung! Machen wir sie dem Kind nicht bewußt. Geben wir ihm lediglich durch unsere eigene gute Sprechweise ein Vorbild! Sagen wir nie: „Du stotterst ja" oder „Versuch doch, beim Reden nicht anzustoßen". Sobald das Kind nämlich zu spüren bekommt, daß es stottert, wird sich sein Leiden nur rapid verschlimmern. Geben wir ihm daher Sicherheit, indem wir es nie korrigieren oder wegen seiner Sprechstörung tadeln.

3. Machen wir uns nie über ein stotterndes Kind lustig! Von Erwachsenen oder Spielkameraden und Geschwistern geneckt, leidet es nicht nur darunter, sondern wird aus Angst, beim nächsten Satz wieder in den gleichen Sprechfehler zu verfallen, ganz bestimmt unrichtig sprechen.

4. Haben wir viel Geduld! Stottern ist nicht von heute auf morgen ausgeheilt. Wir dürfen nicht verzagen, wenn wir keinen raschen Erfolg wahrnehmen. Er stellt sich bestimmt ein, wenn wir zuwarten können, uns ruhig verhalten und das Kind mit Liebe und Güte behandeln.

5. Sprechen wir nie in Anwesenheit des Kindes über seine Sprechstörung. In diesen Fehler verfallen Eltern oft. Wie zur Entschuldigung sagen sie allen Bekannten, die das stotternde oder hölzelnde Kind erleben: „Er stottert" oder „Er stößt beim Reden an" und hängen daran eine ganze Legende, was schon alles dagegen versucht wurde.

Beim Kind kann sich so ein Minderwertigkeitskomplex fixieren oder verstärken, denn zumeist ist gerade das Stottern bereits Ausdruck eines bestehenden Minderwertigkeitskomplexes. Wir bekamen im Vorjahr einen ganz schweren Fall von Stottern in eines unserer SOS-Kinderdörfer. Die Nachforschungen ergaben, daß der siebenjährige Junge bereits vor drei Jahren zu stottern begonnen hatte.

Was war damals geschehen? Die Ehe der Kindeseltern war geschieden worden. Der Bub erhielt eine Stiefmutter. Diese lehnte das Kind ab. Es litt sehr unter dem Verlust seiner richtigen Mutter, ließ sich davon aber nichts anmerken. Doch das Stottern war plötzlich da. Die Stiefmutter spottete den Jungen aus, was das Leiden immer schlimmer machte. Im Milieu des Kinderdorfes, in der Atmosphäre stiller Geborgenheit bei einer neuen, liebenden Mutter, die sein Stottern gar nicht zu bemerken schien, hörte es nach einem Jahr fast ganz auf.

Dieser Junge ist nicht der einzige derartige Fall in unseren Dörfern. Im Gegenteil, Sprechstörungen sind bei den uns anvertrauten milieugeschädigten Kindern äußerst häufig bemerkbar. Wenn durch das neue, glückliche Milieu nicht schon von allein eine baldige Besserung bemerkbar wird, machen die Kinderdorfmütter mit den Kindern sogenannte „Hörübungen". Diese sind übrigens für jedes Kind anzuraten. Ein Kind, das anfangs nicht leicht zur richtigen Aufmerksamkeit zu bewegen ist, muß lernen, zuzuhören. die Mutter erzählt ihm langsam und deutlich Wort für Wort ein Märchen. Sagt ihm ein Gedichtchen vor. Erklärt ihm ein Bild aus dem Bilderbuch. Das Kind wird nach und nach lernen, sich darauf zu konzentrieren und aufmerksam zuzuhören. Es ist gar nicht notwendig, es nachsprechen zu lassen. Schon das Hören allein ist die Therapie.

Wenn die Mutter aber ein schwer sprachgestörtes Kind im Schulalter hat, wird sie einen Fachmann aufsuchen müssen. Es gibt hervorragende Logopäden. Auch der Hausarzt und der Lehrer werden ihr Rat geben können. In schweren Fällen wird eine Sonderschule für sprachgestörte Kinder in Frage kommen müssen.

Aber fast immer ist eine Sprechstörung heilbar. Dies soll uns der Sorgen entheben, nicht aber unserer Bemühungen, dem Kind zu helfen, indem wir für seine Fehlleistung Verständnis aufbringen.

### *Was sind kleine Jungen? Was sind kleine Mädchen?*

Unser Gespräch über die erste Entwicklungsphase unseres Kindes geht zu Ende. Vielleicht hat sie manches verwirrt, liebe Eltern. Vielleicht haben Sie den Eindruck gewonnen, daß Erziehung heute sehr kompliziert und problembeladen ist und uns mehr auflastet, als manche zu bewältigen sich zutrauen. Ich habe zwar versucht, das gesamte theoretische Erziehungsgebäude mit all seinen heute oft recht konträren Strömungen und Erkenntnissen in einfachste Formeln zu kleiden und Ihnen diese möglichst wirklichkeitsnah zu vermitteln. Aber die Verantwortung, den Ernst und das Opfer einer Kindererziehung kann ich Ihnen nicht abnehmen.

Es muß uns bewußt sein, daß die Erziehung eines Kindes ein einschneidendes und nachhaltiges Ereignis für unser persönliches Leben darstellt, daß die Geburt eines Kindes unsere bisherigen Lebensgewohnheiten möglicherweise total verändern wird. Doch das haben wir Eltern allen anderen Menschen voraus: daß unser Dasein mit diesem unberechenbaren Geschöpf Tiefgang und Sinn bekommen hat.

Bevor wir jetzt aus diesem Kapitel – das über alle Erziehungsprobleme hinweg ein einziger Aufruf an Sie war, Geborgenheit zu schenken – den Sprung in die zweite Phase der Entwicklung – zum Du – machen, wollen wir unsere Kinder einmal mit liebevollem Verständnis unter die Lupe nehmen.

## Was sind kleine Jungen?

Jungen kommen in bestimmten Größen, Gewichtsklassen und Farben vor. Man findet sie überall: auf etwas drauf, unter etwas darunter, in etwas drin, auf etwas kletternd, von etwas fallend, um etwas herumlaufend, über etwas springend...

Sie werden geliebt von den Müttern, geduldet von den älteren Geschwistern, ignoriert von Erwachsenen und beschützt vom Himmel. Ein Junge ist Wahrheit mit Schmutz im Gesicht, Weisheit mit Kaugummi im Haar und Zukunftshoffnung mit einem Frosch in der Tasche.

Ein Junge hat den Appetit eines Rosses, die Verdauung eines Schwertschluckers, die Energie einer Taschenatombombe, die Neugierde einer Katze, die Stimmgewalt eines Diktators, die Phantasie der Brüder Grimm, die Schüchternheit eines Veilchens, die Kühnheit eines Stahlmessers, den Enthusiasmus eines Knallbonbons – und wenn er etwas in Ordnung bringen soll, hat er fünf Daumen an jeder Hand.

Er liebt Waffeleis, Messer, Sägen, Weihnachten, Witzbücher, den Jungen von der anderen Straßenseite, Wälder, Gewässer, große Tiere, Papa, Eisenbahn, den Sonntagmorgen und Dampfmaschinen. Er liebt nicht die Schule, Abendgesellschaften, Bücher ohne Bilder, Klavierstunden, Krawatten, Haarschneiden, Märchen, Mäntel, Erwachsene und Schlafengehen.

Niemand anderer steht so früh auf und kommt so spät zum Abendessen. Niemand anderer kann ein rostiges Messer, einen angebissenen Apfel, einen Meter Bindfaden, einen leeren Tabakbeutel, zwei Stück Kaugummi, 20 Pfennig, eine Schleuder, einen Gegenstand von unenträtselbarer Substanz und Form sowie eine Einbrecherwerkzeugtasche mit Geheimfach in einer einzigen Hosentasche unterbringen.

Ein Junge ist ein mit magischen Kräften begabtes Geschöpf: Du kannst ihn aus deiner Werkstatt ausschließen, aber nicht aus deinem Herzen. Du kannst ihn aus deinem Arbeitszimmer verbannen, aber nicht aus deinen Gedanken. Du kannst dich ruhig von vornherein als geschlagen bekennen – er ist dein

Bezwinger, dein Gefängniswärter, dein Chef und dein Meister. Ein sommersprossiges, dreikäsehohes Bündel aus Lärm. Aber wenn du abends von deinen Hoffnungen und Träumen nur noch Scherben nach Hause bringst, dann kann er alles wieder zusammenfügen – mit den beiden Worten: „Tag, Vati!"

## Was sind kleine Mädchen?

Kleine Mädchen sind das Zauberhafteste, was Menschen zuteil werden kann. Sie kommen mit einem zarten Engelschimmer auf die Welt, und wenn auch dieser Glanz oft arg verblaßt, so bleibt doch immer noch genug, um unser Herz gefangenzuhalten.

Selbst wenn so ein kleines Mädchen im Matsch spielt oder heimlich vor dem Spiegel in Muttis teuerstes Kleid steigt und dessen Überlänge mit der Schere kürzt. Ein kleines Mädchen kann süßer und unerträglicher sein als irgendein anderes Lebewesen auf der Welt. Es kann halsbrecherisch herumschlittern, mit den Füßen stampfen und so nervenzermürbend quietschen, daß uns Mark und Bein erbeben. Aber gerade wenn wir aus der Haut fahren wollen, steht es plötzlich ganz harmlos-bescheiden da und guckt uns mit fragenden Murmelaugen an. Ja, so ein kleines Mädchen ist die verkörperte Unschuld, wenn es ein schlechtes Gewissen hat, und die verkörperte Mütterlichkeit, wenn es sein Püppchen an den Beinen hinter sich herschleift. Kleine Mädchen sind in schwarzen, weißen, gelben, hell- und dunkelbraunen Hauttönen zu haben; Mutter Natur bringt es stets fertig, die bestellte Farbe zu liefern. Selbst das uralte Gesetz von Angebot und Nachfrage setzt sie außer Kraft, denn es gibt viele, viele Millionen von kleinen Mädchen, und doch ist jedes einzelne wertvoller als ein Sack Brillanten.

Um ein kleines Mädchen zu schaffen, machte der liebe Gott Anleihen bei sehr vielen seiner Geschöpfe. Er nimmt die feine Stimme eines Vögelchens, den Eigensinn eines Maulesels, die Verspieltheit eines Äffchens, die Eitelkeit eines Pfaues, die Quicklebendigkeit eines Grashüpfers, die Neugierde eines Zickleins, die Schnellfüßigkeit einer Gazelle, die Schlauheit von einem Fuchs, die Anschmiegsamkeit eines Kätzchens, und – um das Maß vollzumachen – fügt er dem allen noch die geheimnisvolle Seele einer Frau hinzu.

Ein kleines Mädchen liebt neue Schuhe, Festtagskleidchen, nicht zu große Tiere, das erste Schuljahr, das kleine Mädchen von nebenan, eine ganz bestimmte Puppe, Geburtstagsparties, Ballettstunden und Eiswaffeln. Es ist gern in der Küche, malt leidenschaftlich in Malbüchern und seinem Gesicht, läßt sich gerne zu Kakao und Kuchen einladen und kann einen ganz bestimmten Jungen sehr gut leiden. Gar nichts übrig hat es für Jungen im allgemeinen, große Hunde, die von der älteren Schwester abgelegten Kleider, Stühle mit geraden Lehnen, Gemüse und warme Wäsche.

Es ist am lautesten, wenn man angestrengt nachdenkt, am niedlichsten, wenn es einen zur Weißglut gebracht hat, am geschäftigsten, wenn es ins Bett gehen soll, am unausstehlichsten, wenn wir es voller Stolz unseren Bekannten vorführen wollen, und am unwiderstehlichsten, wenn wir uns gerade fest vorgenommen haben, dieses Mal bestimmt nicht nachzugeben. Kein Wesen auf dieser Erde kann mehr Kummer, Freude, Ärger, Stolz, Verlegenheit und echtes Glück verursachen als diese Kombination von Eva, Salome und Gretchen. So ein kleines Mädchen kann unser ganzes Haus durcheinanderbringen, unsere Zeit und unser Geld nutzlos verschwenden und uns furchtbar auf die Nerven fallen. Aber genau in dem Augenblick, da unsere Geduld zu reißen beginnt, strahlt es uns an wie der helle Sonnenschein. Ja, so ein kleines Mädchen hat meist nichts als Unsinn im Kopf. Aber wenn unsere Träume wieder einmal zerrinnen, wenn wir die Welt grau in grau sehen, dann kann es uns zur Königin machen, wenn es auf unseren Schoß klettert und uns ins Ohr flüstert: „Dich hab' ich doch am allermeisten lieb!"

## DIE GOLDENE REGEL ZUM I. TEIL:

*Immer die Ruhe bewahren!*

Es hat Streit gegeben zwischen den Eltern. Das kommt in den besten Familien vor. Eltern sind eben auch nur Menschen, und Gewitterwolken können ab und zu den Himmel der glücklichsten Ehe trüben. Anschließend aber sollte wieder die Sonne lachen.

Bei dem Ehepaar W. aber klärt sich der Himmel nach einem solchen Familiengewitter viel zu langsam auf. Mutter grollt und schmollt noch tagelang. Sie gibt ihrem Mann keine Antwort auf seine Fragen. Sie weicht Gesprächen aus und bricht eine Unterhaltung bei Tisch mit den Kindern durch eine schnippische Bemerkung abrupt ab. Die Stimmung in der Familie bleibt auf diese Weise tagelang gereizt und spannungsgeladen. Die beiden Kinder des Ehepaares W. sind sechs und acht Jahre alt. Sie sollten aus dem Kleinkind-Trotzalter längst heraus sein. Aber sie sind noch trotzende Kinder geblieben. Sie bocken zu Hause und in der Schule.

In einer anderen Familie: Vater brüllt, weil er die Zeitung nicht finden kann. Natürlich ist Mutter daran schuld. Schließlich entdeckt er die Zeitung in seiner Manteltasche. Lärm in der Küche. Die Milch ist übergelaufen, obwohl Frau G. neben dem Herd steht. In ihrem Ärger wirft sie die Schüssel, die sie eben in den Händen hält, zu Boden.

Die Eltern wollen ins Theater gehen. Vater ist fertig angezogen und raucht ungeduldig eine Zigarette. Seine Frau ist noch immer mit ihrer Toilette beschäftigt. Es wird spät. Er verliert die Nerven. Streit züngelt hoch. Ein Wort gibt das andere. Zwei mißgestimmte, zankende Erwachsene verlassen das Haus.

Gewiß, wir leben in einer hektischen Zeit. Hast auf der Straße, Nervosität im Büro, Lärm, Gedränge, Hetzjagd. All das, was aus der Umwelt auf uns einströmt, können wir kaum verkraften. Wir sind daher oft voll innerer Spannung. Der geringste Anlaß, und wir explodieren. Während wir uns auf dem Arbeitsplatz noch beherrschen, machen wir zu Hause unseren strapazierten Gefühlen Luft. Wir sind nervös, gereizt, verärgert.

Thomas von Kempen hat geschrieben: „Bestrebe dich, im Ertragen der Schwächen anderer geduldig zu sein, weil auch du viele Schwächen hast, die von anderen getragen werden müssen." – Wenn Eltern eine solche Einstellung beherzigten, wäre ihr erzieherischer Einfluß auf die Kinder wesentlich größer. Eltern sollten füreinander dasein, um einander zu tragen, zu trösten, zu helfen und zu lieben. Nicht aber, um sich – und das vor den Kindern – die Köpfe einzuschlagen.

Kann man seine Nerven überhaupt ständig im Zaum halten? Es fällt leichter, wenn man sich bemüht, den Ärger möglichst gar nicht an sich herankommen zu lassen. Wir stellen uns z. B. täglich so oft unnötigerweise auf den Rechtsstandpunkt und stoßen damit den anderen vor den Kopf. Wir sollten lieber nachgeben und sagen: „Du hast völlig recht!" Das ist eine schwere, aber sehr erfolgreiche Übung.

Wir haben jeden Tag mehrmals Gelegenheit, unserem Ehepartner den Wind aus den Segeln zu nehmen. Kommt es wirklich darauf an, wegen jeder Kleinigkeit gleich recht haben zu wollen? Erscheint ein Nachgeben anfangs als Schwäche, so wird man doch bald erkennen, daß derjenige der Stärkere ist, der all die kleinen Alltagsdinge im Zusammenleben zweier Menschen nicht zum Anlaß nimmt, gleich die Nerven zu verlieren.

Dieser Ratschlag für Eltern mag schwer durchführbar erscheinen. Erziehung verlangt ihnen eben heutzutage viel ab. Wir müssen erkennen, daß die Auswirkungen elterlicher Nervosität auf die Kinder stark sind. Versuchen wir jedoch, eine Atmosphäre friedlichen Familienlebens zu schaffen, indem wir selber diesen Frieden ausstrahlen, dann wird sich dies auch auf unsere Kinder günstig auswirken.

II. Teil

# DAS DU

*Was man alles
über die Entdeckung des DU
wissen sollte,
damit man nichts unterläßt,
was dem Kind hilft,
Freiheit und Sicherheit zu erlangen.*

Früher sind Kinder einfach groß geworden. Heute ist das harmonische Heranwachsen eines Kindes von vielen Störfaktoren bedroht; daher die Notwendigkeit, daß wir Eltern uns mit der Erziehung beschäftigen und die drei Grundpfeiler kennenlernen, auf denen sie aufbaut. Ich nenne sie Entwicklungsstufen.

Die Entdeckung des Ich stand am Beginn. Nun wollen wir die zweite Aufgabe betrachten. Die besteht darin, unserem Kind zu helfen, auch die nächste Hürde zu nehmen: die Phase der Bewältigung des Du; die Zeit zwischen vier und vierzehn Jahren. Sie kann aber bereits mit drei oder erst mit fünf Jahren abgeschlossen sein. Der Spielraum ist groß. Jedes Kind hat seinen eigenen, oft recht eigenwilligen Rhythmus. Es hat sich als Individuum erkannt und uns dies sehr drastisch in der Trotzperiode gezeigt. Es hat mit den Füßen auf den Boden gestampft und geschrien: „Nein!“ Es hat uns Eltern schockiert, geärgert und gequält. Es hat uns spüren lassen, daß unsere elterliche Autorität brüchig ist. Es hat uns demonstriert, daß es auch jemand ist und daß es einen harten Kopf hat, mit dem es durch die Wand will. Die Babyzeit ist vorbei. Der kleine Erdenbürger hat laufen und reden gelernt, seine Augen schweifen suchend umher, und seine Hände packen überall zu, um zu untersuchen und zu prüfen. Er hat die Hülle gesprengt. Er läuft uns davon und steht nun mitten in der Welt.

Und da überkommt ihn das zweite Mal ein Staunen. Er spürt das DU um sich herum und erlebt bewußt den Mitmenschen. Nicht nur in der Person der Mutter oder in den paar Personen, die bisher seine Wiege oder Gehschule umstanden sind. Nun stapft er durch die Sandkiste, und andere werfen ihm Sand in die Augen. Auch er wirft auf andere Sand. Er wehrt sich. Der Kampf mit dem Du beginnt ihm bewußt zu werden. Es ist die Zeit, da sich die Geschwister in den Haaren liegen. Vor dem Kind tut sich die ganze Palette der bunten Welt auf. Da gibt es den Briefträger und die Männer von der Müllabfuhr, den Arzt, den Gasmann, die Nachbarin, die Gemüsefrau, die Kindergärtnerinnen und den Wärter im Zoo. Das Kind schaut sie an. Fragt. Macht sich seine Gedanken. Stellt sich auf die anderen ein. Wertmaßstäbe werden gesetzt. Das Kind muß sich behaupten, verteidigen, bewähren. Es nimmt nicht mehr alles kritiklos hin. Es schaut sich manches von den anderen ab. Prägungen setzen ein. Seelische Wechselspiele.

In dieser Zeit werden die Eltern oftmals ganz anders gesehen. Das Geschlechtsbewußtsein wird wach. Das Mädchen geht unbewußt eine „Probeehe“ mit dem Vater ein, der Bub eine „Probeehe“ mit der Mutter. So kann man es nennen, denn die spätere Partnerwahl wird sehr vom Mutter- oder Vaterbild dieser Jahre bestimmt. Es ist die Zeit des mühsamen Vorbereitens auf das Verzichtenkönnen. Das Kind muß lernen, seine Triebe zu meistern. Bisher lebte es ganz auf sich konzentriert; nunmehr tritt der Mitmensch auf den Plan und verlangt ein Stück von der Schokolade und eine Zeitlang die Sandschaufel und den Roller. Das Spiel wird zur Arbeit, der Spielkamerad zum Partner, mit dem man auskommen muß.

Dramatischer Höhepunkt dieser Entwicklungsphase ist der Eintritt des Kindes in die Schule. Wir werden uns daher ausführlich mit ihr auseinandersetzen müssen. Jetzt heißt es stillsitzen, Ordnung halten, Aufgaben machen. Pflichten treten in das Leben des Kindes. Es registriert. Irgendwo rastet alles in seinem Gehirn ein, was es da Neues erlebt.

Die Gesellschaft macht sich bemerkbar. Man kann nicht mehr tun, was man will. Es muß Rücksicht genommen werden. Wenn man etwas falsch macht oder sich auflehnt, setzt es jetzt Strafen. Das Kind, noch ganz in seinem unschuldigen Bewußtsein, erlebt Kritik. Zurechtweisungen, Liebesentzug. Manche Kinder leiden darunter sehr. Das Leben ist schön, aber manchmal traurig und ungerecht. Es gibt Tränen. Die Erwachsenen sind so ganz anders als früher. Manchmal mag man sie nicht mehr. Nicht einmal die Eltern. Man will sie ärgern und kränken. Man hat die Möglichkeiten ausgekundschaftet, daß man manches auch heimlich tun kann.

Es ist eine mühsame Zeit. Jahre des Lernens. Jahre des Erfahrens. Bittere Jahre. Glückliche Jahre. Sie reichen hinein bis in die Vorstufe der Pubertät, jener zweiten großen Trotzperiode, in der dann gerne so alles durcheinandergerät, was bisher mit dem Kind doch noch ganz in Ordnung schien. Der Junge wird zum Flegel, das Mädchen zum Teenager. Sie werden albern, unerträglich, mühsam.

Aber noch ein anderes Du tritt während dieser Jahre auf den Plan. Das große Du. Das Kind erkennt, daß es außerhalb dieser sichtbaren und greifbaren Welt auch noch Dinge gibt, die ihm keine Erwachsenen erklären können. Fragealter. Das Kind öffnet sich. Will erfahren. Will wissen. Stößt dabei an. Es erlebt die Natur. Die Tiere. Den Frühling. Sieht die Blumen aus der Erde kommen. Beobachtet Ameisen und Schnecken. Schaut in die Sterne. Sieht den Mond. Das Meer. Berge. Wolken. Fragt: „Wer hat das alles gemacht?"

In diesen Jahren fällt die Entscheidung, ob wir unserem Kind die Möglichkeit geben, einen Weg zu diesem großen Du zu finden. Religiöse Erziehung – ja oder nein?

Alles in allem sind die Jahre zwischen dem dritten und vierten Lebensjahr bis zur Pubertät mit elf oder dreizehn oder fünfzehn eine interessante Entwicklungsstufe. Wir Eltern sollten uns ihr nicht verschließen. Wir sollten uns viel Zeit nehmen, sie mitzuerleben, dem Kind Wegweiser aufstellen, ihm Halt zu geben, Sicherheit, ein Vorbild. In keiner der drei Entwicklungsphasen wird die Persönlichkeit sosehr geprägt. In diesen Jahren kann alles verdorben, aber auch noch alles gewonnen werden.

Allein kann das Kind mit dem Du nicht fertig werden. Es bleibt an tausend Rätseln und Hindernissen hängen und in seiner geistigen Entwicklung stecken. Es ist daher nicht belanglos, wie wir das Kind während dieser Jahre lenken und führen, denn es darf einerseits in der Entfaltung seiner inneren Freiheit nicht eingeengt werden, benötigt aber andererseits ein gewaltig Maß an Sicherheit und Hilfestellung.

# 1. MAN SOLLTE WISSEN,

DASS SPIEL FÜR DAS KIND ARBEIT IST UND ES SICH FREISPIELEN MUSS, UM EINE STARKE PERSÖNLICHKEIT ZU WERDEN.

## *Stören wir spielende Kinder nicht!*

Kinder müssen spielen. Kinder müssen viel spielen. Spiel ist die Brücke zur Umwelt. Durch das Spiel lernt das Kind, sich mit ihr auseinanderzusetzen. Es dringt ein in die Wirklichkeit des Lebens.

Spiel ist wichtig. Wir Eltern wissen das, aber wir wissen es immer noch nicht genug. Denn wir stören das Kind beim Spiel. Wir engen es ein, wir drängen uns seinem Spiel auf. Wir werten das Spiel selten als das, was es wirklich ist: Arbeit, harte Arbeit.

Schon der Säugling will spielen. Ernst, verbissen und mit einem vor Anstrengung roten Kopf erobert er sich seine Schelle, untersucht sie, probiert sie aus, nimmt sie von einem Händchen ins andere, stopft sie sich in den Mund und schleudert sie schließlich durch die Gegend. Wir beobachten es mit Vergnügen. Für das Kind aber ist diese Auseinandersetzung mit der Schelle kein Vergnügen. Es ist Arbeit. Bewältigung der Umwelt. Auseinandersetzung mit der Umwelt. Spüren Sie, liebe Eltern, daß da mehr dahintersteckt als nur ein bißchen Bewegung und Geräusch? Spüren Sie, daß Sie da schon anfangen müssen, richtig zu reagieren? Nicht wir sollen mit der Schelle spielen, um das Kind zum Lachen zu bringen. Das Kind soll spielen. Nicht wir sollen ihm die Schelle in die Hand geben. Es muß sie selbst erobern, wenn sie in erreichbarer Nähe ist.

Und so muß der kleine Max seinen Turm aus Klötzen selbst bauen und sein Lego-Haus selbst zusammenstecken. Und so muß die kleine Monika ihre Puppe selbst anziehen und das Puppengeschirr selbst versorgen. Die Eisenbahn, die aus den Schienen gekippt ist, muß der Kleine selbst wieder in die Geleise heben. Das Kasperltheater ist dazu da, daß Kinder möglichst selbst spielen. Nicht wir Erwachsenen sollen eine Vorstellung geben.

Wenn Kinder nicht spielen, sind sie krank. Oder falsch erzogen. Ein gesundes Kind spielt. Ein richtig erzogenes Kind spielt. Denn jedes Kind drängt nach Bewegung und Tätigkeit. Jedes Kind hat Phantasie, ist neugierig und interessiert. Wir sollten diese Phantasie, diese Neugierde und dieses Interesse fördern, fördern und immer wieder fördern. Nicht durch unser Einmischen, sondern dadurch, daß wir dem Kind genügend Zeit zum Spielen geben und es seinen Spielplatz und das Spielzeug möglichst selbst auswählen lassen. Freilich braucht es nicht gerade im Wohnzimmer mit Hammer und Säge umzuwerken. Aber seine Spielecke im Kinderzimmer soll ein geheiligter Platz sein, wo wir jede Nuß, jeden Stein und jedes Stückchen Papier respektieren. Und selbstverständlich wird man verhindern, daß ausgerechnet mit Vaters Rasierapparat oder seiner Brille gespielt wird. Aber wir werden ein Auge zudrücken, wenn unser Kind vom Garten allerhand ins Kinderzimmer schleppt, wie rostige Nägel, Bretter, Schnecken und Kastanien. Kinder bevorzugen natürliches Spielzeug. Plastik ist nicht ihr Fall. An der großen Gehpuppe verlieren sie bald ihr Interesse. Die alte schmutzige Stoffpuppe mit dem Glasauge ist ihnen viel lieber. Und sie schlagen Lärm bei ihrem Spiel und machen Schmutz, und in ihren Hosentaschen finden sich Regenwürmer und tote Käfer.

Kinder lernen im Spiel, sich zu konzentrieren. Ein Kind, das viel und richtig gespielt hat, wird in der Schule gut vorankommen. Es hat ja unbewußt die Arbeit kennengelernt. Es wird sich später auch bei der Berufswahl, der Berufsausbildung und der Berufserfüllung leichter tun.

Nichts formt das Kind so nachdrücklich wie das richtige Spiel. Überdenken wir das. Handeln wir richtig!

1. Lassen wir dem Kind genug Zeit zum Spiel! Ein gesundes Kleinkind spielt täglich etwa acht Stunden. Verkürzen wir ihm diese Zeit nicht, indem wir es zu Einkäufen mitschleppen, zu langweiligen Besuchen und Autofahrten. Und wenn wir nicht umhinkönnen, es viel mit uns zu nehmen, weil wir niemanden daheim haben, der auf das Kind aufpaßt, so bauen wir ihm diese Zeit in die Spielzeit geschickt ein. Lassen wir die Mädchen die Puppe mitnehmen und den Jungen seinen Bären. Gönnen Sie dem Kind das wichtige Getue mit seinem Holztierchen, das es hinter sich herzieht, und ärgern Sie sich nicht, wenn Ihr Einkaufsgang dadurch länger dauert und durch ständiges Stehenbleiben für Sie zur Qual zu werden droht. Seien Sie auch nicht ungehalten, wenn Ihr Kind bei Besuchen nicht stillsitzen kann, das fremde Besuchszimmer zu durchwandern beginnt und unter den Tisch kriecht. Messen wir sein Tun nicht mit den Augen der Erwachsenen, sondern erkennen wir doch endlich, daß alles im Leben des Kindes Spiel ist und wir ihm die Zeit dafür nicht wegnehmen dürfen.

2. Geben wir dem Kind seine Spielecke! Es braucht diese Ecke in der elterlichen Wohnung. Sie ist sein Bereich; voll von Geheimnissen, die wir nicht begreifen und die in der kindlichen Seele wachsen. Zuerst wird es die Gehschule sein, dann aber suchen wir ein geeignetes Plätzchen für unser Kind. Es findet sich auch in der kleinsten Wohnung. Dort muß es sein Fach oder sein Kästchen haben. Dort muß es auf dem Boden sitzen, dort muß es in seinen Schachteln kramen können. Dorthin wird es immer fliehen, wenn es ein Schmerz bedrückt. Dort ist sein ureigenstes Daheim. Haben wir Respekt vor dieser Spielecke. Lassen wir unsere Hände davon, und machen wir beim Reinemachen einen Bogen darum, denn da finden sich Papierschnitzel und Holzklötzchen, Knöpfe und Draht, kleine Büchsen und Wollfäden, von denen wir nichts verstehen, die in der kindlichen Phantasie aber voll Leben sind.

Mit Strenge erziehen Sie Ihr Kind jedoch dazu, seine Spielecke jeden Abend selbst in Ordnung zu bringen. Das wird manchmal ein bitteres Kräftemessen sein. Geben Sie nicht nach, und wenn alles nichts nützt, bleibt Ihnen immer noch der Ausweg offen, auch das Aufräumen dem Kind zum Spiel zu machen. Da muß der Wurstel ja in sein Bettchen gehen, und die Holzklötzchen wollen schlafen. Rasch müssen sie in der großen Schachtel verschwinden und sich ausruhen, bevor sie sich in der Nacht Märchen zu erzählen beginnen. Wie schnell ist Ihr Kind dann für dieses neue Wunder entflammt und wird gerne tun, was es vorher verweigert hat.

3. Schenken wir dem Kind das richtige Spielzeug! Hunderte Bücher sind über dieses Thema geschrieben worden. Immer neue erscheinen auf dem Markt. Das möge uns zeigen, wie sorgfällig wir diese Auswahl des Spielzeuges zu treffen haben. Wir können dem Kind ebenso schwer schaden, wie wir ihm damit helfen können. Ich habe versucht, auch für diese schwierige Erziehungsklippe eine einfache Formel zu finden: Überlegen Sie dreimal, bevor Sie ein Spielzeug kaufen, ob es der Entwicklung Ihres Kindes nützt, ob es für seine Phantasie anregend ist. Sie werden bald ein Gefühl dafür bekommen. Bausteine sind gut, fertige bemalte Häuschen aus Kunststoff sind schlecht. Zusammenleg- oder Steckspiele sind gut – Tiere aus Blech zum Aufziehen, die dann dumm durch die Gegend hopsen, sind schlecht. Holzautos, die man schieben muß, sind gut, Blechautos, die von allein über den Teppich rasen, sind schlecht. Naturspielzeug geht vor künstlichem Spielzeug!

Helfen Sie Ihrem Kind, Interesse an alldem zu finden, was es draußen in der Natur gibt. Bald werden Sie freudig erleben, daß die Spielecke voll Kastanien, Eicheln, Tannenzapfen, Zweigen und Stöcken, Moos, Baumrinden, Schilfrohren, Holzstücken und seltsam geformten Steinen ist. Ihr Kind hat damit das wertvollste Spielzeug in der Hand. An diesen Dingen erbaut sich seine Phantasie. Diese Dinge sind echt, sind natürlich, sind schön, sind rein. Geben Sie Ihrem Kind auch Papier, Karton und Schachteln. Lassen Sie es malen, zeichnen und mit Plastilin formen. Geben Sie schon dem Säugling keine kitschigen Zelluloidrasseln in die Wiege. Mir hat erst kürzlich eine Mutter erzählt, daß ihr Kind so eine Rassel zerbrochen und die Bleikügelchen geschluckt hat. Es gibt auch nette Holzrasseln. Sie sind formecht und bilden unbewußt schon im Kind ein Gefühl für die gesunde Materie heran. Geben sie ihm freie Einfahrt bei seinen Entdeckungsreisen in die Küche, und überwinden Sie den Lärm der aneinanderknallenden Deckel mit der Freude, daß Ihr Kind spielen kann. Schicken Sie es in den Sandkasten. Er ist der König des kindlichen Spieles. Und bleiben Sie mit Ihrem Kind nicht immer in den Steinruinen der Großstadt, sondern zeigen Sie ihm auch das Land, den Bauernhof, einen Heuboden, einen Kuhstall. Haben Sie keine Sorge, wenn Ihr Junge auf die Bäume zu klettern beginnt. Es fallen mehr Kinder aus den Fenstern als von Bäumen.

Machen Sie auch keinen Unterschied zwischen Spielzeug für Jungen und Spielzeug für Mädchen. Weshalb sollte sich nicht auch ein Junge an einer Puppenküche erfreuen und ein Mädchen an der Eisenbahn Gefallen finden? Früher einmal wurden die Rollen von klein auf sehr streng verteilt. Heute braucht es Partnerschaft. So sollten wir unser Kind nicht auf sein Geschlecht hin fixieren, indem wir ihm rollenspezifisches Spielzeug aufdrängen.

4. Bedienen Sie sich in schwierigen Erziehungssituationen immer des Spieles! Mit einem lauten Kind spielen sie einmal „ganz, ganz leise sein". Einem Kind, das mittags nicht mehr liegenbleiben will – und wir sollten die Mittagsruhe so lange als möglich beibehalten –, geben Sie einen Wecker in die Hand, und zeigen Sie ihm, wo der Zeiger sein muß, damit es aufstehen darf. Versetzen Sie sich in die kindliche Welt des Spieles, wenn Schwierigkeiten aufteten, und es wird viel eher zu keinem Ärger kommen. Halten Sie aber immer Maß. Die Puppe hat bei Tisch nichts zu suchen. Der Teddybär nichts in der Schultasche. Und wenn Aufgabe gemacht wird, dann fort mit allem Spielzeug! Wenn wir dem Kind seine Welt des Spielens schön und reich gestalten, wird der Einbruch des tatsächlichen „Lebensernstes" harmonisch verlaufen.

Wir hatten im SOS-Kinderdorf einen Jungen, der seit nunmehr zwei Jahren Chefkoch in einem großen Schweizer Hotel ist. Er kam im Alter von zwölf Jahren zu uns. Seine Kindheit war maßlos traurig gewesen. Zum Spielen hatte er nie Zeit und Gelegenheit bekommen. Ein ernster, verschlossener Junge ist er gewesen, als er in die neue Welt einer Kinderdorffamilie kam. Und hier nun geschah das Sonderbare, daß Emil bald wie ein kleines Kind zu spielen begann: mit Bausteinen, mit Puppen, mit einem hölzernen Zug, den sonst nur der kleine vierjährige Helmut durch die Stube zog. Die Mutter ließ ihn gewähren. Kaum war er von der Schule daheim, saß er bereits auf dem Boden und spielte, spielte wie ein kleines Kind. Was er in seiner bisherigen Kindheit versäumt hatte, begann er nachzuholen, rastlos und unermüdlich. Der Spieltrieb mußte seine Befriedigung finden. Heute ist Emil ein lustiger, prachtvoller junger Mann. Aber wir wissen, daß er ein schwieriger, ernster und hilfloser Mensch geworden wäre, hätte man diesen Spieltrieb unbefriedigt gelassen.

### Welche Spielgruppen gibt es?

Wir wissen über Wirtschaft und Politik Bescheid, vom kindlichen Spiel aber wissen wir reichlich wenig. Und doch werden auch Wirtschaft und Politik morgen davon bestimmt sein, was Kinder heute spielen. Denn das Spiel formt unsere Kinder. Das Spielzeug ist Mittler der Kultur.

Jeder Vater und jede Mutter müssen zumindest wissen, welche Spielgruppen es gibt, um das Kind richtig zu lenken und zu leiten.

Da gibt es die *Bewegungsspiele.* Sie beginnen in der Wiege mit dem Spiel der Hände, dem Anfassen der Füßchen und dem Schwenken der Rassel. Und sie finden die Krönung im Sport, der für unsere erwachsene Jugend ein Training des Körpers, aber nie blinde Rekordsucht sein sollte. Leiten wir das Kind zu einfachen Turnübungen und viel Bewegung an. Es macht ihm Freude und ist seiner Gesundheit förderlich. Stehen Sie vor der Frage, welcher Sportart sich Ihr großer Junge oder Ihre Tochter zuwenden soll, dann wählen Sie klug. Ein Turnverein ist ratsam. Ihr Junge soll sich im Bodenturnen ausbilden oder im Schwimmen oder am Gerät lernen. Ihre Tochter kann Gymnastik betreiben, selbstverständlich ebenfalls Schwimmen, Speerwerfen und Laufen. Eine edle und meiner Meinung nach erzieherisch besonders wertvolle Sportart für Jungen *und* Mädchen ist das Florettfechten. Es erzieht zu Disziplin, Haltung, Mut und Geschicklichkeit.

Dann gibt es die *Gemeinschafts-* und *Gesellschaftsspiele.* Wir alle kennen sie: Mühle, Dame, Mensch ärgere dich nicht, Fuchs und Hennen u. a. Aber auch dort, wo man um einen Tisch sitzt und „es fliegt, es fliegt" spielt, Wörter baut oder Zettel weitergibt usw., haben wir es mit Gemeinschaftsspielen zu tun. Wir sollten hin und wieder Zeit dafür aufbringen – es lenkt ja auch uns ab und entspannt. Das Kind aber lernt dabei Toleranz und Beherrschung, Gerechtigkeit und Konzentration.

Dann muß ich Ihnen das große Gebiet der *Phantasiespiele* ins Gedächtnis rufen: Puppenspielen, Indianerspielen, Räuber und Gendarm und, nicht zuletzt, das Kasperltheater. Dazu ein ernstes Wort: Es ist erschreckend, wie phantasiearm ein Großteil unserer Jugend ist. Was gab es doch früher für lustige Spiele im Freien! Wo finden wir sie heute noch? Ich kenne Kinder, die kaum mehr aus sich heraus spielen können, da wir sie verdorben haben, da wir ihnen keinen Raum für ihre Phantasie gelassen haben. Wenn Sie daher Ihr Kind sich langweilen sehen, obwohl es zwanzig schöne Spielsachen in seiner Ecke hat und doch nur raunzend herumsitzt und nicht weiß, was es tun soll, dann besteht Alarmstufe eins. Dann müssen Sie mit viel Mühe die Phantasie in Ihrem Kind aufbauen. Und ich sage Ihnen gleich, wie Sie das anfangen können. Denn die kindliche Phantasie bedarf steter Pflege. Sie ist von allen Seiten bedroht. Das kindliche Spielzeug ist verautomatisiert. Das Kind spielt nicht mehr, es schaut zu. Eine verheerende Entwicklung! Aber ein bißchen Initiative von uns Eltern kann alles wieder in die rechte Bahn bringen.

*1. Aufgabe:*

Befolgen Sie alles, was ich Ihnen bereits über Spielzeit, Spielecke und Spielzeug gesagt habe!

*2. Aufgabe:*

Setzen Sie sich zu Ihrem Kind und sagen Sie ihm: „Margit, paß auf! Ich will dir ein Märchen erzählen. Es war einmal ein König." Ihr Daumen taucht vor den Augen des Kindes auf und trägt einen Fingerhut aus der Nähkiste. Dem Kind wird sofort der Mund offenbleiben. Gespannt wird es auf Ihren Daumen starren, was nun geschieht. Und Sie erzählen weiter: „Der König hatte eine schöne Tochter, es war die Prinzessin Tausendschön!" Ihre andere Hand taucht auf. Ein kleiner Wollknäuel sitzt auf dem Zeigefinger. Für das Kind wird er zum Krönchen, und es wird ganz im Banne des Geschehens sein. Und so erzählen Sie Ihr Märchen weiter und lassen Ihre Finger dazu Bewegungen machen.

Probieren wir es mit einem einfachen Märchen. Sagen wir: Rotkäppchen. Es präsentiert sich dem Kind als Ihr Zeigefinger, der ein rotes Stoffrestchen umhat. Und dann kommt der Wolf. Wieder ein Stoffstückchen oder ein Fellrestchen auf einem Finger Ihrer anderen Hand. Haben Sie Mut, haben Sie Vertrauen in Ihre „Kunst". Es wird Ihnen anfangs vielleicht schwerfallen. Aber Ihr Kind wird hingerissen sein. Sie haben ihm Raum für seine Phantasie gegeben, den es ausfüllen kann – nein, ausfüllen muß, weil es Kind ist. Räumen Sie einmal die teuren Kasperltheaterfiguren weg. Stecken Sie eine ausgehöhlte Kastanie an Ihren Finger, und der viel kostbarere Kasperl ist fertig. Spielen Sie dem Kind Kasperltheater mit den Händen und ein paar Dingen, die um Sie herumliegen, vor. Lassen Sie Ihre Hände zum Kind sprechen. Lassen Sie die Hände des Kindes mitspielen. So entwickeln Sie in ihm reiche Phantasie, die es zu einem spielenden und damit sich natürlich abreagierenden Kind macht, das einfach zu lenken sein wird.

*3. Aufgabe:*

Lassen Sie Ihr Kind malen! Geben Sie ihm Farbstifte und Papier. Sagen Sie, es möge ein Haus zeichnen und anmalen. Einen Baum, die Sonne. Die Sterne. Zeigen Sie dem Kind, wie man einen Papierflieger herstellt. Geben Sie ihm Fensterkitt. Es ist so einfach, dem Kind Betätigung für seine kindliche Phantasie zu schaffen.

Wenn Sie diese drei Aufgaben ernst nehmen, liebe Eltern, werden Sie kein schwieriges Kind mehr haben. Denn ein richtig spielendes Kind kann nie ein schwieriges sein. Dies gilt jedoch nicht für das „verspielte" Kind, das nur trödelt und tändelt, zu keinem richtigen Spiel kommt und selbst dort, wo das Spiel aufhören soll – beim Essen, beim Beten usw. –, Verspieltheit an den Tag legt. Dieses Kind ist ebenfalls ein phantasieloses Kind und bedarf der oben angeführten Therapie.

Die Zerstörungswut des Kindes ist eine vorübergehende Erscheinung. Sie fängt meist als harmloser „Forschungsdrang" an und läßt sich von uns wieder in geordnete Bahnen lenken, wenn wir achtsam sind und die kindliche Phantasie auf eine breite Basis stellen.

## Auf die Leseratten achtgeben!

In einer österreichischen Kleinstadt, in der ich ein Jahr lang lebte, wurde eines Abends eine jüngere Frau überfallen, zu Boden geschlagen und beinahe vergewaltigt. Ihr Schreien aber vertrieb den Täter. Die Suche nach ihm blieb ergebnislos.

Eine Woche später ereignete sich ein zweiter derartiger Vorfall. Wieder wurde der Täter verscheucht. Trotz stärkstem Polizeiaufgebot konnte man keine Spur entdecken. Die Kleinstadt war in Aufregung, keine Frau und kein Mädchen wagten sich abends allein auf die Straße. Die Polizei hatte ständige Einsatzbereitschaft. Ein Suchhund war für alle Fälle herbeigeschafft worden. Dieser stellte tatsächlich einige Tage später den Täter, der einen dritten Überfall versucht hatte.

Die Überraschung war groß. Der lang Gesuchte, um den sich die Handschellen schlossen, war der 15jährige Sohn eines bekannten und geschätzten Bürgers. Die Untersuchung ergab, daß der Bub unter seinem Bett die komplette Serie einer Zeitschrift versteckt hatte, die zu jener Zeit einen unsauberen Artikel in zwanzig Fortsetzungen über einen Monate zuvor zur Strecke gebrachten Sexualverbrecher publiziert hatte. In den Augen des jungen Menschen, der sich in einer starken Pubertätsphase befand, war dieser Verbrecher ein Held. Immer wieder war es ihm gelungen, die Polizei an der Nase herumzuführen, und seine verwegenen Taten versetzten den jungen Leser in einen Rausch der Begeisterung. Unbewußt begann er, sich in die so drastisch geschilderte Rolle dieses Wüstlings hineinzuleben, bis er sie eines Tages selbst spielte.

Während meiner Studienzeit war ich als Werkstudent am Wiener Jugendgericht tätig. Ich könnte daher hundert ähnliche Beispiele anführen, in denen der Einfluß schlechter Lektüre auf den jungen Menschen in der Entwicklungskrise zu verbrecherischen Handlungen geführt hat. Ich habe dabei eines gelernt, daß nämlich die Schuld an dem Abgleiten so vieler Jugendlicher bei uns Erwachsenen liegt. Ein 14jähriger Bub kann sich seiner Triebhaftigkeit schwer erwehren. Wir Erwachsenen aber können von ihm fernhalten, was schlechten Einfluß ausübt. Wir können ihm andererseits gute Einflüsse vermitteln. Wir müssen ihn vor allem innerlich stärken.

Beginnen wir damit schon beim Säugling. Außer der Liebe der Mutter entfaltet im Kind nichts so stark seine seelischen Kräfte wie der Einfluß der gesprochenen oder geschriebenen Worte. Über das gesprochene Wort brauche ich nicht viel zu sagen. Unsere Sprache zum Kind muß immer eine saubere sein. Wie rasch beruhigt sich doch der kleine Schreihals, wenn wir ihm mit guten, ruhigen Worten begegnen. Die Augen des Säuglings sind noch ungeübt, die Händchen ungeschickt, die Ohren aber nehmen schon alles auf. Wer immer gut zu seinem Kind spricht und es möglichst lange von der unlauteren Sprache des Alltags und der Straße fernhält, wird in ihm ein so sicheres

Gefühl für die Sprache aufbauen, daß es trotz der schlechten Ausdrücke, die es später mitbekommt, immer wieder zu diesem Gefühl zurückfinden wird.

Wenn Sie also das Kind in seiner Entwicklung jenen Weg führen, den ich Ihnen bisher mit einfachen Regeln vorgezeichnet habe, werden Sie ganz von selbst die richtige Sprache zum Kind finden. Sie wird von Ihrer Liebe zu ihm und von Ihrer unbeschwerten Fröhlichkeit ihm gegenüber bestimmt sein.

Das geschriebene Wort jedoch ist schwer zu kontrollieren; es wird durch einen kaum mehr überschaubaren Büchermarkt an unsere Kinder herangetragen. Viele Eltern stehen bei der Auswahl dieser Lektüre vor einem schwierigen Problem. Besonders bei der Jugend im Pubertätsalter verlieren sie völlig die Übersicht und lassen die Dinge willkürlich an ihr Kind herankommen. Ab und zu wird ein Schundheftchen gefunden und beschlagnahmt. Aber das ist schon alles. Was ihr Kind an zuträglicher Lektüre braucht, wissen sie meist nicht. Hier liegt die Quelle des Versagens zahlreicher Eltern. Die Folgen sind oft bitter. Der Ärger bei den Eltern ist groß. Wieder einmal haben wir Problemkinder geschaffen. Wir sind aber selbst schuld. Das könnten wir vermeiden. Daher einige Worte dazu. Einen Wegweiser! Überwachen und lenken Sie die Lektüre Ihres Kindes. Es wird dadurch später selbst zum guten Buch finden. Ein gutes Buch bereichert. Es formt und bildet.

Das *Bilderbuch:*

Sehr früh greift Ihr Kind danach, lernt dadurch die Dinge unterscheiden, Formen und Farben kennen. Wählen Sie die geeigneten Bilderbücher. Woran erkennen wir sie?

1. Steife Blätter (andere werden nur zerrissen).

2. Wenige Darstellungen auf einer Seite (zum Beispiel nur ein Hund oder ein Kamm oder eine Bürste oder ein Löffel und ein Teller und eine Kaffeetasse). Zu viele Darstellungen verwirren. Das Kind soll schauen und sich konzentrieren lernen.

3. Ohne Text (er ist bei den ersten Bilderbüchern, die wir unseren Kindern geben überflüssig).

4. Klare Farben.

Wenn das Kind den Umgang mit seinen ersten Bilderbüchern gelernt hat, verschaffen wir ihm nach und nach Bilderbücher mit kurzen, einfachen Texten. Lesen Sie diese durch, bevor Sie ein Bilderbuch kaufen. Sie werden sofort herausfinden, ob es sich um einen klaren, ansprechenden Text handelt.

Das *Märchenbuch:*

Manche meinen, Märchen wären gar nicht sehr geeignet für Kinder. Da gibt es soviel Böses, da fließt Blut, da wimmelt es von Geistern und Hexen. Das Kind würde nur verängstigt.

Nun sind die Volksmärchen, wie sie von den Gebrüdern Grimm gesammelt wurden, ursprünglich auch gar nicht für Kinder bestimmt gewesen. Dennoch entsprechen sie in hohem Maß den seelischen Bedürfnissen dieser Altersstufe. Das Märchen gibt dem Kleinkind und dem jüngeren Schulkind sprachliche Anregung, erweitert seinen Vorstellungskreis und bereichert sein Gefühlsleben. Es setzt aber zweifellos beim Kleinkind das Erzählen – anstelle des Vorlesens! – und die körperliche und seelische Geborgenheit voraus. Die ängstliche Spannung, in die das Kind versetzt wird, seine Konfrontation mit dem Bösen, mit Lüge, Gewalt, Ungerechtigkeit usw., sind gewissermaßen eine Vorbereitung auf die Bewältigung des rauhen Daseins, eine Auseinandersetzung mit dem Du. Bauen wir also das Märchen schon im Vorschulalter in die Erziehung ein, aber halten wir uns dabei an die guten alten und bewährten Märchen; an die Gebrüder Grimm oder an Hans Christian Andersen, an Ludwig Bechstein oder an Wilhelm Hauff. Und zum wertvollsten Märchenbuch möchte ich „Das alte Haus" von Wilhelm von Matthiessen erklären, das so tief in die kindliche Gedankenwelt eindringt.

Märchen halten sich lang; man kann eigentlich nicht sagen, wann sie das Kind beiseite schiebt. Im Grunde genommen nie. Immer wieder kehrt es zu ihnen zurück, denn ihr Bogen spannt sich weit, bis hinein in das Alter des Menschen.

In den Bereich der Märchenbücher fallen aber auch die Geschichten eines Wilhelm Busch und der vielgeliebte, von Heinrich Hoffmann geschaffene „Struwwelpeter", um nur zwei bedeutende Vertreter aus einer lange Reihe guter Kinderlektüre zu nennen. Im Vordergrund aber möge immer das echte Märchen stehen.

Das *Abenteuerbuch:*

Es ist für Jungen geschaffen und wird der Periode einer aufkeimenden starken Lösungsphantasie im Kind gerecht. Die Jungen überfällt meist im Alter von zehn Jahren eine rechte „Lesewut". Das Märchen allein tut es da nicht mehr. Das bereits gefestigte Ichbewußtsein des Kindes drängt hinaus in die Ferne, von der Geborgenheit der Familie weg in die unsichtbare Welt der Abenteuer und Romantik. Robinson Crusoe steht hier richtungweisend Pate, bald gefolgt von Karl May und Coopers „Lederstrumpf", dem Helden aufregender Indianergeschichten. Der Griff zu den Sagen und Heldengeschichten bedeutet eine beruhigende Weiterentwicklung des Leseinteresses, ebenso wie zu den Reise- und Entdeckungsberichten, die es heute in so reichem Angebot gibt. Schließlich kommen altersentsprechend Sachbücher dazu, technische Erzählungen, utopische Romane und Naturschilderungen, deren Wahl manchmal schon Reifen zu einem bestimmten Beruf ausdrücken kann.

Tritt unser Junge in diese Periode der Abenteuerbücher, dann müssen wir wachsam werden. Die kleine Leseratte ist voll phantastischer Ideen, anfällig für jede Art schlechter Lektüre, die der Bücher- und Zeitschriftenmarkt – diese Anfälligkeit unserer Jugend geschäftstüchtig ausnutzend – ihr reichlichst heranzutragen wissen. Gestern waren es „Rolf Torring" und „Tom Shark", heute sind es

„Comics" und Abenteuerhefte. Daß in Deutschland jährlich über 200 Millionen Comic-Heftchen verkauft werden und in Österreich rund 20 Millionen, möge Ihnen alles sagen. Sie leiten die kindliche Phantasie in die Irre, verblöden und verbilden, stopfen in die Gehirne der jungen Menschen verworrene Vorstellungen und falsches Heldentum. Reden Sie ruhig mit Ihrem Jungen, wenn Sie solche Hefte bei ihm finden – und Sie werden sie sicherlich finden. Ein bloßes Verbot schafft sie nicht aus seiner Gedankenwelt, nur ein verständnisvolles Aufklären, wie dumm und kindisch diese Lektüre ist. Sorgen Sie dafür, daß Ihr Bub ein gutes Abenteuerbuch bekommt. Lehrer und Buchhändler werden Ihnen bei der Auswahl gern behilflich sein. Oder Sie unterrichten sich anhand der Empfehlungslisten. Bald wird Ihr Bub über solch guter und der Flegeljahrromantik entgegenkommender Lektüre die „Comics" vergessen haben.

Das *Mädchenbuch:*

Wie unsere Jungen, überfällt auch unsere Mädchen um das zwölfte Lebensjahr zumeist eine Begeisterung für das Buch. Wenn sie auch oft nicht weniger wild umhertollen und die Mutter stöhnt: „Helga ist ärger als ein Junge!", so wächst doch innerlich schon etwas Fraulich-Mütterliches heran.

Es ist nicht so arg, wenn sich Ihre Tochter ebenfalls für Karl May und Robinson Crusoe begeistert. Meist liegt es nur daran, daß wir unserer Tochter das ihr entsprechende Buch noch nicht in die Hand gegeben haben. Es wird aber höchste Zeit. Denn Ihr Mädchen beginnt sich zurückzuziehen, während die Buben hinausdrängen und sich zu Gruppen zusammenschließen. Es wird schwärmerisch und seltsam, hat gar keine richtige Freundin mehr und ist voll stiller Gedanken oder kindischer Ideen.

Verschaffen wir unserer Tochter daher eine neue und treue Freundin: das Mädchenbuch. Aus guten Mädchenbüchern führt ein Strom des Verstehens zum Innenleben unserer Tochter. Was uns als Eltern oft kaum gelingt, vollbringt so ein Buch, nämlich den natürlichen Übergang vom Kind zum Mädchen zu schaffen – ohne Aufregung, ohne Tränen und Verdruß.

Abgesehen von den schon klassischen „Trotzkopf-Geschichten" Else Wildhagens und den „Heidi"-Büchern von Johanna Spyri, werden Sie auf dem Büchermarkt noch viele wertvolle Mädchenbücher entdecken. Lassen Sie sich in einer guten Buchhandlung beraten. Nehmen Sie auch Leihbüchereien in Anspruch. Ihre Tochter wird dort bald die richtige Auswahl treffen und durch diese selbständige Wahl sich unbeeinflußt fühlen. Und Mädchen sind in diesen Jahren empfindlich. Häufig versperren Eltern ihrer Tochter den Weg zur guten Lektüre einfach dadurch, daß sie ihr schimpfend ein Karl May-Buch entwinden und ihr einen „Trotzkopf"-Band aufdrängen. Damit fördern sie nur einen neuen Trotzkopf.

Hat sich in Ihrem Kind einmal der Geschmack für gute Literatur herangebildet, wird es innerlich gegen schlechte Büchter und Zeitschriften bald gewappnet sein.

## Und die Pornowelle?

Ein jahrelang verbissen geführter Kampf gegen „Schmutz und Schund" in der Literatur, vor allem gegen Pornographie, hat nie zu einem durchschlagenden Erfolg geführt. Vielmehr sind die Porno-Paragraphen heute in vielen europäischen Ländern aus dem Gesetzbuch verschwunden. Der Pornowelle wurden Tür und Tor geöffnet. Katastrophal? Ich glaube nicht, daß wir darüber jammern sollten. Der Unterschied liegt heute nur darin, daß die Pornographie sich nicht mehr heimlich unter die Schulbänke verkriechen muß. Was nützt es, wenn wir unser Kind zu Hause vor Pornographie behüten und die Straße sie ihm aufdrängt? Wir müssen nun einmal die Reizwelt, die uns umgibt, als Gegebenheit hinnehmen und können unser Kind davor nicht steril halten. Wir können nur eines tun: Unser Kind innerlich festigen, innerlich reif machen.

Es ist wie mit den Krankheiten. Je mehr wir ein Kind behüten, von anderen Kindern fernhalten, es in dicke Schals wickeln und ihm Hustenbonbons in den Mund schieben, desto größer wird seine Anfälligkeit. Wenn wir aber die inneren Abwehrstoffe mobilisieren, kann es der Krankheit trotzen. Impfen wir unsere Kinder auch im Geistigen, das heißt: Geben wir ihnen guten Lesestoff!

Daß wir Erwachsenen nicht unbekümmert jegliche Illustrierte und Boulevardzeitung mit nach Hause tragen sollten, brauche ich wohl nicht zu betonen. Jeder verantwortungsbewußte Erzieher wird das Kind so lange als möglich von derartiger Literatur fernhalten. Auch hier lernt das Kind am Vorbild der Eltern.

Der amerikanische Publizist Rosco Brown Fisher erklärte, daß die Eltern daran schuld seien, wenn sich die Jugend heute so viel schlechten Lesestoff zu Gemüte führt. „Die Menschen schätzen heute ihr Auto leider höher als ihren Geist", betonte der bekannte Publizist. „Für ihren Wagen ist ihnen der beste Treibstoff gerade gut genug, während sie ihrem Geist eine sehr minderwertige Lektüre zumuten." Die Jugend aber würde sich daran ein Beispiel nehmen. Lesestoff ist geistige Nahrung, ist geistiger Treibstoff.

Wie wenig aber achten wir heute darauf, ob unsere Kinder geistig richtig ernährt sind! Dadurch züchten wir Eltern uns geradezu Probleme in der Erziehung. Wir sollten bei der geistigen Ernährung unserer Kinder zumindest soviel Sorgfalt aufwenden wie bei ihrer körperlichen. Bedenken wir:

- Geistige Unterernährung, wie wir sie heute schon bei der Jugend feststellen können, führt zu nichts Gutem. Den schädlichen Einflüssen der schlechten Literatur sind damit die Tore geöffnet. Solche Jugendliche kommen leicht auf die schiefe Bahn.
- Das gedruckte Wort übt einen großen Einfluß auf die jungen Menschen aus. Ein Jugendlicher, der in eine schlechte Einflußzone kommt, kann sich nur mehr schwer befreien. Seine Gedankenwelt wird zermürbt.

Weshalb kümmern wir Eltern uns also nicht mehr um die Lektüre unserer

Kinder? Weshalb überprüfen wir sie nicht aufmerksamer? Weil wir uns zu wenig Zeit nehmen! Weil wir in Buchhandlungen fast nie nach gutem Lesestoff für unsere Söhne und Töchter fragen! Weil wir uns noch nie richtig bewußt gemacht haben, welchen Schaden schlüpfriger Lesestoff anrichtet!

Ich habe jetzt sehr viel über die Beziehung Kind-Buch gesprochen. Mögen Sie daraus ersehen, wie wichtig und wesentlich dieses Thema ist. Es sollte Kind und Eltern all die langen Jahre der Entwicklung hindurch beschäftigen.

## Fernsehen ohne Ärger

Mehr noch als Spiel und Lesen sind Radio und Fernsehen Begegnung des Kindes mit der Welt. Lernt es tagsüber die unmittelbare Umwelt kennen, so öffnet sich ihm gegen Abend, wenn die „Flimmerkiste" in Betrieb gesetzt wird, auch die große, weite Welt. Da erlebt es Tiere, die es bisher nicht zu Gesicht bekommen hat, da sieht es fremde Menschen, und da springen ihm urkomische Gestalten aus Trickfilmen entgegen. Das Fernsehgerät ist ein Miterzieher geworden. Wie sollten wir Eltern uns diesem Miterzieher gegenüber verhalten?

Mein Großvater machte einmal jährlich mit seinen neun Kindern einen Ausflug von Hofgastein nach Goldegg im Pongau. Zu Fuß, natürlich. Meine Mutter erzählt gerne davon und berichtet, wie aufregend es immer war, wenn ihnen bei Schwarzach ein Zug begegnete. Kaum war er von weitem zu hören, kommandierte Großvater seine Kinderschar in den Straßengraben, wo sie sich flach auf den Boden legen mußte. Er selbst warf sich ebenfalls ins Gras. Zischend und pfauchend kroch der Zug vorbei. Die Mädchen und kleinen Buben zitterten vor Angst, nur die älteren Buben schauten nach dem langen schwarzen Ungetüm auf den Schienen. Ihnen war dabei nicht sehr wohl zumute, denn ausdrücklich hatte doch ihr Vater gesagt, daß diese neumodische Eisenbahn ein Teufelswerk sei und man schon vom Hinsehen allein Schaden an Körper und Seele erleiden könne.

Unterdessen hat meine Mutter die Entwicklung des Flugwesens miterlebt, die Landungen auf dem Mond beobachtet und nie Angst gehabt, selbst in ein Düsenflugzeug zu steigen. Derart ändert sich unsere Einstellung zur Technik innerhalb weniger Jahrzehnte und ändert sich immerfort. Wir können uns dem Fortschritt nicht verschließen, sondern müssen uns ihm anpassen.

Das Fernsehen ist längst in unseren Alltag und in unsere Familie so hineingewachsen, daß ein Bedauern darüber nur anzeigt, daß wir in gewisser Hinsicht mit dieser Tatsache noch nicht fertig geworden sind. Das Fernsehen kann jedoch, bei richtiger Auswahl der Sendungen, erzieherischen Wert haben. Gefahren lauern aber dann, wenn

1. der Fernsehapparat im Schlafzimmer des Kindes oder in einem anschließenden Raum aufgestellt wird, so daß eine dauernde Störung des Schlafes gegeben ist;
2. von seiten der Eltern weder strikte Gebote bezüglich der Sendungen bestehen, die ein Kind sehen darf, noch bezüglich der täglichen Schlafenszeiten, so daß Kinder fallweise oder immer zu spät schlafen gehen und auch Darbietungen sehen, die für sie ungeeignet sind. Da kommt es dann leicht zu Konzentrationsstörungen, und die Schulleistungen lassen rapid nach;
3. das „Zueinander" der Familie durch den Einfluß des Fernsehapparates zu einem „Nebeneinander" wird. Eltern – und auch Kinder – flüchten in die so leicht gebotene Ablenkung vor der Verpflichtung, sich miteinander zu beschäftigen.

Die richtige Plazierung des Gerätes, eine überlegte Auswahl der Sendungen für die Kinder und die Bedachtnahme auf das Zusammenleben der Familie können die Gefahr des Fernsehens vermeiden helfen.

Sehr wichtig ist es, mit dem Kind Hörfunk- oder Fernsehsendungen, die es gehört oder gesehen, beziehungsweise Bücher, Zeitungsberichte oder Zeitschriften, die es gelesen hat, zu besprechen.

Dadurch legen wir frühzeitig den Grundstein zu einer kritischen Einstellung. Wir können dem zehnjährigen Horst nicht verbieten, den Bericht über eine aufregende Mordgeschichte in der Zeitung zu lesen, und es wäre verkehrt, der neunjährigen Helga die Zeitschrift wegzunehmen, weil sie darin ein paar Nacktfotos finden wird. Aber in keinem Fall sollten wir es verabsäumen, dann darüber zu sprechen. Der junge Mensch muß dazu erzogen werden, sich mit den Massenmedien auseinanderzusetzen. Jedes Kind in dieser Du-Phase seiner Entwicklung hat die Anlage zu einer kritischen Einstellung. Sie muß nur geweckt und gepflegt werden.

## 2. MAN SOLLTE WISSEN,

DASS DIE SCHULE EIN WUNDER PUNKT UNSERER GESELLSCHAFT IST, UND WIE WIR DEN BELASTUNGEN DURCH DIE SCHULE ENTGEGENWIRKEN KÖNNEN.

### Gesprächsthema Nr. 1: Schulsorgen

Die Schulen werden von den Erwachsenen für die Kinder eingerichtet. Sie dienen, wie wir wissen, der Gesellschaft, da sie ihr vorgebildeten Nachwuchs zuführen. Sie dienen aber zugleich auch den Kindern, zumal sie diese mit Kenntnissen und Fertigkeiten ausrüsten, die sie brauchen werden, um in der

Welt der Erwachsenen etwas leisten und sich bewähren zu können. In der Schule sollte daher gelehrt und gelernt werden, was zu den Notwendigkeiten des Lebens gehört. Aber dem ist nicht immer so. Vor allem heute nicht, da die Anforderungen des immer hektischeren Daseins in einer pluralistischen Gesellschaft mit der Ausbildung in der Schule nicht immer im Einklang stehen. Die Schule jedoch hat es schwer. Viele Schulgebäude sind unzulänglich geworden, Klassenräume sind überfüllt, Lehrmaterial fehlt da und dort, Auslandskinder mögen die Arbeit erschweren, und die gesellschaftliche Stellung und Bezahlung der Lehrer hinken anderen Berufsgruppen noch immer nach. Freilich ist viel in Fluß gekommen und vieles im Umbruch. Aber Unzufriedenheit auf beiden Seiten ist immer wieder spürbar.

Ich wollte diese Gedanken nur andeuten, damit Sie, liebe Mütter und Väter, viel Verständnis für Situationen aufbringen, vor die Schule und Elternhaus in gleichem Maß heute gestellt sind. Und sobald Ihr Kind in die Schule kommt, kreisen die Gespräche aller betroffenen Eltern um „Schulschwierigkeiten". Was man da nicht alles zu hören bekommt! Fast möchte man meinen, es könnte gar nicht anders sein, als daß mit Einsetzen der Schulzeit die Probleme beginnen und bald zu ewigen Sorgenquellen der Eltern werden. Das eine Kind ist frech, das andere unkonzentriert, dieses Mädchen schafft nicht den Sprung in die Oberstufe, jener Junge muß die Klasse wiederholen usw. Alles scheint schiefzugehen, und der einzige Trost der Eltern ist vielleicht nur die Unterhaltung mit anderen Eltern, denen es auch nicht besser geht.

Ja, diese Schulschwierigkeiten! Vor allem dann, wenn der Junge oder das Mädchen der Pubertät zusteuert oder sich überhaupt schon in der Reifezeit befindet. Aber so schlimm ist es gar nicht. Wir haben als Eltern in der Erziehung heute nur vielfach die Übersicht verloren. Und nun rudern der zehnjährige Bub und das achtjährige Mädchen allein dahin. Wir müssen uns eingangs eine gewisse Nachlässigkeit eingestehen, denn wir laufen wieder einmal Gefahr, in der Erziehung zu versagen, obwohl etwas mehr Kenntnis und Bereitschaft, auf die wirkliche Problematik einzugehen, alles besser machen könnten. Gerade was Schulsorgen betrifft, ist es nicht so schwierig, wie man meint, den goldenen Mittelweg in der Erziehung zu gehen.

Dazu aber müssen wir uns bewußtmachen, was die Schule im Erleben des Kindes bedeutet, nämlich, daß sie ein wesentlicher Faktor in seinem Erziehungs- und Reifeprozeß ist. Daher müssen wir die Schule und ihre Wirkung auf unser Kind kennenlernen.

Aber auch aus anderen Gründen sollten wir Eltern die Schule unter die Lupe nehmen. Wir wissen um die Auseinandersetzung, die es heute um die Probleme der Chancengleichheit in den Schulen, der Schüler-Emanzipation, der Sexualaufklärung usw. gibt.

Es ist heute eines der Ziele vieler Schulbücher, dem Kind nahezubringen, daß der Mensch ein Produkt der Gesellschaft und alles Gesellschaftliche veränderbar ist. Widersprüche in unserer heutigen Gesellschaft werden aufgedeckt. Diese Auffassung wird nicht nur von Pädagogen vertreten und verbreitet, die im linken Lager stehen, auch Religionslehrer schließen sich diesem Trend an. Einerseits will und soll die Schule die Kinder eben auf das wirkliche Leben vorbereiten und darf ihnen daher nicht eine heile Welt vorgaukeln. Andererseits keimt oft der Verdacht, daß in manchen Fällen einzelne Lehrer durch eine zu frühe oder zu intensive Konfrontation mit den zahllosen Ungerechtigkeiten und negativen Seiten unserer Welt die ihnen anvertrauten Kinder politisch manipulieren wollen. Der bekannte Sozialphilosoph Helmut Schöck konnte bei einer Reihe von bundesdeutschen Schulbüchern sogar die Absicht nachweisen, durch eine generelle Verteufelung unserer Gesellschaftsform, die angeblich nur Ausbeutung der dritten Welt und Umweltzerstörung kennt, bei den Schülern schlechtes Gewissen zu erzeugen und so einen Keil zwischen sie und ihre Eltern zu treiben. Gewiß sind solche Fälle eher die Ausnahme denn die Regel. Niemand sollte von vornherein prinzipiell mißtrauisch gegen die Lehrerschaft seiner Kinder eingestellt sein, aber auch wissen, daß es derartige Tendenzen gibt und ihnen im gegebenen Fall entgegentreten.

Grundsätzlich jedoch muß den Eltern daran gelegen sein, ein gutes Einvernehmen zwischen Schule und Zuhause zu schaffen. Nur so können in Zusammenarbeit zwischen ihnen und Lehrern Brücken vom Klassenzimmer in die Realität des Lebens gebaut werden. Über Schule und Lehrer jammern, führt zu nichts. Mit Schule und Lehrer in Kontakt zu bleiben, Gespräche zu führen und gemeinsam das Beste für das Kind herauszuholen – das bringt den Erfolg.

Angesichts der raschen Entwicklung unserer Gesellschaft – denken wir nur daran, was weltpolitisch stets Neues auf uns zukommt und unser Leben beeinflußt –, ist es verständlich, daß Lehrpläne oft verändert werden müssen. Das mag dann dem zuständigen Ministerium den Vorwurf eintragen, es experimentiere zuviel. Aber wenn dem so wäre, sollte man auch damit leben können. Unser Kind soll es ja nicht in der Schule zu einfach haben. Es soll gefordert werden. Es reift daran. Das kann es aber nicht, wenn sein Geist in Watte eingebettet wird.

## Schule: Die große Unbekannte

Das Kind im Vorschulalter kennt nur die eigene Familie und die Nachbarschaft, vielleicht auch noch den Kindergarten. Es sieht zwar die größeren Kinder in die Schule gehen und hört, daß es das auch einmal dürfen wird, aber wie es in der Schule tatsächlich zugeht, davon weiß es nichts.

Was zum Leben der größeren Kinder gehört, erscheint dem kleineren Kind erstrebenswert. Es möchte selbst auch groß sein und sieht die Zukunft in einem rosigen Licht – normalerweise also auch die Schule. Wenn man ihm das Größerwerden nicht verleidet hat, freut es sich darauf.

Sobald das Kind in die Schule eintritt, wird seine Freiheit eingeschränkt. Es kommt in eine Klasse von Gleichaltrigen; es lernt von dort aus aber auch die Welt der größeren Kinder kennen, die in dem gleichen Schulhaus sind. Die Schule ist zunächst ein fremder Ort, verschieden vom Heim der Eltern. Es hängt für das Kind viel davon ab, wie es auf diesen Übergang vorbereitet worden ist: ob es dem Neuen erwartungsvoll entgegensieht, ob es freudig zum Mitmachen bereit ist oder ob es sich ängstlich, verschlossen und aggressiv verhält. Wenn die Eltern der Schule mißtrauisch gegenüberstehen, wenn zu Hause über den Lehrer geschimpft wird, wenn das Kind sich selbst überlassen bleibt, wird der Start in der Schule ein schwieriger werden. Daß die Mütter meist froh sind, ihre Sechsjährigen wenigstens für den halben Tag los zu sein, ist an sich noch kein Anzeichen für die positive Einstellung des Elternhauses zur Schule.

Durch den Schulzwang wird das Kind aus dem engen und oft so beschränkten Erfahrungskreis der Familie herausgeholt. Es wird in eine größere Gruppe hineingestellt; es lernt Dinge, die es zu Hause nur in Ausnahmefällen lernen könnte. Diese fremde Welt tritt ihm anfangs meist freundlich entgegen. Sie ist ja noch nicht die wirkliche Welt, sondern ein geschützter Lebensraum, der für Kinder geschaffen wurde, der den Kindern zugewandt ist, auch wenn er schon einen Schritt von Mutter und Vater fortführt.

Nicht nur das Kind, sondern auch die Schule muß auf den Übergang vorbereitet sein! Der Lehrer, die Lehrerin sollten wissen, wie verletzbar die Kinder noch sind, wie empfindlich ihr Lebensgefühl ist, wie sehr ihr innerer Frieden und ihre Leistungsfähigkeit vom Wohlwollen und vom Zuspruch ihrer Umgebung abhängen. Der Lehrer sollte nie vergessen, wie wenig er über die Kinder weiß, wie beschränkt alle seine sogenannten Erfahrungen aus vielen Dienstjahren eigentlich sind. Die Schule darf nicht kalt, nüchtern oder rein sachlich wie manches Büro sein; sie braucht eine warme Atmosphäre, in der sich das Kind lösen und Vertrauen gewinnen kann. Trotzdem wird die Schule dem Kind vorerst fremd bleiben.

Diese Fremdheit liegt daran, daß hier weniger kindliche Maßstäbe gelten, als sie das unbeschwerte Kind von zu Hause kennt. Es sind, in mancher Hinsicht, schon ganz erwachsene Maßstäbe, die da angelegt werden. Dies zeigt sich u. a. an der Bedeutung, die jetzt die Zeit im Leben der Kinder gewinnt. Es wird mit ihr gemessen: „Wie alt bist du?", „Warum bist du zu spät gekommen?", „Seht zu, daß ihr zeitgerecht fertig werdet!" etc.

Gewiß erlebt das Kind schon vor dem Eintritt in die Schule einen geregelten Tagesablauf. Aber nun wird die Uhr bestimmend. Es muß aufstehen und sich den ganzen Tag anstrengen, um in der ihm zur Verfügung stehenden Zeit fertig zu werden. Die gesamte Schule ist an die Zeit gebunden – man muß hinzufügen: glücklicherweise, denn sie beginnt nicht nur „auf Zeit", sondern sie endet auch „auf Zeit". Um zu verstehen, was die Schule Neues bringt, muß man sich daran erinnern, daß in der frühen Kindheit die objektive Zeit noch gar nicht erfaßt werden kann. Das Kind abstrahiert noch nicht den Zeitmoment von dem, was es in der Zeit erlebt. Zeit ist ihm jene Ordnung, in der es seine Ziele verwirklicht, seine Wünsche stillt, seine Befürchtungen realisiert findet. Sein durch Erlebnisse gegliederter Tagesablauf ist noch gleichbedeutend mit seinem subjektiven Zeiterleben. Die Vergangenheit und die Zukunft sind für das Kleinkind nur überschaubar, indem es sie mit besonders wichtigen Ereignissen in Verbindung bringt: „Als das Christkind da war", „als ich mit dem Dampfer fuhr", „wenn ich Geburtstag habe", „wenn ich in die Schule gehe", usw.

Wenn das Kind nun in die Schule geht, macht es notgedrungen mit der objektiv meßbaren Zeit Bekanntschaft. Wenn es „um fünf nach acht" statt um acht ankommt, erfährt es unmittelbar aus der Situation der Klasse, die schon mit der Arbeit begonnen hat, was „Zu-spät-Sein" heißt. Die Schule fängt nach der Zeit an, sie hat Stunden, sie hat einen Stundenplan, sie hat Jahre und sie hat Semester. Das größere Kind weiß schon, daß dieselben Stunden regelmäßig wiederkehren, ob man es mag oder haßt oder fürchtet. In dieser schulischen Zeitordnung unterliegt es dem Zwang einer objektiven sachlichen Ordnung, die sich nicht nach den eigenen Wünschen richtet. Das ist ein wichtiger Beitrag zur Erziehung. Das Kind erlebt, was Pflicht heißt; es lernt, mit seinen Aufgaben rechnen und wird dadurch selbst „stetig und berechenbar". Nach einiger Zeit ist, im Hinblick auf das Zeiterleben, die Schule nicht mehr die „fremde Welt", die sie am Anfang war. Das Kind ist ein „Schulkind" geworden.

Die Schule ist jedoch keine Familie und darf auch keine sein. Sie muß auf die Welt der Erwachsenen vorbereiten, und das tut sie, indem sie Leistungen fordert und diese beurteilt. In der Schule begegnet das Kind der Aufgabe. Es ist ihr Zweck, zur Arbeit an einer Aufgabe zu erziehen.

Freilich gibt es auch bereits im Elternhaus Aufgaben zu erfüllen. Aber dort tritt die sachliche Forderung noch zurück hinter die Anerkennung um jeden Preis. Die Familie ist der Ort der Geborgenheit, wo man immer Zuflucht findet, wo man ohne Einschränkung gut aufgehoben ist. So sollte es wenigstens im Normalfall sein, sonst kann das Kind jene nötige Zuversicht und das Selbstvertrauen nicht gewinnen, die es in der großen fremden Welt bald benötigen wird. Die Familie muß der Ort der Wärme sein; hier muß das Kind bejaht werden; hier muß es noch weitgehend frei von seinen Aufgaben leben können. Jedes Kind braucht diese selbstverständliche, aufgabenfreie Geborgenheit, in der es nur *Kind* ist und allein deswegen anerkannt wird. Es braucht aber ebensosehr die Begegnung mit sachlichen Forderungen, mit unausweichlichen Aufgaben, die auch dann und zu der Stunde gelöst werden müssen, wenn es dazu keine Lust hat. Die Aufgaben, die das Kind im Rahmen der Familie selbst gewählt oder freundlicherweise übernommen hat, genügen nicht, um es für das verantwortliche Leben in der Welt der Erwachsenen gut zu rüsten. Dazu muß es unbedingten Forderungen unterworfen werden.

In den einfachen Lebensverhältnissen der vorindustriellen Gesellschaft haben sich diese Forderungen aus dem Zwang, sich durch die Arbeit seiner Hände am Leben zu erhalten, von selbst ergeben. Die ernsthaften Aufgaben lagen schon den Kindern anschaulich vor Augen. Je kräftiger und geschickter sie wurden, desto größere Aufgaben lernten sie anzupacken. Heute leben wir jedoch nicht mehr als Bauern, Hirten, Fischer oder einfache Handwerker. Die Arbeit der Erwachsenen ist für die Kinder in die Ferne gerückt; sie ist unanschaulich und geschieht außerhalb ihres Erfahrungskreises. Sie hat zumindest auch komplizierte Voraussetzungen und erlaubt gar nicht mehr ein schrittweises Hineinwachsen der Kinder durch bloßes Zuschauen, Nachahmen und Üben.

Zwischen der sorglosen Kindheit im Schoß der Familie und den Härten der Arbeitswelt ist in der modernen Gesellschaft für alle Kinder die Schule eingeschoben. Sie ist eine Stätte des Überganges und hat zweierlei zu tun: noch zu behüten und bereits zu fordern. Sie stellt Aufgaben und lehrt, an ihnen zu arbeiten. Diese Aufgaben sind meistens nicht selbst gewählt. „In die Schule gehen" bedeutet also auch: zu lernen, Aufgaben zu übernehmen, die aus fremder Initiative gestellt worden sind. An solchen Aufgaben selbständig zu arbeiten, lernt das Kind aber nur dann, wenn es auch durch seine eigene Initiative herausgefordert wird, wenn man ihm einen gewissen Spielraum gewährt. Deshalb soll die Schule an die kindlichen Interessen anknüpfen; der Unterricht soll auswerten, was die Kinder an Erfahrungen von draußen bereits mitbringen. Es muß aber auch noch Zeit für das Spiel bleiben. Alle diese Forderungen ergeben sich aus der eigentümlichen Zwischenstellung, die die Schule einnimmt: ihre Besucher sind noch Kinder und doch zugleich schon „groß". Sie werden von Jahr zu Jahr größer. Man muß die Anforderungen an sie steigern, aber man darf sie dabei nicht zu rasch aus dem Reich der Kindheit verjagen; man darf sie nicht als „kleine Erwachsene" ansehen und behandeln.

Es erfordert vom Lehrer große Kunst, hier den richtigen Weg zu finden. Er muß nicht nur in der Welt der Aufgaben, sondern auch in der des Kindes zu Hause sein. Er muß das Kind fähig machen, eine Aufgabe auf sich zu nehmen. Die Aufgaben werden immer im Mittelpunkt des Schullebens stehen müssen. Aber nicht, weil der Lehrer es so will, sondern weil das Leben es erfordert, weil das Kind etwas lernen muß, um sein Leben meistern zu können. Oft ist es möglich, die Aufgaben so zu gestalten, daß sie dem kindlichen Interesse sehr nahekommen. Grundsätzlich kann dem aber nicht immer so sein. Die Aufgabe ist eine Brücke, über die das Kind aus seiner vertrauten, geschützten, persönlichen Welt in die sachliche Welt der Forderungen und der Leistung geführt wird. Aber dies muß mit Feingefühl geschehen, mit Verständnis für das Weltbild des Kindes. Man muß richtig einzuschätzen versuchen, inwieweit das Kind belastbar, ob es für eine bestimmte Aufgabe schon tragfähig ist.

Viele Lehrer, vor allem die der allgemeinbildenden höheren Schule, sind zu schnell bereit, in das Lob der Aufgabe einzustimmen und überzeugt zu sagen:

„Anforderungen müssen sein! Das Leben ist ernst! Da gilt nur die Leistung! Die Schule ist kein Spielplatz! Hier muß man sich um die Sache mühen! Wer das nicht will, wer das nicht kann, gehört hinaus!" Wer das als seine Überzeugung ausspricht, ohne über die andere Seite der Sache – über das Kind und dessen begrenzte Belastbarkeit – etwas hinzuzufügen, der verkennt eben, daß die Schule als Brücke in die Erwachsenenwelt zu dienen hat, daß sie diese Erwachsenenwelt aber noch nicht im vollen Sinn ist und auch nicht sein soll. Er redet wie ein Betriebsleiter, wie ein Wirtschaftsführer, aber nicht wie ein Erzieher. In der Schule kommt es auf die Leistung an, aber nicht auf die Leistung schlechthin, sondern auf die angemessene Leistung! Wo das übersehen wird, herrscht ein starrer Drill, der jede spontane Lernbereitschaft lähmt. Wer das Kind überfordert, erweist weder ihm noch der Gesellschaft einen Dienst.

Ein Kind, das erzieherisch nicht verdorben ist, lernt von sich aus gern. Oft versagt das Elternhaus, ebensooft aber auch die Schule. Man darf die Tatsache, daß so viele Kinder schulmüde und übersättigt sind, nicht einfach teilnahmslos hinnehmen. Wie kommt es, daß Kinder am liebsten gar nicht lernen möchten? Sehr häufig müssen sie mehr oder anders lernen als sie können; oft unter Zwang, in Angst und ohne guten Zuspruch. Geistige Ermüdung und Schulunlust sind Zeichen dafür, daß die Schule den Kindern nicht ganz gerecht wird. Sie zwingt sie häufig zu einseitig dazu, immer nur aufzunehmen, zuzuhören, sich etwas einzuprägen und dann wieder herzusagen. Eines Lebens, das allzu tatenarm und ereignislos ist, werden die Kinder bald überdrüssig. Es ist der Sinn der Ferien und des aufgabenfreien Wochenendes, einen Ausgleich zur einseitigen Belastung durch die Leistungsansprüche der Schule zu sichern. Dieser Ausgleich kann aber nicht allein von den Ferien erwartet werden; man muß sich auch während der Schulzeit darum bemühen.

Deshalb pflegt die moderne Schule neben dem Unterricht auch das Schulleben: die Geselligkeit, das Spiel und die Feier, den Sport und das Musizieren, das Werken und das Wandern. Das sind nicht Zutaten, die vom sogenannten „Wesentlichen" ablenken, sondern notwendige Ergänzungen in einer Zeit, die die Schule allzuleicht völlig unter das Gesetz der Leistung zu stellen droht. Gerade um etwas leisten zu können, darf das Kind nicht ständig angespannt sein. Es muß sich auch immer wieder im ungezwungenen Umgang mit seinesgleichen, in einem aufgabenfreien Raum lösen können. Darin liegt auch der Sinn der großen Pause, die den Schulvormittag in zwei Abschnitte teilt. Sie muß lang genug sein, um ein entspannendes Spiel und gesellige Unterhaltung der Schüler untereinander zu ermöglichen. Sie ist nicht einfach eine routinemäßige Unterbrechung des Unterrichts, sondern hat erzieherischen Sinn.

## Die Schule verändert unser Kind

Wenn die geselligen Möglichkeiten des Schullebens gut genützt werden, können sie die Einseitigkeit, die der aufgabenbestimmte Unterricht unvermeidlich mit sich bringt, erfolgreich ausgleichen. Dieser Ausgleich ist notwendig, denn das Kind muß ja bei den Aufgaben nicht nur etwas leisten, sondern seine Leistung wird auch beurteilt. Es wird festgestellt, wie gut oder schlecht sie ist. Es wird dem Kind sogar gesagt, wie „gut" oder „schlecht" es als Ganzes, als Person, in diesem oder in jenem Fach oder überhaupt im gesamten Unterricht ist. Es wird ihm seine Position im Vergleich zu den anderen gezeigt.

Das sind Erfahrungen, wie sie im Kreis der Familie oder der Spielgefährten nie gemacht werden können. Sie sind notwendig, denn in der Welt der Erwachsenen wird jeder unterbittlich nach seiner Leistung gemessen, vorgezogen oder zurückgesetzt, ausgewählt oder abgelehnt. Aber auch in dieser Hinsicht gilt, daß die Schule noch nicht die „richtige" Welt der Großen ist. Sie kann und darf dem Kind das Erleben des Versagens nicht ersparen; sie muß die Unterschiede der Leistung, den Grad des Abstandes, der das eigene Werk von einem vollkommenen Werk trennt, kennzeichnen. Aber der Lehrer darf das Kind nicht gefühllos dem Erleben seiner Niederlage und seines Ungenügens überlassen. Er muß ihm über das Versagen hinweghelfen. Im Leben draußen tut das gewöhnlich niemand mehr. Aber die Schule soll ja schonend auf dieses Leben vorbereiten, und dazu gehört, daß sie nicht nur Leistung fordert, sondern sich auch immer wieder auf die Seite des Kindes stellt und damit rechnet, wie sehr es durch sein Versagen getroffen werden kann. Die Schule ist ja nicht dazu da, dem leistungsschwachen Kind das Gefühl, „dumm" zu sein, einzuprägen, sondern es zu ermutigen, das zu leisten, was in seinen Kräften steht. Einem Kind, das in der Schule richtig geführt wird, ist es bald selbstverständlich, Aufgaben anzunehmen, die eigene Leistung zu kontrollieren und nach neuen Gegenständen des Wissens zu suchen.

Wir müssen uns daran erinnern, daß der Mensch nicht fertig, sondern als weltoffenes, bildungs- und lernfähiges Lebewesen geboren wird. Diesem bietet nun die Natur, vor allem aber die Gesellschaft mit ihrer Kultur, eine bestimmte Auswahl an Lernmöglichkeiten. Seine Persönlichkeit bildet sich erst schrittweise aus den Erfahrungen, die es mit der Welt macht. Je nachdem, was es lernt, werden die Erfahrungen verschiedenartige sein. Was es lernen kann, hängt aber wieder davon ab, welche Lernmöglichkeiten ihm in seiner Umwelt offenstehen. Gegenstände und Handlungsweisen, mit denen sich das Kind auseinandersetzen muß, sind in seiner Umwelt einfach präsent, ohne daß es sich Gedanken darüber macht. Sie gelten als selbstverständlich, ebenso wie es selbstverständlich ist, daß andere fehlen. Ein Bauernkind vermißt auf seinem Hof kein Mikroskop, das Stadtkind im dritten Stockwerk keine Sense. Neben diesen jedem Lebenskreis eigenen Lernmöglichkeiten gibt es aber auch andere, die systematisch geordnet sind und dem heranwachsenden Menschen planmäßig nahegebracht werden. Er soll bestimmte Kenntnisse und Fähigkeiten erwerben, die die Gesellschaft für ihre unmündigen Mitglieder als wichtig erachtet. Die Schule hat die Aufgabe, diese auf ein klar umrissenes Ziel ausgerichteten Kenntnisse und Fähigkeiten zu vermitteln. Wer die Schule acht, neun oder zwölf Jahre lang besucht, wird von ihr geprägt. Er wird durch sie verändert, wird in vieler Hinsicht ein Kind der Schule, das heißt, er wird geformt durch alles, was dort gelehrt, geübt oder getan wird. Darum ist die Schulpolitik in der modernen Gesellschaft von zentraler Bedeutung. Es hängt für die Zukunft des einzelnen wie für die der Gesamtheit davon ab, welche Ziele der Jugend vor Augen gehalten und welche Fertigkeiten ausgebildet werden.

In der Schule dominiert vorwiegend die Ausbildung des Intellekts. Das Kind muß aus seiner Naivität, aus seinem gefühlsbetonten Weltbild herausgelangen. Aus diesem Grund muß die Schule intellektuelle Forderungen stellen, den Schwerpunkt der kindlichen Erlebnisfähigkeit auf intellektuelle Leistungen verlegen. Wäre die Schule dem Kind völlig angepaßt, ihr Geist völlig von der kindlichen Erlebnisweise bestimmt, wäre sie als Institution wertlos.

Aufgabe des Lehrers ist es, das Kind zu entkindlichen. Er sorgt dafür, daß ihm die Welt, mit der es bisher verschmolzen war, zum Gegenstand der Erkenntnis wird. Es muß lernen, die Dinge, die Menschen und die Ereignisse zu verstehen und zu erklären. Es sammelt Tatsachen, untersucht, ordnet und interpretiert sie. So entsteht im Kind eine Welt von systematisch geordneten Kenntnissen. Diese läßt es bald gar nicht mehr zu, daß das Kind unmittelbar und unreflektiert im Augenblick aufgeht; das kritische Denken ist immer mit dabei, was auch geschehen mag. Das Leben wird indirekter und künstlicher, denn man weiß schon so vieles, bevor man es je erlebt hat. Viele Gegenstände und Ereignisse des Lebens werden intellektuell vorweggenommen; es ist fast unvermeidlich, daß die Spontanität darunter leidet. Viele intellektuelle Erlebnisse sind Erlebnisse aus zweiter Hand. Das bringt Gefahren mit sich, aber man darf nicht verkennen, daß in einer komplexen Kultur vieles Wertvolle und Wesentliche nur indirekt und durch Medien an den Menschen herangetragen werden kann. Das lernende Kind erwirbt sich vieles, was es nie „aus sich heraus" hätte schöpfen können, was es auch nie ohne Anleitung spontan aus seiner Umwelt hätte übernehmen können.

Die Schule fördert die sachliche Erkenntnisfähigkeit, aber sie darf darüber das emotionale Leben des Kindes nicht verkümmern lassen. Der Abstand zwischen der Kinderwelt und der modernen Kultur ist groß. Man muß vorführen, nachhelfen, ja aufnötigen. Aber man darf das Kind nicht entwurzeln, sondern muß ein gesundes Gefühlsleben pflegen. Die Schule verändert die Kinder gefühlsmäßig; das ist unvermeidbar, wenn man sie dazu anhält, der Welt erkennend zu begegnen. Die Welt wird dabei entzaubert, für spontane Gefühle bleibt wenig Raum. Dies bedeutet aber nicht, daß Gefühle von nun an überflüssig sind, sondern nur, daß das Kind auch emotional reifen muß. Und weil die Schule so stark dazu beiträgt, es rational zu bilden, muß sie auch dafür sorgen, daß es emotional nicht verkümmert. In der Volksschule trägt die Konzentration des Unterrichts auf des Kindes nähere Umgebung – die Heimat – dazu bei. In allen Schulen aber müssen die musischen Fächer diesen Dienst der emotionalen Bildung leisten. Hier geht es weniger um das Wissen über Musik, Kunst oder Dichtung, als um das Leben mit ihnen. Die Schule soll Gelegenheit bieten, aktiv zu sein im Singen und Musizieren, im schöpferischen Gestalten, im Erleben der Dichtkunst.

Die Schule verändert das Kind. Ob – aufs Ganze gesehen – zum Guten, hängt wesentlich davon ab, ob der Ausgleich zwischen Intellektualisierung und emotionaler Bildung gefunden wird. Bis das Kind in die Schule kommt, hat es schon viele soziale Erfahrungen hinter sich. Sie beginnen im Umgang mit den eigenen Eltern und Geschwistern; später werden die Nachbarskinder auf der Straße und dem Spielplatz einbezogen. Die eigene Familie erlebt das Kind normalerweise als Ort der unbedingten Sicherheit, an den es sich immer wieder zurückziehen kann, wenn es draußen ungemütlich wird. Die Spielgefährten kann es selbst wählen, freilich nur aus dem beschränkten Angebot, das in seinem Wohnbereich vorhanden ist. Es gibt zu ihnen schon zahlreiche Beziehungen, solche der Zu- wie der Abneigung, der Unterordnung wie der Rivalität. Aber man kann sich immer noch innerlich und äußerlich entfernen, wenn man enttäuscht wird; man kann den Schauplatz diplomatisch oder unter lautem Gebrüll verlassen und zurücksteuern in die Sicherheit des elterlichen Hauses. In der Schule gibt es nichts mehr, was dem Kind noch „gehört", es sei denn seine Schulbank, sein Stuhl, sein Kleiderhaken. Aber sie bietet keine Zuflucht wie das Elternhaus. Wenn man in der Schule weint, gibt es genauso wenig herzlichen Trost wie sonst irgendwo in der Öffentlichkeit. Es gibt hier keine Person, die so zum Kind gehört und so für das Kind da wäre wie die Mutter. Selbst der große Bruder nützt einem hier recht wenig. Man kann ihn zwar im Geist anrufen, aber er schweigt; er kann höchstens „später", „hinterher" – wenn man nichts mehr davon hat – seine Realität beweisen. Oft läßt er einen sogar im Stich und sagt einfach, so sei das Leben nun einmal. Der Lehrer aber tritt an eine Stelle, die früher nur ganz nahestehende und warmfühlende Erzieher innehatten.

Man kann sich in der Klasse seine Gesellschaft nicht selbst wählen. Man muß mit den Altersgefährten auskommen wie „Freitag und Robinson" auf ihrer Insel. Man macht gezwungenermaßen allerlei neue Erfahrungen. Das Zusammenleben fängt von Klasse zu Klasse verschieden an. Manchmal mit einem recht großen erzieherischen Stammkapital, das die Kinder von zu Hause mitbringen, häufiger freilich mit einer bunt zusammengewürfelten Gruppe von Kindern verschiedenster Herkunft, gut erzogenen und vernachlässigten, vorlauten und schüchternen, groben und zarten, tyrannischen und gehemmten. Die harmonische Klassengemeinschaft, in der jeder dem anderen auch innerlich verbunden ist, gibt es nur in ganz seltenen Ausnahmefällen. In der Regel ist die Klasse voller Spannungen, und nur selten gelingt es den charakterlich Besten, sich durchzusetzen. Unter einer oberflächlichen Angepaßtheit an die Schulsituation können sich Praktiken des Dschungelkrieges im Umgang zwischen den sogenannten Kameraden verbergen. In vielen Schulklassen gibt es soziale Tragödien, die dem Lehrer jahrelang verborgen bleiben, weil er naiv ist oder sich bewußt damit zufriedengibt, daß der Unterricht nicht gestört wird. Schulen mit Fachlehrersystem sind in dieser Hinsicht noch mehr gefährdet als die Volksschule mit ihrem Klassenlehrersystem. Wer bis zu 30 Kinder jahrelang begleitet, lernt sie und ihr Zusammenleben besser kennen als der Fachlehrer, der von Klasse zu Klasse eilt, ohne mit einer davon enge Verbindungen zu haben. Die gute Gemeinschaft in der Klasse ist also nicht von selbst da, sondern ist eine Aufgabe für den Lehrer und die Schüler, die gemeinsam gelöst werden muß. Freilich bietet auch die Schule dem Kind meist eine gewisse Sicherheit; die Eltern müssen sich jedoch klar werden, daß diese Sicherheit eine allgemeine ist, nicht die besondere, die gerade diesem ihrem Kind gilt. Lernen aber kann man nur, wenn man sich sicher, aufgehoben und geborgen weiß. Die Klasse ist ja eine Gruppe, die zum Lernen zusammengekommen ist. Deshalb müssen auch die Bedingungen für das Lernen gesichert werden, und zwar für das freudige Lernen, das nie ganz isoliert vor sich gehen kann, sondern mit der Gruppe, im Wetteifer, bei gemeinsamen Aufgaben. Schon um des ersten Zweckes der Schule – um des reinen Lernens willen – bedarf es somit eines guten sozialen Klimas, vor allem aber um der Erziehung, um des Kindes willen!

In einer guten Klasse werden die wertvollen individuellen Unterschiede geschützt und unterstützt. Hier werden die sozialen Tugenden der Kinder ausgebildet und systematisch in den Dienst an der Gemeinschaft gestellt. Hier gibt es Zusammenarbeit an gemeinsamen Aufgaben, geistigen Austausch, gegenseitiges Helfen, Ergänzung im Spiel und in der Arbeit. Hier lernt das Kind nicht nur den Lehrstoff, sondern auch den sozialen Umgang. Es wird auch menschlich reifer, nicht nur intellektuell wendiger. Dazu bedarf es aber des Einsatzes eines Lehrers, der die Klassengemeinschaft nicht als gegeben voraussetzt, sobald die Kinder in einem Raum beisammen sind. Er muß wissen, wie gefährdet diese Gemeinschaft ist und wieviel für das Schicksal jedes einzelnen Kindes davon abhängt; ob sie gut geordnet ist und ein fröhliches Zusammenleben bei der Arbeit an der gemeinsamen Sache gewährleistet.

## Wunderkinder sind dünn gesät

Ja, Sie haben die Kapitelüberschrift schon richtig gelesen: Wunderkinder sind dünn gesät. Und wir alle hätten natürlich gern ein Wunderkind, mit dem es die ganze Schulzeit hindurch keine Probleme und Sorgen und – vor allem – keine schlechten Noten und verhauten Schularbeiten gibt. Mit einem Garantieschein für eine erfolgreiche Berufslaufbahn aber sind solche sehr begabten Kinder nicht ausgestattet. Beruflich befriedigende Verankerung ist nicht mit einem hohen Intelligenzquotienten gekoppelt. Daher sollten sich Eltern von schwach begabten Kindern grundsätzlich keine Sorgen machen. Es gilt auch zu bedenken, daß heute die Hast des Daseins und die Reizüberflutung wesentlich dazu beitragen, daß auch geistig begabte Kinder schulisch in Schwierigkeiten geraten.

Nehmen wir eben auch im Bereich der Schule unsere Kinder so, wie sie sind. Wir können sie nicht begabter machen. Aber eines können wir: ihnen zu Leistungserlebnissen verhelfen; nicht durch Überforderung, wohl aber durch Ansporn, Ermunterung, Anleitung daheim und durch Förderung ihrer Interessen.

Wer von uns kennt nicht Menschen, die im Beruf oder im Privatleben Versager oder Sonderlinge sind? Ich denke da an einen meiner Schulfreunde, der als Buchhalter in einem mittleren Betrieb arbeitet. Er ist ein seltsamer Kauz: unsicher, zurückgezogen, eigenbrötlerisch, unlustig, ohne beruflichen Erfolg; er bringt es zu nichts, und sein Leben ist eintönig. Vielleicht hätte er ein erfolgreicher Kaufmann, Handwerker oder Facharbeiter sein können und wäre dabei glücklich. Doch seine Eltern wollten ihn unbedingt mit dem Doktorhut sehen. So zwängte man ihn mit Ach und Krach und teuren Nachhilfestunden durch das Gymnasium und durch die Universität. Immer kam er gerade noch durch, bestand gerade noch seine Prüfungen. Niemals konnte er stolz und selbstbewußt sagen: „Das war ein Erfolg!" Mußte er nicht verzagen, mußte er nicht ein hilfloser Mensch werden, unfähig, sein Glück zu meistern, das er nie zu erleben gelernt hat?

Wir alle sind umgeben von Menschen, die sich nur deshalb so mühsam durchs Leben plagen, weil bei ihrer Erziehung ihre natürlichen Fähigkeiten nicht berücksichtigt wurden. Verständnislose Eltern, ehrgeizige Eltern, egoistische Eltern, angeberische Eltern haben „etwas aus ihnen machen" wollen. Sie haben auch etwas aus ihren Kindern gemacht: erfolglose Geschöpfe. Und wurden selbst unglücklich darüber. Die Frucht einer langjährigen, oft aufopfernden Erziehungsarbeit ist nie zur Reife gekommen. Es gibt kein faules Kind. Es gibt kein interesseloses Kind. Es gibt kein Kind, das nicht irgendwelche Fähigkeiten hätte. Aber es gibt nur wenig wirklich begabte Kinder. Alle bedürfen daher in erster Linie unseres Verständnisses. Setzen wir uns nicht über das Leistungsniveau unseres Kindes hinweg. Verzagen wir nicht, wenn es nur durchschnittlich oder gar unterdurchschnittlich begabt ist. Es kann trotzdem seinen Platz im Leben finden und glücklich werden.

Mit dieser Einsicht haben wir schon gewonnen. Sie wird uns Wegweiser für die richtige Wahl der Schule und schließlich für die richtige Berufswahl sein. Was aber wäre ein glücklicheres Ziel jeder Mutter und jedes Vaters, als ihr Kind zum rechten Beruf erzogen zu haben, der Voraussetzung für ein glückliches Leben ist?

Das also wäre die wichtigste Grundeinstellung von uns Erwachsenen zum

Schulkind: kein Wunderkind erwarten, nicht überfordern, Sicherheit geben. Das Kind nicht verängstigen. Die Schule seinen natürlichen Fähigkeiten entsprechend wählen. Nicht eitel sein. Dazu gehört aber auch, daß die Schule zu Hause nicht immer das Hauptthema sein darf. Heute machen viele Eltern ihr Verhalten den Kindern und Jugendlichen gegenüber meist davon abhängig, welche Noten sie nach Hause bringen. Das Schulkind muß sich vielfach die Liebe der Eltern durch gute Schulleistungen verdienen. Es verliert aber sehr bald die Geduld. Glauben Sie mir, liebe Eltern, daß übertriebenes Interesse der Familie für die Schulleistungen zu einer regelrechten Belastung des Kindes werden kann. Wenn peinliche Vergleiche mit früheren Leistungen oder mit denen der Geschwister und Nachbarskinder angestellt werden, wenn sich mütterliche Besorgtheit in anspornende Kritik und väterliche Kameradschaft in Tadel und drastische Nachhilfemaßnahmen verwandeln, dann wird der Respekt vor der Schulleistung zur Bürde, unter der Kind und Eltern gleicherweise leiden. Das Kind macht dafür die Schule verantwortlich und betrachtet sie nur als Tyrannei, gegen die es sich wehren muß. Die Gegenwehr kann zur ausgesprochenen Schulfeindlichkeit ausarten. Sie äußert sich in Abneigung und Interesselosigkeit, in Lern- und Konzentrationsunwilligkeit.

Es kommt daher vor allem darauf an, eine gesunde Grundeinstellung zu finden. Und zu dieser, Ihnen eben aufgezeigten Grundeinstellung möchte ich noch einige Probleme und Fragen behandeln, die besonders brennend sind und für die ich Ihnen einen gangbaren Weg weisen möchte.

## Fragen rund um die Schule

### Das Problem der Schulreife

Mit Erreichung des sechsten Lebensjahres muß Ihr Kind nicht unbedingt schulreif sein. Schulreife aber ist wichtig. Ein vorzeitiger Schuleintritt kann Ursache für späteres Versagen sein.

Wie stellen Sie nun fest, ob Ihr Kind schulreif ist oder nicht? Machen Sie sich keine Sorgen! Bei der Schuleinschreibung wird man es Ihnen sagen, wenn Sie dort ihre eventuellen Besorgnisse schildern. Wenn Sie ernsthafte Zweifel hegen, wird Ihnen jeder Erziehungsberater einen Schultest machen. Und wenn die Antwort negativ ist, dann warten Sie eben noch ein Jahr. Wer sein Kind lieb hat, kann in diesem Fall warten. Intellektuelle Reife hält mit der körperlichen Reife nicht immer Schritt.

Hüten Sie sich vor falschem Ehrgeiz. Ein schulreifes Kind wird später meist ein berufsreifer Jugendlicher sein. Warten wir also die Schulreife ab!

### Welcher Schultyp ist der richtige?

Es ist symptomatisch für unsere Zeit, daß dieses Problem so viele Eltern bewegt: nicht nur die Wahl der richtigen Schule, sondern später auch die richtige Berufswahl. Dabei zeigt sich die erstaunliche Tatsache, daß viele Eltern ihre Kinder doch zuwenig kennen – ihre Anlagen, ihre speziellen Fähigkeiten, ihre Begabungen, ihre Interessen. Beginnen Sie also frühzeitig, sich mit Ihrem Kind zu beschäftigen. Beginnen Sie frühzeitig, Ihr Kind zu kleineren Hobbys zu bewegen. Sie werden dann sehen, wofür Ihr Kind Interesse hat und wo es am meisten Ausdauer an den Tag legt. Fragen Sie öfter in der Schule nach, sprechen Sie mit dem Lehrer, beobachten Sie die Leistungen des Kindes! Dann wird es nicht schwierig sein, den richtigen Ausbildungsweg zu finden. Behalten Sie aber die Ihnen vorgezeichnete Grundeinstellung, und überfordern Sie Ihr Kind nicht, sondern lenken Sie es in vernünftige Bahnen. Das erleichtert die Entscheidung für den richtigen Schultyp. Machen Sie sich dabei die heute sehr engmaschige Beratung auf diesem Gebiet zunutze.

*Schwankende Schulleistungen*

Schwankende Schulleistungen, liebe Eltern, gibt es bei jedem Kind. Dies ist bedingt durch die Entwicklungsschübe, die jedes Kind mitmacht. Das Wachstum, das ruckweise vor sich geht, wirkt sich selbstverständlich auch auf die Leistungsfähigkeit des Kindes aus. Besonders die Zeit der Pubertät ist ein derart gewaltiger Sprung in der Entwicklung unseres Kindes, daß es dabei ohne weiteres zu starken Leistungsschwankungen oder zu totalem Versagen kommen kann. Suchen Sie in diesem Fall in Ruhe die Ursache. Schenken Sie Ihrem Kind gerade in solchen Zeiten viel Verständnis. Die Schuld liegt selten bei ihm allein. Die meisten Kinder wollen gute Schulleistungen. Wo das Elternhaus stabil und gesund ist, wo das Kind in der Familie eine geborgene Atmosphäre hat, werden derartige Leistungsschwankungen meist von selbst überwunden.

*Soll mein Kind in eine Sonderschule?*

Der Lehrer hat es vorgeschlagen, die Eltern sträuben sich dagegen. Aus welchem Grund aber sollte es nicht in eine Sonderschule? Dieser Schultyp für schwachbefähigte Kinder ist eine segensreiche Einrichtung, da er jene Kinder, die es infolge körperlicher oder geistiger Gebrechen die gesamte Schulzeit hindurch schwieriger gehabt hätten, zu einigermaßen erfolgreichen Schülern macht.

Sonderschulen behüten Ihr schwachbefähigtes Kind vor Überlastung und entwickeln Begabungen und Fähigkeiten. Dies ist schließlich wichtiger als das Gerede der Nachbarn und Verwandten. Wenn unser Kind daher in der Schule versagt und uns der Lehrer den Übertritt in eine Sonderschule empfiehlt, so bäumen wir uns nicht dagegen auf, sondern geben wir unser Kind in eine Schule, die ihm wirklich helfen will.

## Vertrödelter Heimweg

Eigentlich eine kleine, aber selbst im Zeitalter der Schulbusse doch noch lästige Sorge: dieses endlose Heimwandern von der Schule! Das Essen wird kalt. Der Bub ist jetzt schon eine Stunde von der Schule nach Hause unterwegs. Was können wir dagegen tun? Wir können unser Kind ein bißchen mehr an Ordnung gewöhnen. Wir sollen ja in gewissen Dingen der Erziehung konsequent sein, und eine dieser Konsequenzen ist, daß wir von unserem Kind verlangen, rechtzeitig bei Tisch zu sein. Freilich dürfen wir den Heimweg von der Schule ruhig ein Viertelstündchen länger bemessen.

Unser Kind braucht Entspannung, möchte da stehenbleiben und schauen und dort eine Kastanie aufheben, möchte seine Kräfte mit anderen messen und Schneebälle werfen. Aber es muß lernen, zur vereinbarten Zeit zu Hause zu sein. Da dürfen wir ruhig ein wenig streng sein.

## Taschengeld

Ab dem Schulalter sollte unser Kind ein Taschengeld bekommen – eine anfangs sehr kleine, aber auch später sehr bescheidene Summe. Da die Einteilung des Geldes dem Kind noch Schwierigkeiten bereitet, empfiehlt sich ein wöchentliches Taschengeld. Erst ab dem zehnten oder elften Lebensjahr kann man es in ein monatliches umwandeln. Das Kind sollte aber bis dahin gelernt haben, sich sein Taschengeld einzuteilen und darüber auch Buch zu führen. Die Sparbüchse ist erzieherisch, zuviel Geld unpädagogisch. Seien wir in Geldangelegenheiten mit unseren Kindern genau und eher knausrig.

## Strafaufgaben

Was sollen wir tun, wenn unser Kind Strafaufgaben nach Hause bringt? Nichts, liebe Eltern, möglichst nichts! Strafaufgaben sind eine Angelegenheit zwischen Lehrer und Kind, und wir Eltern sollten uns da nicht zusehr einmischen. Das Kind soll erfahren, daß wir darüber nicht erfreut sind, aber bewahren wir es vor zusätzlichen Bestrafungen und Nörgeleien zu Hause. Wenn der Lehrer eine Bestrafung des Kindes von den Eltern will, so wird er es sie ohnedies wissen lassen.

## Wenn alles schiefgeht

Und nun eine letzte Frage: Was tun, wenn mein Kind in der Schule versagt? Wenn es einfach einmal völlig danebengeht? Denken wir dann vorerst daran, daß die Leistungskurve eines Kindes oft ganz erheblich schwankt. Und verlieren wir nicht gleich die Nerven. Haben wir wieder einmal Geduld, und lassen wir vor allem wieder einmal keinen Ärger und keinen Groll aufkommen. Versuchen wir vielmehr, folgende drei Fragen zu beantworten:

- Habe ich wirklich genug Zeit für mein Kind?
- Habe ich wirklich genug Liebe für mein Kind bereit?
- Habe ich wirklich genug Verständnis für mein Kind?

Irgendwo hat es einen Knacks gegeben, wenn es zu einem Versagen in der Schule kommt. Irgendwo liegt etwas quer in der Erziehung des Kindes. Haben wir ihm zuwenig Lob gespendet? Haben wir ihm zuwenig Fröhlichkeit vermittelt? Haben wir ihm den Mut oder das Selbstvertrauen genommen? Haben wir es überfordert? Haben wir es in eine falsche Schulrichtung gedrängt? (Das technisch begabte Kind z. B. ins humanistische Gymnasium oder umgekehrt?) Wann immer Ihr Kind in der Schule versagt, halten Sie die Augen offen! Bald werden Sie dem Übel auf der Spur sein. Und dann schenken Sie Ihrem Kind noch mehr Zeit, Liebe und Verständnis. Bald wird es wieder im richtigen Fahrwasser schwimmen.

In diesem Zusammenhang erhebt sich die Frage, ob und inwieweit Eltern ihren Kindern bei den Schulaufgaben helfen sollen. Selbstverständlich werden wir unseren Volksschulkindern Hilfe leisten. Zwar nicht, indem wir Ihnen die Hand beim Schreiben führen und Ihnen die Rechenaufgaben lösen, wohl aber, indem wir beraten, beobachten, erklären, ermuntern, anspornen, loben.

Hausaufgaben sind mühsam. Das Lernen daheim macht nicht immer Spaß. Durchhalten muß ebenfalls gelernt sein. Genau da sollten wir unserem Kind zu Hilfe kommen. Später – in der Haupt- oder allgemeinbildenden höheren Schule – muß es seine Aufgaben alleine bewältigen. Wir werden freilich auch dann dahintersein müssen. Wir werden Fragen beantworten. Wir werden vielleicht einmal gemeinsam eine Aufgabe lösen. Wir werden aber unserem Kind die Verantwortung nicht abnehmen. Wir werden es nicht mit Gewalt zum Lernen zwingen, sondern es lieber einmal die Folgen „auskosten" lassen, wenn es seine Hausaufgaben gar nicht oder nachlässig gemacht hat.

Und dennoch kann es zu einem plötzlichen Absacken kommen. Haben wir dann Geduld. Verzweifeln wir nicht. Suchen wir die Ursachen zuerst bei uns.

Den wichtigsten Rat darf ich Ihnen abschließend geben. Es ist eigentlich kein Rat, sondern ein Aufruf an alle Eltern: Das Rad der Zeit können wir nicht zurückdrehen. Wir können unser Kind vor der Reizüberflutung der heutigen Umwelt nicht bewahren. Wir können uns aber bewußtmachen, daß es nur an uns Eltern liegt, dem Kind jenen sicheren Raum der Geborgenheit zu schaffen, an den die vielen und vielfach schädlichen Umwelteinflüsse nicht oder nicht zu stark herankommen. Jedes Kind braucht diese Insel der Geborgenheit. Dann wird es innerlich gefestigt, dann gewinnt es Halt für seine Zukunft. Seien wir Eltern! Denken wir in erster Linie an unser Kind und nicht an die Erfüllung unserer eigenen Wünsche. Seien wir in unseren Wünschen an das Dasein lieber bescheiden und unbescheiden in unserer Hingabe an die Erziehung des Kindes. Seien wir stark in der Liebe zu unserem Kind, die kein Verwöhnen sein darf, die auch streng sein kann – eine Liebe, die auch Wünsche versagen kann, die konsequent ist und die auch nein sagen kann. Wenn wir unserem Kind ein halbwegs gutes Elternhaus schaffen, eine halbwegs gute Atmosphäre der Geborgenheit, dann werden wir auch die Sorgen mit dem Schulkind nicht als bedrückend empfinden. Es werden Sorgen sein wie alle anderen Sorgen, die uns Eltern erwachsen. Wir werden aber ein innerlich gefestiges Kind heranziehen, das eines Tages seelisch und geistig reif für die Welt von morgen sein wird, die es dann mitgestalten und mitformen kann. Wie diese Welt von morgen aussieht, liegt nicht an der Umwelt von heute, liegt nicht am Kind und nicht darin, ob die Zeugnisse jetzt gut oder mittelmäßig sind, sondern einzig und allein darin, wie ernst wir unsere Elternpflicht nehmen.

## 3. MAN SOLLTE WISSEN,

DASS STRAFE NUR AUF SCHULDIGES BEWUSSTSEIN FALLEN SOLL, KINDER ABER EIN UNSCHULDIGES HABEN.

### *Wir haben lieben und nicht strafen zu lernen*

Wenn Sie bisher meinen Ratschlägen gefolgt sind, liebe Eltern, und Erziehung als Verantwortung akzeptieren, dann wäre es an der Zeit, auch über Strafen zu sprechen. Dazu muß aber wirklich ins Bewußtsein eingedrungen sein, was ich immer wieder in verschiedener Weise zum Ausdruck gebracht habe: Liebe ist alles! Wenn darüber keine Zweifel mehr bestehen, können wir uns dem Thema Strafen widmen. Mehr noch: Ich werde zu diesem Bereich, über den andere ganze Bücher schreiben, wenig zu sagen haben.

Ich zitiere vorerst Jean Paul. Der Dichter hat um die Wende des 18. in das 19. Jahrhundert gelebt. Er war ein bedeutender Pädagoge und Philosoph, und seine tiefwurzelnden Erziehungseinsichten haben zeitlose Gültigkeit erlangt. Hören wir, was er zum Kapitel Strafen schreibt: „Strafen! Kaum will mir dieses unkindliche Wort aus der Feder. Schmerzen und Nachwehen möchte ich lieber schreiben. Strafen fallen nur auf das schuldige Bewußtsein – und Kinder haben anfangs, wie Tiere, nur ein unschuldiges. Sie sollen, gleich den Fixsternen auf den Gebirgen, nie zittern. Und die Erde müßte, wie auf einem Stern, ihnen nur leuchtend erscheinen, nie erdfärbig-schwarz...“

Lassen wir uns gesagt sein: Kinder haben nur ein unschuldiges Bewußtsein. Dann wird manches klar. Wir strafen unsere Kinder am laufenden Band für ihr unschuldiges Tun und wundern uns, wenn wir in der Erziehung Ärger erleben.

Also gar nicht strafen? Nein, das wäre über das Ziel geschossen. Fragen wir uns: Wann strafen wir unser Kind? Wenn es ungehorsam ist. Aus welchem Grund aber ist das Kind ungehorsam? Weil wir es als Erzieher in Versuchung geführt haben, unfolgsam zu sein. Wir ziehen der kleinen Susi ein weißes Kleid an und strafen sie, wenn sie ihre schmutzigen Hände hinein-wischt! Wir lassen die schöne Vase auf dem Tisch und strafen das Kind, wenn sie in Scherben auf dem Boden liegt. Wir pflanzen einen Kirschbaum verlockend an des Nachbars Zaun und strafen des Nachbarn Kind, wenn es sich die Kirschen herunterholt. Wir schenken dem Kind ein Blechauto statt eines aus Holz und strafen es, wenn es damit den Boden zerkratzt. Wir füttern das Kind mit Zuckergebäck und Schokolade und strafen es, weil es den Spinat nicht ißt. Wir tollen mit dem Kind vor dem Schlafengehen herum und strafen es, weil es dann im Bett nicht stilliegt.

Aber es gibt nun einmal keinen vollkommenen Erzieher und keine voll-kommenen Eltern. Dem ist auch gut so. Das Leben ist ebenfalls nicht voll-kommen, und Ihr Kind muß später mit den Schwächen seiner Mitmenschen und seinen eigenen zu Rande kommen.

Also werden wir uns mit ungehorsamen Kindern und ihrer Bestrafung ab-finden müssen. Dabei gilt es, doch ein bißchen vollkommen zu werden. Es wir Ihnen leichtfallen, wenn Sie beachten, was ich für Sie in drei Übungen zu-sammengestellt habe. Ich nenne sie Übungen, weil es Ihnen nicht von heute auf morgen gelingen wird, wirklich in jedem Fall so zu handeln. Sie müssen sich darin üben. Dem Kind zuliebe!

### 1. *Wenig Verbote, doch klare Verbote!*

Machen wir unsere Familie nicht zu einem Kasernenhof!

Machen wir sie aber auch nicht zu einem Rummelplatz, auf dem man es vermeidet, dem Kind Verbote aufzuerlegen, um nicht seine Persönlichkeits-entwicklung zu stören. Gehen wir den gesunden Mittelweg. Eine Mutter, die ständig an ihrem Kind herumnörgelt und ihm vorhält: „Das darfst du nicht tun und jenes nicht!", wird bald einen kleinen Beelzebub um sich haben oder ein verängstigtes Kind, dessen eigener Wille gebrochen ist. Lassen Sie die Zügel daher locker. Drücken Sie ein Auge zu. Beachten Sie die goldene Regel: „Al-les sehen, das meiste übersehen, nur wenig verbieten." Dort aber, wo ein Ver-bot ausgesprochen wurde, bleibe man dabei. Mit Konsequenz. Bald wird das Kind spüren, daß es Grenzen gibt, und wird nicht mehr ganz so selbstver-ständlich das tun, was ihm verboten wurde.

### 2. *Natürliche Strafen sind die besten Strafen!*

Natürliche Strafen sind solche, bei denen das Kind die Folgen seines Unge-horsams unmittelbar zu spüren bekommt.

Zehnmal haben Sie Ihrem Kleinen schon gesagt, er dürfe nicht zum Herd gehen. Jetzt hat er sich die Finger verbrannt. Eine natürliche Strafe. Sie haben Ihrem Max verboten, sich die Schere aus dem Nähkorb zu holen. Jetzt hat er sich arg geschnitten. Eine natürliche Strafe. Sie haben Ihrem Töchterlein ge-sagt, wenn es nicht pünktlich bei Tisch sitze, bekomme es nichts mehr zu essen. Also hungert es einmal. Eine natürliche Strafe. Sie haben Michael verboten, auf dem steilen Gartenweg mit dem Roller zu fahren. Nun liegt er auf den Steinen, hat zerschundene Knie und heult. Eine natürliche Strafe. – An ihr erfährt das Kind, daß Ungehorsam mit Schmerz verbunden ist. Schimpfen Sie also nicht zu viel, nörgeln Sie nicht, halten Sie Ihr Schelten im Zaum. Bleiben Sie ruhig und lassen Sie Ihr Kind seine natürliche Strafe „auskosten".

### 3. *Nach jeder Strafe Brücken bauen!*

Freilich werden wir mit natürlichen Strafen allein bei den meisten Kindern nicht das Auslangen finden. Wir werden das kleine Kind auch einmal in die Ecke stellen müssen. Wir werden ihm einen Klaps geben müssen. Wir werden ihm eine Strafpredigt halten müssen. Aber wie auch immer wir strafen: Bauen wir dem Kind anschließend wieder eine Brücke zu uns. Verzeihen wir. Grollen wir nicht tagelang. Selbstverständlich ist auch Liebesentzug eine Strafe. Das Kind spürt, daß die Mutter gekränkt ist, beleidigt ist, schmollt. Aber das darf nicht lange anhalten. Sprechen Sie dann mit dem Kind. Führen Sie ihm vor Augen, weshalb Sie es strafen mußten oder weshalb Sie so beleidigt und gekränkt waren. Versöhnen Sie sich wieder!

Jede Strafe sollte so beschaffen sein, daß sie auch als gerechte Folge des Vergehens empfunden wird. Nur dann wird das Kind den Sinn der Strafe einsehen und versuchen, den Fehler nicht zu wiederholen. Treibt man es mit Strafen in eine Trotzhaltung, hat man den Sinn der Strafe verfehlt. Deshalb sollten uns alle körperlichen Strafen fremd sein. Auf ein Kind einzuschlagen, sollte uns Eltern nie in den Sinn kommen. Körperliche Strafen verletzen die Menschenwürde, die ja auch in unserem Kind verankert ist. Auf die berühmte Ohrfeige komme ich ein wenig später zu sprechen.

Man kann immer wieder lesen und hören, daß heute nach wie vor Kinder verprügelt werden. Gewalt im Elternhaus führt aber auch zu Gewalt unter Kinder und Jugendlichen.

Darf ich Ihnen das Erlebnis mit einem verprügelten Kind erzählen? Es war ein Durchschnittsfall im SOS-Kinderdorf.

Brigitte war fünf Jahre alt, als sie zu uns ins SOS-Kinderdorf kam. Das Kind war völlig unterentwickelt. Es konnte nicht sprechen. Nur fürchterlich schreien, beißen und um sich schlagen. Die Fürsorgerin, die das Kind überstellte, meinte, daß wir es kaum würden behalten können, da es total unansprechbar sei. Man vermutete Schwachsinn und schwere psychopathische Störungen. Der Vater des Kindes ist unbekannt. Die Mutter hatte geheiratet, als Brigitte drei Jahre alt war. Der Stiefvater haßte das fremde Kind. Er wollte es weggeben. Bald gelang es ihm auch, die Mutter gegen das Kind aufzuhetzen.

Für Brigitte begann ein unvorstellbares Martyrium. Immer wieder war sie zu Hause an einen Tischfuß angebunden. Zu essen bekam sie nur das Notwendigste. Schläge waren an der Tagesordnung. Als die Kinderdorfmutter das schreiende und um sich schlagende Mädchen ausgezogen und ins Bad gesteckt hatte, sahen wir mit Schrecken die Beulen und blauen Striemen an dem mageren Körperchen.

Brigitte war kaum zu beruhigen. Als sie dann in einem sauberen Bettchen lag, saß ich lange bei ihr und sagte zwischen ihren Schrei- und Weinkrämpfen unentwegt: „Brigitte, niemand wird dich mehr hauen. Niemand wird dich mehr schlagen. Niemand wird dir mehr weh tun. Wir haben dich lieb. Wir werden ganz, ganz gut sein zu dir, Brigitte. Niemals werden wir dir etwas Schlimmes tun. Wir haben dich lieb, Brigitte, lieb, lieb!"

Die Kinderdorfmutter löste mich ab. Tagelang sprachen wir so auf das Kind ein. Es wurde ruhiger. Allmählich begriff es, daß hier wirklich niemand war, der es schlug, anband und anschrie. Und die neue Frau war so gut und das Bettchen so weich. Die anderen Kinder waren nett zu ihm. Und eine Puppe war da, und diese durfte abends bei Brigitte liegen. Und sie konnte sie fest an sich drücken… Ein Jahr später schon war aus Brigitte ein goldiges Mädchen geworden, eine Masche im Haar und fröhliche Augen in dem rotbackigen Bauerngesichtlein. Jedes Kind braucht Liebe, um wachsen und gedeihen zu können. Wir haben lieben und nicht strafen zu lernen!

### Was tun mit einem 16jährigen Jungen?

Mit kleinen Kindern kommen die meisten Eltern noch zu Rande. Was aber, wenn sich ein 16jähriger danebenbenimmt und uns Eltern zu Strafen herausfordert? Und was dann, wenn die 16jährige Tochter aus der Reihe tanzt, so daß wir nicht mehr beide Augen zudrücken können, sondern einmal durchgreifen müssen? Ich weiß aus unzähligen Zuschriften ratsuchender Eltern, daß es auf diesem Gebiet großes Kopfzerbrechen gibt.

Reden wir zuerst über die Jungen. Wie soll man mit einem ungezogenen 16jährigen fertig werden, der vielleicht schon in der Lehre steht, Geld verdient und daheim das Seine zum Lebensunterhalt beisteuert? Die Ohrfeige neulich hat genau das Gegenteil dessen bewirkt, was der Vater damit erreichen wollte. Und das gute Zureden der Mutter schien gegen eine leere Wand gesprochen. Das Fernsehverbot wurde nicht akzeptiert. Und daß man den frechen Bengel ein paar Tage einfach nicht zur Kenntnis nahm, schien ihm nur zu behagen.

Was immer von Buben zwischen dreizehn und achtzehn Jahren angestellt wird, sieht nach Bosheit aus. Aber in der Regel stehen kein böser Wille und kein schlechter Charakter dahinter! Es sind in der Vorpubertätszeit die wilden Pulsschläge der Flegeljahre und, während der eigentlichen Pubertätszeit, die Reaktionen auf das gewaltige Aufbrechen des Geschlechtstriebes, der den jungen Menschen vor eine ganz neue Welt stellt, mit der er sich erst auseinandersetzen muß. Und es sind in der Nachpubertätszeit die Folgeerscheinungen der Diskrepanz zwischen bereits vollzogener sexueller und noch nicht vorhandener seelisch-geistiger Reife. Daher folgende Ratschläge für Sie, liebe Eltern:

1. Lassen Sie sich nicht aus der Ruhe bringen! Wundern Sie sich über gar nichts. Lassen Sie die ärgsten Dinge an sich herankommen, ohne überrascht zu sein. Erwarten Sie das Schlimmste. Sie können dann nicht enttäuscht werden.
2. Geben Sie nach! Seien Sie ein bißchen demütig. Steigen Sie herab vom elterlichen Thronsessel. Seien Sie großzügig. Vermeiden Sie, daß es hart auf hart geht. Sie müssen sonst vielleicht eine Niederlage einstecken. Und das bringt unser Vorbild ins Wanken. Überwinden Sie sich zu einem „Ja" oder „du hast recht".
3. Verschaffen Sie Ihrem Jungen Geltung! Versklaven Sie ihn nicht. Erniedrigen Sie ihn nicht. Machen Sie ihn nicht lächerlich in seinen komischen Hosen und mit seinem neuesten Haarschnitt. Sagen Sie nie: „Das verstehst du noch nicht, da bist du noch zu jung dazu!" Übertragen Sie ihm vielmehr verantwortungsvolle Aufgaben. Bitten Sie ihn, zum Installateur zu gehen, den man schon dreimal vergeblich ersucht hat, zu einer Reparatur ins Haus zu kommen. „Du kannst ihm sicher besser als ich sagen, daß er jetzt wirklich dringend kommen muß." Stellen Sie sich vor, liebe Eltern, wie schüchtern der Junge beim Installateur auftritt, wohingegen er Ihnen dann erklären wird: „Na, dem habe ich meine Meinung gesagt!" Denn Minderwertigkeitskomplexe haben alle Jungen in der Pubertät. Je mehr Krach sie schlagen, desto größer sind diese Komplexe. Wir müssen daher unserem Sohn helfen, diesen Minderwertigkeitskomplex abzubauen, indem wir ihm seine Geltung lassen. Haben Sie nie bemerkt, wie rasch er errötet? Wie befangen er im Gespräch mit Besuchern ist? Lassen Sie es ihn aber nie spüren.

Mit diesen Verhaltensregeln kommen Sie schon wieder ein Stück weiter.

Nun aber ein Gedanke zur vielgeschmähten, vielgepriesenen Ohrfeige. Ich halte ihr einen Platz in der Kindererziehung frei, weil man sie nicht so ohne weiteres eliminieren kann. Ja, man hat sie mit Recht aus den Schulen verbannt, da Ohrfeigen zu oft die kindliche Würde verletzt haben. Aber in bezug auf die Ohrfeige, die der Junge einmal gerechterweise von seinem Vater einstecken muß, lasse ich aus reicher Erfahrung immer mit mir handeln – auch wenn ich mir dabei schon oft den Sturm der Entrüstung mancher Psychologen und Erzieher eingehandelt habe. Über die Tatsache, daß eine Ohrfeige zum richtigen Zeitpunkt eine erzieherische Wirkung hat, kommen wir trotz modernster Theorien nicht hinweg. Freilich darf sie nicht in erniedrigender Absicht verabreicht werden und muß immer eine Ausnahmesituation darstellen. Ein gesunder Junge wird sie zu verschmerzen wissen. Ich möchte damit die Ohrfeige nicht gerade empfohlen haben, da ich weiß, wieviele Eltern damit mehr zerstören als aufbauen. Wo man ohne sie auskommt, ist es besser. Versuchen wir, diesen Weg zu gehen, aber machen wir uns keine Sorgen, wenn uns einmal kein anderer Ausweg eingefallen ist.

*Alles verstehen, heißt alles verzeihen, aber...*

Je schlimmer unser Junge in der zweiten Entwicklungsphase der Entdeckung des Du wird, desto mehr müssen wir ihn gern haben und versuchen, sein Verhalten zu verstehen. „Alles verstehen, heißt nichts verstehen." Diese alte Weisheit sollte uns ein kleiner Wegweiser sein. Sie sagt uns, daß wir trotz unserer Großzügigkeit, unserer Rücksichtnahme, unserer Nachgiebigkeit und unserer Einsichtigkeit immer wieder in die Lage kommen werden, eine Strafe zu setzen.

Wenn eine Strafe unserer Meinung nach fällig ist, dann lassen wir sie nicht wie ein Gewitter auf den Jungen niedergehen. Wir sollen ihm ja sein Geltungsbedürfnis belassen und ihn als Persönlichkeit respektieren. Daher nehmen wir uns den Sünder in Ruhe vor.

„Also, Paul, das war zuviel. Siehst du ein, daß es nicht in Ordnung war, was du getan hast? Du weißt doch, daß ich dich sehr gern habe, daß ich stolz auf dich bin, daß ich dich verstehe und du mir Freude bereitest, weil du schon ein halber Mann bist. Aber so, Paul, kann man das wirklich nicht machen. Begreifst du, daß es zu weit ging, was du getrieben hast? Du bekommst deine Strafe dafür. Das muß sein, wenn man was ausgefressen hat. Drei Tage bleibt dein Fahrrad im Keller. Hast du verstanden, Paul?"

Strafen wir – wenn es schon sein muß – durch Entzug eines Kinobesuches, Streichung eines Fahrradausfluges oder durch die Hinauszögerung der Anschaffung des Fußballes, den sich unser Sohn schon so lange wünscht. Oder schränken wir als Strafe die Benutzung von Radio, Plattenspieler, Fernsehapparat und Telefon für einige Zeit ein. Aber stellen wir immer mit dem Jungen alles klar. Er wird seinen Fehler einsehen. Nur müssen wir ihm wie einem Erwachsenen begegnen, nicht wie einem kleinen Kind. Nicht nörgeln, nicht lange grollen, nicht immer wieder die Angelegenheit neu auftischen. Hier Vergehen – dort Strafe. Damit Schluß. Und morgen wird nicht mehr darüber gesprochen. Der Fall ist erledigt. Wir sind quitt. Können uns wieder in die Augen schauen. Geben uns wieder die Hand. Zeigen ihm, daß wir ihn gern haben, auch wenn es gestern wieder einmal schiefging. So wächst das Vertrauen in dem jungen Menschen. So werden wir ihm echte Vorbilder.

Sie haben nun vielleicht schon erkannt, worauf es bei Strafen im wesentlichen ankommt: Wir müssen das Problem der Strafe ernst nehmen. Wir dürfen nicht leichtfertig darüber hinwegsehen. Wenn wir schon strafen, müssen wir es mit größter innerer Verantwortung tun – oder gar nicht. Denn es ist äußerst wichtig, daß der Jugendliche sein Vergehen einsieht und die Strafe akzeptiert. Nur dann hat sie erzieherischen Wert. Jede Strafe, die ein Kind nicht akzeptiert, die ihm ungerecht, zu streng oder auch zu mild erscheint, schädigt das Vertrauensverhältnis zwischen Eltern und Kind. Ein gesunder Junge will für seine Tat büßen, und er will unbewußt eine strenge, aber gerechte Strafe, da sie zu einer Gewissensentlastung führt und wieder frei macht.

Ich habe kürzlich den Fall eines 15jährigen Buben, Helmut B., untersucht, der wegen schwerer Eigentumsdelikte aus der Schule entfernt werden mußte. Nach seiner Entlassung stellte sich heraus, daß ein ganz anderer Junge die Diebstähle begangen hatte. Helmut hatte sich selbst bezichtigt, weil er dafür büßen wollte, daß er zu Hause seiner Mutter 20 Mark entwendet hatte. Sie war darüber hinweggegangen. Der Bub aber wollte für diese Tat geradestehen. Freilich erfolgen derartige Reaktionen völlig unbewußt.

Ich erinnere mich auch eines psychiatrischen Gutachtens in einer Gerichtsverhandlung gegen eine Jugendbande. Ihr Anführer war aus gutem Haus, doch waren die Eltern berufstätig und hatten wenig Zeit für ihren Sohn. Dieser entwendete seiner Mutter einmal ein wertvolles Armband, verkaufte es und schaffte sich mit dem Erlös ein Fahrrad an. Die Eltern in ihrer Ahnungslosigkeit sahen diese Tat ihres Jungen, der sich zuvor noch niemals eines Eigentumsdeliktes schuldig gemacht hatte, als kein schweres Vergehen an. Die Mutter hatte ohnehin nie Gefallen an diesem Armband. Und schließlich war es doch verständlich, daß der Bub ein Fahrrad brauchte. Freilich hätte er etwas sagen können. Aber nun war es geschehen. Und so schaffte man mit einigen wohlgemeinten Ratschlägen und einem wohlwollenden Lächeln alles aus der Welt.

Nicht aber im Herzen des Jungen, der das Schuldgefühl nicht los wurde. Schließlich schob er sein schlechtes Gewissen auf andere ab, indem er mehrere Buben um sich sammelte und sie ebenfalls zu Diebstählen veranlaßte. Nun war er nicht mehr der einzige, der eine Schuld mit sich herumtrug. Er regierte die Bande mit viel Geschick und Phantasie. Selbst jedoch hat er nie mehr etwas gestohlen. Er heckte nur die Pläne aus, gab seine Anweisungen und ließ die Beute unter seine Kumpanen verteilen, ohne sich selbst etwas davon zu behalten. Eines Tages flog die Bande auf. Lächelnd ließ sich der Bandenchef festnehmen. „Unbewußt drückte dieses Lächeln die Befreiung aus der Gewissensqual aus, in der dieser Junge monatelang gelebt hatte", hieß es im Gutachten.

### Wie straft man große Mädchen?

In einer Gesellschaft rühmte sich neulich einer meiner Bekannten, daß er seiner 17jährigen Tochter eine Ohrfeige versetzt habe. Wenn einen Jungen einmal eine Ohrfeige trifft, dann kann ich – wie vorhin schon erklärt – vom pädagogischen Standpunkt aus noch verzeihend darüber hinwegsehen, falls die Strafe berechtigt war und hinter ihr genug elterliche Liebe steht. Aber ein Mädchen zu schlagen, wenn es schon siebzehn ist, heißt Erziehungsarbeit zu zerstören.

Ich weiß aus Erfahrung, daß man Mädchen vor der Pubertät mehr strafen und zurechtweisen muß als Jungen, denn sie sind vielfach problematischer und auch schlimmer. Aber mit Eintritt der Pubertät setzt das frauliche Wachstum ein. Und während dieser Periode sollte jede Bestrafung mit viel Bedacht und Diplomatie vorgenommen werden.

Bei Ruth, sechzehn Jahre alt, gibt es daheim seit einiger Zeit geladene Atmosphäre. Mutter und Tochter sind „böse" aufeinander. Sie wechseln kaum ein Wort, gehen sich aus dem Weg und heulen abwechselnd. Vater versuchte vergeblich, den Streit zu schlichten. Die schnippische Tochter ging auf seine Argumente nicht ein.

Was war geschehen? Die Familie war aus finanziellen Gründen gezwungen, ein Zimmer zu vermieten. Es konnte nur das bisherige Zimmer von Ruth sein. Sie bekam daher das hofseitige Kabinett zugewiesen, und um diesen Umzug ohne große Aufregung abzuwickeln, erledigte Mutter alles, während Vater und Tochter tagsüber aus dem Haus waren. Abends gab es dann den ersten Krach. Ruth beschwerte sich. Die Mutter bezeichnete sie als undankbar. Die Tochter, als Schneiderlehrling tätig, warf ihr an den Kopf, daß sie nun schon arbeite und ihren Teil zum Familienbudget beitrage, obwohl die Lehrlingsentschädigung ohnehin äußerst gering sei. Andere Mädchen müßten daheim noch gar nichts abliefern.

Und jetzt nähme man ihr auch noch ihr Zimmer weg. Und überhaupt sei das Kabinett unmöglich eingerichtet. Ruth könne sich darin nicht wohl fühlen. Sie habe alles satt und werde weggehen.

Ich konnte Ruths Vater, der mir diese Geschichte erzählte, nicht vorenthalten, daß er – und vor allem seine Frau – sehr wenig Diplomatie an den Tag gelegt hätten. Ich bin überzeugt, daß es zu diesem Krach nie gekommen wäre, hätten die Eltern ihre Tochter rechtzeitig mit ins Vertrauen über die finanzielle Lage gezogen. Sicherlich hätte ein solches Gespräch bei etwas Diplomatie der Eltern dazu geführt, daß Ruth von sich aus auf den Gedanken gekommen wäre, ihr Zimmer abzugeben und mit dem Kabinett vorlieb zu nehmen. Mutter hätte dann mit ihr die Einrichtung des Kabinetts besprechen und auf die Wünsche der Tochter Rücksicht nehmen können. Auf diese Weise hätte Ruth nach kurzer Zeit das Kabinett viel wohnlicher gefunden als ihr früheres Zimmer und sich überdies gefreut, daß die Eltern so großes Vertrauen in sie setzten.

Ich kenne schwierige Situationen, die durch ein undiplomatisches Vorgehen der Eltern heraufbeschworen wurden. Helfen da etwa noch Strafen? Nützt im Affekt der Auseinandersetzung etwa eine Ohrfeige?

Bitte, liebe Eltern, gehen Sie meine Ausführungen über die Strafen noch einmal durch! Und wenn Sie eine Tochter haben, nehmen Sie auch noch zur Kenntnis, was ich Ihnen über Mädchen gesagt habe. Vielleicht gewinnen Sie dann jene Einstellung, die ich bei vielen intakten Familien mit halberwachsenen Töchtern angetroffen habe: daß es eigentlich ganz ohne Strafen geht. Wenn die Familie lebt, wenn sie pulsiert und auf das junge Mädchen überstrahlt. Wenn es ihr gelingt, es mit tausend unsichtbaren Fäden an sich zu binden. Nicht durch Vorschriften und Vorhaltungen, sondern durch Vorleben und Vorbild.

## Der goldene Mittelweg

Viele Eltern jammern: „Man kennt sich heute nicht mehr aus! Auf der einen Seite soll man das Kind möglichst frei erziehen, das heißt, ohne es zu bestrafen, ohne es von der Umwelt abzukapseln und ihm mehr Freund als Vater oder Mutter zu sein. Auf der anderen Seite aber geht es jedoch nicht ohne einen Schuß Disziplin und Autorität ab. Kann man denn überhaupt ohne Autorität erziehen? Was kommt dabei wohl heraus? Es wird einem schon schwer gemacht!"

Friedrich Wilhelm Foerster, einer der bedeutendsten Pädagogen der Gegenwart, hat einmal gesagt: „Die Eltern unserer Kinder haben einfach nicht mehr die Nerven, das Kind in seiner normalen Entwicklung zu ertragen."

Auch der Freiheitsdrang unserer Jugend gehört zur normalen Entwicklung. Tatsache ist, daß Jugend Freiheit braucht. Das fordert ihr die Pubertät ab. Söhne sind darin ungestümer als Mädchen. Aber hinaus in die freie Wildbahn der Jugendromantik müssen sie alle. Das hat mit „freier Erziehung" nichts zu tun. Jedenfalls nichts mit der falsch verstandenen freien Erziehung, in der es keine Autorität mehr zu geben scheint. Man meint immer, freie Erziehung sei gleichbedeutend mit Nicht-Erziehen. Man stellt sich fälschlich vor, die Kinder könnten im Raum einer freien Erziehung tun und lassen, was ihnen behagt. Sie sollten ohne Zwang heranwachsen, um nicht gehemmt zu werden. Freie Erziehung aber ist nur der neue Begriff für die heute bereits überholte antiautoritäre Erziehung.

Also doch keine Autorität? O ja, aber Autorität, die sich der heutigen Welt anpaßt und es der Jugend ermöglicht, sich in dieser Welt der Reize und Gefahren zurechtzufinden. Jedes Kind benötigt Führung. Diese muß ihm aber soviel Freiheit gewähren, daß das selbständige Denken und Handeln dabei nicht unterbunden wird. Das Beispiel des Erziehenden steht im Vordergrund. Nicht sein Rohrstock. Es geht nicht mehr darum, die kindliche Natur zu unterdrücken, sondern sie in zweckmäßige Bahnen zu lenken. Unsere Zeit benötigt Menschen mit offenem Sinn; Menschen, die stark genug sind, sich in dieser Welt zu bewähren. Dazu aber muß der Mensch innerlich frei sein. Ein Unterdrückter gerät leichter unter die Räder!

Wir Eltern müssen zur Kenntnis nehmen, daß sich die Form der Autorität gewandelt hat. Autorität besitzt man heute nicht mehr kraft seines Amtes, sondern als Person, die tatsächlich überlegen ist. Autorität ist andererseits enger begrenzt und sachlich bezogen, nicht mehr total. Der Lehrling läßt sich zwar vom Meister die Arbeitsleistung korrigieren, aber nicht sein Verhalten in der Freizeit, um die sich der Lehrherr früher einmal sehr wohl gekümmert hat. Denn das – so die Meinung der Jugend – geht den Meister heutzutage nichts mehr an.

Dies müssen wir zur Kenntnis nehmen. Das Rad der Entwicklung läßt sich nicht mehr zurückdrehen. Gut so, denn gerade in einer Atmosphäre der freieren Entfaltung bilden sich Persönlichkeiten heran. Der Gehorsam steht in der Erziehung nicht mehr an erster Stelle, sosehr auch die Eltern von heute auf diesen Gehorsam der Kinder angewiesen sind. An erster Stelle stehen Selbstverantwortung und Entscheidungsvermögen. Schon der junge Mensch muß wählen lernen: seinen Beruf, seinen Partner, die Konsumgüter und die Meinungen, denen er Gehör schenkt. Die Zeit, da man die Tochter einem vorbestimmten Mann zur Frau gab, ist vorbei.

Sobald wir diese Zusammenhänge erkennen, wird sich unsere innere Einstellung dem jungen Menschen gegenüber zu verändern beginnen. Wir werden dann nicht mehr über die Frage „Autorität" in Konflikt mit unserem Jungen oder unserem Töchterchen geraten, da wir keinen blinden „Kadavergehorsam" mehr verlangen. Wir werden führen, statt zu blindem Gehorsam zu veranlassen. Jedes Kind hat ein natürliches Bedürfnis nach Ordnung und Lebensregeln. Solche Regeln sucht und findet es im Spiel schon sehr bald. Derartige Regeln soll es auch im Gemeinschaftsleben vorfinden; in erster Linie innerhalb der Familie. Schaffen wir daher diese Regeln! Schaffen wir Ordnung. Schon das Kleinkind muß mit dem Reglement innerhalb der Familie vertraut sein. Das schafft Bindungen. Das sind jene Zügel, die wir Eltern nie aus der Hand verlieren sollten. Vor allem dann nicht, wenn unsere Kinder ins Leben hinausgehen.

Wo aber diese Familie gar nicht mehr existiert, sondern sich nur auf eine Schlaf- und Essensgemeinschaft reduziert, dürfen wir uns über eine Flucht daraus nicht wundern. Für Autoritätsansprüche wird es dann zu spät sein.

Ich kenne eine Familie, in der Strenge oberstes Gebot war. Der Vater ist Offizier. Er hielt nichts von den modernen Erkenntnissen in der Erziehung. Für ihn galt nur der Grundsatz, daß ein Kind gehorchen müsse. Die Mutter stand ihm dabei kräftig zur Seite. Und die einzige Tochter schien das gelungene erzieherische Produkt dieser absoluten Gehorsamsförderung zu sein. Aber mit siebzehn Jahren erwartete sie ein Kind. Die Eltern waren fassungslos.

Fassungslos sind sie alle, die Eltern, die heute noch mit den Maßstäben blinden Gehorsams ihr Kind erziehen und dann erleben müssen, wie dieses Kind versagt. Die meisten sogenannten „Versager" kommen aus Familien, in denen man mit eiserner Disziplin den Gefahren der heutigen Umwelt begegnen will, oder aus Familien, in denen Disziplin völlig ausgeschaltet ist. Wo gar keine Autorität mehr waltet. Wo man den Dingen ihren Lauf läßt, damit man sein eigenes Leben möglichst ungestört leben kann.

Beide Methoden sind falsch. Die Psychologie hat erkannt, daß der junge Mensch, der in die Welt der Erwachsenen hineinwachsen soll, mehr braucht als das hohle Gerüst angezüchteten Gehorsams. Die Welt verlangt von ihren Zeitgenossen Mitentscheidung. Ein Mensch, der nie gelernt hat, selbst Entscheidungen zu treffen, und der plötzlich mit den Anfechtungen und Anforderungen der Gegenwart fertig zu werden hat, nachdem er autoritätsgläubig in das Leben der Wirklichkeit entlassen wurde, kann sich nicht bewähren.

Gehorsam ist notwendig. Aber notwendiger ist die Liebe. Denn ohne geliebte Partner kann sich kein Gewissen bilden. Für das Kind sind Eltern Partner. Was aber garantiert uns Eltern, daß sich unser Kind im Leben bewähren wird? Nur die Tatsache, daß uns ein gesunder Du-Aufbau und damit eine gesunde Gewissensbildung gelungen ist.

Wir haben, gottlob, schon weitgehend die Schatten der Vergangenheit in der Erziehung übersprungen. Viele Eltern haben bereits gelernt, daß jedes Kind eine Persönlichkeit für sich ist, und daß man ihm auch erlauben muß, sie zu sein.

Die Welt hat sich gewandelt. Der Mensch, der in ihr erfolgreich bestehen soll, muß anders geformt sein als früher. Mit blindem Gehorsam stoßen wir ins Leere. Mit Liebe allein ebenfalls. Den goldenen Mittelweg aber haben noch nicht alle gefunden. Darum sollten wir Eltern nie aufhören, neue Erkenntnisse zu sammeln. Wir wollen aus unseren Kindern glückliche Menschen machen. Das erfordert viel Hingabe und Aufgeschlossenheit.


## 4. MAN SOLLTE WISSEN,

DASS AUCH DER HUMOR ZUR KINDERERZIEHUNG GEHÖRT, UND WAS WIR TUN KÖNNEN, UM EINE FRÖHLICHE ATMOSPHÄRE ZU SCHAFFEN.


### *Mit etwas Humor geht's leichter*

Die Begegnung mit dem DU muß für das Kind auch eine Begegnung mit der Freude sein, mit der Freude am Dasein, mit der Freude an den Dingen um uns, mit der Freude an der Natur, an den Mitmenschen, an der Technik. Das Kind, das sein ICH erobert hat und nun in die Welt der tausend kleinen und großen Wunder um uns hinausgaloppiert, hat das Recht darauf, die Welt noch etwas heil zu erleben. Das hat nichts mit Illusionen zu tun. Damit vermitteln wir dem Kind kein falsches Weltbild. Damit wecken wir in ihm nur ganz unbewußt die Neugierde dafür, ob hinter den grauen Dingen des Alltags, die ja auch das Kind erlebt -- und erleben soll! – alles nur dunkel oder doch auch etwas licht ist.

Lebensfreude hat ihre Wurzeln in dieser zweiten Entwicklungsphase des Kindes. Ebenso haben es Optimismus, Initiative, Mut, Freude, Fröhlichkeit und viele andere Lebensqualitäten, mit denen wir unser Kind gar nicht reich genug ausstatten können, damit es sein Dasein später richtig in den Griff bekommt.

Ich möchte Ihnen daher wieder einmal ein Erziehungsgeheimnis anvertrauen, liebe Eltern. Es heißt: *Erziehen Sie mit Fröhlichkeit!*

Eltern, die lachen können, haben mit ihren Kindern weniger Schwierigkeiten. Eltern, die immer ein fröhliches Gesicht zur Schau tragen, auch wenn ihnen manchmal gar nicht danach zumute ist, werden erleben, daß sich ihre Fröhlichkeit im Gesicht der Kinder widerspiegelt. Eltern schließlich, die zur rechten Zeit ein heiteres Wort finden, werden viel weniger strafen müssen. Denn jede Strafe ist auch für die Eltern ein Ärgernis.

Das Kind fordert uns zu dieser Fröhlichkeit geradezu heraus. Ist es für jede Mutter nicht der glücklichste Augenblick, wenn ihr das Kindchen in der Wiege zum erstenmal entgegenlacht? Wochenlang vielleicht schon ist der neue Erdenbürger da, hat seinen Platz in der Wohnung und in der Familie gefunden und verbreitet Freude um sich. Immer wieder schaut man nach ihm. Da liegt er wohlgebettet in Duft und Sauberkeit, schläft, schreit oder spielt mit seinen Händchen. Aber den wirklichen Kontakt hat vielleicht nur die Mutter zu dem Säugling gefunden, weil er an ihrer Brust liegt.

Alle anderen um sich herum nimmt er noch nicht zur Kenntnis. Den Finger, den man ihm entgegenhält, weiß er noch nicht zu umfassen. Auch den Blick erwidert er selten. Und plötzlich ist dann das Lachen da! Plötzlich lächelt er. Strahlt uns an. Die Brücke zu uns ist geschlagen. Das menschliche Band ist geknüpft. Die Beziehung zum Kind ist geschaffen. Ein großartiger Augenblick in der Entwicklung unserer Kinder. Man nennt dieses erste Lachen des Kindes in der Psychologie das „soziale Lächeln". Jedes Lachen ist Ausdruck der Freude. Auch beim Kind. Unser Säugling freut sich und kann uns seine Freude zeigen. Er zeigt uns noch mehr damit, nämlich daß er das Bedürfnis hat, sich zu freuen. Sorgen wir also dafür, daß unser Kind weiterhin Freude erlebt und fröhlich sein kann. Dann haben wir mehr für seine positive Entwicklung getan als mit der besten und teuersten Ernährung.

Meine Schwester ist 1918 geboren. Es war die Zeit, da der Erste Weltkrieg zu Ende ging. Inflation und Hungersnot brachen über Österreich herein. Oft hatte man nichts anderes als ein Stückchen trockenes Brot zu essen. Hin und wieder gab es etwas Magermilch, aber da mußte sich mein Vater schon morgens um drei Uhr anstellen und fünf Stunden warten. Und dennoch war meine Schwester ein gesundes, gutaussehendes Kind. Mein Vater – ein eifriger Chronist – hat in sein Tagebuch aus jener Zeit folgendes eingetragen: „Wo soll das noch hinführen? Wir wissen nicht, ob wir morgen überhaupt noch etwas zu essen bekommen. Es herrschen bittere Not und Kälte. Wir bereuen es aber nicht, daß wir unser Putzi haben. Im Gegenteil, wir sind glücklich und immer fröhlich, wenn wir um sie sind. Sie soll heute schon lernen, daß zu leben eine Freude ist!"

Wieviele wohlgenährte Kinder aber, die heute in besten Verhältnissen aufwachsen, verkümmern an Leib und Seele, weil niemand da ist, der Fröhlichkeit um sie verbreitet, der ihnen zeigt – wie mein Vater schrieb –, daß zu leben eine Freude ist! Lachen Sie also Ihr Kind an. Werfen Sie an der Schwelle zum Kinderzimmer alle Sorge und Last des Alltags ab. Streichen wir unsere

Sorgenfalten aus dem Gesicht, und treten wir lachend ein. Unser Kind wird dann bald Freude haben an allem, was es um sich wahrnimmt. Es wird ein fröhliches Kind sein, kein schreiendes, trotziges, launenhaftes und unzufriedenes.

Hermann Gmeiner, der Schöpfer der SOS-Kinderdorf-Idee, sagte einmal einem Journalisten, der ihn fragte, was ihn an seiner Arbeit am meisten beeindrucke: „Wenn die Kinder in unseren SOS-Kinderdörfern nach einiger Zeit wieder das Lachen lernen!"

Jawohl, liebe Eltern, es gibt zahlreiche Kinder, die das Lachen verlernt haben, die nicht mehr wissen, was es heißt, fröhlich zu sein. Die stehen mit offenem Mund vor dir, wenn du sie mit einer heiteren Geste zum Lachen bringen willst. Sie verstehen es nicht, daß es Menschen um sie gibt, die heiter sind, fröhlich, unbeschwert und lustig.

Diesen Kindern zu begegnen – wenn sie an der Hand einer Fürsorgerin in ein Kinderdorf gebracht werden –, greift mir immer wieder aufs neue ans Herz. In solchen Minuten habe ich gelernt, daß wir unser Kind mit Fröhlichkeit erziehen müssen, daß Fröhlichkeit für ein gesundes, kindliches Gemüt unentbehrlich ist.

In einer Atmosphäre der Fröhlichkeit, wo viel gelacht wird und vor allem des Lebens heitere Stunden gezählt werden, findet die Seele des Kindes den richtigen Nährboden. Nichts vermag die Angst sosehr zu vertreiben wie ein herzhaftes Lachen. Nichts vermag die Liebe zwischen zwei Menschen – aber auch zwischen Eltern und Kind – so zu verwurzeln wie ein gemeinsames Sich-Freuen. Selbst in schwierigen Erziehungssituationen ist eine Prise Heiterkeit der beste pädagogische Eingriff, der fast immer Erfolg hat.

Ich bin vor Jahren in meinem eigenen Heim Zeuge einer Erziehungssituation geworden, die ich Ihnen in diesem Zusammenhang berichten muß. Omama war eben zu Besuch und war mit unserem damals siebenjährigen Sohn Michael allein zu Hause. Beide hatten mein Heimkommen nicht bemerkt. Plötzlich vernahm ich aus dem Kinderzimmer: „Nein, ich mag nicht." Und darauf Omamas gütige Stimme: „Aber du mußt jetzt deine Aufgabe machen, hörst du!" „Nein, ich mag nicht." Omama schien verzweifelt. Sie wollte eben durch einen Rückzug der Szene ein Ende machen, ging zur Tür, glitt aus und wäre beinahe niedergefallen. Es muß sehr komisch ausgesehen haben, denn ich hörte, wie kurz darauf beide laut lachten. Das dauerte einige Minuten, dann hörte ich wieder Omamas Stimme: „So, und jetzt geh zu deiner Aufgabe!" Worauf sich Michael widerstandslos über seine Aufgabe setzte.

Wir sollten öfters heitere Szenen in schwierigen Momenten provozieren. Wenn wir das Lachen auf unserer Seite haben, ist alles gewonnen, was wir sonst vielleicht nur mit Aufregung oder Strafen erreicht oder auch nicht erreicht hätten.

Einer der größten Erzieher war Don Bosco. Wie stellte es der Priester an, daß er die ärgsten Gassenjungen zu ordentlichen Buben umwandelte? Nicht mit Strafen. Auch nicht mit Liebe und Verständnis allein, sondern mit bewußter Fröhlichkeit, indem er ihnen allerlei Späße vormachte. Dies trug ihm den Titel „Seiltänzer Gottes" ein, weil er selbst seiltanzte und Zauberkünste vorführte, um seine Zöglinge für sich zu gewinnen. Auch wir müssen unsere Kinder für uns gewinnen, liebe Eltern! Seien wir daher fröhlich!

## Fröhlich zu sein, will gelernt sein

Nur wenigen Auserwählten wird die Eigenschaft, immer und überall ein heiteres Gemüt zu bewahren, in den Schoß gelegt.

Alle anderen müssen sich dazu erziehen. Wollen wir gemeinsam so eine kleine Erziehungsschule zum Fröhlichsein abhalten? Wir werden selbst am meisten davon profitieren.

Denken wir wieder einmal nur an uns selbst, denn wenn wir uns gehenlassen, dann können wir auch unser Kind nicht an die Hand nehmen. Arbeiten wir also ein wenig an uns. Es geht beinahe von allein, wenn wir nur unsere Gedanken etwas ordnen; die sind oft recht durcheinander, was stürmt auch nicht alles auf uns ein, einen lieben langen Tag hindurch! Und wir nehmen alles, was uns der graue Alltag bringt, entsetzlich ernst. Wir machen ein Gesicht, als ob wir Reißnägel verschluckt hätten, und bellen unsere Mitmenschen an, wenn sie uns näherkommen. Sie tun es ja auch. Und es ist wirklich zum Ärgern. Das ist nicht in Ordnung, und dort hat etwas nicht geklappt. Die Milch ist übergelaufen, und das Fleisch ist teurer geworden. Die Sekretärin hat den Akt wieder verlegt, und mit der Gehaltserhöhung ist es Essig.

Ja, vielleicht haben wir oft wirklich Grund zum Verzweifeln, aber müssen wir es gleich der ganzen Umwelt kundtun? Müssen wir tatsächlich so eine saure Miene aufsetzen, damit man uns bedauert? Dieses Bedauern ist ja doch zumeist nur Heuchelei und Höflichkeit.

Ich lade Sie alle – die Sie mühselig und beladen sind – herzlich ein, folgende Übung zu machen, die mit etwas Selbstbeherrschung jeder fertigbringt: Lächeln Sie trotzdem! Auch wenn es heute ganz schiefgegangen ist: Lächeln Sie trotzdem! Auch wenn Sie kein Geld mehr in der Tasche haben: Lächeln Sie trotzdem!

Versuchen Sie es einmal, zweimal, immer wieder! Sie werden erleben, wie Ihre Sorgen kleiner und kleiner werden und Ihr erzwungen-freundliches Gesicht ein von innen her strahlendes wird.

Fangen Sie gleich morgen früh damit an! Was wird Ihre Frau sagen, wenn Sie, statt übellaunig im Badezimmer zu stehen, ihr entgegenlachen?

Was wird die Hausmeisterin, mit der Sie seit Monaten auf Kriegsfuß leben, sagen, wenn Sie ihr freundlich begegnen und ihr einen guten Morgen wünschen? Was werden all die vielen Menschen sagen, die Sie nur ernst und launenhaft kennen, wenn Sie plötzlich ein lachendes Gesicht aufgesetzt haben?

Man wird zurücklächeln. Man wird sich mit Ihnen freuen. Man wird Ihnen für Ihre Fröhlichkeit dankbar sein.

An der Kreuzung Babenbergerstraße – Ring in Wien stand lange Zeit ein Verkehrspolizist, der stets lächelnd und auf charmante Art den gewaltigen Autostrom lenkte. Ich habe ihn öfter beobachtet und bemerkt, wie man ihm von den Autos aus zuwinkte, wie Autofahrer, die einander anbrüllen, ein Lächeln aufsetzten, wenn sie sich der Kreuzung näherten, und wie man beinahe genießerisch um diesen ruhenden Pol der Fröhlichkeit inmitten großstädtischer Hast kreiste.

Seien auch wir im Verkehr unseres Alltags ein solcher Schutzmann! Wir werden auf diese Art meist fröhliche Gesichter und heitere Worte ernten. Das aber wird auch uns wieder froh stimmen. Fröhliche Menschen sind beliebt. Machen wir uns beliebt, indem wir lächeln, auch wenn es uns anfangs schwerfällt. Wir werden dann im Umgang mit Menschen Erfolge haben, wie wir sie bisher nicht erträumt haben. Und alles nur durch ein ganz klein wenig Lächeln.

„Große sind groß durch ihr Herz, nicht durch ihre Börse", sagte der amerikanische Lebensphilosoph R.W. Emerson. Unsere Herzensbildung aber tut sich in einem freundlichen Antlitz kund. Wohl prägt das Wesen eines Menschen dessen Antlitz. Aber ich bin der festen Überzeugung, daß wir durch unser Gesicht auch unser Wesen zu prägen vermögen. Spielen wir vorerst ruhig ein wenig Theater. Lächeln wir, auch wenn uns gar nicht danach zumute ist. Durch unser freundliches Gesicht aber wird sich die Welt um uns verwandeln, wird uns Grund zum Freuen geben. Unser Lächeln wird echt. Die Augen strahlen. Wir beginnen, uns auch innerlich umzustellen. Der Erfolg ist gegeben.

Fällt es Ihnen wirklich so schwer, trotzdem zu lächeln? Bringen Sie heute bei bestem Willen kein heiteres Gesicht zustande? Ich glaube es kaum, aber wenn dem so wäre, dann habe ich auch für diese ganz „schwierigen Fälle" ein Reserverezept: *Entspannen Sie sich!*

Wenn Sie nämlich trotz aller guten Vorsätze kein Lächeln auf Ihr Gesicht zaubern können, ist etwas in Ihnen verkrampft. Legen Sie sich auf den Diwan. Atmen Sie langsam und tief. Lassen Sie die Arme zu Boden baumeln. Öffnen Sie leicht den Mund. Entspannen Sie alle Muskeln. Es wir Ihnen guttun. Wer in ständiger geistiger und körperlicher Anspannung lebt, wird innerlich verhärtet. Lassen Sie sich einmal fünf Minuten gehen. Lassen Sie ein Gefühl der Müdigkeit über sich kommen. Es soll von Ihnen Besitz ergreifen. Nach einer solchen Entspannungsübung muß es gelingen, zu lächeln. Beobachten Sie das im Spiegel. Behalten Sie dieses freundliche Gesicht bei. Gehen Sie mit dieser Miene unter die Menschen.

Das mag alles sehr naiv erscheinen, aber die wunderbarsten Dinge unseres Lebens sind einfach, klar und gering. Wir sind nur zu hochmütig geworden, um sie zu beachten. Das Lächeln um die Mundwinkel ist so ein geringes Ding. Aber es ist ein mächtiges Werkzeug, das Ihr Leben umformen und Sie ändern kann. Lernen wir also, ein fröhliches Gesicht zu tragen. Wir haben dann viel gewonnen. Für unser persönliches Glück und für das Glück unserer Kinder.


## Fröhliche Kinder – gute Esser

Fröhlich erzogene Kinder bereiten weit weniger Probleme und tragen ihren Eltern viel weniger graue Haare ein. Dies gilt für alle Bereiche der Kindererziehung. Ich greife nur zwei Sorgenkreise heraus. Einmal die Eßschwierigkeiten und zum anderen das Bettnässen.

Es gibt nicht viele größere Ärgerquellen in der Erziehung als schlechte Esser. Fast alle Eltern haben damit zu kämpfen. Dennoch: Es gibt von Natur aus keine schlechten Esser (Ausnahmen sind zum Beispiel Frühgeborene oder geburtsgeschädigte Kinder). Nahrungsaufnahme ist ein lebenserhaltender Trieb. Er bestimmt die Entwicklung des Kindes von der Empfängnis an. Das Kind kann nur leben, wenn es ißt. Die Natur hat vorgesorgt, daß es nach genügend Nahrung für seinen Körper verlangt. Sie hat jeden Menschen mit einem starken Nahrungstrieb ausgestattet.

Und doch bemerken Sie oft gar nichts von diesem Trieb. Ihr Kind hat keine Eßlust. Es lehnt gewisse Speisen ab. Es erbricht. Es muß gefüttert werden. Es bereitet Ihnen Sorgen und Schwierigkeiten, wenn es ums Essen geht.

Ich möchte Ihnen lange Ausführungen über dieses Thema ersparen.

Sie sollten sich nur einige wichtige Erkenntnisse zu eigen machen und Anregungen erhalten, die Ihnen helfen, mit den so vielfältigen Problemen auf diesem Gebiet fertig zu werden.

1  Die wichtigste Erkenntnis habe ich schon vorweggenommen: Es gibt von Natur aus keine schlechten Esser! Wohl gibt es triebschwache, kränkliche, verträumte, nervöse, labile, zeitgeschädigte, einsame, blasse und gehemmte Kinder, die für Eßschwierigkeiten anfälliger sind. Es sind jene verschreckten Geschöpfe, die wir auf unserer Wanderung durch das Erziehungsland immer wieder als Sorgenkinder angetroffen haben. Aber wir haben ja mittlerweile gelernt, auch ein solches Kind ganz zu bejahen, ihm seinen Lebensraum zu schaffen und ihm mit Liebe, Verständnis und Fröhlichkeit zu helfen. Der größte Teil der Kinder ist aber nicht anfällig gegenüber Eßschwierigkeiten, doch tragen wir Erwachsenen dazu bei, es anfällig zu machen. Meist ist es unser Fehler, nicht der des Kindes.

2. Wir müssen zur Kenntnis nehmen, daß die Aufnahme von Nahrung nicht nur eine Sache des Körpers, sondern auch der Seele ist. Woher kommen die meisten Magengeschwüre? Jeder Facharzt wird es Ihnen gerne bestätigen, daß sie ihren Ausgangspunkt überall dort nehmen, wo das Essen zur Schablone geworden und keine Zeremonie mehr ist. Da sind die Gasthausesser,

die in unfreundlichem Klima hastig ihr Essen verschlingen. Da sind die Managertypen, die unregelmäßig essen, bei Tisch die Zeitung lesen und den Frühstückskaffee stehend zu sich nehmen. Da sind alle jene, denen ein freundlich gedeckter Mittagstisch fremd ist.

Unser Kind reagiert meist noch nicht mit Magengeschwüren, aber mit Schwierigkeiten, Eßunlust und mangelndem Appetit.

3. Der Körperhaushalt des Kindes regelt sich von selbst. Er läßt sich nicht durch Schimpfen und Ohrfeigen regulieren. Er tanzt nicht nach der Pfeife des Erziehers. Also reagiert er auf brutale Zwangsmaßnahmen. Und es ist brutal, ein Kind zum Essen zu zwingen. Es ist brutal, ihm gewisse Speisen, die der Körper ablehnt, aufzudrängen. Es ist brutal, es wie einen Mops zu füttern. Es ist brutal, ihm die Quantitäten vorzuschreiben. Kein Kind verträgt Brutalität. Schon gar nicht beim Essen.

Bisher war es in vielen Familien noch Sitte, daß das, was auf den Teller kam, gegessen werden mußte. Wenn das Kind eine Speise ablehnte, wurde sie ihm mit Gewalt eingeflößt, denn es durfte nicht heikel werden. Heute wissen wir, daß es eine echte Aversion gegen bestimmte Speisen gibt.

In unseren SOS-Kinderdörfern haben wir mit gar vielen Erziehungsschwierigkeiten zu tun. Am wenigsten mit Eßschwierigkeiten. Ist das nicht sonderbar? Und doch waren die meisten dieser Kinder, bevor sie in den Kinderdorffamilien ein neues, bleibendes Zuhause fanden, schlechte Esser. Aber so sonderbar ist das gar nicht. Sie können sich die Antwort selbst holen, wenn Sie in eine solche Kinderdorffamilie hineinschauen, wo die Mutter mit ihren Kindern um einen freundlichen, sauberen, mit Blumen geschmückten Tisch sitzt. Alles atmet dort Frieden und Geborgenheit. Die Mahlzeiten sind wie eine heilige Handlung. Fröhlichkeit liegt über der kleinen löffelnden Schar. Welches Kind sollte da nicht Appetit bekommen? Es darf sich jeder selbst aus der Schüssel nehmen. Niemand ist da, der schimpft, dauernd nörgelt oder einem gar wütend den Spinat, den man gar nicht mag, in den Mund schoppt. Das Geheimnis einer gesunden Familienatmosphäre, in der es kaum zu Eßschwierigkeiten kommt, wurde hier in die moderne Jugendfürsorgepädagogik übertragen. Es lieferte dafür den wissenschaftlichen Nachweis, daß wir Eßschwierigkeiten vorbeugen und bekämpfen können, indem wir

1. das Kind nie zum Essen zwingen;
2. ihm keine bestimmten Speisen aufzwingen;
3. den Mahlzeiten – einschließlich Frühstück – mehr Raum in unserem viel zu gehetzten Leben schenken;
4. einen freundlichen, einladenden Tisch bereiten;
5. beim Essen jede Kritik und Szene vermeiden, sondern für eine heitere, ungezwungene Atmosphäre sorgen;
6. das Kind möglichst frühzeitig zur eigenen Handhabung des Eßwerkzeuges erziehen;

7. es die Größe der Portionen selbst bestimmen lassen, wodurch dann auch verlangt werden kann, daß der Teller leergegessen wird;
8. dem Kind durch unsere eigenen guten Eßmanieren ein Beispiel geben und
9. ihm Ehrfurcht vor dem „täglichen Brot" einpflanzen.

Lernen wir doch wieder, richtig Mahlzeit zu halten. Wir schützen uns damit vor Magengeschwüren und Ärger in der Erziehung.

Hier noch einige praktische Hinweise für besondere Verhaltensschwierigkeiten:

*Mein Kind ist krank, was soll es essen?*

Kranke Kinder sind appetitlos. Meist schon einige Tage vor Ausbruch der Krankheit stellt sich Eßunlust ein. Machen Sie sich keine Sorgen! Der Körper des Kindes regelt alles weise. Ihr Kind verhungert nicht. Obstsäfte, einen Brei, Tee und etwas Biskuit wird Ihr krankes Kind vielleicht zu sich nehmen. Mit dem Abflauen der Krankheit stellt sich die Eßlust von selbst wieder ein. Nur nicht drängen! Jedes Kind holt rasch auf.

*Mein Kind mag gewisse Speisen nicht!*

Es gibt eine natürliche Ablehnung gewisser Speisen. Wir sollten dies respektieren und diese Speise einige Wochen lang aus unserem Speisezettel streichen. Wenn sie dann wieder einmal auf den Tisch kommt, wird Ihr Kind vielleicht gar nicht daran denken und sie essen. Zwingen wir nie ein Kind, eine Speise, die es aus einem inneren Gefühl der Widerwärtigkeit ablehnt, zu essen. Es ist unsinnig und – ich habe es schon gesagt – brutal.

Wir manövrieren uns damit in ein Labyrinth an Eßschwierigkeiten und schaden überdies unserem Kind seelisch.

*Mein Kind nimmt nicht zu und ist blaß, obwohl es gut ißt.*

Vielleicht hat es Würmer. Kein Grund zur Aufregung, denn fast jedes Kind hat einmal damit zu tun. Es gibt wirksame, dem Organismus nicht schadende Wurmpräparate. Holen Sie sich Gewißheit beim Hausarzt.

*Mein Kind kommt zu spät zum Essen.*

Sie haben es wahrscheinlich schon dreimal gerufen, und noch immer ist der kleine Kerl von der Sandkiste nicht heraufgekommen. Fangen Sie mit dem Essen an! Machen Sie keine Szene. Er bekommt eben nur das, was noch da ist, und wenn alle fertig gegessen haben, muß auch er Schluß machen. Und Nachspeise gibt es selbstverständlich nicht. Bald wird er lernen, beim Essen Disziplin zu halten.

Es gibt ein altes und vielgebrauchtes Sprichwort: Essen hält Leib und Seele zusammen!

Wenn wir darauf Bedacht nehmen, daß Essen eben nicht allein dem Körper, sondern auch der Seele zugute kommt, werden wir uns in Zukunft vielfach anders verhalten.

## *Bettnässen – ein Übel mit tiefen Wurzeln*

Jedes Kind leidet unbewußt unter dem Streit der Eltern. Die Harmonie, die es benötigt, um seelisch wachsen und gedeihen zu können, sollten wir daher nie mutwillig stören. Es wird sich sonst in seinem Verhalten an uns rächen. Einem Seismographen gleich, verzeichnet es in seinem psychischen Leben jede Auseinandersetzung der Eltern. Wie tief diese Wirkung auf das Gemüt eines Kindes sein kann, möge eine der schwierigsten kindlichen Verhaltensstörungen zeigen: das Bettnässen.

Ich konnte an vielen hundert milieugeschädigten Kindern beobachten, daß die Anfälligkeit für dieses Leiden bei denjenigen am meisten gegeben ist, die längere Zeit in einer Atmosphäre des Streites und der Ehezwistigkeiten heranwuchsen. Sicher gibt es viele Ursachen – eine verborgener als die andere –, die Bettnässen heraufbeschwören, das im übrigen häufiger bei Buben, seltener, dafür aber hartnäckiger, bei Mädchen auftritt. Streitende Eltern sind gewiß eine der häufigsten Ursachen.

Es vergeht kein Jahr, in dem nicht neue Methoden auf den heilpädagogischen Markt gebracht werden, diese Krankheit zu bekämpfen. Aber ich möchte Ihnen, liebe Leser, aus langjähriger Beobachtung bettnässender Kinder heraus einige Hinweise geben, die vielleicht nützlich sein werden.

Was verstehen wir unter Bettnässen?

Erst vor wenigen Tagen kam eine Mutter hilfesuchend zu mir und jammerte über ihren dreieinhalbjährigen Sohn, der ein Bettnässer sei. Ich konnte sie rasch trösten. Wir haben keinen Grund zur Aufregung, wenn sich das Sauberwerden unseres Kindes lange hinauszögert. Die Natur des Kindes bringt es mit sich, daß das eine Kind schneller Herrschaft über seine Blase erlangt als das andere. Mädchen sind in dieser Hinsicht fleißiger, Buben fauler. Erst wenn sich um das vierte Lebensjahr noch kein Erfolg in den freilich notwendigen Bemühungen der Mutter zeigt, muß man sich ernsthafter mit diesem Problem auseinandersetzen. Der Säugling kann seine Blase noch nicht beherrschen. Die entsprechenden Gehirnpartien haben die dafür nötige Ausbildungsstufe noch nicht erreicht. Die Blase leert sich automatisch, sobald sie einen bestimmten Grad der Füllung erreicht hat. Erst allmählich – meist nach dem 12. bis 18. Lebensmonat – erlernt das Kind das Zurückhalten des Harnes, aber anfangs längere Zeit hindurch auch nur während des Wachzustandes. Im Schlaf bleibt die ursprüngliche automatische Harnentleerung vorerst weiter bestehen. Ab dem zweiten Lebensjahr ist auch diese Periode allmählich überbrückt, wobei es immer wieder monatelange Rückfälle – meist in der kalten Jahreszeit – gibt. Und eines Tages ist das Kind sauber.

Das Leid für Eltern und Kinder beginnt dort,

- wo das Kind entweder auf jener Stufe stehenbleibt, daß es wohl tagsüber seine Blasenentleerung beherrschen, sich aber noch nicht durch das Gefühl einer vollen Blase wecken lassen kann, oder
- wo in jedem beliebigen Alter – nachdem das Kind schon lange sauber war – plötzlich wieder dieses frühe Stadium erreicht wird und es morgens ein nasses Bett gibt.

Jenen Eltern, die ein bettnässendes Kind haben, darf ich mein Mitgefühl zum Ausdruck bringen, denn ich weiß, wieviel Qual, wieviel Ärger, wieviel Aufregung, Sorgen und Verzweiflung dieses Leiden in eine Familie tragen kann. Den übrigen Eltern, deren Kinder normal sauber geworden sind, empfehle ich ebenfalls, nachfolgende Zeilen zu lesen, denn wir sollten alle darüber Bescheid wissen. Nur zu oft können wir dann helfend und Trost spendend bei Verwandten und Freunden einspringen.

Vorerst eine wichtige Feststellung: Bettnässen – in der Fachwelt Enuresis nocturna genannt – ist meist keine organische Erkrankung, sondern ein seelisches Leiden, eine psychische Störung, deren Ursache wir freilich zumeist nicht gleich oder gar nie erkennen. Nur in den allerseltensten Fällen liegt eine funktionelle Schwäche vor. Gelegentliches Bettnässen infolge Verkühlung etwa hat damit ebenfalls nichts zu tun.

Forschen Sie bei einem bettnässenden Kind erst gar nicht nach den Ursachen, liebe Eltern! Sie könnten dabei zu Selbstvorwürfen kommen, die vielleicht unrichtig sind. Sie quälen sich, werden nervös und unsicher. Gehen wir lieber gleich an die Therapie. Packen wir das Übel bei den Hörnern. Vielleicht gelingt es uns, dem Kind zu helfen. Vielleicht auch nicht. Dann wird uns ein erfahrener Kinderarzt oder Heilpädagoge beistehen. Also keinesfalls allzu besorgt sein: Es gibt für alle Bettnässer-Fälle einen Ausweg. Eines aber sei vorweg gesagt: Wir bemühen uns umsonst, ein bettnässendes Kind zu kurieren, wenn das Milieu nicht intakt ist. Bringen wir also vorerst das Familiengebäude in Ordnung. Sorgen wir für eine fröhliche Atmosphäre.

Und nunmehr einige praktische Hinweise

1. Nehmen wir dem Kind die Angst vor dem Bettnässen!

Das Tragische an der Enuresis ist nämlich die Tatsache, daß die Mehrzahl bettnässender Kinder seelisch darunter sehr leidet. Zumeist läßt sich das Kind dies nicht anmerken. Im Grunde seines Herzens aber ist es ein zutiefst unglückliches Kind, das in der Sorge einschläft, ob es am Morgen wieder von einer schimpfenden Mutter aus dem nassen Bett geholt wird. Es ist ein zutiefst unglückliches Kind, weil es sich schämt, weil es sich Gedanken darüber macht, weil es dadurch zerstreut ist, in seiner schulischen Leistung nachläßt und in seiner Entwicklung zurückbleibt.

Helfen wir diesem Kind zuerst einmal damit, daß wir ihm die Angst vor dem Bettnässen nehmen. Das setzt voraus: Niemals schimpfen, wenn Sie ein nasses Bett entdecken. Niemals strafen. Nehmen Sie gar keine Notiz davon oder sagen Sie ruhig Ihrem Kind: „Das macht gar nichts, Peter. Du wirst es schon lernen. Du brauchst dich nicht zu schämen." Legen Sie unter das Leintuch eine Kautschukunterlage und eine zweite über das Leintuch. Darüber nochmals einen weißen Leinendurchzug. Sagen Sie dann Ihrem Kind: „Wenn du nachts merkst, daß dein Bett naß ist, dann zieh dir das obere Leintuch weg. Dann bist du wieder trocken." Am Morgen lassen Sie Ihr Kind sich selbst ganz waschen. Geben Sie ihm immer neues Bettzeug. Dieses darf nicht nach Urin riechen. Bald wird Ihr Kind keine Angst mehr haben, und es wir ihm völlig gleichgültig sein, ob das Bett naß ist oder nicht – jawohl, genausoweit müssen Sie Ihr Kind bringen! Machen Sie es angstfrei vor dem Bettnässen. Reden Sie nicht zuviel darüber. Sorgen Sie dafür, daß auch die anderen Geschwister nicht darüber reden oder spotten oder lachen oder jammern. Tun Sie, als wäre es das Natürlichste auf der Welt, ein nasses Bett zu entdecken. Und tragen Sie mit Humor Ihre Mehrarbeit durch Wäsche, Matratzensäuberung usw.

2. Geben Sie Ihrem Kind – sobald es dem Bettnässen gegenüber gleichgültig geworden ist – positiven Zuspruch! Sagen Sie: „Jetzt wirst du bald sehen, daß dein Bettnässen gut wird. Gelt, du willst doch auch, daß Mama nicht soviel waschen muß. Du wirst aufwachen, wenn du auf das Klosett mußt. Es wird bald vorbei sein!" Sagen Sie bei passender Gelegenheit – nicht am Morgen angesichts des nassen Bettes! – von Zeit zu Zeit (einmal wöchentlich genügt) solche aufmunternden Worte. Diese werden Ihr Kind seelisch stärken.

3. Offenbaren Sie unaufdringlich Ihre Bemühungen, indem Sie dem Kind abends keine Flüssigkeit mehr zu trinken geben und harntreibende Speisen zum Nachtmahl vermeiden! Ich glaube zwar nicht, daß Bettnässen durch Flüssigkeitsentzug heilbar ist, doch vielleicht beginnt Ihr Kind daran zu glauben, und damit wären wir schon wieder ein Stück dem Erfolg näher. Dasselbe gilt für das nächtliche Aufwecken eines bettnässenden Kindes zur Verrichtung seiner Notdurft. Es kann Ihren Bemühungen nur nützlich sein. Ihr Kind aber erlebt diese Bemühungen und klammert sich unbewußt daran.

Nach diesen drei praktischen Hinweisen muß ich nochmals betonen, daß die Voraussetzung zum Gelingen dieser doch so einfachen und harmlosen Methode ein geordnetes Milieu ist. Ihr Kind muß in einer harmonischen Geborgenheit aufwachsen, Liebe erhalten, Fröhlichkeit und viel Familienatmosphäre. Freilich müssen Sie auch dafür sorgen, daß es sauber gewaschen wird, viel frische Luft hat, Bewegung macht und die Toilette vom Schlafzimmer aus mühelos erreichen kann.

Ich kann mir nicht vorstellen, daß Sie dann nicht das Bettnässen aus dem Kinderzimmer vertreiben. Nur eines dürfen Sie nicht: raschen Erfolg erwarten. Bettnässen ist vielfach ein tief wurzelndes psychisches Leiden und zumeist nur langsam heilbar. Es erfordert daher von den Eltern Geduld und nochmals Geduld. Aber wenn Sie diese Geduld aufbringen und es sich zur Gewohnheit machen, niemals zu strafen und Ihrem Kind nur guten Zuspruch geben, werden Sie voraussichtlich Erfolg haben. Ebenso unterlassen Sie es, Ihrem Kind eine Belohnung zu versprechen, wenn es am nächsten Tag kein nasses Bett hat. Ich habe zum Beispiel folgendes erlebt: In einem unserer Kinderdorfhäuser waren von neun Kindern fünf Bettnässer. Am Vorabend des Muttertages besprachen sich die Kinder und vereinbarten, daß man sich ganz fest zusammennehmen werde, um am nächsten Morgen keine nassen Betten zu haben und der Mutter dadurch viel Arbeit zu ersparen. Am Muttertagsmorgen gab es fünf übernasse Betten!

Vertrauen wir also dem natürlichen Weg. Machen wir das bettnässende Kind angstfrei und selbstsicher. Schenken wir ihm besonders viel Liebe und sorgende Aufsicht. Halten wir es frei von Streit und Disharmonie.

Auch ein Nässen tagsüber ist meist keine Blasenkrankheit. Es handelt sich um einen eigenen Typus des Bettnässens. Dieses „Hosennässen" ist schwerer heilbar. Wirkliche Alarmstufe für Sie, liebe Eltern. Auf zum Arzt!

Ebenso sind Einkoten und Kotschmieren Alarmsignale für die Eltern. Hier liegen zumeist schwerwiegende Erziehungsschäden vor. Ich kenne eine wohlsituierte Familie mit drei Kindern, zwei Mädchen und einem Buben. Dieser wurde von den Eltern mit zwölf Jahren in eine Klosterschule gegeben. Dort verursachte er bald helle Aufregung, da er ständig die Wände des Klosetts mit Kot beschmierte. Ein befreundeter Psychologe stellte fest, daß es eine unbewußte Reaktion des Buben war, der darunter litt, daß seine beiden Schwestern zu Hause geborgen bei den Eltern sein durften, während er sich in das Internat verbannt fühlte.

In unserem SOS-Kinderdorf Altmünster waren vor einigen Jahren von 80 neu aufgenommenen Kindern 27 Bettnässer. Ein Jahr später waren es nur noch drei. Und wir haben bei diesen bettnässenden Kindern niemals herumgedoktert oder experimentiert. Aber wir haben ihnen viel Liebe geschenkt, viel, viel Liebe und Verständnis. Niemals fiel von seiten der Kinderdorfmutter ein verurteilendes Wort, niemals wurden sie verspottet. Wir machten sie angstfrei und gaben ihnen guten Zuspruch.

Dieser Erfolg veranlaßte den Leiter einer großen Erziehungsanstalt, seine seit Jahrzehnten geübte Praxis in der Behandlung bettnässender Buben zu revidieren. Er hatte bisher alle Bettnässer in einem eigenen Schlafsaal zusammengezogen, den die anderen Zöglinge „Stinkbude" nannten. Und jeden Morgen mußten alle Buben, die ins Bett gemacht hatten, ihr nasses Leintuch vor sich halten, am Gang Aufstellung nehmen und die 200 Heiminsassen an sich vorbeiziehen lassen. Mit dieser drakonischen Maßnahme wollte man Erfolg haben. Man konnte nichts damit erreichen.

Beugen Sie vor, liebe Eltern! Behüten Sie Ihr Kind vor diesem Leiden. Vermeiden Sie jeden Streit. Sorgen Sie für Liebe und Fröhlichkeit. Ich habe selten ein bettnässendes Kind erlebt, dessen Eltern in einer glücklichen Atmosphäre lebten.

## *Vorbild ist alles!*

Auch die Fröhlichkeit ist vom Vorbild der Eltern abhängig.

Leider wird in unseren Familien aber zuviel genörgelt. Es wird zuviel geschimpft und herumerzogen. Ständig haben die Eltern etwas auszusetzen. Da wird ermahnt und getadelt und belehrt und mit guten Ratschlägen versehen. Das Kind aber reagiert nicht oder nur unwillig. „Ich habe es dir schon hundertmal gesagt, daß du nicht…" Richtig, mindestens hundertmal hat es die Mutter gesagt, aber es ging bei einem Ohr des Kindes hinein und beim anderen hinaus. Und sie wird es noch hundertmal sagen. Und der Erfolg wird mager sein. Mit Gewaltakten läßt sich nicht erziehen. Reden, reden und immer wieder reden ist ein Gewaltakt. Wir sollen als Eltern – wie vorhin schon gesagt – möglichst alles sehen, das meiste übersehen und nur ganz wenig ermahnen. Wir sollen nicht am Bäumchen rütteln, sondern nur die Zweige bewegen. Was wir aber sollen und müssen, ist: Vorbilder sein.

Wenn Eltern beim Spazierengehen Pflaumen von fremden Bäumen nehmen, wird das Kind es auch tun. Wenn Eltern eine schlechte Umgangssprache führen, wird das Kind ebenfalls so reden. Wenn Eltern es mit der Wahrheit nicht genau nehmen, wird auch das Kind den Weg der Lüge gehen.

Wir Eltern aber haben dem Kind vor allem die Liebe vorzuleben. Die Nächstenliebe. Die Liebe zur Natur. Zu den Tieren. Die Liebe eben in ihrer tausendfältigen Form. Geduld. Demut. Bescheidenheit. Die Liste ist lang.

Wir sehen wieder einmal, daß Erziehung uns Eltern wirklich etwas abverlangt. Wir müssen uns schon bemühen, wenn wir ein Kind erziehen wollen. Wenn wir dazu nicht bereit sind, dann lassen wir das Kinderkriegen lieber sein. Nicht, daß alle lax erzogenen Kinder gleich auf die schiefe Bahn kämen. Aber sie werden dann nicht innerlich frei in das rauhe Leben hinaus entlassen. Sie sind seelisch Verkrüppelte. Und das ist böse. Unsere Welt ist voll davon. Man braucht sich nur die Mitmenschen anzusehen. Wie viele sind glücklich? Wie viele wirklich zufrieden? Unbeschwert? Offen? Lebenslustig?

Das hat nur sehr am Rande damit zu tun, daß Sorgen, Krankheiten und Enttäuschungen da sind. Das Leben ist kein Riesenspaß. Das wissen wir. Die aber trotzdem das Leben bejahen, sich am Dasein erfreuen und frei heraussagen, daß sie glücklich sind, das sind jene, deren Eltern sich bei der Erziehung Mühe gegeben haben. Im Vorbildsein, im Vertrauenschenken, im Fröhlichsein. Was bleibt uns am Ende unseres Daseins? Nicht das Haus und nicht das Bankkonto, aber das Bewußtsein, daß wir Kinder erzogen haben, die glücklich sind, die frei sind und sich in der Leistungsgesellschaft von morgen bewähren werden. Daran sollten wir beizeiten denken.


## 5. MAN SOLLTE WISSEN,

DASS JEDES KIND DAS RECHT MITBEKOMMEN MUSS, SICH EINMAL FÜR ODER GEGEN GOTT ZU ENTSCHEIDEN.

### *Vorstoß zum großen Du*

In der Phase des Du-Aufbaues – jenes schwierigsten, längsten, mühsamsten und uns Eltern am meisten engagierenden Abschnittes der Entwicklung – müssen wir dem Kind die Augen für die Umwelt öffnen. Wir müssen ihm helfen, mit all dem geistig und seelisch zu Rande zu kommen, was da Neues in sein Dasein tritt. Das Kind erlebt. Es registriert. Speichert. Notiert. Wie ein Computer. Wie es dann später als Jugendlicher und Erwachsener denken und reagieren wird, hängt davon ab, wie es all die Dinge um sich aufgenommen und verarbeitet hat. Wie diese Kinderseele betreut wird, ist daher von ausschlaggebender Bedeutung. Über alle Vererbung hinweg kann das Kind für sein späteres Leben gesteuert werden. Man kann alles für seine Persönlichkeitsentfaltung tun, damit es ein freier Mensch wird, ein sicherer Mensch, der das Leben in den Griff bekommt.

Man kann diese Persönlichkeitsentfaltung aber auch verstellen, blockieren. Das tut z. B. die Mutter, die in überbetonter Liebe ihr Kind an sich bindet, und ebenso etwa das Elternpaar, das keine Zeit aufbringt, sich um die Anlagen und Fähigkeiten seines Kindes zu kümmern und ihm Denkanstöße zu geben. Das eine Kind kann sich nicht entfalten, weil es seelisch vergewaltigt ist. Das andere Kind wieder ist Freiwild der starken Umweltreize, wird leicht verwirrt und verblendet, läuft in die Irre, treibt zu früh aus, findet keine Antwort. Beider Persönlichkeitsentfaltung ist gleichermaßen in Frage gestellt.

Der Persönlichkeitsenfaltung des Kindes werden wir aber nur dann in vollem Maß gerecht, wenn wir es auch das Staunen lehren, das Staunen, das dort einsetzen soll, wo die Dinge sind, die wir nicht mehr verstehen und trotz modernster wissenschaftlicher Erkenntnisse nicht erklären können. Das Kind gewinnt von Tag zu Tag mehr Beziehung zur Welt, zum Leben, zu seinen Mitmenschen. Die Art und Weise dieser Beziehung wird letztlich darüber entscheiden, ob dieser von uns erzogene Mensch sein Leben als sinnvoll, bedeutend und schön erachtet. Das Glück des Menschen liegt nicht im Materiellen, sondern, auf Dauer gesehen, im Geistigen. Wie sehe ich die Welt? Was bedeuten mir Schule, Beruf, Arbeit, Sport, Politik, Kunst, Spiel, Wald, Himmel, Sterne und der Hund, der schwanzwedelnd zu meinen Füßen liegt? Was sagt mir das alles? Wie ist meine Einstellung dazu? Was halte ich vom Leben? Vom Tod? Von Liebe? Von Treue?

Irgendwie braucht jeder Mensch eine innere Ausrichtung, eine Orientierung. Ich kann das Leben für sinnlos und jeden Menschen für einen Banditen halten. Dann gibt es für mich wohl keinen Raum für ein bißchen Glück. Wenn ich kein Vertrauen in das Gute habe – ja, überhaupt alles für schlecht halte –, dann ist das Leben eine Zumutung. Dann mache ich wohl am besten schnell selbst Schluß damit. Oder ich schlage mich eben ohne jede moralischen Bedenken durch das große Fressen!

Aber da die meisten Menschen, auch wenn sie nicht religiös sind, zugeben, daß es im Leben Dinge gibt, die nicht zu erfassen, Grenzen, die nicht zu erreichen, und Rätsel, die nicht zu lösen sind, halten sie einen Spaltbreit die Türe für etwas offen, das über unser Menschenleben hinausreicht.

Auch das Kind hält diese Türe unbewußt offen, sehr weit offen sogar. Würden wir sie ihm brutal zuschlagen, täten wir das Schrecklichste, was man einem Menschenkind antun könnte: Wir würden ihm seine Sensibilität rauben. Wir würden ihm die Basis für eine seelische Entfaltung entziehen. Wir würden ihm demonstrieren, daß es keine Liebe gibt. Es gibt daher keine positive Entwicklung ohne dieses Staunenlernen, ohne dieses Sich-Aufschließen für das über unser Leben Hinausreichende und ohne dieses Sich-Wachhalten für das Gute, für die Liebe.

Wir Eltern wissen nicht auf jede Frage unseres Kindes eine Antwort. Wir wissen nicht für jedes Problem eine Lösung. Und genau da, wo wir nicht weiterkönnen, genau da sollten wir dem Kind helfen, die Türe zu den großen Fragen dieses Lebens offenzuhalten.

Dieses Offenhalten kann man religiöse Erziehung nennen. Und denjenigen, dem man die Tür nie ganz versperrt, weil es sonst dunkel und unerträglich würde in uns drinnen, kann man Gott nennen.

Darum kommt keine Kindererziehung herum. Alle krampfhaften Versuche, dieser Frage auszuweichen, sind danebengegangen, mußten danebengehen, da Erziehung sonst sehr einseitig wäre. Ich kann doch mein Kind nicht Schreiben und Rechnen lehren und ihm Sterne zeigen, ein Pferd und Kaninchen und Sonnenblumen, und ihm dann erklären: „Das war alles, mehr ist nicht drin im Leben. Am Ende steht der Tod. Aus. Fertig. Basta."

Im Kind steckt der natürliche Drang, auf noch unbeantwortete Fragen Antworten zu suchen. In dieser zweiten Entwicklungsphase ist es von Natur her ein suchendes, fragendes, beobachtendes, lerneifriges, wißbegieriges Kind, aus dem sich eines Tages ein Jugendlicher entwickelt haben wird, der in ungestümer, unbewußter Weise verlangt, daß man ihm eine Richtung für sein Leben geben möge. Er möchte ein Ziel haben, auch wenn er noch nicht weiß, wie er es anstellen soll, an dieses zu kommen.

Das ist die unbewußte Suche nach der Antwort auf die Frage nach dem Sinn des Lebens. Das Kind beginnt diese Frage ahnungsvoll zu stellen. Und das, was man allgemein als religiöse Erziehung bezeichnet, ist nichts anderes als die Antwort, die wir dem Kind darauf geben. Daher müssen wir uns auch darüber unterhalten. Es ist vielleicht das wesentlichste Gespräch, das wir miteinander führen, liebe Eltern. Legasthenie, Bettnässen und Daumenlutschen mögen Probleme sein. Wir werden mehr oder weniger geschickt damit fertig oder auch nicht. Dann wird jedenfalls die Natur auf ihre Art damit fertig. Anders die Sache mit der offenen Tür. Wenn wir da als Eltern nicht wissen, worauf es ankommt, verstümmeln wir ein Menschendasein. Dazu haben wir aber nicht das Recht. Jedes Kind hat Anspruch darauf, selbst einmal zu den letzten Fragen Stellung beziehen zu dürfen, die sich der Mensch stellen muß.

Ich bin nicht dafür, daß wir unsere Kinder in die Religion hineinmanipulieren und hineinzwingen. Da schaut nicht viel dabei heraus. Mit der Pubertät werfen sie ohnehin alles über Bord, was ihnen als lästiger Ballast erscheint. Wo wir Religion aufgezwungen haben, bleibt später oft nichts mehr übrig als Verzweiflung, Verkrampfung, Verängstigung. Da steht der Glaube dann nur auf einer sehr schwachen Basis – damit aber auch die moralischen Werte.

Ich bin dafür, daß man aus der Kindererziehung nicht die Bemühungen ausklammert, dem Kind auch das große Du vorzustellen. Wir haben ja – wenn Sie meinem Leitfaden gefolgt sind – auch das kleine Du vorgestellt: den Mitmenschen. Das große Du aber können Sie als Gott verstehen. Sie können es als das Staunen verstehen. Sie können es als die Liebe verstehen. Ich bin kein Theologe. Mir geht es nicht um die Religion. Mir geht es um die Erziehung eines freien Menschen, der sich selbstsicher und glücklich in der Welt von morgen bewähren kann. Bleiben wir daher vielleicht zuerst einmal bei der Liebe.

## Liebe muß geweckt werden

Mit der Liebe sind wir Menschen von heute ganz schön in die Irre gelaufen. Wir haben an Stelle der Liebe zum Nächsten die Liebe zum eigenen Ich gesetzt. Das nennen wir heute ebenfalls Liebe. In diese Art von Liebe wächst unser Kind heute häufig hinein. In diesem Sinne erziehen wir es. Das Furchtbare dabei ist nun nicht, daß das Kind zur Eigenliebe erzogen wird, sondern daß es von dieser Eigenliebe gar keine Verbindung und Brücke mehr zur eigentlichen Liebe gibt. Die Existenz mancher Kinder ist heute schon fast chemisch rein von wahrer Liebe. So etwas äußert sich in vielfältiger Weise. Da wird zum Beispiel die junge Liebe zweier Menschen nur mehr zu einem Geschlechtskonsum. Ja alles, was unter dem Sammelbegriff „Liebe" läuft, wird dann nur mehr zu einer Konsumfrage. Man konsumiert das Elternhaus, man konsumiert die Schule, den Beruf, den Mitmenschen, das Geld, den Staat, den Arzt und Weihnachten.

Liebe aber heißt, daß man sich verströmt, daß man sich selbst geben soll.

Liebe ist ein Sich-Verausgaben. Sie ist nicht ein An-sich-Raffen. Sie hat nichts zu tun mit den Fragen „Was bekomme ich?", „Wo bekomme ich was?", „Wie bekomme ich was?". Sie hat nichts zu tun mit der Frage nach dem Vorteil, der für uns dabei herausschaut. Sie hat nichts zu tun mit der Frage nach dem Profit.

Eigenliebe führt zu einer Abwertung des Menschen. Dementsprechend hat man dann auch keine gute Meinung mehr von den Mitmenschen. Hört man nicht heute immer wieder, daß ohnehin alle Menschen schlecht seien? Ist nicht das Vertrauen der Menschen zueinander recht morsch geworden? Mit immer ausgeklügelteren Tests versucht man, in den Mitmenschen einzudringen. Man ist mißtrauisch geworden. „Dem Menschen ist alles zuzutrauen!" – das ist die Einstellung von Mensch zu Mensch. Wenn wir in jedem Menschen aber einen Betrüger oder Verbrecher vermuten, dann hört sich freilich jede Liebe auf. Dann kann man den Mitmenschen höchstens noch ertragen, aber nicht mehr gern haben.

„Seid nett zueinander" ist eine der Parolen unserer Zeit. Was aber verbirgt sich anderes hinter diesem Slogan als die Meinung, es wäre eben besser, dem anderen halbwegs freundlich zu begegnen, als ihm – wie er es eigentlich verdienen würde – ob seiner Schlechtigkeit gleich den Schädel einzuschlagen? Auf dieser geistigen Welle reiten wir heute. Unsere Kinder mit uns. Es ist die Welle eines Konsumentenechos, eines Haben-Wollens, eines Nur-für-sich-Beanspruchens. Da darf man sich dann über die Einstellung mancher Jugendlicher nicht wundern, alles abzuschieben, was nach echter Liebe schmeckt. Bei so etwas kann man ja höchstens draufzahlen. Darum fort mit allen Sentimentalitäten. Ein bißchen Love-Story-Romantik ist nur die Ausnahme, die die Regel bestätigt.

Wenn man heute junge Burschen fragt, weshalb sie gar so abschätzig über Mädchen sprechen, dann kommt man sehr bald dahinter, daß sie entweder von ihnen schon enttäuscht wurden oder einfach nur glauben, daß alle Mädchen sowieso schlecht seien. Diese jungen Burschen haben sich also doch etwas anderes von den Mädchen erwartet. Genau dahin zielt aber auch die Sehnsucht der Mädchen. Das Gespür für das Gute und Echte ist bei der Jugend durchaus vorhanden. Wenn man von einem 16jährigen Lehrmädchen hört, daß es „die Schnauze voll hat" von dem, was Liebe heißt, und daß jeder Mann ohnedies ein Schwein ist und nur das eine will, möglichst schon beim ersten Rendezvous, dann ist auch diese Verbitterung der Sechzehnjährigen nur das Suchen nach echter Liebe.

Nehmen Sie bitte zur Kenntnis, liebe Eltern, daß unsere Kinder unbewußt hinter der wahren Liebe her sind. Wir haben es als Eltern daher leicht. Wir haben nur die Begegnung mit wahrer Liebe herbeizuführen. Gelegenheit für solche Begegnungen gibt es in einer gesunden und intakten Familie Tag für Tag. Da ist es allein schon die aufopfernde Liebe der Mutter, die gerechte Art des Vaters, die Pflege eines Kranken, die Sorgen um ein Tier, das Gespräch über das Leid in der Welt, die Spende für Hungernde, das gute Wort für einen Verzweifelten, die Hilfe für einen Nachbarn… Ja, da sind tausend Dinge des Lebens, die sich uns Eltern anbieten, um dem Kind die Liebe glaubhaft zu machen. Wir haben die Gelegenheit nur wahrzunehmen.

Erwarten wir aber nicht gleich, daß unser Kind schon ausgeprägte Liebestaten setzt. Fordern wir nicht, wenn es um Liebe geht. Gehen wir mit gutem Beispiel voran. Das Kind ahmt eines Tages unser Verhalten nach. Gewohnheiten reifen. Wir haben nur Keime zu legen. Denn wo keine Keime gelegt sind, kann nichts treiben.

Also aktive Nächstenliebe. Bejahung des anderen. Freude bereiten. Schenken. Geben. Teilen. Sich für einen anderen einsetzen. Ihm den Vortritt lassen. Gut von anderen reden. Wir bemerken heute ein interessantes Phänomen. Inmitten dieser Welt, die sich – in unseren westlichen Ländern zumindest – mit Gier auf den jungen Menschen stürzt, um ihm den moralischen Halt zu nehmen, gibt es viele junge Menschen, die diesem ungeheuren Ansturm des Bösen völlig gewachsen sind. Sie sind dann so ähnlich wie jene Kanalschwimmer, die sich von oben nach unten mit Öl einrieben. Man kann sie anspritzen, aber sie werden nicht naß. Daß es inmitten der moralischen Abwertung von heute eine saubere Jugend gibt, ist ein Beweis dafür, daß man Kindern eine tief verwurzelte sittliche Haltung anerziehen kann. Freilich, auch ein in diesem Sinne erzogenes und durch das elterliche Vorbild gefestigtes Kind wird dann und wann böse sein, aus der Reihe tanzen und sündigen. Auch ein solches Kind wird Zeiten des Versagens durchleben. Es kann als junger Mensch später sogar auf die schiefe Bahn kommen. Aber eine elementare sittliche Haltung wird es nie verlieren. Es wird immer wieder die Kraft aufbringen, aufzustehen, wenn es gefallen ist. Und darauf kommt es an!

Unsere Kinder um jeden Preis vor dem Straucheln zu behüten, soll nicht unsere Aufgabe sein. So etwas könnten wir gar nie erreichen, ohne sie seelisch zu vergewaltigen und einzuschüchtern. Außerdem sind Eltern ja auch nur Menschen. Auch schwache Menschen. Aber wir können unser Kind so erziehen, daß es sich immer wieder erheben kann, wenn es zu Fall gekommen ist. Daß es nie liegenbleibt. Daß es seinen Weg immer wieder erkennt. Daß es nie aufgibt. Nie resigniert. Das können wir, indem wir die Liebe in ihm erwecken.


### Im Gespräch bleiben – auch mit Gott!

Es geht also um die Herstellung eines Kontaktes zwischen unserem Kind und der Liebe. Das Kind muß lernen, Handlungen zu setzen, die außerhalb dessen liegen, was erklärbar ist. Daß ich der Oma helfe, weil ich dafür von ihr ein Bonbon bekomme, ist noch erklärbar. Aber daß ich ihr helfe, auch wenn ich kein Bonbon bekomme, muß in den Kopf des Kindes.

Diese Begegnung mit der Liebe könnten wir nun auch als Begegnung mit

Gott bezeichnen, wenn man bereit ist, Gott als die Liebe zu akzeptieren. Versuchen wir's, dann verstehen wir vielleicht noch besser, weshalb ich so um diese Begegnung bemüht bin.

Ohne Gottverbundenheit hat es in manchen Lebenssituationen keinen Sinn mehr, sich zu erheben. Der Gottlose strauchelt und kommt nie mehr ganz auf die Beine. Der Gottlose vereinsamt, weil ihm der Durchbruch zum Nächsten nicht gelingt. Er erstickt in der Eigenliebe.

Moment –, was heißt das, der Gottlose? Er ist vielleicht ein getaufter Christ. Weshalb findet er also nicht zu Gott, zur wahren Liebe? Gott könnte doch auch ihm begegnen, ihm die Hand reichen und sagen: „Komm, das hat doch alles keinen Zweck, was du da treibst!" Richtig! Gott wird auch dem Gottlosen, der sich verirrt hat, in den Weg treten. Er wird ihn am Ärmel nehmen und sagen: „He, du da!" Aber der Gottlose wird ihn nicht erkennen. Das ist alles! Zwischen Gott und den Menschen ist es nicht viel anders als zwischen zwei Menschen. Als du jung warst, hast du vielleicht jemanden kennengelernt, dem du zugetan warst. Dann aber hast du dich um ihn nie mehr gekümmert, und niemand hat versucht, eine Begegnung mit ihm herbeizuführen. So hast du ihn aus den Augen verloren. Ja, manchmal hast du vielleicht seinen Namen nennen gehört. Aber du hattest kein Interesse mehr an ihm, weil er dir so fremd geworden ist. Du hattest auch in Erinnerung, daß er dir gewisse Pflichten auferlegen wollte. Das paßte dir aber schon gar nicht mehr in den Kram. Du bist ja schließlich auch ohne ihn etwas geworden. Hast Erfolg, Geld, Titel. Und dann kommt ein Schicksalsschlag. Da steht er wieder vor dir. Will dir die Hand reichen. Aber du erkennst ihn nicht mehr. Wendest dich ab. Mißtraust diesem Fremden, wie du allen anderen mißtraust.

Dem Gottlosen haben die Eltern keine Freundschaft zwischen ihm und Gott vermittelt. In ihm hat sich kein Bild von Gott verankert. Keine Gottesvorstellung. Keine Vorstellung von echter Liebe.

Dort jedoch, wo Eltern darauf bedacht sind, dem Kind auch Gott vorzustellen, wird Liebe verankert. Diese Freundschaft kann später in Brüche gehen. Für Jahre, Jahrzehnte vielleicht. Aber eines Tages wird man einander wieder begegnen. Und diese Begegnung wird gerade dann sein, wenn Gefahr droht. Da wird Gott zum Vater, der seinen verlorenen Sohn schon von weitem erblickt und ihm entgegeneilt.

Bitte nehmen Sie, liebe Eltern, diese Begegnung ernst. Hinter dieser Erkenntnis steht eine reiche erzieherische Erfahrung. Wir können unserem Kind nichts Wertvolleres für sein Dasein mitgeben als die Freundschaft mit Gott. Wir können ihm alles geben: Studium, Geld, Besitz, Karriere. Damit wird unser Kind einmal ein erfolgreiches Leben führen. Aber wird hinter diesem Erfolg auch das persönliche Glück stehen? Seien wir doch ehrlich! Besitz beruhigt. Macht er aber glücklich? Bringt er allein dauerhafte Freude? Zufriedenheit? Das alles läßt sich nicht erkaufen. Dazu müssen Voraussetzungen anerzogen werden. Innere Werte.

Nun ist es freilich für Eltern, denen Gott nichts bedeutet, schwer, diesen Schritt zu gehen. Versuchen wir es!

Wie stellen wir es an, um zu einem Mitmenschen eine haltbare seelische Bindung aufzubauen, die nicht nur eine oberflächliche Interessengemeinschaft ist, sondern die echte menschliche Begegnung einschließt? Für das Zustandekommen einer solchen Freundschaft ist in erster Linie das Wort maßgebend. Das Gespräch. Wenn zwei Menschen beisammen sind, kommen sie ins Gespräch. Je öfter diese Begegnungen stattfinden, desto freier und offener werden diese Gespräche. Man lernt einander dabei näher kennen. Gewinnt Vertrauen. Flicht Bindungen. Auch in der Begegnung zwischen Gott und dem Menschen ist das Wort ein wertvolles Mittel.

Oder denken wir an die Ehe. Eheleute, die miteinander nicht mehr reden, vereinsamen. Das Schweigen ist der Tod jeder Ehe. Es ist besser, Eheleute streiten, als daß sie sich überhaupt nichts mehr zu sagen haben. In unserer Zeit, die den Menschen sosehr beansprucht und ihm gleichzeitig so viele Möglichkeiten anbietet, sich im Alleingang zu unterhalten, geht ihm mehr und mehr die Fähigkeit verloren, ein Gespräch zu führen. Das ist so unter Freunden, in der Ehe und natürlich auch zwischen Menschen und Gott. Diese Gefahr müssen wir sehen. Wo das Gespräch erloschen ist, dort ist auch die Begegnung erloschen. Wo das Gespräch blüht, dort wachsen Menschen zueinander.

Das Gespräch zwischen dem Menschen und Gott ist das Gebet. Verständlich, daß es ohne Gebet keine Freundschaft mit Gott geben kann. Da wir diese Freundschaft für unser Kind suchen müssen, dürfen wir also nicht achtlos am Gebet vorbeigehen. In meinem Arbeitszimmer hängt ein Bild an der Wand. Eine Tuschzeichnung. Es zeigt eine Mutter, die ihrem Kind die Hände faltet. Zum Beten. Im Mittelpunkt der Darstellung sieht man die Hände der Mutter. Fast zögernd legen sie sich auf die kleinen Hände des Kindes, als wollten sie diese schützend umschließen. Die Fingerspitzen des Kindes berühren einander. Im nächsten Augenblick muß es die Hände gefaltet haben. Das Kind scheint in den Bann des Geschehens gezogen, seine großen Augen sind erstaunt auf die Mutter gerichtet, der Mund ist halb geöffnet. Das Antlitz der Mutter drückt stilles Verständnis aus.

Ich könnte mir keine sinnvollere Darstellung der Mutterliebe vorstellen, als sie dem Künstler in dieser Arbeit gelungen ist. Dieses Bild möge aber noch eine andere Aussage haben. Wir können nicht liebend erziehen, ohne das Kind zu einem Gott der Liebe hinzuführen. Und dazu bedarf es des Gespräches zwischen Kind und Gott. Dazu bedarf es des Gebetes.

Gebet aber sollte für die Eltern in der Erziehung ihrer Kinder nichts anderes sein als Hinwendung des Geistes zu Gott.

Hinschauen. Aufschauen. Gespräch anknüpfen.

Eltern brauchen keine Sorgen zu haben, daß sie sich nun mit allen möglichen Gebeten wappnen müssen, um sie ihren Kindern einzurichtern. Gebet ist kein gedankenloses Hersagen von Rosenkranzsprüchen. Einfachste, klare, kurze Gebete am Morgen, vor Tisch und vor dem Zubettgehen, wie wir sie in modernen Gebetbüchlein für Kinder finden, sind die richtigen Steigbügel für das Kleinkind, um eines Tages in der Begegnung mit Gott fest im Sattel zu sitzen. Denn schon bald soll das erlernte Sprüchlein dem selbst formulierten Gespräch des Kindes weichen. Das Kind soll einfach sagen, was es auf dem Herzen hat. Da ist der Gott, dem man alles sagen kann, weil er einen bestimmt anhört. Und so sagt ihm das Kind, daß heute ein besonders schöner Tag war. Nur zu dumm, daß der Ball in den Bach fiel und fortgeschwemmt wurde. Gespräch mit Gott. Das Kind lernt schnell, wenn wir es dazu anhalten. Freilich muß ein äußeres Zeichen dasein. Ein Kruzifix. Ein Christusbild. Kinder brauchen das Zeichen. Selbst für Erwachsene ist es schwer, sich davon zu lösen.

Beten hat nichts mit Wissen um die Geheimnisse Gottes zu tun. Daher können Kinder meist besser beten als Erwachsene. Sie finden mit einer erstaunlichen Sicherheit zum Gespräch mit Gott, wenn wir ihnen nur den Weg zu Gott ebnen. Und das muß auch den religiös indifferenten Eltern gelingen. Vielen gelingt es fast unbewußt. Stellen wir uns nur die Mutter vor, die vor der Wiege steht und auf ihren schlafenden Säugling schaut. Es ist still um sie her. Nur das leichte Atmen des Kindes liegt im Raum. Und auf einmal ist viel Dankbarkeit da. Die Mutter dankt für dieses neue, aus ihr gekommene Leben. Gibt es ein wunderbareres Gebet? Gibt es ein wirksameres Gebet? Welcher Wissenschaftler weist uns nach, daß die Seele dieses Kindleins nicht irgendwie in diesem Danksagen der Mutter mitschwang? In diesem Gebet? Da schon wird für das Kind der Grundstein für das Gespräch mit Gott gelegt.

Mit ein bißchen Religionsunterricht später in der Schule ist nichts getan. O ja, auch Eltern, die der Religion fernstehen, sind in diesem Punkt meist tolerant. „Aber natürlich soll mein Kind ruhig in den Religionsunterricht. Warum auch nicht? Gar nichts dagegen einzuwenden. Es wird sich ja später selbst entscheiden können, wenn es erwachsen ist!"

Kontakt zu Gott herzustellen, das verlangt schon ein wenig mehr. Gott muß dem Kind innerhalb der Familie zu einem Erlebnis, zu etwas Außergewöhnlichem, zum Staunen werden. Gebet soll für das Kind Ausdruck dieses Staunens sein.

### Aufschließen für das Staunen

Man kann es sich nicht so leicht machen wie manche moderne Erziehungsapostel, die einfach die Behauptung aufstellen, Kinder werden durch religiöse Erziehung zugrunde gerichtet. Der englische Pädagoge A. S. Neill sagt: „Für ein Kind bedeutet Religion praktisch immer nur Furcht. Gott ist ein mächtiger Mann mit Löchern in den Augenlidern. Er kann dich sehen, wo du auch bist.

Für das Kind heißt das oft: Er kann auch sehen, was unter der Bettdecke geschieht. In das Leben des Kindes Angst zu bringen, ist das schlimmste Verbrechen überhaupt. Es wird für immer nein zum Leben sagen, wird sich immer minderwertig fühlen, immer feige sein."

Soweit Neill. Soweit die Ausschaltung Gottes aus der Erziehung. Ausschaltung Gottes, weil Neill jede Autorität ablehnt, also auch die Autorität eines Gottes. Man kann es sich aber wirklich nicht so einfach machen. Wenn wir alles aus der Erziehung ausklammern, was dem Kind durch unsere Erfahrung, unsere Belehrung, unser Vorbild, unser Vermitteln und unsere Führung zur Entfaltung seiner Persönlichkeit weiterhilft, dann verliert unsere Elternschaft ihren von der Natur gegebenen Sinn. Der Mensch wäre damit der Vollendete, der instinkthaft gerade das aufnimmt, was er für seine Existenz braucht. Die Pflanze ist vollendet. Das Tier ist vollendet. Als Mensch aber bin ich der Unvollendete. Ich kann kraft meines Geistes über die sinnliche Natur die Herrschaft erlangen. Ich kann mich entfalten. Ich kann über das Werk der Natur hinausstreben. In mir ist eine unstillbare Sehnsucht nach dem Übernatürlichen. Nur deshalb kann der Mensch frei sein. Manche modernen Pädagogen erreichen mit ihren Lehren genau das Gegenteil dessen, was sie mit viel Phantasie verkünden.

Die innere Kraft der Menschennatur ist eine von keiner Wissenschaft noch erfaßte Kraft. Die Mobilisierung dieser inneren Kraft ist aber gleichbedeutend mit dem goldenen Mittelweg in der Erziehung. Wir müssen unser Kind reif machen, daß es diese innere Kraft entfalten kann. Nur dann wird es zu einem freien, glücklichen, den hohen Anforderungen der Zukunft gewachsenen Menschen.

„Der Mensch wird durch sein geistiges und inneres Leben selber Mensch", stellt Pestalozzi fest. „Er wird nur dadurch selbständig, frei und befriedigt."

Wie aber sollte dieser Durchbruch überhaupt gelingen, wenn wir dem Kind nicht das Staunen vor dem Edlen, dem Guten, dem Übernatürlichen, vor der Liebe vermitteln? Und das – genau das – ist es, was die Beziehung zu Gott herstellt. Es ist nicht die Angst vor einem Gott mit durchlöcherten Augenlidern. Es ist nicht die Angst vor der Strafe. Es ist nicht Zittern vor einer Autorität. Es ist das Erlebnis wahrer Liebe. Denn Gott ist für die Menschen nur durch die Liebe zu anderen Menschen erfahrbar.

Das erfahren zu haben, macht Eltern erst den Weg frei, ihrem Kind auch Worte und Gesten zu vermitteln, die ihm weiterhelfen. Gebet ist also nützlich. Religiöse Gebräuche und Zeichen sind es ebenfalls. Das Kind wird daran Haltegriffe finden, an denen es sich emporhanteln kann. Der eigentliche Durchbruch zum wahren Menschsein aber wird durch die Liebe herbeigeführt. Die tätige Nächstenliebe. Sie muß unser höchstes Anliegen sein.

Früher einmal ist das Kind selbstverständlich in den sicheren Raum der religiösen Geborgenheit hineingewachsen. Heute ist vieles durcheinandergekommen. Vielleicht gut so, denn vielfach war die früher gepflogene religiöse

Erziehung eine zu autoritäre, aus deren Zwang dann das Kind ausgebrochen ist. Wenn wir ihm aber nicht wieder Geborgenheit auch im Religiösen schaffen, wird es nur zu leicht eine Beute des Nihilismus werden.

Dieser Nihilismus ist sehr aufdringlich geworden in unserer Zeit. Eine Gefahr für die Jugend. Die Direktorin einer allgemeinbildenden höheren Schule für Mädchen, eine vernünftig und modern denkende Frau, sagte mir: „Ich bin verzweifelt! Oft erscheint es mir aussichtslos, meinen Mädchen innere Werte erkennbar zu machen. Die meisten von ihnen sind innerlich wie leer und hohl. Ihre Lektüre besteht nur mehr aus billigen Illustrierten. Sie glauben an nichts mehr. Schon gar nicht an einen höheren Lebenssinn."

Und so klagen fast alle, die heute mit der Erziehung der Jugend zu tun haben. Sie sehen sich mit einer einsamen Generation konfrontiert. Einer traurigen, einer oft verzweifelten Generation.

Ein Teil der Jugend glaubt nicht mehr an das „Happy-End". Man glaubt nur so lange daran, als man es von der flimmernden Leinwand vorgegaukelt bekommt. Draußen aber, vor dem Kino, ist es kalt und regnerisch und verdammt einsam. Das Mädchen, das der junge Mann in den Armen hat, ist sexy, aber sonst schon nichts mehr.

Und doch warten auch diese Jugendlichen darauf, daß jemand kommt, der ihnen sagt, daß sich der Einsatz des Daseins lohnt. Die Jugend von heute wartet auf die Botschaft der Liebe. Diese Botschaft muß vom Elternhaus kommen.

Die Jugend von heute würde gerne an die Liebe glauben. Auch der 16jährige, der für Mädchen nur ein Achselzucken übrig hat. Auch die 17jährige, die keinem Mann mehr ohne Mißtrauen und Verachtung ins Gesicht sehen kann. Dem Kaplan aber, der im Religionsunterricht von den geheiligten Werten des Lebens spricht, glauben sie nicht. Den Eltern wohl, wenn diese im Rahmen der Familie Liebe vorleben.

Es wird heute so viel für Sexualerziehung getan. Was wird dagegen für religiöse Erziehung unternommen? Für das eine wie für das andere aber gilt, daß Erziehung nur ein langsames Aufschließen sein kann; ein Aufschließen für die Wunder des Lebens. Und sowenig ein Aufklärungsgespräch über die Sexualität fruchtet, wenn es erzieherisch im luftleeren Raum hängt, sowenig werden wir einem jungem Menschen den Kontakt zum Herrgott herstellen können, wenn wir alles mit einem „Aufklärungsgespräch" abtun wollen.

Und da wie dort sollten wir uns davor hüten, mit Kindern kindisch zu reden. Das Märchen vom Storch ist überholt; das Märchen vom Weihnachtsmann, der mit dem großen Schlitten durch die Lüfte fährt und Spielzeug ausliefert – wie traurig, wenn dafür sogar das Christkind herhalten muß! –, oder das Märchen vom Osterhasen, der samt Weib und Kindern Ostereier bemalt, um sie dann im Buckelkorb zu den braven Kindern zu schleppen, sollten es auch sein. Bietet nicht das Geschehen der Heiligen Nacht Freude und Spannung genug, um damit ein Kinderherz so schlagen zu lassen, daß die Erinnerung daran ein ganzes Leben lang nachschwingt? Ist nicht gerade die Karwoche mit dem anschließenden Osterfest so voller Dramatik, historischer Kraft und zuletzt so voller Freude, daß es des läppischen Osterhasen gar nicht bedarf?

Seien wir also auch in der religiösen Aufklärung wieder direkt. Kommen wir ohne Umschweife zum Kern der Sache. Gerade dadurch führen wir das Kind in das große Geheimnis Gottes ein. Freilich eine schwere Aufgabe für Familien, denen der Glaube verlorenging und in denen nichts mehr da ist, was an Gott bindet. Auch dann aber muß den Eltern, deren Verantwortung noch so weit reicht, ihrem Kind die Begegnung mit Gott zu erleichtern, bewußt sein, daß sie niemals kindisch sein dürfen. Kitsch, mit dem wir religiöse Feste so gerne überbrücken, weil uns das weniger engagiert, verbildet und verwirrt. Glaubenslose Eltern sollten zumindest die religiöse Erziehung des Kindes in der Schule und der Pfarre respektieren, Firmung oder Konfirmation dem Kind zuliebe ernst nehmen und mit dem Religionslehrer und Pfarrer Kontakt halten.

Worum also geht es? Es geht darum, den Weg zu Gott für das Kind freizuhalten, damit es ihn später gehen kann, wenn es will, und er bis dahin nicht so verschüttet und verbaut ist, daß es ihn nicht mehr entdecken kann. Es geht darum, durch eine einseitige Erziehung dem Kind nicht zu verwehren, daß es sich später selbst für oder gegen Gott entscheiden kann.

## Gott liegt im Rennen

Es gibt, gottlob, noch viele Familien, die Liebe zu verwirklichen verstehen. Da spürt man dann das, was Familie auch heute noch sein kann. Es ist wunderbar! Hören wir einen Priester, der über seine Begegnung mit solchen Familien berichtet:

„Ich habe zu Pfingsten dieses Jahres einen mir unvergeßlichen Kurs für Eheleute abgehalten. Es waren über fünfzig Ehepaare da. Die Kinder waren auch mitgekommen. Während der Vorträge wurden die Kleineren von einer Kindergärtnerin betreut. Es war eine ganz eigenartige Atmosphäre. So viele Ehepaare und Kinder ein paar Tage lang beisammen in einer religiösen Situation. Ich muß sagen, daß bei diesem Kurs die Begegnung mit der Wirklichkeit unvergeßlich war. Man konnte es kaum fassen, daß es so viele Familien gibt, die einfach völlig anders sind als die meisten heutigen modernen Familien. Daß es Familien gibt, die entschlossen sind, ein Daheim zu schaffen, wo alles aus der Gnade lebt. Ein Daheim, in dem der Gott der Hausherr ist. Man mußte sich erst langsam mit der Realität vertraut machen, daß es Männer gibt, die Gatte und Vater sein können und nicht nur Haushaltungsvorstand und Kindererzeuger. Und daß es da Frauen gibt, die dem Mann und den Kindern echte Hingabe und Liebe schenken. Daß es da schließlich Kinder gibt, die zwar auch nicht anders sind als andere Kinder, sich aber in einem Punkt wesentlich unterscheiden, nämlich in der inneren Haltung ihren Eltern gegenüber. Da ist Beziehung vorhanden. Da gibt es keinen Fünfzehnjährigen oder Siebzehnjährigen, der nicht alles mit seinen Eltern besprechen würde. Da gibt es Achtzehnjährige, die auf die Frage, ob sie irgendein Vorbild hätten, ein Ideal, ohne zu überlegen, antworten: Ja, meinen Vater…"

Kontakt zum Herrgott zu haben, ist ein Gewinn für das ganze Leben. Und die von jenem Priester geschilderten Jugendlichen haben diesen Kontakt. Sie haben damit freie Bahn in ein Dasein, das ihnen über alle Sorgen und Enttäuschungen hinweg Erfüllung sein wird. Wir können unser Kind autoritär erziehen. Dazu brauchen wir keinen Gott. Aber wir wollen nicht autoritär erziehen, da wir die Fehler erkannt haben, die das mit sich bringt. Wir können unser Kind antiautoritär erziehen. Auch dazu braucht es keinen Gott. Aber wir wollen auch nicht antiautoritär erziehen, da wir auch in dieser Beziehung die Fehler erkannt haben.

Was wollen wir? Wir wollen den goldenen Mittelweg in der Erziehung erreichen. Wir wollen Sicherheit in unserer Erziehungsaufgabe. Wir wollen ein klares Erziehungskonzept, das uns gewährleistet, daß unsere Kinder eines Tages glückliche, freie und erfolgreiche Menschen werden. Aber dazu braucht es eben Gott. Es braucht zumindest die Bereitschaft der Eltern, dem Kind diesen Gott nicht mehr aufzudrängen wie früher einmal. Wir sollten aber erkennen, daß wir nicht das Recht haben, Gott zu verschweigen, wenn wir Kinder erziehen.

Wir schließen dem Kind die Welt auf, damit es Beziehung bekommt zu all den Dingen um sich, aber auch zu Recht und Pflicht, zu Freud und Leid, zu Gut und Böse. Nur zu Gott sollte es gar keine Beziehung bekommen?

Da gibt es Eltern, die all das richtig machen; Eltern, die niemals zum Religiösen zwingen und trotzdem mit sicherer Hand zu Gott hinzuführen verstehen; Eltern, denen Gott Mittelpunkt ist und deren Kinder daher mit Gott aufwachsen. Und auf einmal ist alles vorbei. Der 17jährige Sohn sagt sich plötzlich von Gott los. Kein Kirchenbesuch mehr. Kein Gebet mehr. Entfremdung, Abkehr.

Religiöse Eltern sehen darin zumeist eine Katastrophe. Sie glauben, ihr Lebenswerk sei eingestürzt. Ich kenne die Verzweiflung solcher Väter und Mütter. Würden sie doch alle so handeln wie die Eltern meines Freundes Egon. Auch er hatte seine religiöse Krise. Heute ist er Priester in Lateinamerika. Er arbeitet dort unter den Verstoßenen und Verworfenen der Gesellschaft. Er ist glücklich. Sehr glücklich, denn sein Leben ist ihm reiche Erfüllung. „Das verdanke ich nur meinen Eltern", sagte er mir einmal, „die mich gerade damals verstanden, als ich den Herrgott in die Ecke gestellt hatte. Ich war mit 17 ein glühender Atheist geworden. Niemals haben mir meine Eltern deswegen Vorwürfe gemacht. Nie haben sie mich zu einem Gebet gedrängt. Ja, sie haben daheim sogar das gemeinsame Tischgebet weggelassen, nur um mich nicht zu provozieren. Es muß schrecklich für sie gewesen sein. Ich kann erst heute ermessen, was sie gelitten haben. Aber sie haben nie an mir gezweifelt. Sie haben bedingungslos auch damals an mich geglaubt. Das hat mich wieder auf den rechten Weg gebracht."

Absage an Gott wurzelt meist in der Ehrfurchtslosigkeit – vor den Erwachsenen, vor dem Lehrer, dem Lehrherrn, vor den Werten der Kultur. Vor den Eltern. Ja, schließlich vor Gott. Man entrüstet sich heute darüber, daß die Jugend Ehrfurcht verloren habe. Das ist aber nicht allein ihre Schuld. Wir sollten Verständnis zeigen und beginnen, Ehrfurcht aufzubauen, statt zu schimpfen und zu streiten. Bedenken wir doch: Wie soll die Jugend Ehrfurcht vor den unvergänglichen Werten unserer Kultur und Regligion besitzen, wenn Kultur und Religion heute oft unglaubwürdig geworden sind? Unglaubwürdig gerade durch das Verhalten der Erwachsenen. In der engen Welt der traditionsgeleiteten Gesellschaft war es leichter als heute, ehrfürchtig zu schweigen, da man nicht die Information durch die Massenmedien besaß, die der Jugend leider nur zu oft und zu deutlich zeigen, wie relativ vieles ist. Es gibt immer wieder Krach und Streit zwischen Eltern und Jugendlichen, weil ehrfurchtslos über Lehrer und Vorgesetzte gesprochen wird. Die jungen Menschen aber müssen es tagtäglich mitansehen, wie ehrfurchtslos wir Erwachsenen miteinander umgehen. Sind wir wirklich immer ein Vorbild?

Hüten wir uns, in Gegenwart junger Menschen unkonstruktive Kritik zu üben. Wir können unsere Meinung kundtun, aber wir müssen uns bewußt sein, daß die Jugend sehr offene Ohren dafür hat, welchen Ton wir dabei anschlagen.

Auch die Ehrfurcht vor dem Alter hat abgenommen. Wer alt geworden ist, genießt deswegen noch lange nicht den Respekt der Jugend. Wundert uns das? Haben wir in der jüngsten Vergangenheit nicht Fehler gemacht, die der Jugend heute nicht verborgen bleiben?

Diesem Konfliktherd in der Familie können wir wirksam entgegenarbeiten, wenn wir vor allem bereit sind, die Jugend so zu nehmen, wie sie ist: vorurteilslos und unvoreingenommen. Das ist unsere Chance. Und die Chance der Jugend. Wir müssen dieser Jugend daher in der kleinen Welt der Familie Vorbild sein. Wir müssen Werte aufbauen. Wir müssen ihr Ideale geben. Es geht nicht darum, daß wir unser Kind dazu zwingen, zu beten und Sonntagsgottesdienste zu besuchen. Es geht darum, daß wir in unserer eigenen Haltung glaubwürdig sind. Es gibt heute viele Siebzehn- und Achtzehnjährige, in denen die Ehrfurcht von klein auf mitgewachsen ist. Die Eltern haben nicht versagt. Sie haben sich nie aus der Ruhe bringen lassen. Sie sind Vorbild gewesen. Und wenn es auch Zeiten des Versagens und der Nachlässigkeit gegeben hat, so haben diese Eltern nie geschimpft und gestritten. Sie haben Ehrfurcht vorgelebt. Denn diese läßt sich nicht erzwingen!

## 6. MAN SOLLTE WISSEN,

DASS JEDES KIND AUCH SEINE SATANSZEITEN HAT, GENAU WIE SEINE ENGELS-
MINUTEN, UND DASS WIR ELTERN WARTEN UND HOFFEN MÜSSEN.

### *Geschwister liegen sich in den Haaren*

Zur richtigen Entwicklung der Persönlichkeit zum Du hin gehört naturgemäß auch die Auseinandersetzung unter Geschwistern. Von den Besuchern
unserer SOS-Kinderdörfer werde ich immer wieder gefragt, ob die „Geschwister" in den Kinderdorffamilien nicht viel zanken und streiten. Ich kann darauf immer nur sagen: „Sie streiten nicht mehr und nicht weniger als natürliche
Geschwister. Und das ist eben eines der glücklichen Erziehungsmomente in
unseren SOS-Kinderdörfern." Wobei ich noch ergänzend feststellen kann, daß
der „Geschwisterzank" in unseren Kinderdorffamilien sogar insoweit geringer
ist, als er in den natürlichen Familien durch das traurige Vorbild des Eltern-
zankes vermehrt ist. Denn wo immer wir etwas in Gegenwart der Kinder tun,
sind wir Vorbild. Aber gestritten wird unter Kindern in den besten Familien
und den glücklichsten Milieus. Geschwisterkampf ist etwas Natürliches, solange er nicht ein Kainmotiv trägt. Geschwisterzank läßt sich nicht vermeiden.
Neulich kam aufgeregt ein Herr zu einem SOS-Kinderdorfleiter und führte
bitter Beschwerde über das unmögliche Benehmen unserer Kinder. Er habe
sich das Kinderdorf angesehen und sei umherspaziert. Da sah er hinter einem
Haus ein paar Buben in einen Raufhandel verwickelt. Er glaubte, sofort ein-
schreiten zu müssen, ehe ein Unheil geschehe. Mit der Autorität des Erwachsenen trennte er die zankenden Buben und ließ eine Belehrung folgen. Das
kam ihm übel an. Denn im Nu waren die beiden streitenden Parteien ein Herz
und eine Seele gegen den „Friedensstifter", und anstelle von Dank für seine
gutgemeinte Vermittlerrolle erntete er lachende Lausbubengesichter und von
einem ganz Verwegenen eine „lange Nase". Der Kinderdorfleiter konnte freilich dem aufgebrachten langjährigen Freund und Gönner unserer SOS-Kinderdörfer gegenüber seine Bengel nicht verteidigen, obwohl er es eigentlich
hätte tun sollen. Er konnte sich nur für das lausbubenhafte Verhalten der Buben entschuldigen und vorsichtig versuchen, ihm klarzumachen, daß in der
Gemeinschaft der Kinder andere Begriffe von Gut und Böse gelten als in der
der Erwachsenen. Wenn wir uns daher in den Raufhandel zweier Buben einmischen, werden wir nie die gerechte Sache ans Licht bringen, es sei denn,
wir messen von vornherein mit dem Maßstab dieser Buben und nicht mit unserem eigenen. Kinder haben ihre eigenen Gesetze. Nur wenigen Erwachsenen gelingt es, diese zu durchschauen. Das sind die gottbegnadeten Erzieher-
figuren eines Don Bosco und – bis herauf in unsere Zeit – eines Hermann
Gmeiner.

Jedes Kind muß einen langen – oft über zwanzig Jahre langen – Reifeprozeß durchmachen, um in der Welt allein bestehen zu können. Geschwisterzank ist eine Phase in diesem Reifeprozeß. Und nicht die unbedeutendste. Wo sollte sich das Kind sonst an die Gemeinschaft gewöhnen als in der kinderreichen Wohnstube, im Kindergarten, im Sandspielkasten, in der Schule oder auf dem Sportplatz? War es als Säugling oder Kleinkind gefühlsmäßig noch ganz darauf eingestellt, daß es allein da ist, daß es im Mittelpunkt steht, so wird es im Laufe seiner Entwicklung bald erleben, daß es noch andere Kinder gibt, die anders sind, anders denken, anders handeln. Und da wird es notgedrungen zu Konflikten kommen. Geschwisterzank ist ein Lebenskampf im kleinen und stählt die Gemüter zum Ertragen des Nächsten. Wie aber könnten wir mit dem Nächsten auskommen, wenn wir ihn zuvor nicht als charaktermäßig anders geordnetes Wesen akzeptieren, das wir schließlich vielleicht sogar lieben lernen?

Vielfach ist es die Eifersucht, die lebhaften Geschwisterstreit auslöst. Triebstarke Kinder werden naturgemäß mehr in Konflikt mit Geschwistern und Spielkameraden geraten als triebschwache Kinder. Daher wachsen aus polternden Kinderstuben oft die tüchtigsten Menschen heraus. Deshalb ärgern Sie sich nicht mehr über Ihre zankenden Kinder, sondern halten Sie sich vielmehr an die drei folgenden Faustregeln, die verhindern helfen, daß Geschwisterzank auf Abwege führt und zu einem wirklich schwer erträglichen Problem wird.

1. Bringen Sie Ihrem Kind frühzeitig gute Umgangsformen bei! Das Verhältnis der Menschen untereinander wird davon wesentlich bestimmt. Ihr Kind muß auch frühzeitig gelernt haben, daß es teilen soll, daß es schöner ist, zu geben als zu nehmen, und daß es seinen kleineren Geschwistern helfen soll. Ein wohlerzogenes Kind wird die Phasen des Geschwisterzankes leichter durchstehen und rascher lernen, in Gemeinschaft zu leben und mit anderen auszukommen.

2. Spielen Sie im Geschwisterzank nie den Schiedsrichter! Wir Erwachsenen versagen dabei und hinterlassen zumindest in einem Kind die Wunde, Unrecht erlitten zu haben. Schlichten Sie den Streit, lenken Sie ab, strafen Sie beide Streithähne gemeinsam. Aber nehmen Sie keinen in besonderen Schutz, es sei denn ein kleineres Geschwisterchen, das in seinem Spiel böswillig gestört wurde.

3. Verteilen Sie Ihre Liebe zu den Kindern gerecht! Oft streiten Kinder nur um der Liebe der Eltern willen. Es ist selbstverständlich, daß ein Kind, das sich benachteiligt fühlt, den anderen als Widersacher betrachtet, dem es etwas Böses antun will. Eifersucht sollte nie aufkommen. Unsere Kinder müssen erleben, daß wir für jedes von ihnen gleich viel Liebe übrig haben.

## Kinder sind grausam

In Wien gibt es einen Garten für Blinde. Ich habe ihn besucht. Dies zählt seither zu meinen eindrucksvollsten Erlebnissen. Ich beobachtete dort zwei Blinde, die von Blumenbeet zu Blumenbeet wanderten, sich niederbeugten, Blätter und Blüten betasteten und mit feingliedrigen Händen über die Tafeln strichen, auf denen in Blindenschrift der Blumenname vermerkt ist. Der eine dieser beiden war noch ein halbes Kind. Ein Junge von vielleicht vierzehn oder achtzehn Jahren. Vielleicht hat er vor Jahren noch sein Augenlicht gehabt, vielleicht hat er es nie besessen. Ich weiß es nicht. Aber eines weiß ich, daß es ein glücklicher Junge war in dieser Stunde. Sein Lächeln verriet es, sein lebhaftes Sprechen, seine sichtliche Freude, die Natur erleben zu dürfen, den Blumen so nahe zu sein.

Ich wollte, wir führten unsere Kinder dorthin. Es wäre die lehrreichste Stunde in unserem Bemühen, das Kind der Natur näherzubringen.

Oder haben Sie an dieses Bemühen noch gar nie gedacht, liebe Eltern? Haben Sie sich nur geärgert über Ihren Buben, der mit seinem Stock wild über die Wiese springt und den Blumen mit Schwung die Köpfe abschlägt? Haben Sie sich nur entsetzt über seine Tierquälereien, wie letzthin, als er die beiden Katzen der Nachbarin aneinanderband und dem Hund des Hausmeisters eine Blechbüchse an den Schwanz hängte? Sie haben vielleicht verzweifelt Rat bei einem Psychologen gesucht, weil Ihr Junge neulich sogar einen Frosch mit der Luftpumpe aufgeblasen hat, bis er platzte; weil er Fliegen fängt und ihnen die Flügel stutzt, Schnecken zertritt und Tauben schießt, Regenwürmer zerschneidet und Heuschrecken die Beine ausreißt. Sie haben geglaubt, Ihr Kind sei entartet, es offenbaren sich in ihm Grausamkeit und Gefühlsrohheit. Sie waren verzweifelt und haben sich gequält. Wir quälen uns immer zu sehr mit Erziehungssorgen, da wir das Innenleben des Kindes zuwenig kennen. So auch, wenn es auszieht, um Pflanzen zu zerstören und Tiere zu quälen. Nun, ein wenig können Sie sich ruhig betroffen fühlen, wenn sich Ihr Kind zu derartigen Handlungen hinreißen läßt. Sie haben es zumindest verabsäumt, ihm – wie es in der Du-Phase notwendig ist – die Augen für alles, was lebt und wächst, zu öffnen. Auch das wohlerzogene Kind muß seine Erfahrungen selbst sammeln und wird dabei oft Grausamkeiten an den Tag legen, nur wird es rascher dahinterkommen, daß die Eltern recht haben, wird Reue empfinden und allmählich die richtige Einstellung zur Natur gewinnen. Es gibt also keinen Grund zu besonderer Aufregung, wenn die Nachbarn schreiend zusammenlaufen, weil Ihr Kind ein Vogelnest zerstört hat. Aber es gilt zu handeln und nachzuholen, was aus Mangel an Zeit und Verständnis am Kind versäumt wurde.

Machen Sie Ihr Kind öfter auf das Leben der Tiere aufmerksam.

Zeigen Sie ihm, wie fleißig eine Spinne ihr Netz spinnt und die Ameisen ihre Eier schleppen. Erzählen Sie Geschichten von tapferen Hunden, z. B. von den Bernhardinern, die so vielen Bergsteigern das Leben gerettet haben. Erklären Sie ihm das Wachstum der Blumen, wie sie ihr „Gesicht" der Sonne und dem Licht zuwenden, wie sich ihre Blütenblätter abends schließen, um schlafen zu gehen. Geben Sie dem Kind eine Blume oder ein Tier zur Betreuung, damit werden Sie das Verständnis für die Natur in ihm wecken. Das Kind wird erleben, daß auch eine Blume leidet, wenn man ihr weh tut. Es wird zu den Tieren eine besondere Beziehung bekommen, wenn es erfahren hat, daß auch sie Schmerz empfinden und Freude erleben können.

Kaum Wichtigeres können wir dem Kind anerziehen als die Liebe zu den Pflanzen, zu den Tieren, zur gesamten Schöpfung. Wieviel Glück und Freude wohnt doch in den Herzen derjenigen Menschen, die sich immer wieder am Sternenhimmel erfreuen, die immer wieder eine Blume bestaunen oder ein hilfloses Tier aufnehmen können. Wie unglücklich aber bewegen sich jene Menschen durchs Dasein, deren Kopf gesenkt ist und die nie den Trost in der Majestät eines gestirnten Himmels finden, nie Entspannung in den Farben und Formen von Blüten und Blättern oder im Spiel mit einem Tier. Aber wir wollen doch aus unseren Kindern glückliche Menschen machen!

## Wenn Kinder naschen und stehlen

Die meisten Eltern begehen in der Erziehung ihrer Kinder den Fehler, daß sie deren Verhalten nach dem Maßstab der Erwachsenen beurteilen. Und in keiner schwierigen Erziehungssituation sind sie sosehr geneigt, dies zu tun, wie beim Stehlen.

„O Gott, mein Kind hat gestohlen! Was wird aus ihm nur werden, wenn es jetzt auch damit anfängt? Woher hat es nur die Veranlagung dazu? Ich bin ganz verzweifelt und weiß mir nicht zu helfen!" So klagt eine Mutter. Meist aber trauen sich Eltern aus Scham über ihr „mißratenes Kind" gar nicht, mit jemandem darüber zu sprechen. Sie greifen selbst ein, freilich mit aller Strenge, denn jetzt heißt es zupacken, bevor es zu spät ist. Schläge, Hausarrest und ernsthafte Gespräche sollen das Kind wieder auf die rechte Bahn bringen.

Als Eltern kommen wir mit diesem Problem sicher einmal in Berührung. Daher aufgepaßt! Ein Kind, das stiehlt, ist noch lange kein verlorenes Kind und gibt noch lange keinen Anlaß zu Gram und Sorgen. Nur ein bißchen wissen muß man um diese Schwierigkeit.

Vorerst eine wichtige Feststellung: Es gibt keine Anlage zum Stehlen! „Und die Kleptomanie?" werden Sie einwenden. Die spukt nur in den Gehirnen verzweifelter Eltern herum, muß ich Ihnen antworten. Die Psychiatrie kennt sie zwar als Form einer Geisteskrankheit. Ihr Kind aber ist normal. Von unseren tausend Kinderdorfkindern in Österreich, die nicht als Durchschnitt gewertet werden können, weil sie zum Teil aus geschädigten Verhältnissen kommen, mußten wir innerhalb von zehn Jahren nur ein einziges wegen Verdacht auf wirkliche Kleptomanie in psychiatrische Behandlung geben.

Diebstähle bei Kindern sind also noch keine Krankheit, wohl aber Symptome einer Krankheit. Einer seelischen Krankheit. Darauf allein muß sich die Aufmerksamkeit der Eltern konzentrieren.

Wie fängt es denn an?

Annelies macht sich heimlich über die Zuckerdose. Kurt durchstöbert, wenn er allein ist, die Speisekammer. Naschkatzen sind am Werk, und bald fehlt hier eine Orange und dort ein Stück Torte. Peter hat vom Einkaufsgeld einen Schilling genommen. Erika hat Vaters neue Handschuhe unter dem Bett versteckt. Eine Menge solch kleiner Delikte gibt es, und wir alle begegnen ihnen im Verlauf der Entwicklung unseres Kindes. Was geht hier vor?

Eine grundsätzliche Regel: Seien Sie wachsam, liebe Eltern!

Übergehen Sie solche Vorfälle nicht. Lassen Sie heimliche Nascherei nicht einreißen. Wenn Sie etwas bemerken, behalten Sie ruhig Blut und überlegen Sie in Ruhe aufgrund nachfolgender Punkte, welche die Ursachen für das Verhalten des Kindes sein können. Erst dann handeln Sie! Ein Kind kann stehlen (auch heimlich ein Stück Zucker zu holen gehört dazu):

1. Aus Unvernunft. Es weiß noch nicht, was Mein und Dein bedeutet. Kennt nicht den Begriff des Eigentums. Ist noch zuwenig hineingewachsen in die Ordnung der menschlichen Gesellschaft. Wir können nicht frühzeitig genug anfangen, in unserem Kind die Begriffe zu festigen. Das Kind muß wissen, was ihm gehört. Das muß es pflegen, dafür ist es verantwortlich, das darf ihm niemand nehmen. Der Wert des Geldes soll dem Kind früh genug bekannt werden. Es ist eine falsche Scheu der Eltern, den Kindern möglichst lange kein eigenes Taschengeld zu geben. Wie sollte ein Kind aber sonst den Wert des Geldes kennenlernen? Es liegt dann an uns, ihm eine Sparbüchse zu schenken und es zur richtigen Handhabung des Geldes anzuregen. Geben wir unseren Kindern einen richtigen Eigentumsbegriff, dann werden sie auch das Eigentum des anderen zu achten wissen.

2. Aus Gewohnheit. Was erleben Kinder oft nicht alles am „Vorbild" ihrer Eltern? Beim Spaziergang hebt die Mutter Äpfel auf und steckt sie in die Tasche. Blumen werden aus fremden Gärten genommen. Der Vater gibt das entliehene Buch nicht zurück. Ein gefundener Gegenstand wird behalten. Das Kind gewöhnt sich im kleinen daran, daß man es mit dem Eigentum nicht so genau zu nehmen braucht. Es wird ihm zur Gewohnheit, und es findet nichts dabei, sich aus Onkels Markensammlung ein paar Exemplare einzustecken, weil er ja noch mehrere gleiche davon hat.

3. Aus Sport. Die Phantasie des Kindes ist rege. Bei gewissen Fernsehsendungen entwickelt es ebenso verwegene Ideen wie beim Lesen von Räubergeschichten und Märchen. Es ist ja so aufregend und interessant, jemandem heimlich etwas zu nehmen.

Ich war kürzlich bei einer Jugendgerichtsverhandlung, bei der zwei 13jährige Söhne wohlhabender Eltern wegen mehrfacher Diebstähle zur

Verantwortung gezogen wurden. Die Buben hatten sich einen Sport daraus gemacht, aus Kellern allerlei Gegenstände zu „organisieren" und in einem Versteck aufzustapeln. Sie kamen sich dabei sehr verwegen und erwachsen vor.

Diese drei Beweggründe belasten uns Eltern und Erzieher. Wir haben es verabsäumt, dem Kind genügend moralische Werte einzupflanzen. Das gilt es eilig nachzuholen. „Was dir nicht gehört, darfst du nicht anrühren, denn auch dein Eigentum rührt niemand an." Haben wir das unserem Kind oft genug gesagt?

4. Ein vierter und letzter Beweggrund aber belastet uns Eltern und Erzieher noch mehr. Er ist fast all jenen Kindern gemeinsam, die plötzlich zu naschen und zu nehmen anfangen, was ihnen nicht gehört. Er ist dort zu finden, wo das Kind aus innerer Auflehnung gegen uns zum kleinen Dieb wird. Daran haben wir auch als erstes zu denken. In der Mehrzahl aller Beschreibungsbögen, die uns bei der Überstellung eines Kindes in eines unserer SOS-Kinderdörfer vom Jugendamt übermittelt werden, heißt es: „stiehlt". Mit schlafwandlerischer Sicherheit wissen wir dann, daß es sich um ein milieugeschädigtes Kind handelt, das Streit im Elternhaus erlebte, Lieblosigkeit, Schläge, seelische Marter und Unverständnis auf einem oder mehreren Pflegeplätzen. Auch jeder Erziehungsberater tippt bei einem Kind, das ihm wegen Diebstahlsaffären vorgestellt wird, sofort auf eine gestörte Familiengemeinschaft. Die Vermutung bestätigt sich fast in allen Fällen. Das muß uns zu denken geben.

Einige Beispiele:

- Die Eltern streiten. Das Kind rächt sich, indem es zu stehlen beginnt.
- Der Vater hat keine Zeit für seinen Buben. Dieser „erkauft sich" Zeit, indem er durch kleine Diebstähle die Aufmerksamkeit auf sich lenkt.
- Das Kind erlebt daheim zuwenig Wärme. Es stiehlt, um dagegen zu protestieren oder um sich mit gestohlenen Dingen die Liebe von anderen Erwachsenen oder Mitschülern zu erkaufen.
- Ein Bub findet zu Hause kein Verständnis für seine Basteleien. Er „organisiert" sich daher sein Bastelgerät.
- Ein verwöhntes Kind kann sich nicht beherrschen und läßt beim Zuckerbäcker etwas mitgehen.
- Das „abgelehnte Kind". Ihm ist alles egal. Es verschafft sich mit kleinen Diebstählen oft eine billige Befriedigung.

Jede Mutter ertappt ihren „kleinen Dieb". Und es liegt dann in ihrer Hand, ob sie ihn wieder in die richtige Fahrbahn der Erziehung bringt oder ihn zu einem „größeren Dieb" heranzüchtet. Letzteres kommt bei verständnislosen Eltern leider manchmal vor. Sie reagieren mit Strafen und halten dem Kind dauernd vor: „Du Dieb!" „Aus dir wird nichts, weil du jetzt schon stiehlst!"

„Dich kann ich nicht einkaufen schicken. Du bringst mir ja doch zuwenig Geld zurück!" – „Auf dich kann man sich nicht verlassen!" – „Vor dir muß man alles einsperren!" Das Kind wird dauernd negativer Eigenschaften bezichtigt und muß am Ende selbst daran glauben, daß es ein schwarzes Schaf ist.

Erzieherisch wertvoller ist es, ihm zu vertrauen, wenn es gefehlt hat. Mit ihm gut zu reden, wenn es auf frischer Tat ertappt wurde. Ihm liebevoll zu begegnen. Mit Wärme. Und die Schuld nicht beim Kind, sondern bei sich selbst zu suchen, denn dort verbirgt sie sich meistens.

Stefan kam mit acht Jahren ins SOS-Kinderdorf. Er stahl wie eine Elster. Im Heim, aus dem wir ihn übernahmen, stellte er die Erzieher vor ein scheinbar unlösbares Problem. Härteste Strafen halfen nichts. Seinen Mitzöglingen entwendete er, was er nur konnte. Und doch stellte sich im Kinderdorf bald heraus, daß seine Diebstähle in Wirklichkeit nur die unbewußte Reaktion auf seine Umgebung gewesen waren, die den kleinen, schmächtigen Buben mit der häßlichen Brandnarbe auf der Stirn hänselte und ausspottete.

Kinder sind grausam zueinander. Die Kinderdorfmutter hatte Stefan bald zurechtgebogen. Kein Wort wurde über seine bisherigen Diebstähle gesprochen. Vielmehr ließ die verständnisvolle Frau den Buben immer wieder Einkäufe tätigen, vertraute ihm Geldbeträge an, ließ bewußt hin und wieder Schokolade oder Geld in der Wohnstube liegen und fragte, wenn sie ihn heimlich beim Naschen erwischte, ob er denn Hunger habe. Er bekäme doch dann, was er sich wünsche, und das schmecke schließlich viel besser. Erstmals in seinem jungen Dasein erlebte Stefan, daß man ihm vertraute, daß man ihn liebte, daß man an ihn glaubte, daß er gelobt wurde und daß man ihn nicht ausspottete. Das machte ihn rasch gesund. Er hat nie wieder gestohlen.

## Weshalb hast du gelogen?

Ich möchte meine Antwort darauf mit einer dramatischen Geschichte einleiten. Es ist die Geschichte von dem 12jährigen Buben, der mit der Drahtschlinge um den Hals in der Pogrelzstraße in Wien in den Maschen eines Drahtzaunes hing. Der Bub schrie aus Leibeskräften um Hilfe. Im Nu hatten sich zahlreiche Neugierige eingefunden. Es gab große Aufregung. Hastig wurde der Bub aus seiner Zwangslage befreit. Als kurz darauf auch Polizei, Rettung und Feuerwehr eintrafen, erzählte er eine wilde Geschichte von einem Verbrecher. Ein Mann, so schilderte er unter Tränen, war aus einem großen blauen Volvo auf ihn zugesprungen, hatte ihn niedergeschlagen und dann an den Zaun gebunden. Die Kunde vom „Verbrechen am hellichten Tag!", vom „Sexualattentat" und „Überfall" pflanzte sich rasch von Straße zu Straße fort. Der Junge aber wurde den Neugierigen entrissen und auf die nächste Wachstube gebracht. Dort gab es ein nüchternes Protokoll, und die erfahrenen Beamten hatten rasch erfaßt, daß hier ein kleiner Wicht Theater spielte. Er verstrickte sich in immer neue Widersprüche und gab dann unter Tränen zu, daß er den Überfall erfunden, sich selbst die Schlinge um den Hals gelegt und am Zaun festgemacht habe.

„Aber warum hast du das getan?" fragten ihn die Beamten. Und da bekamen sie eine Geschichte zu hören, die zeigt, welche Nichtigkeiten ein Kind zu solch dummen Handlungen bewegen können: Der 12jährige Bub namens Hansi hatte sich auf dem Heimweg von der Schule vertrödelt. Es war spät geworden, und er bekam es mit der Angst zu tun. Heute ist Vater zu Hause, überlegte er. Der straft mich, wenn ich zu spät komme. Was tun? So umschlich er lange das Elternhaus aus respektvoller Entfernung, bis ihm der Gedanke kam, einen Überfall vorzutäuschen.

Solche Kinderstreiche sind nicht selten. Freilich muß es dabei nicht immer so dramatisch zugehen. In den meisten Fällen sind es kleine Manöver, mit denen die Kinder versuchen, uns Erwachsene abzulenken:

- Da ist der kleine Maxi, der sich plötzlich wimmernd das Knie hält, das er angeblich an der Bettkante angeschlagen hat. In Wirklichkeit möchte er sich vor dem Schuheputzen drücken.
- Da ist die blasse Käthe, die am Morgen über Magenschmerzen jammert und von der fürsorglichen Mutter rasch samt Wärmflasche ins Bett gesteckt wird. Die Mutter ahnt ja nicht, daß Käthe nur der Mathematikschularbeit entkommen will, für die sie sich schlecht vorbereitet hat.
- Da ist der 14jährige Peter, der plötzlich nachmittags zu einer Gesangsprobe in die Schule muß, in Wirklichkeit aber bei seinem Freund vor dem Fernsehschirm sitzt, um das Weltmeisterschaftsspiel im Eishockey anzusehen, was man ihm zu Hause untersagt hatte.

Da sind sie alle, unsere großen und kleinen Schwindler, die einen geschickt und mit sprühender Phantasie, die anderen unbeholfen und mit so fadenscheinigen Ausreden, daß wir Erwachsenen rasch stutzig werden. Und wenn wir ehrlich sind, müssen wir zugeben, daß wir uns als Kinder und Jugendliche manches Mal auch solche Tricks ausgedacht haben, um die Eltern, den Lehrer oder sonst einen Erwachsenen zu täuschen und hinters Licht zu führen.

Deswegen darf man freilich solche Vorfälle nicht verharmlosen oder gar ignorieren. Wir müssen vielmehr unsere Augen offenhalten und eher etwas mißtrauisch sein. Wir sollten uns nicht hineinlegen lassen. Das Kind spürt sehr rasch, ob man den Eltern mit Erfolg Theater vorspielen kann oder nicht. Sind ein paar schwache Versuche danebengegangen, dann werden die Kinder es von selbst aufgeben, die Eltern hinters Licht zu führen. In unserer Zeit der Hast und Nervosität, in der es Eltern nicht mehr fertigbringen, ihr Kind ständig im Auge zu behalten, ist die Verlockung zu solchen Seitensprüngen sehr groß geworden. Und das bedeutet Gefahr! Ein Kind, das Erfolg dabei hat, kann sich diese anfangs so harmlos erscheinenden Manöver für ein ganzes

Leben angewöhnen. Es nimmt es dann mit der Wahrheit nicht mehr so genau. Es lernt rasch, mit Betrug seinen Willen durchzusetzen. Davor müssen wir unser Kind behüten.

Aber wie?

Darauf gibt es nur eine Antwort: durch bewußte Pflege des Vertrauensverhältnisses. Wir Erwachsenen haben zwar das Recht, den Erzählungen des Kindes gegenüber mißtrauisch zu sein, aber das Kind darf es nicht merken. Und das Kind wird es nicht merken, wenn wir es wirklich lieben und es vorurteilslos bejahen. Wir brauchen daher:

- Mehr Zeit für das Kind. Verzichten wir auf manches, um mehr mit ihm beisammen sein zu können, vor allem auch am Wochenende. Wir lernen unser Kind dadurch viel besser kennen. Es mag erstaunlich klingen, aber viele moderne Eltern kennen ihre Kinder zuwenig und sind daher überrascht und bestürzt, wenn sie Handlungen setzen, die ihnen die ahnungslosen Eltern nie zugetraut hätten.
- Mehr Gespräch mit dem Kind. Vielfach erschöpft sich heute in Familien, in denen beide Elternteile berufstätig sind, das Gespräch in Debatten über die Schule und in endlosen Nörgeleien und Ermahnungen, Drohungen und Belehrungen. Das stößt ein Kind ab. Das Kind will als vollwertiger Gesprächspartner betrachtet werden und möchte auch den Vater öfter für sich haben, um mit ihm über Fußball, Beruf und neue Autotypen zu plaudern.

Die bewußte Beschäftigung der Eltern mit dem Kind schafft ein Vertrauensverhältnis. Es spürt, daß man zu den Eltern eigentlich mit allen Sorgen und Problemen kommen kann. Es erlebt, daß die Eltern Verständnis haben, daß sie helfen wollen, daß sie sogar sehr großzügig sein können, wenn man sie um etwas bittet.

„Bitte, sei mir nicht böse, aber ich habe heute so lange gebraucht, um von der Schule heimzukommen! Da war der große Bagger an der Hauptstraße. Außerdem haben wir eine Schneeballschlacht gemacht." Und der Vater wird einmal ein Auge zudrücken und sagen: „Na, dann lassen wir einmal Gnade vor Recht walten." Eine Phantasiegeschichte mit Überfall und Drahtschlinge ist nicht mehr nötig. Das Kind kommt gar nicht mehr auf solche Gedanken. Denn es weiß, daß den Eltern nichts entgeht. Sie kommen ja doch dahinter, denkt es. Es weiß aber auch, daß man zu den Eltern mit allen Fragen kommen kann. Für die Lüge ist kein Platz mehr, wenn Liebe die Erziehung dirigiert; keine zuckersüße Liebe, sondern eine Liebe, die auch streng sein und strafen kann, von der man aber ein ganzes Leben lang zehren kann.

## Flegeljahre müssen sein

Am Ende der zweiten Entwicklungsphase steht wieder eine Trotzperiode. Sie ist das Zeichen dafür, daß auch diese Periode vom Kind gut bewältigt wurde. Daher gilt wie bei der ersten Trotzperiode die Regel: Starker Trotz – gutes Zeichen. Wenig Trotz – bedenkliches Zeichen. Gar kein Trotz – Alarmstufe!

Diese zweite Trotzperiode leitet die Pubertät ein. Wir nennen sie bei den Jungen Flegeljahre. Der „Herr Sohn" ist ja nun wirklich ungenießbar geworden: frech, rechthaberisch, maßlos, unhöflich, reizbar, empfindlich, unzugänglich, ichbezogen und trotzig; dreimal trotzig. Und wir nennen sie bei den Mädchen die „Teenagerjahre". Ja, diese „jungen Damen"! Kaum zwölf oder dreizehn, aber plötzlich launisch, raunzig, kokett, gleichgültig, schwärmerisch, dumm, affektiert, unmanierlich, putzsüchtig und trotzig; dreimal trotzig. Die jahrelangen Opfer und Mühen in der Erziehung scheinen wie weggeblasen. Kein Erfolg – kein Fünkchen Erfolg ist mehr sichtbar. Unsere Sprößlinge sind zu kleinen Scheusalen geworden, undankbar, gereizt und boshaft. Es ist zum Verzweifeln mit Werner, der nicht mehr zum Essen erscheint und die Familie ignoriert; zum Aus-der-Haut-fahren mit Lieselotte, die sich mit Bildern ihrer Filmlieblinge umgibt, Schlager pfeift und die Zehennägel bemalt. Jahre härtester Proben stehen bevor, liebe Eltern. Wieder gilt es rechtzeitig gewappnet zu sein gegen das, was da mehr oder weniger unangenehm auf uns zukommt. Sich wappnen heißt um die Geheimnisse der zweiten Trotzperiode zu wissen, die normalerweise jedes Kind im Alter zwischen 12 und 18 Jahren – die Grenze ist sehr weit gezogen, die Trotzperiode selbst dauert im allgemeinen keine sechs Jahre, sondern meist nur ein Viertel davon – erlebt.

Stellen wir uns vor, daß es in der Entwicklung unseres Kindes zwei Tore gibt. Durch das eine geht es herein, durch das andere hinaus. Bei der ersten Trotzperiode überschreitet es die Schwelle des Eingangstores. Das Kind hat sein Ich erkannt, ist eine kleine Persönlichkeit geworden und braucht unsere hilfreiche, erzieherische Hand. Bei der zweiten Trotzperiode überschreitet es – naturgemäß wesentlich krisenhafter – die Schwelle des Ausgangstores. Das Kind ist ein Ich geworden, eine Persönlichkeit (lachen Sie bitte nicht!), und stößt unsere hilfreiche, erzieherische Hand fort. Die Psychologie spricht von einer „Lösungsphase". Das Kind löst sich von uns los. Es drängt aus dem warmen Nest. Es ist flügge geworden und weiß seine Flügel zu gebrauchen. Es muß hinaus in das Leben, in sein Leben, mit dem es später allein fertig werden soll.

Wappnen wir uns vor diesen Entwicklungskrisen, indem wir sie als ganz natürliche Vorgänge akzeptieren. Rammeln wir das Tor nicht zu. Nicht das erste Tor, weil wir es dem Kind dadurch erschweren, sich an unserer Hand führen zu lassen. Und nicht das zweite Tor, weil wir das Kind dadurch der Realität des Lebens entfremden, mit der es unweigerlich einmal zu rechnen haben wird. Wie sollte es dann sein Leben erfolgreich meistern, wenn wir nicht mehr neben ihm sind?

Ja, zugegeben, es ist schwer für uns Eltern, einmal zurückzutreten und dieses Tor offenzuhalten für das Kind, das dann ins Ungewisse hinausflattert. Aber es muß sein. Und wer sich diesem Unvermeidlichen beugt, wird reich belohnt werden. Er wird Stolz und Freude mit seinen Kindern erleben. Wer dieses Unvermeidliche aber nicht wahrhaben will und das Tor verschließt, wird oft bittere Enttäuschungen erleben.

Ihr Kind drängt also hinaus. Es ist an Ihrer Hand und an Ihrem Vorbild zur Persönlichkeit gereift. Nun löst es sich von den Eltern. Lösung aber bedeutet immer Verlust. Verlust hat Schmerz im Gefolge. Beim Kind offenbart er sich in dieser Phase als Trotz. Es trotzt. Es trotzt gegen die Autorität, von der es naturbedingt jetzt loskommen muß.

Was brauche ich Ihnen noch mehr zu sagen, liebe Leser?

Ihr Verhalten liegt auf der Hand. Sie haben es erraten, wie wir in der Erziehung alles erraten, wenn wir die naturbedingte Entwicklung unseres Kindes zu erkennen gelernt haben. Richtiges Verhalten kommt dann von selbst. Von innen heraus. Vergleichen Sie bitte nur in zwei Punkten, ob Sie auch tatsächlich richtig handeln.

- Nehmen Sie Ihr Kind wirklich für voll? Eben nicht. Da haben wir die Bescherung. Ihr Kind aber will endlich für voll genommen werden. Nehmen Sie seine Probleme ernst. Beurkunden Sie ein Interesse dafür, was Ihr Sohn oder Ihre Tochter tut, dann behalten Sie Oberwasser und können das Steuer handhaben, ohne daß es Ihr Kind merkt. Denn alles in Ihrem Buben oder Ihrem Mädchen ist noch unreif und unfertig. Ihre Kinder tun wichtig, aber sie sind noch hilflos. Sie wollen jedoch wichtig genommen werden. Also nehmen wir sie wichtig, sehr wichtig, und wir können ihnen helfen. Wehe aber, wenn wir die selbstgeschmiedeten Pläne der 15- oder 16jährigen durchkreuzen, ihre Einfälle als lächerlich abtun und uns nicht für ihre kleine Welt interessieren. Dann wird der Trotz im Flegelalter des Kindes zum offenen Konflikt. Hüten wir uns davor!
- Geben Sie Ihrem Kind wirklich nach? Eben nicht. Da haben wir die zweite Bescherung. Unser Sohn und unsere Tochter wollen plötzlich nicht mehr wie kleine Kinder behandelt werden. Sie wollen nicht mehr widerspruchslos gehorchen. Sie haben ihren eigenen Willen. Geben wir also nach, lassen wir das Kind ruhig einmal seinen eigenen Kopf durchsetzen. Es kommt meist nicht weit damit. Denn es ist unsicher. Es wird dann gerne zu uns zurückkehren.

Verlieren wir also auch in der zweiten Trotzperiode unseres Kindes nie unser heiteres Herz. Stoßen wir fröhlich das zweite Tor auf und lächeln wir dem Kind nach, das da wie ein Fohlen tollpatschig ins Freie springt. Es wird dankbar und demütig wieder zurückkehren und uns mit Liebe vergelten, was wir in Liebe geopfert haben.

# DIE GOLDENE REGEL ZUM II. TEIL:

## *Etwas Distanz halten zum Kind!*

Halten wir zu unserem Kind etwas mehr Distanz – eine Distanz der Achtung vor seiner heranwachsenden Persönlichkeit. Eine Distanz der Ehrfurcht vor diesem einmaligen Wesen. Eine Distanz der Liebe. Eltern, die sich ihrem Kind unentwegt aufdrängen, können es nie richtig lenken und leiten. Sie engen das Kind in seiner Entfaltung ein.

Man kennt den Typ des „Muttersöhnchens": kontaktarm, leistungsschwach und liebesarm. Eine vom Dasein frustrierte Frau hat ihr Kind als Ersatz für den verlorenen Mann, als Ersatz für versagte Liebe, als Ersatz für mangelnden Erfolg im Leben an sich gefesselt. Unter ihren Fittichen ist es aufgewachsen; ständig beobachtet, ständig behütet, ständig umsorgt und betreut. Da war kein Raum zur Entfaltung für dieses Kind. Da mußten seine Fähigkeiten verkümmern.

Aber ohne die Verwirklichung der ihm eigenen Fähigkeiten ist niemand dem harten Daseinskampf gewachsen. Als einen „freien Menschen" bezeichnet man denjenigen, dem es gelingt, seine innere Bestimmung in das Dasein umzusetzen. Frei sein heißt, so zu leben, wie man von der Natur programmiert wurde. Frei ist nicht jener Universitätsprofessor, den man eine ganze Kindheit und Jugend lang erzieherisch und schulisch vergewaltigt hat, um aus ihm „etwas" zu machen. Er hat eine Position, er hat beruflich eine Stellung. Aber er ist unfrei. Irgendwo verkümmert. Daher nicht glücklich. Das Leben ist ihm immer wieder Belastung, Lebensangst sein ständiger Begleiter. Frei ist jener Autoschlosser, den vernünftige Eltern nie gezwungen haben, das zu tun, was seinem Wesen widersprach. Diese Eltern hatten das feine Gespür dafür, was sie ihrem Kind erzieherisch und schulisch auferlegen durften und was nicht. Sie waren auch streng, waren auch konsequent, waren auch fordernd. Sie haben ihr Kind immer so bejaht, wie es war, und das verlangt, was seinem Wesen, seinen Interessen, seinen Anlagen entsprach. Er ist Autoschlosser geworden, obwohl ihn die Eltern auch gerne studieren lassen hätten. Aber sie haben ihm mehr ins Leben mitgegeben als einen Doktortitel oder das Abiturzeugnis. Sie haben ihn als freien Menschen in dieses Dasein entlassen, das er heute im Griff hat. Existenzangst kennt er nicht. Arbeit ist ihm Freude. Leben ein täglich neues Glück, obwohl auch ihm Sorgen und Enttäuschungen nicht erspart bleiben.

Etwas mehr Distanz zum Kind läßt es uns besser erkennen. Wenn wir ein Buch lesen wollen, müssen wir es in einem gewissen Abstand vor den Augen halten. Wenn wir es zu knapp vor die Augen nehmen, verschwimmen die Buchstaben und Zeilen. In der Erziehung ist es ebenso. Wenn wir uns dem Kind unentwegt aufdrängen und es ganz an uns ziehen, können wir es nicht richtig sehen. Distanz zum Kind nimmt uns manche Erziehungsprobleme ab.

Das Kind muß manches allein bewältigen, was es sonst auf uns Eltern abgeladen hätte. Oder denken wir an das Problem der Eifersucht, die einem neugeborenen Kind von seiten seiner Geschwister manchmal entgegenschlägt. Dieser Eifersucht ist der Boden entzogen, wenn wir den goldenen Mittelweg gefunden haben. Nur dort nämlich, wo das Kind seelisch nicht ganz von den Eltern beschlagnahmt wird – wie es heute aus schlechtem Gewissen dem Kind gegenüber häufig geschieht –, wird es keine Eifersuchtsprobleme geben. Wie sollte sich auch ein Kind durch ein Geschwisterchen gestört fühlen, wenn die Eltern zu jedem ihrer Kinder eine gewisse Distanz bewahren?

Halten wir uns das Kind daher ein wenig vom Leib. Das ist schwierig, weil wir es ja „zum Fressen gerne haben". Aber nur, wenn wir ein wenig Distanz wahren, wird das Kind in seiner ganzen Schönheit vor uns aufblühen und alle seine Fähigkeiten entfalten. Denn jedes Kind ist schön und begabt. Jedes Kind ist eine Kostbarkeit. Jedes! Ja, auch Ihres. Treten Sie nur ein wenig zurück, und betrachten Sie es!

III. Teil

# DAS WIR

*Was man alles*
*über die Bewältigung des WIR*
*wissen sollte,*
*damit sich unser Kind innerhalb*
*der Gesellschaft einmal*
*als glücklicher Mensch*
*behaupten kann.*

Die dritte und letzte Phase der Entwicklung des Kindes ist der große, dramatische Sprung in das eigentliche Erwachsensein: die Pubertät. Das Wort wird vom lateinischen „pubertas" abgeleitet, das mit „Mannbarkeit" oder „Manneskraft" übersetzt werden kann, mit dem aber auch der männliche Bartflaum bezeichnet wird, der sich bei beginnender Mannbarkeit anzeigt. Pubertät umschreibt also jene Zeit, in der junge Menschen ihre Kindheit abstreifen, körperlich und geistig reifen und Erwachsenenstruktur erlangen. Aus dem Kind wird ein Erwachsener, der in der Gesellschaft seinen Platz ortet und zu eigener Familienbildung drängt. Das Wir tritt an ihn heran, legt sich ihm während der Pubertät ahnungsvoll in den Weg. Es ist ein steiler Weg, ein steiniger Weg, ein mühsamer Weg. Und bei keinem Kind wissen wir, wohin er wirklich führt. Diese dritte Entwicklungsphase ist gewissermaßen ein Vorwärtsdrängen durch ein Nebelfeld. Das Ziel aber ist noch nicht erkennbar.

Ich kenne niemanden, der diese Phase sinnvoller und schöner umschrieben hätte als Hermann Hesse in seinem Buch „Unterm Rad", in dem er das Schicksal eines jungen Menschen aufblättert und sagt: „...in dieser Stunde zerriß etwas in ihm und tat ein neues, fremdartiges, verlockendes Land mit blauen fernen Küsten sich vor seiner Seele auf. Er wußte noch nicht oder ahnte nur, was die Bangnis und süße Qual in ihm bedeutete, und wußte auch nicht, was größer in ihm war, Pein oder Lust. Die Lust aber bedeutete den Sieg seiner jungen Liebeskraft und das erste Ahnen vom gewaltigen Leben, und die Pein, daß der Morgenfriede gebrochen war und daß seine Seele das Land der Kindheit verlassen hatte, das man nicht wiederfindet. Sein leichtes Schifflein, knapp dem ersten Schiffbruch entronnen, war nun in die Gewalt neuer Stürme und in die Nähe wartender Untiefen und halsbrecherischer Klippen geraten, durch welche auch die bestgeleitete Jugend keinen Führer hat, sondern aus eigenen Kräften Weg und Rettung finden muß..."

Es ist also jene Phase der Entwicklung, in der das Land der Kindheit ein für allemal verlassen wird. Der Morgenfriede ist gebrochen. Das Schifflein des jungen Menschen ist allein auf hoher See. Auch wir Eltern können nicht mehr an Bord sein. Jetzt muß sich der junge Mensch aus eigenen Kräften als Steuermann bewähren. Da warten auf ihn Untiefen, halsbrecherische Klippen, Gefahren, Stürme, Seeräuber.

Ich möchte Ihnen, liebe Eltern, keineswegs Angst machen. Ich möchte Ihnen diese letzte Entwicklungsphase nur deutlich umschreiben, damit Sie sich Enttäuschungen ersparen und wissen, worum es geht.

Die Pubertät ist eine Trotzperiode, genau wie die schon erwähnte im Kleinkind-Alter. Die Psychologie spricht – wie ich Ihnen schon erklärt habe – von „Lösungsphasen". Das Kind löst sich von uns Eltern. Es *muß* sich lösen. Es muß sich eines Tages allein behaupten. Zur Persönlichkeit werden. Den Lebenskampf bestehen.

Diese Lösungen gehen freilich mit vielen Schwierigkeiten vor sich. Sie belasten die Eltern-Kind-Beziehung. Das tut den Eltern weh. Aber wir können und dürfen uns dagegen nicht zur Wehr setzen.

Zwischen der oft sehr früh einsetzenden körperlichen Reife und der seelisch-geistigen Reife klafft eine Lücke von mehreren Jahren. Der Körper ist schon voll entwickelt, aber der Geist hinkt nach. Da spielen sie sich auf wie Erwachsene, unsere 15- und 16jährigen, und sind doch noch Kinder: unausgereift, unsicher, ohne Werturteile. Und da wir Eltern heute erleben müssen, wie negativ die Umwelt auf unser Kind in diesen gefährlichen Jahren einwirken kann, ist unsere Sorge so groß – und so berechtigt. Denken wir nur daran, daß man seit dem Zweiten Weltkrieg die Jugend als Konsumenten entdeckt hat. Heute werden in Deutschland jährlich mindestens vier Milliarden DM von Minderjährigen ausgegeben. Zu diesem Überangebot an Konsumartikeln gehört auch die Pornographie, die skrupellos aus der Intimsphäre unserer Kinder einen Trampelpfad gemacht hat. Da sollten wir nicht besorgt sein?

Über derlei Probleme wollen wir also in diesem letzten Kapitel sprechen. Und aus diesem Gespräch die Zuversicht schöpfen, daß auch unser Sohn und unsere Tochter die schwierige Phase der Pubertät gut überstehen werden, wenn wir als liebende und bejahende Eltern Verständnis und Vertrauen schenken. Viel mehr können wir nicht tun. Vor allem, weil unser Kind in der Pubertät den Rahmen unserer erzieherischen Möglichkeiten sprengt. Aber wir können eines: einfach dasein für unseren verrückten Jungen, der so total durchgedreht hat, und für unsere Tochter, deren Albernheit uns auf die Nerven fällt. Dasein. Familie sein. Elternhaus sein. Immer die Türe offenhalten. Brücken nicht abbrechen. Verzeihen können. Warten können. Und das ist schon sehr viel, zumal heute so viele Brücken zwischen Eltern und Jugendlichen zerbrochen und so viele Türen zugeschlagen sind. Und weil heute vor allem so vielen das Zuhause fehlt, in das auch ein 18jähriger noch gerne flüchtet, wenn er sich den Kopf angerannt hat oder in der Klemme sitzt.

## 1. MAN SOLLTE WISSEN,

WORUM ES IN DER PUBERTÄT TATSÄCHLICH GEHT, UND MAN SOLLTE GEGEN ALLERLEI ÜBERRASCHUNGEN GEWAPPNET SEIN.

### *Was ist die Pubertät?*

„Was soll ich tun?" schrieb mir einmal eine besorgte Mutter. „Mein 14jähriger Sohn kommt in die Buberltät." Auch wenn es wohl nur mehr wenige Eltern gibt, die „Pubertät" von „Buberl" ableiten, so stehen doch noch immer viele Mütter und Väter dieser Entwicklungsphase ihres Kindes hilflos gegenüber. Sie erinnern sich wohl noch dumpf an ihre eigenen Pubertätsjahre, denken aber lieber nicht daran zurück, da es damals so viele Enttäuschungen und Ängste gab, soviel seelische Einsamkeit, so vieles, das selbst heute noch auf der Seele lastet. Wie soll man diese Erfahrung nun den eigenen Kindern zugute kommen lassen? Heute ist ja außerdem alles anders – meinen die Eltern! –, und so, wie es einem selbst mit 14 oder 15 Jahren ging, wird es wohl dem Sohn oder der Tochter nicht gehen. Das meinen wir auch! Nein, mit den Erfahrungen aus der eigenen Reifezeit ist nicht viel anzufangen. Deshalb ist es wohl am besten, daß wir uns als Eltern fachlich mit der Pubertät ein wenig auseinandersetzen, um verstehen und damit einfühlen und lenken zu lernen. Gliedern wir dazu die Pubertätszeit in drei Phasen auf.

## 1. *Vorpubertät*

Es ist jene Zeit, da die schützende Hülle der Kindheit langsam zu eng wird. Die eigentliche Reife und ihre Krisenjahre kündigen sich an. Das Kind wehrt sich dagegen. Es will noch Kind sein und ist doch schon dabei, den eigenen Rahmen zu sprengen. Es wird wild. Wird zum Flegel. Daher sprechen wir auch von Flegeljahren.

Diese Vorpubertätszeit beginnt meist im Alter zwischen zehn und zwölf Jahren. Es läßt sich keine feste Grenze ziehen. Rein äußerlich erkennen wir diese Periode daran, daß das Kind meist stark zu wachsen beginnt. Dieser Wachstumsschub hat zur Folge, daß die Bewegungen ungeschickt werden. Die Buben stolpern öfter, schlagen sich an jeder Ecke das Schienbein an und wissen nicht, wohin sie ihre langen Arme tun sollen. Aber auch in körperlichen Erscheinungen, die seelische Ursachen haben, wirkt sich dieser Wachstumsschub aus. Buben und Mädchen dieses Alters erröten und erblassen sehr rasch, fallen leicht in Ohnmacht, haben öfters Nasenbluten (wenn eine Disposition dafür vorhanden ist), leiden vielleicht unter Kopfschmerzen, Ohrensausen, häufigem Schluckauf u. v. a. Denn der seelische Bereich wird ebenfalls im Rahmen dieser körperlichen Veränderung aufgewühlt. Innere Konflikte machen dem jungen Menschen plötzlich zu schaffen, er wird von Angstsituationen überrascht, von Schuldgefühlen gequält und in seinem ganzen Verhalten labiler. Schulleistungen gehen während der Flegeljahre meist zurück, Konzentrationsschwierigkeiten treten auf. Bedenken wir daher, daß hinter diesen Erscheinungen meist körperliche Entwicklungsvorgänge stehen, für die der Jugendliche nicht verantwortlich ist.

Mädchen sind während der Vorpubertätszeit oft auffallend ungestüm und bewegungsfroh. Dann klagen die Eltern: „Sie sind wilder als die Jungen!" Diese Bubenhaftigkeit im Vorpubertätsalter ist jedoch etwas Normales – genau wie ein Schuß Mädchenhaftigkeit bei den Jungen. Mit Eintritt der Geschlechtsreife ändert sich dieses Erscheinungsbild meist schlagartig. Mädchen werden zu richtigen Mädchen, Buben zu richtigen Buben.

## 2. Pubertät

Beim Mädchen setzt sie mit der Menarche (der ersten Menstruation ein), beim Buben mit der Produktion der ersten reifen Samenzellen. Beim Mädchen ist sie daher gleich erkennbar, beim Buben läßt sich der Zeitpunkt nicht genau feststellen, meist erst nach der ersten nächtlichen Samenentleerung. Wie ein Sturzbach dringt nun der aufgebrochene Geschlechtstrieb vorwärts, reißt Kindliches nieder, gräbt neues Gestein nach oben, wälzt um und tobt. Das Kind spürt etwas Neues und Gewaltiges. Weiß nicht, was vorgeht. Gewahrt, daß die Welt plötzlich anders aussieht. Ist stark und doch nicht stark genug, um alles Neue zu bewältigen.

Die eigentliche Pubertät setzt meist zwischen zwölf und vierzehn Jahren ein. Auch da läßt sich keine feste Grenze ziehen. Auffällig ist in dieser Pubertätsperiode ein Wachstum in die Breite. Die Jugendlichen werden im allgemeinen etwas kräftiger. Gleichzeitig kommt es auch zu einer gewissen psychischen Festigung. Zur körperlichen Leistungsfähigkeit tritt langsam eine geistige, die jedoch noch keiner geistigen Reife entspricht. Vielfach setzt eine neue Arbeitsfreude ein. Der hervorgebrochene Geschlechtstrieb wirkt wie ein Motor, der Körper, Geist und Seele neu zu beleben beginnt.

Die Pubertätszeit der Mädchen ist im allgemeinen kürzer als die der Buben, dafür dauert ihre Nachpubertäts- bzw. Reifezeit länger. Die erste Menstruation setzt normalerweise um das 13. Lebensjahr ein, kann aber auch schon mit elf Jahren auftreten oder erst mit fünfzehn. Konstitution und Umwelt spielen dabei eine wesentliche Rolle. Man hat Beobachtungen gemacht, daß z. B. der weibliche Zyklus um so früher einsetzt, je näher man dem Äquator ist. Ebenso kommt er bei in niedrigen Seehöhen wohnenden Mädchen eher zum Ausbruch als bei solchen, die in einem hochgelegenen Gebirgsdorf leben. Da also viele Komponenten zusammenwirken, läßt sich keine feste Grenze ziehen. Wir wissen aber, daß die Geschlechtsreife heute um ein bis zwei Jahre früher einsetzt als noch vor 100 oder 200 Jahren, wo körperliche und seelisch-geistige Reife ziemlich gleichzeitig erfolgten. Heute klafft eine jahrelange zeitliche Kluft, die viele Probleme des Pubertätsalters zuspitzt.

## 3. Nachpubertät

Buben und Mädchen sind körperlich ausgereift, ihre Geschlechtsmerkmale ausgeprägt. Sie haben die geschlechtliche Maturität erlangt. Physisch ist der Bub zeugungs- und das Mädchen gebärfähig. Aber es fehlen ihnen dazu noch die seelisch-geistige sowie die soziale Reife, ohne die eine verantwortliche Funktion innerhalb unserer Gesellschaft als Vater und Mutter nicht erfüllt werden kann. Die Jugendlichen sind also noch „unausgebacken". Der Knabe ist kein Knabe mehr und doch noch kein Mann. Das Mädchen ist noch zu mädchenhaft, um Frau zu sein. Es ist die Zeit der Angleichung an die Erwachsenenstruktur, die Zeit der echten Reife. Dort geht sie schnell, hier langsam.

In den Schützengräben des Zweiten Weltkrieges sind die 17- bis 18jährigen schneller gereift als heute unter der Daunendecke der Hochkonjunktur. Aber mit 20 oder 21 Jahren sollte der Junge ganz im Leben stehen. Sollte wissen, wohin er will. Auch wenn er noch manchen Irrweg läuft.

## *Oh, diese Jungen!*

Werfen wir zunächst einen Blick auf unseren ins Pubertätsalter vorstoßenden Jungen! Es ist nützlich, sein Erscheinungsbild klar zu erfassen. Interessant, daß wir Eltern so gerne daran vorbeigehen. Das Kind ist uns einfach zu nahe. Wir können – oder wollen? – sein Anderswerden nicht wahrnehmen. Übersehen wir es aber, gibt es später den berühmten Fall aus allen Wolken!

Ja, diese Jungen! – Man könnte wirklich aus der Haut fahren! Die Kerle haben überhaupt keinen Respekt mehr. Frech, aufdringlich und selbstsicher. Solche Dreikäsehoheiten! Die Hände in den Taschen vergraben, stehen sie herum. Gelangweilt und faul. Kaugummi zwischen den Zähnen, der wie ein Luftballon häßlich aus dem Mund steigt, wenn sie Erwachsenen begegnen. Die langen Beine in Blue jeans gezwängt. Den Blick ins Leere gerichtet. Ein Comic-Heft in der Rocktasche. Und das soll unsere Jugend sein?

Mit Erich ist es kaum zu ertragen. Der ist auch schon verdorben. Mit seinen 13 Jahren! Dabei ging doch bisher alles glatt mit ihm. Auch in der Schule. Und zu Hause gibt man sich wirklich Mühe. Er hat sein Taschengeld und sein eigenes Zimmer. Der Fernsehapparat steht da und ein Fahrrad im Hof. Verdammt noch einmal, was ist nur in den Jungen gefahren? Vor ein paar Monaten hat es eigentlich so richtig angefangen. Als man ins Grüne fahren wollte. Da heulte er plötzlich auf: „Ich fahr' nicht mit, laßt mich doch mit den blöden Familienausflügen in Frieden!" Das hätten wir einmal als Kinder sagen sollen! Na, es hat zwar Krach gegeben, Vater hat tüchtig ausgeholt. Aber erreicht? Nichts. Erich rannte in sein Zimmer, und die Tür flog zu, daß das Geschirr in der Küchenkredenz schepperte. Und seither spielt er den Sturen. Bockt. Trotzt. Mault. Ärgert einen bis aufs Blut – der Bengel.

Auch bei Freddy ist zu Hause der Wirbel los. Der Bub ist schon 14. Da könnte er doch vernünftiger sein. Überhaupt, wo Vater die ganze Woche nicht daheim ist und Mutter alle Hände voll zu tun hat. Aber Freddy schert sich nicht darum. Von der Schule nach Hause, das Essen hinuntergewürgt, und schon ist er auf der Straße. Da lungern sie herum. Tuscheln, kichern und werfen den Mädchen Steine nach. Die Tränen der Mutter rühren ihn nicht. Und Vater resigniert: „Der Lümmel soll werden, was er will!"

Peter ist wieder ganz anders. Er gibt seinen Eltern etwas aufzulösen, da er immer nur zu Hause sitzt. Vor sich hindöst. Nervös und unkonzentriert ist. Wenn die Mutter fragt: „Peter, fehlt dir etwas? Komm, sei doch nicht so fad, ein Bub muß doch froh sein!"', da murrt er nur: „Laß mich, is' eh alles in Ordnung!" Und blaß ist er und dünn. Schreibt an einem Tagebuch, das er mit sich herumträgt und sogar nachts unter seinen Kopfpolster schiebt. Wo ist nur der ausgelassene Peter von früher?

Und der Hermann von drüben geht schon mit Mädchen. Dabei ist er erst 16. Daheim begehrt er auf: „Ich bin kein kleines Kind mehr!" Er raucht. Versagt in der Schule. Jetzt muß man ihn wahrscheinlich in die Lehre geben. Was soll man nur machen mit diesem Bengel?

Und Rudi und Paul und Franz und Willi und Roland und Heinz und Edi sind nicht anders. Da hilft keine Ohrfeige und kein Stubenarrest. Sie begehren auf. Sie fordern. Sind mit nichts zufrieden. Zanken sich mit den Geschwistern. Bringen Freunde ins Haus, die alles andere als salonfähig sind.

Die Jungen sind anders geworden, ganz anders. Man erkennt sie nicht wieder. Sie wollen ins Kino, wühlen in den Illustrierten, schleppen ihr Kofferradio durch die Gegend, schwingen im Beatrhythmus die Schultern, lachen einem frech ins Gesicht – mit einem Wort, sie sind unausstehlich geworden. Man könnte verzweifeln. Jahrelang hat man sich für sie geopfert. Ist an ihrem Krankenbett gesessen, hat geschuftet, damit sie es halbwegs schön haben. Aber keine Spur von Dankbarkeit. Im Gegenteil, es ist alles selbstverständlich für sie. Es ist alles nichts! „Warum haben wir nur einen VW und keinen Mercedes?" Das ist ihr Denken. „Warum habt ihr euch noch keinen Videorecorder angeschafft?" Das ist ihr Fordern. „Warum soll ich das grauenhafte Latein büffeln, ich hätte lieber einen guten Job, damit ich selbst verdiene!" Das ist ihr Streben.

Andere wieder sind so verträumt. Und wenn man sie stört, werden sie wild. Im Jähzorn schleudern sie etwas auf die Erde. Dann wieder heulen sie wie kleine Kinder. Sie wissen nichts mehr mit sich anzufangen. Man muß gähnen, wenn man sie nur ansieht. Keine Frische, keine Jugend! Dösen durch die Gegend. Die Lehrer beklagen sich: „Er paßt im Unterricht überhaupt nicht mehr auf! Ein Jammer! Nicht mehr zu ertragen."

Oh, diese Buben! Man könnte irre werden an ihnen und an sich selbst. Sie handeln gerade immer so, wie man es nicht erwartet. Der eine meditiert wie ein Heiliger. Der andere gibt sich als Revoluzzer und will sich am liebsten in eine Kommune absetzen.

Das Vertrauen ist weg. Egon hat sich von den Eltern distanziert. Deutlich. Er läßt es sie spüren. Gut, er lernt ordentlich, aber er marschiert für sich allein. Zeigt dem Vater nicht mal eine gelungene Schularbeit. Lernt und liest bis in die Morgenstunden. Hat sich schon die Augen verdorben. Und zittert, wenn er den Löffel hält. Er richtet sich noch zugrunde. Man kann es seelisch nicht mehr aushalten in seiner Nähe.

Und diejenigen, für die nur mehr der Sport existiert? Aber das ist ja kein Sport mehr! Das ist ja nur noch reine Rekordsucht. Man radelt täglich 20 bis 30 Kilometer durch die Landschaft. Sieht dabei weder einen blühenden Baum noch ein Kornfeld. Ist nur über die Lenkstange gebeugt und rast und rast. Andere wieder haben nur noch Fußball im Kopf. Gut und schön, aber was zuviel ist, ist zuviel! Mit dem runden Leder kann er sich ja keine Existenz aufbauen.

Ach, und tausend andere Sorgen. Wie sie einen quälen. Wie sie einen fertigmachen, diese Buben. Man kommt nicht mehr mit. Man versteht das alles nicht mehr.

Oh, diese Jungen!

Und ich sage Ihnen jetzt, liebe Leser, sie sind *doch* prima, und sie sind doch in Ordnung, und sie sind doch gerade so richtig, wie sie sind. Ich habe sie wirklich gern! Ich habe sie um so lieber, je wilder und schwieriger sie sind, denn man muß sie gerade dann gern haben. „Aber sie haben ja nichts mehr Liebenswertes an sich!" werden Sie in Ihrer Verzweiflung antworten. Das ist nicht wahr! Sie sind liebenswerter denn je und vor allem liebebedürftiger denn je.

## *Oh, diese Mädchen!*

Sie stehen den Jungen in keiner Weise nach. Man möchte doch glauben, daß wenigstens die Mädchen mit 13 oder 15 Jahren etwas weniger schwierig sind. Im Gegenteil! Da erträgt man eine Schar wilder, verrückter Bengel eher leichter als ein Gänschen. So viel Launenhaftigkeit kann sich nur in einem Geschöpf festsetzen, das ständig in Modejournalen nach neuesten Frisuren fahndet und dessen Haare doch stets zerzaust sind wie nach einem Wirbelwind; das stundenlang vor dem Spiegel Kleider probiert, die es dann unachtsam in eine Ecke feuert, um schließlich mit zerfransten Blue jeans zum ersten Rendezvous zu eilen; das die Bilder seiner Lieblingshelden in den Blusenausschnitt steckt und bis über beide Ohren errötet, wenn der junge Geschichtsprofessor ihm auf der Straße freundlich zunickt; das sich stundenlang trotz Regen und Wind um einen Stehplatz in der Oper anstellt und zu Hause nur lautesten Beat konsumiert; das einem unerwartet freudig um den Hals fällt, um im nächsten Augenblick heulend auf der Couch zu liegen; das Vaters Wagen als „Blechkiste" bezeichnet, doch wie eine „First Lady" das Auto besteigt, wenn es einmal von der Schule abgeholt wird; das...

Man würde kein Ende finden, sie zu charakterisieren, und würde sie dennoch falsch skizzieren, denn sie scheinen keinen Charakter zu haben, unsere Töchter. Ja, ich weiß, liebe Mutter, Sie sind mit ihren Nerven am Ende! Ja, ich weiß, lieber Vater, Sie möchten ihr am liebsten links und rechts...

Käthe war so ein goldiges Kind. Brav, folgsam, zärtlich und gutmütig. Seit einiger Zeit ist alles anders. Sie weicht aus, zieht sich zurück, schweigt, ist zerstreut. Und wenn man sie fragt: „Was fehlt dir, Käthe?" huscht sie lautlos in ihr Zimmer, sperrt sich ein und weint den Polster naß.

Aber erst Renate! Da wird uns ernstlich bange. Wie die sich herrichtet!

Neulich wurde es Vater zu bunt. Er warf eine ganze Schachtel mit Kosmetik-artikeln, die sie sorgsam im Nachtkästchen verwahrt hatte, in den Mülleimer und schrie: „Ich kann mir das nicht mehr leisten, eine so geschniegelte und angepinselte Tochter zu haben, der alle kopfschüttelnd nachsehen! Ab heute ist Schluß. Mit 15 hast du zu lernen und daheim zu sein." Seither ist Renate verbittert. Es ist kalt geworden zwischen ihr und den Eltern. Sie begegnen einander wie fremde Leute.

Ach, und Erika ist nur fürs Tanzen. Olga raucht, Gundi hat einen Freund, und Hedwig möchte nach Indien.

Buben machen Sorgen, Mädchen auch noch wirkliche Probleme. Man kommt einem Töchterlein schwerer an. Vor diesem kecken, lebensfrohen und hüb-schen Ding, bei dessen Anblick sich in Vaters Brust Stolz und Zorn vermi-schen, versagt vielfach die Autorität. Es ist manchmal viel einfacher und un-komplizierter, einen handfesten Sohn vor sich zu haben, der etwas ausgefres-sen hat, als ein unschuldig dreinblickendes Töchterlein, von dem selbst die Eltern nicht mehr recht wissen, ob die Unschuld echt ist oder ob sie es faust-dick hinter den Ohren hat.

Ja, ich kenne auch Ihre kleinen und großen Nöte mit dem Fräulein Tochter, liebe Eltern. Und wie die Buben, bejahe ich auch unsere Teenager. Denn es gibt kaum ein größeres Glück auf Erden, als die Zeit der Wandlung bei einer Tochter mitzuerleben, dabeizusein, wenn sie die verrückten Jahre übertaucht und zu einer jungen Frau heranreift, einen ordentlichen Partner für das Leben findet und uns eines Tages ein Enkelkind schenkt.

Ich liebe die Buben und Mädchen zwischen 13 und 18 Jahren.


## Sie gehen auf Distanz

Ein deutliches Zeichen der Pubertät ist, daß sich unser Junge oder unsere Tochter immer mehr von uns zu distanzieren beginnt. Nicht nur, daß ein 12jähriger nicht mehr gerne an Mutters Seite durch die Stadt bummelt. Das mag ja noch verständlich sein. Aber daß er provokant wird, uns zurückstößt und eine Kluft zwischen sich und den Eltern aufreißt, greift uns seelisch an. Irgendwo fühlen wir einen Verlust. Irgendwie kommen wir nicht mehr ganz an unser Kind heran. Es weicht unseren Liebkosungen aus, schaut uns nicht mehr so treuherzig in die Augen, ist nicht mehr so offen und aufrichtig, ent-zieht sich unserer mehr oder weniger guten Erziehungskunst, wird stumpf oder überempfindlich, wenn wir eine Rüge wagen – mit einem Wort, es ist an-ders geworden oder beginnt, anders zu werden.

Und da stellen wir uns die erste Frage: „Was haben wir denn falsch ge-macht, daß Kurti jetzt nicht mehr an uns hängt wie früher? Haben wir ver-sagt? Was ist los?"

Ich lasse es jetzt dahingestellt, ob Sie sich tatsächlich schwerer Erziehungssünden schuldig gemacht haben oder nicht. Grundsätzlich möchte ich Sie vorerst beruhigen. Ihnen ein bißchen Angst abnehmen.

Bedenken Sie: Die Keimzelle des Menschen ist und bleibt die Familie. Der Mensch ist ein familiengebundenes Wesen. Das haben wir schon einmal festgestellt. Es sollte uns aber jetzt nochmals deutlich werden: Familie ist notwendig – und sei es auch eine Ersatzfamilie, wie sie in unserer Zeit mit so hohen Scheidungsraten häufig anzutreffen ist. Ich meine dabei in erster Linie die alleinerziehenden Mütter, die oft mit viel Geschick und unter Einbezug von Großeltern, Verwandten oder Nachbarn einen sehr glücklichen Familienraum schaffen. Dasselbe gilt für alleinerziehende Väter – ich kenne da einige sehr gelungene Situationen. Familie also als Nest, als Ort der Geborgenheit, als Daheim. Ohne einen solchen Familienbezug verkümmert ein Kind; es wird zum Problemkind. Es fehlt ihm der gesunde Nährboden.

Nun muß aber notwendigerweise einmal der Zeitpunkt kommen, da sich der junge Mensch aus dieser Zelle der Familie herauslöst, wo er sich aus dem Nest erhebt, ausfliegt und dieser Familie, die bisher sein sicherer Hort war, den Rücken kehrt. Dieser Zeitpunkt muß kommen, da der junge Mensch ja den schöpferischen Auftrag in sich hat, wieder Familie – Wir – zu werden. Er verläßt also – reif geworden – die bisherige Familie, um eine neue zu gründen.

Diese Lösungsphase entspricht der Zeit der Pubertät. Sie ist letztlich nichts anderes als das Stadium zwischen zwei Familien. Eine Latenzzeit, eine Übergangszeit. Die Seele des Jugendlichen pendelt zwischen dem Pol der Familie, die ihn hervorgebracht hat, und dem Pol einer neu zu gründenden Familie. Sie pendelt also zwischen gestern und morgen. Seien wir jedoch unbesorgt, wenn wir diese Loslösung von der Familie zu spüren beginnen. Verzweifeln wir nicht! Sie muß sein. Aber erkennen wir eines: Je besser die Familie war, die wir unserem Jungen oder unserem Mädchen schaffen konnten, desto getroster können wir erwarten, daß der junge Mensch seine Lebensaufgabe einmal erfüllen wird.

Daher rufe ich Sie, liebe Eltern, mit aller Eindringlichkeit jetzt zu einer Gewissenserforschung auf, der Sie sich ernsthaft unterziehen müssen:

Halten Sie Rechenschaft, ob das Elternhaus Ihres Kindes in Ordnung ist. Hat Ihr Kind darin immer die bedingungslose und aufopfernde Liebe gefunden, die wir ihm schuldig sind? Jene echte Liebe, die nicht schmeichelt, aber wohltut, die hart sein kann, aber immer wieder verzeiht, die großmütig ist und über vieles hinwegsieht, die nicht an das Ich denkt, sondern nur an das Kind? Haben Sie dieses Opfer gebracht? Haben Sie tausendmal verzichtet – auf einen Film, auf ein Wochenende, auf ein neues Kleid oder auf acht Stunden Schlaf, weil Ihr Kind Sie gebraucht hat? Haben Sie Ihren Mann oder Ihre Frau ertragen gelernt um des Kindes willen? Haben Sie…? Waren Sie…? Sind Sie…? Konnten Sie…? Tausend Fragen hätte ich an Sie zu stellen. Aber solche Fragen werden in Ihnen von selbst aufkeimen, wenn es mir gelungen ist, Sie ein wenig nachdenklich zu stimmen. Da kann es sein, daß Sie mit einemmal sehr verärgert werden und sagen: „Ich bin auch nur ein Mensch und möchte etwas vom Leben haben!"

Sie haben recht. Wir sündigen alle, und jedes Familiengebäude gerät hin und wieder ins Wanken. Ich habe in meiner langjährigen Erfahrung noch kein ideales Elternpaar gefunden. Es gibt wahrscheinlich keines, denn wir sind eben Menschen. Doch die Pflicht müssen wir erkennen: die Pflicht, dem Kind jenes Zuhause zu geben, das es braucht. Ein warmes Zuhause mit viel Geborgenheit, Ruhe und Verständnis. Das hängt nicht von der Größe der Wohnung und nicht von der Qualität der Möbel ab, sondern einzig und allein von der Haltung der Eltern. *Seien wir Eltern! Seien wir, um Gottes willen, gute Eltern. Vorbilder!*

Mehr habe ich Ihnen eigentlich nicht zu sagen. Verzweifeln Sie nicht, wenn Sie durch Ihre Gewissenserforschung eine moralische Pleite erleiden. Beginnen Sie wenigstens heute, ein wenig anders zu werden und dem Kind eine perfekte Familie zu schaffen. Auch wenn Ihr Bub inzwischen schon 13 geworden ist. Retten Sie, was zu retten ist! Werden Sie wenigstens ab heute gute Eltern. Sie können noch vieles gutmachen. Sie haben noch alles in der Hand.

Bei den Mädchen macht sich die Distanzierung von der eigenen Familie oft noch krasser bemerkbar als bei den Buben, da sie mit ihrer Kritik weniger zurückhaltend sind. Ihr höhnisches Grinsen und spöttisches Lächeln sind oft nicht zu ertragen! Weshalb aber lassen Sie sich so schnell kränken, werte Eltern? Man soll doch nicht so heiß essen wie gekocht wird! Schließlich kann sich Ihr Töchterlein nur von der Familie lösen, wenn ihr diese naturbedingt manchmal „auf die Nerven geht". Die Liebe von uns Eltern aber sollte großzügig sein, um auch diese Pubertätsallüren unserer Kinder in Gleichmut und Besonnenheit zu ertragen.

### Nicht wie kleine Kinder behandeln!

Ich war neulich bei einem wohlhabenden Fabrikanten zu Gast. Er ist bereits 72. „Wissen Sie", sagte er und legte seine Hand auf meinen Arm, „die wahre Zufriedenheit des Lebens liegt in dem Bewußtsein, seinen Kindern gute Eltern gewesen zu sein. Wenn man alt wird, verlischt der Glanz des Geldes. Man kann es nicht mitnehmen. Was bleibt, ist das Gewissen, wie man seinen Kindern gegenüber war. Und ich bin glücklich, daß ich ein ziemlich reines Gewissen dabei habe. Anderenfalls wäre es schrecklich, schrecklich."

Es wird Sie interessieren, liebe Eltern, daß fast 90 Prozent aller Verwahrlosungsfälle auf ein schlechtes Elternhaus zurückzuführen sind. Das kann uns zuversichtlich machen. Denn wenn wir unseren Kindern ein gutes Elternhaus schaffen, wenn wir ihnen Vorbild sind, wird es kaum ein Versagen geben. Auch wenn es in der Pubertätszeit drunter und drüber zu gehen scheint. Der Wein gärt nur. Aber er wird eine erlesene Qualität.

Das Elternhaus muß Sicherung geben. Der pubertierende junge Mensch braucht diese Sicherung. Wenn sie ihm versagt wird, ist er auf Selbstsicherung angewiesen. Doch wir haben es mit einem unreifen Menschen zu tun, der noch nicht fähig ist, auf sich allein gestellt zu sein. Daher wird sein Handeln zum Wagnis, zum Abenteuer. Er gefällt sich bald darin und findet schließlich seine Daseinsform. Das ist das erschütternde Schicksal der Entwurzelten: sie haben kein Zuhause, haben keine Vorbilder. Sie haben keine Sicherung. Ihr junges Leben wird zum Abenteuer, an dem sie Freude gewinnen. Sie werden zu Einzelgängern der Gesellschaft und gleiten nur zu leicht ins Asoziale. Ihre Fähigkeit, Bindungen einzugehen, schwindet, weil wir Erwachsenen ihnen zum rechten Zeitpunkt diese Bindungen nicht gegeben haben. Für sie gilt nur noch das Faustrecht. Sie schlagen Mitmenschen nieder. Sie stehlen. Brechen ein. Sie holen sich sexuelle Befriedigung, ohne Bindungen einzugehen. Die Statistik der Jugendkriminalität ist das Spiegelbild des brüchig gewordenen Elternhauses unserer Tage.

Das Schicksal der Jugend liegt in unserer Hand. Faseln wir nicht von Umwelteinflüssen und davon, daß es „eben in der Zeit liegt", daß die jungen Menschen gefährdeter sind als früher. Das ist gar nicht so sicher. Gefahren von außen hat es schon immer gegeben. Aber so viele zerrüttete Familien noch nie. Deshalb ist der junge Mensch mehr denn je in Gefahr.

Freilich klafft heute ein tiefer Spalt zwischen der einfachen Welt des Kindes und unserer komplizierten Zivilisation. Den hat es früher nicht in dem Maß gegeben. Die Familie aber ist eine Brücke über diesen Spalt. Bringen wir diese Brücke rasch in Ordnung, falls sie ins Wanken geraten ist.

Sicher benötigt diese Brücke bei unseren Töchtern einen noch stärkeren Unterbau, denn die Konflikte mit den Eltern können hier oft viel komplizierter und ernsthafter sein. Sie entbrennen meist zwischen Mutter und Tochter. Mit kleinlichem Argwohn verfolgen unverständige Mütter die Entwicklung ihrer Töchter. Aus Überängstlichkeit und oft unbewußter Eifersucht üben sie ständig Kritik an ihnen. Solche Mütter werden jungen Mädchen zur Qual. Sie fühlen sich eingeengt, „wie ein kleines Kind" behandelt und auf Schritt und Tritt beobachtet. Wie verweht scheinen mütterliche Liebe und Obhut vergangener Jahre. Die Wärme des Nestes verflüchtigt sich. Eine Wand baut sich auf zwischen Mutter und Tochter.

Solche Mütter sind häufig schwer belehrbar. Hören Sie nachfolgende Geschichte. Sie ist eine von vielen. Man könnte an solchen Ereignissen verzweifeln.

Eine Zeitungsnotiz brachte mich darauf. „Seit drei Tagen ist aus der elterlichen Wohnung in Wien die 15jährige Hannelore L. verschwunden. Gestern abend gelang es der Polizei, das Mädchen in Begleitung eines noch nicht 18jährigen Burschen in einem Heuschober nahe der deutschen Grenze aufzustöbern. Während das Mädchen, das sich bei der Festnahme heftig zur Wehr setzte, den besorgten Eltern zurück nach Wien gebracht wurde, setzte man den jungen Entführer, der das Gymnasium besuchte, zur weiteren Einvernahme fest. Er hat ein gerichtliches Verfahren wegen Entführung zu erwarten. Wie die Eltern des Mädchens angaben, sind die häuslichen Verhältnisse in Ordnung. Von einer Bekanntschaft mit dem jungen Mann war ihnen nichts bekannt. Auch zeigte das Mädchen vorher keine Anzeichen, daß es von daheim weglaufen wollte. Das Motiv dieser Entführung, die heute leider kein Ausnahmefall ist, ist noch unbekannt."

Es gelang mir, den Termin der Jugendgerichtsverhandlung zu erfahren. Ich hätte ihr lieber fernbleiben und meinen Platz einer jener unzähligen Mütter zur Verfügung stellen sollen, die mit ihren Töchtern heute nicht mehr zurechtkommen. Das Mädchen sagte aus: „Ich mag meine Mutter nicht mehr. Sie schimpft immer so viel. Manchmal setzt es auch Ohrfeigen. Ich weiß nicht, warum. Mein Vater ist viel unterwegs. Ich habe ihm einmal alles erzählt. Aber da meinte er, Mutter wird schon recht haben. Immer diese Vorwürfe!" – Der Richter fragte, worauf sich diese Vorwürfe und Bestrafungen denn bezögen. Da schluchzte das Mädchen auf: „Ich weiß es ja nicht, Herr Richter! Wenn ich vor dem Spiegel stehe, schimpft sie. Wenn ich vom Friseur komme, schimpft sie. Einmal hat sie mir eine Ohrfeige gegeben, weil ich mir die Nägel lackierte. Das tun doch alle in meiner Klasse. Und wenn ich zur Klavierstunde gehe, ruft sie dort an, ob ich wohl da sei. Immer verfolgt sie mich. Da wollte ich fort!"

Herbert, den 18jährigen Schüler, hatte sie bei der Klavierlehrerin kennengelernt. Hier die Aussage des jungen Mannes: „Ich hab sie ein paar Mal nach Hause begleitet, das war alles. Dann erzählte sie mir, daß sie von zu Hause fort wolle. Bei mir ist es daheim ähnlich. Ich hatte die Nase voll. In Deutschland habe ich meinen Firmpaten. Zu dem wollte ich mit Hannerl."

Und hier noch, was Hannelores Mutter vor Gericht erklärte: „Ich bin auch streng erzogen worden, und wir waren fünf Geschwister und sind alle anständige Menschen geworden. Ich wollte nicht, daß Hannelore dem Beispiel der anderen Mädchen folgt. Aber ich war nie zu streng. Ich bin nur gerecht gegen sie. Später wird sie mir dankbar dafür sein."

O ja, diese Mutter meinte es gut, aber sie hat den goldenen Mittelweg in der Erziehung nicht gefunden, obwohl bis zum Eintritt in die Pubertätszeit ihrer Tochter alles anscheinend sehr gut verlief. Dann verlor sie die Nerven. Weshalb? Weil sie nichts von den natürlichen Vorgängen in einem pubertierenden Mädchen wußte. Weil sie nicht wahrhaben wollte, daß wir in einer Zeit leben, in der die jungen Menschen nicht früh genug lernen können, inmitten der Anfechtungen der Umwelt zu bestehen. Weil sie als Mutter zu wenig Vertrauen zu ihrer Tochter hatte.

Und doch hat Hannelore dieses Vertrauen nicht enttäuscht. Ein halbwegs intaktes Elternhaus hatte genügt, sie anständig und sauber zu bewahren. Hätte sie sich diesem jungen Mann nicht auch hemmungslos hingeben können? Hätte sie nicht auch die Schar jener Mädchen bereichern können, die schon mit 15 Jahren ein Kind zur Welt bringen? Haarscharf ging es hier wieder einmal an einem menschlichen Verhängnis vorbei. Möge dieser Fall allen Müttern zu denken geben!

Aber Mädchen brauchen neben dem Beispiel der liebenden, sorgenden, konsequenten, vertrauensvollen und offenherzigen Mutter vor allem das Vorbild des Vaters. Er ist für die heranwachsende Tochter der Inbegriff des Mannes. Ein Vater, der sich zu Hause gehenläßt, der die Familie vernachlässigt, trinkt, spielt, jähzornig ist usw., wird in der Tochter eine Verachtung des männlichen Geschlechtes heranzüchten. Wo das Vaterbild fehlt oder verwischt ist, wird es dem Mädchen schwerfallen, einen richtigen Partner fürs Leben zu finden. Es hat keine Urteilskraft. Es ist nicht wählerisch. Freilich kann das Vaterbild dort, wo es ganz fehlt, auch ersetzt werden und muß sogar ersetzt werden. Aber nichts ist in der Erziehung junger Menschen schwieriger, als ein Vaterbild zu ersetzen. Viel leichter vermögen wir einem jungen Menschen noch ein neues Mutterbild zu schenken.

Wo aber der Vater in Ordnung ist, wo die Ehe funktioniert, wo der Vater zum Wunsch- und Traumbild der Tochter wird, dort ist kaum zu befürchten, daß es bei ihr zu einer Kurzschlußhandlung in der Wahl ihres Partners kommt.

## 2. MAN SOLLTE WISSEN,

DASS DIE SEXUALITÄT UNSERE STÄRKSTE TRIEBKRAFT IST, UND WIE WIR SIE SINNVOLL IN DAS LEBEN UNSERER KINDER EINBAUEN KÖNNEN.

### *Gesamterziehung geht vor Sexualerziehung*

Es war notwendig, nochmals über die Bedeutung der Familie zu sprechen. Denn das sittliche Verhalten eines jungen Menschen ist nicht das Produkt seiner Aufklärung und unserer erzieherischen Maßnahmen auf sexuellem Gebiet, sondern das Produkt seiner Gesamterziehung. Gesamterziehung aber kann nur im Schoß der Familie erfolgen. Ist daher das Familienmilieu halbwegs intakt, wird es den jungen Menschen formen und auch seinen Geschlechtstrieb in Bahnen halten. Ist es aber morsch, so gerät dieser elementare Trieb – einem Wildbach gleich – nur zu leicht aus seinem „Flußbett" und verheert womöglich die Persönlichkeit des jungen Menschen.

Der Geschlechtstrieb muß eine „Hausordnung" finden. Eine solche „Hausordnung" ist heute nicht bei allen Pädagogen populär. Der Sexualtrieb soll sich voll entfalten können, meinen viele. Man soll ihm nur ja keine Hindernisse in den Weg legen. Das ist autoritär, repressiv, veraltet. Zu lange ist man den umgekehrten Weg gegangen. Man hat die Sexualität weggeleugnet, weggestraft, weggesühnt. Da war kein Platz für sie in einer normalen Familie. Heute schlägt das Pendel nach der anderen Seite aus. Die goldene Mitte wurde noch nicht gefunden. Das macht die Erziehung unserer heranwachsenden Kinder so schwierig.

Wenn wir das Gebiet der Sexualität und der Geschlechtlichkeit als einen gesonderten Erziehungsbereich sehen wollen, so müssen wir feststellen, daß eine solche Geschlechtserziehung an der Wiege zu beginnen hat. Und da sie an der Wiege beginnt, ist sie mit der Gesamterziehung des Kindes so verflochten und verzahnt, daß wir uns am besten gar nicht damit befassen, sie gesondert zu betrachten. Ich habe stets Mißtrauen, wenn ich von Sexualerziehung, Sexualkunde, Sexualaufklärung usw. höre. Es gibt meiner Erfahrung nach eben nur eine Gesamterziehung. Und Sexualkunde ist eigentlich Lebenskunde, und Sexualaufklärung ein langsames Aufschließen des Menschen nicht nur für den Geschlechtsakt, sondern für alles, was in ihm und um ihn ist.

Dieses Aufschließen beginnt beim Säugling. Es beginnt genau mit dem, was ich Ihnen für ein richtiges Verhalten im Säuglingsalter Ihres Kindes eindringlich empfohlen habe, nämlich mit der Vermittlung all jener Wohligkeit, Geborgenheit, Liebe und menschlichen Wärme, die das Kind fordert, berechtigt fordert, da es diese Wohligkeit durchleben und auskosten muß, um sich selbst entdecken und zu seinem Ich vorstoßen zu können. Erhält der Säugling diese Liebe nicht oder in zu geringem Maße, wird so ein Kind später geschlechtlich aus dem Geleise kommen. Es wird sexuell versagen. Es muß versagen, weil die Sexualität das Produkt der Gesamterziehung – also auch das Produkt unseres elterlichen Verhaltens dem Säugling gegenüber – ist. Die Sexualität unseres Kindes läuft keinesfalls so ab, wie wir sie ihm in einem meist ohnehin gequälten Aufklärungsgespräch vorkauen.

Begehen wir also nicht den groben Fehler, die Sexualität bei unserem Kind erst wahrzunehmen und erst anzusprechen, wenn es in die Pubertät vorstößt. Freilich ist die Pubertät eben die Zeit des großen seelischen, körperlichen und auch geistigen Umbruchs. Wir müssen diese Zeit wahrnehmen. Wir müssen um sie wissen. Wir müssen gerade während dieser Zeit für unser Kind dasein, obwohl es uns gerade dann am wenigsten zu brauchen scheint und uns, wo es nur geht, zurückstößt. Die Pubertätszeit ist – genau wie das Trotzalter des Kleinkindes – eine Lösungsphase. Dieser allmähliche Lösungsprozeß beginnt schon mit der Geburt, hat aber einige dramatische Höhepunkte, wie die Trotz- und Pubertätszeit. Daher ist die Pubertät in der Entwicklung unseres Kindes eine wichtige, eine entscheidende Phase. Und schließlich auch die dritte jener drei Entwicklungsphasen, die ich Ihnen vorgezeichnet habe: Ich-Du-Wir. Die Pubertätszeit ist die Entdeckung des Wir. Sie ist die Zeit der Bewältigung des Wir. Die erste Hinordnung auf eine eigene Familiengründung. Pubertät ist die Konfrontation mit der Gesellschaft. Daher auch die Zeit der turbulenten Auseinandersetzung mit dieser Gesellschaft. Aber keinesfalls ist die Pubertät ausschließlich ein Zeitraum, der nur der Sexualität vorbehalten ist – wie viele Eltern auch heute noch meinen, wenn sie gegen den bösen Sex ins Feld zu ziehen beginnen, da ihr Kind zu pubertieren beginnt.

Ist nun Sexualität wirklich diese „grausame Landplage", die auch unser Kind nicht verschont und vom rechten Weg der Tugend in oft unheimliche Tiefen reißt? Genauso stellen sich ja viele Eltern das vor. Zuerst ist das Kind brav und folgsam, ist höflich und dankt und grüßt, macht seine Hausaufgaben, ist schamhaft, keusch und sittsam. Mehr oder weniger zumindest! Aber dann! Dann kommt der „garstige Geschlechtstrieb". Wie ein Wildbach schwemmt er unser Kind mit sich. Der Junge wird frech, begehrt auf, versagt in der Schule, hat seine langhaarigen Freunde und – o Schreck und Graus – masturbiert wahrscheinlich. Das Mädchen wird albern, launenhauft, einmal himmelhoch jauchzend, dann zu Tode betrübt in seiner scheinbar so sinnlosen Schwärmerei für einen komischen Beatsänger, wird gereizt, eitel und eingebildet. Und an all dem ist der Sex schuld. Aufgepeitscht wird er noch durch die Reizwelt, der unser Kind ausgesetzt ist. Die Sexualisierung ist ein einträgliches Geschäft geworden, das als Pornowelle über unsere Kinder rollt. Was tun?

Irgendwie stimmen die meisten Eltern gerne in dieses Klagelied ein. Es klingt uns ja täglich in den Ohren. Der Sex. Der böse Sex! Kein Wunder, wenn die heutige Jugend…! Da hat doch neulich… Haben Sie gesehen, daß… Unverschämt, wie sie sich mit ihren 15 Jahren aufführt…! Man müßte sich schämen für ihn, aber was sollen die armen Eltern…! Das harte Stück Arbeit, das ich von Ihnen, liebe Eltern, nun verlange, ist, mit diesem ganzen Gezeter aufzuhören. Nehmen Sie einfach nicht zur Kenntnis, was man Ihnen glaubhaft machen will: nämlich daß Ihr Kind von der Sexualisierung der heutigen Zeit aufgestachelt und aufgepeitscht, verdorben und verführt wird. Machen Sie sich darüber einfach keine Gedanken.

Man kann mir vorwerfen, ich würde damit die sogenannte „Sexwelle" bagatellisieren. Jawohl. Ich bagatellisiere sie. Ich bin nicht bereit, daran zu glauben, daß es gelingen wird, die Pornographie wieder in die tiefste Schublade zu verbannen, aus dem Fernsehen zu eliminieren, und alle Sexshops zu schließen. Ich glaube nicht daran, da hinter dem Sex ein gigantisches Geschäft steht, an dem zu viele Leute verdienen.

Aber die sogenannte „Sexwelle" ist heute praktisch verebbt. Wir haben uns daran gewöhnt, mit dieser Aufdringlichkeit der Sexualität zu leben. Und es hat sich gezeigt, daß ein sexuell gesunder Mensch an all dieser Aufdringlichkeit uninteressiert ist. Er braucht sich Sex nicht im Kino oder im Fernsehen vorführen zu lassen. Er hat eine gesunde Einstellung zu seinem Körper und zu dessen Funktionen. Also auch zu jenen Funktionen und deren seelischen Reflexen, die mit dem Geschlechtstrieb in unmittelbarem Zusammenhang stehen. Genau aber das ist Sexualität. Leibliches Geschehen. Körperliche Funktionen des Geschlechtstriebes. Ein weites Feld.

## Frei sein im Sexuellen

Wir brauchen hier nicht unbedingt Sigmund Freud zu folgen, der die Sexualität bis in das vorgeburtliche Entwicklungsstadium des Menschen hinein aufgespürt hat. Aber wir sollten als Eltern zur Kenntnis nehmen, daß unser Kind – schon lange bevor der Geschlechtstrieb in den Dienst der Fortpflanzung tritt – nicht frei von Sexualität ist. Denken wir nur an die Beschäftigung des Kindes mit seinem Geschlechtsteil. Denken wir an das Doktorspielen kleiner Kinder, wenn Mädchen und Buben gegenseitig ihre Geschlechtsteile untersuchen. Denken wir an die frühkindliche Masturbation. Und nur wenn wir darin nichts Unnatürliches und vor allem nichts Unanständiges sehen, werden wir den goldenen Mittelweg in der Erziehung finden. Dann werden wir ein Kind, das seine Sexualität manifestiert, nie und nimmer bestrafen. Sie können alles in der Erziehung richtig machen, liebe Eltern, Sie können die idealen Eltern sein, aber wenn Sie das kindliche Gewissen im sexuellen Bereich mit Schuldgefühlen belasten, fällt Ihr ganzes Erziehungswerk wie ein Kartenhaus in sich zusammen. Im Sexuellen unfrei und gehemmt zu sein, kann das Lebensglück zunichte machen. Problemlose Sexualität ist vielleicht der entscheidenste Faktor für das, was man Glück nennt.

Ich habe viele Jahre gebraucht, um dies zu erkennen. Heute ist es für mich eine unumstößliche Tatsache, daß wir einem Kind, dem wir eine schiefe Einstellung zur Sexualität mitgeben, sein gutes Leben verderben können. Es geht aber nicht darum, daß der Mensch nur glücklich sein kann, wenn er geregelten Geschlechtsverkehr übt. Wer das glaubt, hätte mich völlig mißverstanden. Es geht auch nicht darum, ob sich einer sexuell austobt oder in völliger Enthaltsamkeit lebt. Es geht darum, daß er in seiner Einstellung zur Sexualität frei ist. Denn nur ein freier Mensch kann auch frei entscheiden und dann mit dieser Entscheidung glücklich leben.

So einfach ist das aber nicht mit diesem „frei sein". Ich glaube, die meisten Erwachsenen können heute in sexuellen Fragen nie frei sein. Unbewußt stehen sie noch unter den Einflüssen der eigenen Kindheit. Diese Einflüsse waren nicht frei von sexuellen Tabus. Das prägt. Das verankert sich. Es fällt den meisten Eltern also schwer, ihren Kindern eine freie Einstellung zur Sexualität anzuerziehen. Ich bin jedoch überzeugt, daß einige Generationen nach uns, Sexualität, von den Ängsten und Zwängen befreit, nicht ungeordnet sein, sondern eine neue Hausordnung gefunden haben wird. Denn ohne diese Hausordnung ist sie kein Glück, sondern ein Übel!

Sigmund Freud hat die Sexualität als die stärkste Triebkraft im menschlichen Verhalten bezeichnet. Totale Freiheit für diese so übermächtige Triebkraft, wie sie moderne Sexualapostel oberflächlich urteilenden Zeitgenossen oder unerfahrenen Jugendlichen gegenüber erfolgreich vertreten, muß zum Chaos führen, für den einzelnen ebenso wie für die Gesellschaft. Dazu geben uns menschliche Schicksale genug Anschauungsmaterial. Frei sein der Sexualität gegenüber versteht sich vielmehr in einem Sich-frei-Machen von Tabus und falschen Vorstellungen. Seine Sexualität recht zu verstehen und wahrzunehmen heißt, sie in den Griff zu bekommen für den Aufbau seiner Persönlichkeit und eines glücklichen Lebens.

Die Sexualität ist ein soziales Phänomen – sie ist auf den Mitmenschen ausgerichtet. Sie erzeugt im Menschen den Drang, aus den Schranken von Isolation und Angst auszubrechen. Jeder Mensch ist in Gefahr, zu vereinsamen. Wir haben einen beständigen Kampf gegen die Einsamkeit zu führen. Mit dem Sex brechen wir aus dieser Einsamkeit aus. Sex kann nicht allein genossen werden; selbst eine auf sich selbst bezogene Erotik ist auf andere ausgerichtet, wenn diese anderen vielleicht auch nur in der Phantasie existieren. Sex stellt Beziehung zu anderen her. Sex überwindet die Isolation.

Einsamkeit ist ein schrecklicher Zustand. Ihr anhaltender Einfluß auf die menschliche Persönlichkeit kann tödlich sein. Der einsame Mensch fühlt, daß er für niemanden Bedeutung hat. Auch Jugendliche können einsam sein. Pubertät drängt zur Einsamkeit, zur Isolation. Eine gesunde Einstellung des jungen Menschen zu seinem Körper und dessen Funktionen – eine gesunde Einstellung zum Sex – befreit ihn daraus.

Das müssen wir als Eltern erkennen. Wir müssen aber noch einen Schritt weitergehen. Entweder ist der Mensch so frei, daß er seine Sexualität genießt – freilich in jenen Grenzen, die ihm von der Wirklichkeit des Lebens gesetzt sind –, oder er versucht, seine Sexualität zu unterdrücken, womit er sich kaum tragbaren Belastungsproben aussetzt. Sex sollte den Menschen Freude machen. Man sollte ihn genießen, sich an ihm erfreuen, die Lust bejahen. Wenn wir ihn ängstlich abschieben und mit Sünde belegen, wird er uns überrennen und uns zur Qual werden.

## *Schreckgespenst Onanie*

Unsere wichtigste elterliche Maßnahme aufgrund dieser Erkenntnisse ist, das kindliche Gewissen auf dem Gebiet der Sexualität nie mit Schuld zu belasten. Gottlob sind jene Zeiten, da man die Selbstbefriedigung verdammte, dem masturbierenden Jugendlichen Schreckgespenster von Krankheit, Siechtum und geistiger Umnachtung vorsetzte, ihn bestrafte, zum Sünder stempelte, mit Buße belegte und ihn qualvoller Angst und Enttäuschung auslieferte, vorbei. Fast vorbei. Noch immer gibt es leider Eltern, für die eine Welt zusammenstürzt, wenn sie entdecken, daß sich ihr Kind selbst befriedigt. Lassen Sie mich einen typischen Fall schildern:

Erich ist ein kräftig gebauter, hübscher Junge von 15 Jahren. Er besucht das Gymnasium, ist kein Musterschüler, aber er kommt gut mit. Sein Vater ist geschäftlich viel unterwegs, die Erziehung liegt fast ausschließlich in den Händen der Mutter. Und sie hat es zweifellos schwer, denn Erich ist seit einiger

Zeit sehr schwierig geworden. Er ist jähzornig, mürrisch, boshaft und frech. Folgen will er überhaupt nicht mehr. Er kommt und geht, wann er will, und wenn ihn die Mutter rügt, zuckt er nur die Achseln und mault oder grinst. Er ist der Mutter ziemlich entglitten. Sie leidet unter seinem unzugänglichen Wesen und sucht ihre Autorität zu behaupten, indem sie ihn dauernd zurechtweist, die Beleidigte spielt oder in Tränen ausbricht – je nachdem, wie es die Situation ergibt.

Wenn der Vater zu Hause ist, bessert sich das Verhalten des Sohnes. Vater und Sohn verstehen sich gut. Auf die Klagen der Mutter hat der Vater immer nur die Antwort: „Ach, laß nur, Erich wird schon werden!" Nun aber hat die Mutter ihren Sohn eines Tages im Badezimmer beim Masturbieren überrascht. Das war für sie eine gewaltige seelische Erschütterung. Sie mußte handeln. Zuerst führte sie eine Aussprache mit Erich herbei. Bei dieser hielt sie ihm vor, wie schädlich die Onanie sei. Man zerstöre dadurch seinen Körper. Man verliere das Gedächtnis. Aber damit war die Sache nicht abgetan. Die Mutter legte sich von nun an auf die Lauer, stand abends vor dem Schlafzimmer Erichs und schoß unvermittelt hinein, sobald sie ein verdächtiges Geräusch zu vernehmen glaubte. Sie horchte an der WC-Tür und am Bad, sie untersuchte sein Bett und seine Taschentücher. Sie wollte das „Übel" ausmerzen. Und Vater tat diesmal mit. Er wurde zu Erich strenger, gab ihm Belehrungen und hielt ihm sein Tun als Sünde vor. Ja, das alles brach über Erich herein, diesen normalen, gesunden Buben, der es ohnehin schon schwer genug hatte, seine Bubenhaftigkeit gegen eine ewig nörgelnde Mutter zu verteidigen und seinen so selten anwesenden Vater als Freund zu erobern. Nun wurde er in völlige Isolierung getrieben. Das Ende vom Lied war die Erziehungsberatung, wo es wirklich gelang, die Eltern zu einer rapiden Kehrtwendung zu überreden.

Fast alle Buben masturbieren oder haben es zumindest ausprobiert. Auch die meisten Mädchen versuchen es mit der Selbstbefriedigung. Masturbation ist nun einmal die naheliegendste Form geschlechtlicher Betätigung. Seien wir Eltern auf keinen Fall Moralisten, die sich unentwegt mit Belehrungen und guten Ratschlägen aufdrängen. Haben wir doch keine Angst vor den sexuellen Betätigungen unserer Kinder! Auch die Masturbation ist nur eine der zahlreichen Klippen in der Entwicklung des Jugendlichen. Und nicht einmal eine gefährliche. Dazu ein paar Hinweise:

• Normale Kinder können nicht unzüchtig sein, da ihr Handeln noch von keinem reifen Ich bestimmt wird.

• Ein direkter Kampf des reinen Willens gegen den Geschlechtstrieb bleibt beim jungen Menschen erfolglos.

• Einen Buben, der masturbiert, zu bestrafen, ist eine schwere Erziehungssünde.

Bitte merken Sie sich das! Ich möchte es hinausschreien in die Welt der Eltern, die ihre Erziehungsmethoden noch immer auf einer unaufrichtigen Geschlechtsmoral aufbauen und als Erwachsene vergessen haben, wie sie selbst als Kinder waren, wie sie handelten, was sie fühlten. Wir machen unsere Jugendlichen mutlos und verzweifelt. Wir lassen sie allein. Wir verfolgen sie und treiben sie vielfach ins Verderben, wie zum Beispiel jener Wiener Kaufmann, der vor dem Jugendgerichtshof, wo gegen seinen als Bandenchef angeklagten Sohn verhandelt wurde, mit bebender Stimme und unter Tränen rief: „Ich wollte nur das Beste aus ihm machen!" Und sein 17jähriger Sohn rief zurück: „Du warst ein abscheulicher Moralist!" – Jawohl, Moralisten sind viele Eltern in der Erziehung, und dann wundern sie sich, wenn sie ihre Moral nicht anbringen. (Ganz abgesehen davon, daß sie sich zumeist selbst nicht daran halten!) So kann man keine jungen Menschen erziehen.

Was erfahren viele Jugendliche auf dem Gebiet der Sexualität heute noch immer? Sie erfahren, daß ihr erstes geschlechtliches Erleben bekämpft und verurteilt wird. Damit aber machen wir die Jugendlichen mutlos und verzweifelt. Verwechseln wir Masturbation nicht mit entzündeten Mandeln, die man einfach herausschneidet, damit die Sache wieder in Ordnung kommt. Bei einem jungen Menschen die Selbstbefriedigung entdeckt zu haben, muß uns Erwachsene herausfordern, zu helfen, zu schützen, zu stärken. Mut zu machen, froh zu machen. Sie muß uns herausfordern, den ganzen Menschen zu betrachten, nicht nur den plötzlich interessant gewordenen Geschlechtsteil.

Verzeihen Sie mir dieses leidenschaftliche Plädoyer. Aber könnten Sie nur einiges von dem sehen und hören, was mir bei ungeschickten Eltern unterkommt, würden Sie völlig mit mir übereinstimmen. Denn ich weiß, daß Sie bereit sind, besser zu erziehen, daß Sie den Willen haben, für die Erziehung Ihrer Kinder manche Kehrtwendung zu machen und über Ihren eigenen Schatten zu springen.

## Vertraut werden mit dem Sex

Vorerst müssen wir zwischen Masturbation und Pollution unterscheiden. Erstere ist die geschlechtliche Selbstbefriedigung, mit einem verbreiteten, aber ungenauen Ausdruck auch Onanie genannt, letztere die unwillkürliche Samenentleerung, die zumeist nachts vor sich geht und vielfach mit sexuellen Traumerlebnissen zusammenhängt. Viele Eltern glauben nämlich, weil sie verdächtige Flecken im Leintuch wahrgenommen haben, daß ihr Bub masturbiert. Pollutionen sind etwas Natürliches und können im Abstand von zwei bis drei Wochen auftreten. Befürchten Eltern, daß Pollutionen bei ihrem Sohn zu oft auftreten oder sogar mehrmals in einer Nacht, dann wäre die Konsultation eines Arztes notwendig. Die Masturbation entdeckt der Junge entweder selbst, oder er wird dazu angeleitet. Häufig entdecken Buben sie auch durch eine Phimose (Verengung der Vorhaut, die man schon im Kleinkindalter durch einen kleinen ärztlichen Eingriff beheben lassen soll) oder durch die Balanitis (eine Entzündungserscheinung am männlichen Glied, die mit starkem Juckreiz verbunden ist. Sauberkeit, ordentliches Waschen und Baden sind daher notwendig und lassen diese Entzündungen erst gar nicht aufkommen). Daher sollten Sie vorbeugen. Ein bißchen aufmerksam sein. Man soll doch wirklich als Mutter eines vierjährigen Buben diesen gelehrt haben, wie man sich wäscht. Nicht nur Hals und Arme, sondern auch das Geschlechtsteil. Dem Kind wird dies zur Selbstverständlichkeit. Und Sauberkeit ist in der Geschlechtserziehung ein wertvoller Bundesgenosse. Daran schließt sich gleich ein weiterer wichtiger Auftrag: *Keine Diffamierung der Geschlechtsorgane!*

Was heißt das? Nachdem es sich um eine sehr wesentliche Sache handelt, muß ich etwas weiter ausholen, um sie verständlich zu machen.

Während meiner Universitätszeit konnte ich zahlreichen psychotherapeutischen Behandlungen beiwohnen, die vom Sprechzimmer des Psychiaters direkt in einen Hörsaal übertragen wurden. Da erinnere ich mich eines Falles, der Ihnen meinen Auftrag „Keine Diffamierung der Geschlechtsorgane" verständlich machen wird. Es handelt sich um einen 24jährigen Mann, der an Impotenz litt, nunmehr ein Mädchen hatte, heiraten wollte, aber geschlechtlich nicht „einsatzfähig" war. Der verzweifelte Mann begab sich in psychotherapeutische Behandlung, und nun kam eine falsche, aber leider sehr verbreitete Erziehungsmethode ans Licht. Schon von klein auf wurden dem Patienten von seinen Eltern die Ausscheidungsorgane, die nicht nur äußerlich, sondern deren Nervenbahnen auch mit den Geschlechtsorganen eng verbunden sind, immer wieder als etwas „Garstiges", „Unappetitliches", „Schmutziges" hingestellt. Diese diffamierende Einstellung fixierte sich in dem Kind dermaßen, daß die ersten genitalen Regungen zu grausamen Vorstellungen führten und den Jungen mit Schuld und Angst belasteten. Das Schuldgefühl führte schließlich dazu, daß der Bub eine Abscheu vor allem Geschlechtlichen bekam und impotent wurde. Glauben Sie mir, liebe Eltern, daß sexuelles Versagen vielfach seine Ursache in dieser falschen Erziehung hat. Ebenso kann ein Junge, bei dem die Masturbation als Vergehen angeprangert wurde, an derartigen Schuldgefühlen leiden, daß sie Anlaß zu allen möglichen Störungen und Erziehungsschwierigkeiten geben.

Nehmen wir deshalb als Eltern in der Geschlechtserziehung stets eine neutrale Haltung den Ausscheidungsorganen gegenüber ein. Vermitteln wir dem Kind eine normale, gesunde Einstellung. Erziehen wir es zu Sitte und Anstand. Wir bauen damit ein Schamgefühl auf, das ein wertvoller Schutzwall ist.

Manche Psychologen empfehlen heute, Kleinkinder möglichst mit ihrem Kot spielen zu lassen. Nun, dazu muß man das Kind nicht gerade animieren, aber man sollte auch nicht erschrecken, wenn es einmal in seinen Topf gefaßt hat und sein Häufchen handfest untersucht. Wir sollten es dafür nicht bestrafen. Wir sollten aber Distanz halten zu den Ratschlägen mancher progressiver

Kinderpsychologen, die das „Im-Dreck-Herumwühlen" geradezu als notwendige Stufe zu einem gesunden Aufbau der Persönlichkeit empfehlen.

Ein weiterer Hinweis: Lassen Sie sich in geschlechtlichen Dingen nichts versprechen! Es wäre verkehrt, dem Jungen zu sagen: „Versprich mir, daß du das nie wieder tust!" Der Junge wird es versprechen, aber sein Versprechen nicht halten können. Damit lösen wir Schuldgefühle aus, die sich schlimm auswirken können. Es kommt nämlich nicht darauf an, daß unser Bub niemals masturbiert, sondern darauf, wie er sich danach beträgt. Unser Schimpfen, unsere Strafen, unsere Drohungen und die Versprechungen, die wir uns von unserem Jungen geben lassen, führen ausschließlich zu Schuld- und Angstgefühlen. Sie erzeugen Hemmungen, Unaufrichtigkeit, Scheuheit und führen zu Kontaktverlust. Ich höre immer wieder Eltern klagen: „Der Bub hat so ganz seine Ursprünglichkeit verloren!" Selbstverständlich muß er sie verlieren, wenn wir ihn zur Verzweiflung treiben. Wir müssen unseren Jungen – ob wir nun um seine Masturbation wissen oder nicht – auf jeden Fall ohne Strafandrohung und ohne Angst dazu bringen, mit der Sexualität vertraut und ihr gegenüber frei zu werden. Nur so ist es möglich, daß er sie auch nach und nach unter Kontrolle bringt.

## Lust soll nicht Qual sein

Yogaschulen, autogenes Training, Zen-Meditationen usw. sind bei der Jugend von heute in Mode gekommen. Ist es nur eine Mode, oder holt sich die Jugend hier etwas, was wir ihr in der Erziehung nicht mehr oder kaum mehr anbieten?

Willenstraining zum Beispiel. Auch der Wille bedarf einer gewissen Pflege. Das fängt bei der Ernährung an. Überfüttern wir unsere Kinder nicht! Halten wir Maß beim Essen! Bevorzugen wir einfache Speisen. Viel Rohkost. Ein wenig Hunger manchmal schadet nicht. Pestalozzi hat gemeint, daß ein tüchtiger Mensch in seiner Kindheit Hunger und Kälte kennengelernt haben muß. Halten wir auch Maß beim Trinken! Schränken wir bei unseren Kindern den Genuß von Limonade und Coca-Cola ein. Leben wir gesünder! Geregelte, einfache und vitaminreiche Ernährung beugt einem „Sich-gehen-Lassen" vor und stärkt dadurch den Willen. Ebenso körperliche Abhärtung. Haben Sie keine Sorge, daß sich Ihr Junge zu schnell verkühlt. Aber manchmal ein wenig frieren ist der Willensbildung zuträglicher, als ständig wohliger Wärme ausgesetzt zu sein.

Auch der Schlaf des Kindes soll geregelt sein. Ich habe einmal den Ausspruch gehört: „Sage mir, wann du aufstehst, und ich will dir sagen, ob du dich selbst befriedigst." Deutlicher könnte ich es nicht ausdrücken. Den Willen zu stärken, helfen sportliche Betätigung und sinnvolle Freizeitbeschäftigung. Das Fußballspiel soll Ihr Kind selbst betreiben und es nicht gemütlich, im Fauteuil kauernd, im Fernsehen betrachten. Kluge Eltern werden Mittel und Wege finden, auch ihren scheinbar interesselosen Jungen für etwas zu begeistern. Aber man kann nichts von Jugendlichen erwarten, deren Eltern selbst keine Interessen haben.

Und noch etwas: Stellen Sie Ihr Kind in eine Gemeinschaft hinein! Es gibt heute so viele Möglichkeiten für junge Leute, in Jugendverbände, Wandergruppen, Sportclubs oder Bastelgemeinschaften einzutreten. Wir sollten als Eltern dafür sorgen, daß unser Kind einen solchen Anschluß findet. Wie kann es sich doch als Pfadfinder austoben, seiner Phantasie freien Lauf lassen und sich müde wandern. Wie herrlich und ablenkend ist es für ein Kind, mit Gleichaltrigen gemeinsam Bergwanderungen zu unternehmen, zu schwimmen oder Schi zu fahren. Durch ein solches Gemeinschaftsleben wird viel abreagiert. Die Triebsubstanz wird verarbeitet und hat weniger Gelegenheit, sich im rein Geschlechtlichen zu manifestieren.

Das alles richtet sich nicht gegen die Sexualität. Es hilft vielmehr – indem die Entfaltung der Persönlichkeit eines Menschen gefördert wird –, Sexualität in einem Maß zu konsumieren, das die Lust zum Erlebnis und nicht zur Qual werden läßt. Sex soll – ich sage es nochmals – Freude bereiten. Beherrscht er einen Menschen jedoch völlig, bleibt nichts mehr von Freude übrig. Daher ist es im Sinne einer gesunden Sexualität, wenn wir unsere Kinder innerlich stark machen, damit sie über ihren Körper und seine Funktionen weitestgehend selbst bestimmen können.

Mädchen sind für Masturbation weniger anfällig. Während Buben zeitweise in Selbstbefriedigung verfallen können, wird sie beim Mädchen oft direkt durch Erziehungsfehler ausgelöst. Wir haben derartige Fehler bereits zur Genüge kennengelernt. Sie haben sich diese hoffentlich eingehend vor Augen geführt, liebe Eltern, und Ihrer Tochter gegenüber einen anderen Kurs eingeschlagen: einen Kurs des Verstehens, der Offenherzigkeit, der Geborgenheit in einem geregelten Zuhause. Freilich wird man die schon bei Buben schwer zu entdeckende Masturbation bei Mädchen noch schwieriger feststellen können. Plötzlich ungünstige Veränderungen im Verhalten des Mädchens, schlechtes Aussehen, besonders auffällige Gereiztheit, anhaltende Niedergeschlagenheit, Müdigkeit und Leistungsschwund sind allerdings Kennzeichen, die eine aufmerksame Mutter alarmieren werden. Hüten Sie sich jedoch, der Tochter gleich die vermutete Selbstbefriedigung vorzuhalten. Behalten Sie Ihre Vermutung bei sich. Handeln Sie in Ruhe und Zuversicht nach den Hinweisen, die ich Ihnen gegeben habe: Vorbeugen durch Sauberkeit, Körperpflege und gesunde Lebensweise, Vemeidung von Ekelvorstellungen, kein Versprechungen in geschlechtlichen Dingen, viel geistige und körperliche Betätigung, Übernahme von Haushaltspflichten sowie Anschluß an eine Gemeinschaft.

Sexuell frei zu sein heißt nicht, dem Sex hemmungslose Freiheit zu gewähren. Es heißt nur, eine gesunde Einstellung zur Sexualität zu haben. Seinen Körper zu bejahen, ihn nicht als etwas Garstiges, Unanständiges abzutun.

Sich nicht zu fürchten vor seinem Körper. Ihn kennen und beherrschen zu lernen.

Sie werden das noch besser verstehen, liebe Eltern, wenn ich Ihnen eine ganz einfache Richtung weise: Alles, was ichbezogen, egozentrisch, Eigenliebe und Selbstsucht ist, muß bekämpft werden. Alles, was dem Du dient, auf den Nächsten bezogen, selbstlos und hilfreich ist, aus Liebe geschieht, aus Nächstenliebe eben, muß gefördert werden. Darauf baut unser gesamtes Erziehungswerk auf. Ob und inwieweit es uns Eltern gelingt, das Kind vom Egoismus weg zur wahren Liebe hinzuführen, ist dabei der Maßstab.

Wenn wir auf dem Gebiet der Geschlechtserziehung weder den übertriebenen Liberalismus walten lassen, den heute nicht wenige Pädagogen vertreten, noch den ebenso schädlichen Puritanismus, haben wir den goldenen Mittelweg gefunden.

Unsere Geschlechtserziehung braucht also in nichts anderem zu bestehen, als unser Kind aus den Fangarmen des Egoismus zu lösen und es zur tätigen Liebe hinzuführen. Wie? Auch das ist sehr einfach. Nicht durch Reden. Nicht durch Moralpredigten. Nicht durch Strafen, Belehrungen und aufgetragene gute Taten. Sondern nur durch das Vorbild. Immer wieder durch das Vorbild.


## 3. MAN SOLLTE WISSEN,

DASS ABWESENHEIT VON SCHAM EIN SICHERES ZEICHEN VON SCHWACHSINN IST, UND WIE SICH DIE FRAGE DES VOREHELICHEN GESCHLECHTSVERKEHRS STELLT.


### Scham ist nichts Veraltetes

Es wird einem heute schwergemacht, über das Schamgefühl zu sprechen. Das ist so gar nicht im Sprachgebrauch der modernen Sexualerziehung. Und doch müssen wir uns darüber unterhalten, da man es in der Kindererziehung nicht ausklammern kann.

Das Schamgefühl ist von Natur aus jedem Menschen als ein „festes Schloß um alle guten Sitten" mitgegeben, wie Wolfram von Eschenbach sagt. Es ist wie ein Schutzwall um die menschliche Seele gelagert und bewahrt uns vor der Verheerung entfesselter menschlicher Triebe. Das Schamgefühl hält den Menschen davon ab, sexuell in die Irre zu laufen. Zweifellos ist es für das Kind ein weit größerer Schutz gegen die Gefahren der Reifezeit als jede Aufklärung. Jeder Bub und jedes Mächen müssen in diesem Alter mit sich allein zurechtkommen, müssen mit dem fertig werden, was an eigenen Gedanken und Gefühlen hervorbricht. Das Schamgefühl setzt aber auch dort Schranken und bringt auch dort wieder alles in geordnete Bahnen, wo der Wille versagt.

Liebe Eltern, denken Sie daran! Wenn Ihr Kind in die Entwicklungszeit kommt, darf Ihre Frage nicht lauten,wie sie es richtig auf das Sexuelle hinlenken, sondern wie sie es davon ablenken. Denn der junge Mensch ist noch unfertig, und Lusterlebnisse können bei ihm rasch zu Qualerlebnissen werden, die ihm dann eine verbogene Einstellung zum Sex mitgeben. Nicht gegen den Sex ins Feld ziehen, werte Eltern! Aber ihm ausweichen, damit er Ihr Kind nicht schon in einem Alter überrennt, wo von seelisch-geistiger Bewältigung der Triebe noch keine Rede sein kann.

Respektieren wir daher bei unseren Kindern das Schamgefühl, denn es ist ein wertvoller Schutz gegen alle Reize, denen wir heute ausgesetzt sind. Aber auch das Schamgefühl soll den Gegebenheiten der modernen Umwelt angepaßt sein, sonst wird es unseren Kindern mehr Schaden als Nutzen bringen. Auch hier gilt: Nicht ängstlich sein! Zum Beispiel, was die Nacktheit betrifft. Eltern und Kinder können einander zu Hause ruhig nackt begegnen. Wenn die Eltern der Freikörperkultur huldigen, so ist auch dagegen nichts einzuwenden. Nacktheit ist natürlich. Aber eines Tages erleben fast alle Eltern, daß ihr Junge oder ihre Tochter sich nicht mehr nackt zeigen wollen. Und da wäre es verkehrt, den jungen Menschen herauszufordern. Da müssen wir sein natürlich aufbrechendes Schamgefühl respektieren. Sigmund Freud hat gesagt: „Die Abwesenheit von Scham ist das sichere Zeichen von Schwachsinn." Die modernen Sexualapostel sollten das nicht vergessen, wenn sie sich beim Öffnen aller Schleusen auf Freud berufen.


## Mein Sohn hat jetzt eine „Freundin"

Mit zunehmend seelisch-geistiger Reife baut sich beim jungen Menschen die Masturbation ab, da die Sehnsucht nach einem Idol immer stärker in Erscheinung tritt. Ihr jetzt vielleicht 15- oder 16jähriger Bub beginnt, einem hübschen Mädchen nachzuschauen, interessiert sich plötzlich für weibliche Models und hängt Poster mit nackten Fotomodellen an die Wand seines Zimmers. Seine Entwicklung ist an einer neuen Klippe angelangt, und wir Eltern sollten dies wieder rechtzeitig erkennen und uns darauf einstellen. Es wäre verkehrt, dem Jungen Vorwürfe zu machen, seine „Torheiten" zu verspotten und seine Poster abzumontieren.

Wir sprechen in der Fachwelt von einer erotischen Seelensehnsucht der Jugendlichen. Sie ist notwendig als natürliche Vorstufe zu einem gesunden Geschlechtsleben. Lassen wir unseren Jungen diese Phase der Schwärmerei daher auskosten. Haben wir nämlich bisher den Sex in der Erziehung immer als etwas Natürliches behandelt und in unserem Buben das Vertrauen in diesen lebenerhaltenden Trieb aufgebaut, wird es nichts anderes als Schwärmerei sein. Nur dort, wo unvernünftige Eltern mit Verboten und Strafen im Bereich der Sexualität eingeschritten sind, wird es zu verfrühten koitalen Erlebnissen kommen. Das sollten wir verhüten. Solche Erlebnisse bremsen den schöpferischen Willen des Jugendlichen. Er verliert an geistiger Spannung.

Glücklicherweise hat sich bei der Jugend von heute ein viel offenerer Kontakt zwischen Jungen und Mädchen entwickelt, als dies in früheren Generationen der Fall war. Sie begegnen einander in der Schule, beim Sport, im Kino, im Jugendclub oder in der Disco. Diese Begegnungen sind freier. Buben und Mädchen stehen heute einander näher. Dieser soziologische Strukturwandel soll uns aber nicht zu der Meinung veranlassen, daß alle Schranken aufgehoben seien und – wie man immer wieder hört – „keine Hemmungen mehr existieren". Das zu glauben wäre ein arger Trugschluß. Auch der Junge von heute ist noch ein schwärmerischer Junge. In seinem Innersten wenigstens. Wir Erwachsenen tun jedoch alles, um ihn dazu zu zwingen, seine Schwärmerei zu verbergen. Wir machen diese Schwärmerei in Filmen, Illustrierten und in unserem eigenen Vorbild lächerlich. Wir zerstören durch Vorwürfe und Moralpredigten seine Gefühlswelt. Alle destruktiven Umweltkräfte, die heute auf unsere Jugend einwirken, vermögen den Aufbau ihrer natürlichen Geschlechtlichkeit nicht zu verhindern, wohl aber zu erschüttern.

Der Junge von heute ist also in seinem Innersten noch immer ein schwärmerischer Junge geblieben. Beobachten wir sie nur, „unsere jungen Herren". Ihr Auftreten dem anderen Geschlecht gegenüber ist gar nicht so sicher, wie wir glauben. Sie sind weich und unsicher, sogar schüchtern und scheu. Die Kraft dieser Schwärmerei hat ihre besondere Bedeutung, da sie wie eine Mauer gegen den Einbruch des unmittelbar Geschlechtlichen wirkt. Seien wir Eltern uns dessen bewußt und lassen wir daher dieser Schwärmerei freien Lauf. Dabei sollten wir freilich auch einige Grenzen abstecken. So zum Beispiel sollten wir verhindern, daß unser 15- oder 16jähriger Junge bis in die späte Nacht hinein umherflaniert. Setzen wir einen Zeitpunkt seines Nachhausekommens fest.

Halten wir etwas von gemeinsamen Mahlzeiten. Bewahren wir uns den Sonntag als einen Tag, an dem die Familie beisammen ist. Grenzen ziehen heißt, dem Jungen das Bewußtsein geben, daß er in einer kleinen Gemeinschaft – der Familie eben – lebt und darauf auch etwas Rücksicht zu nehmen hat. Wenn sich jedes Mitglied der Familie sein Leben völlig nach seinem Geschmack einrichtete, verlöre sie ihren Sinn.

Aber seien wir auch nicht zu kleinlich. Gönnen wir unserem Jungen die Flausen mit seiner Kleidung. Die einen wollen schick sein, die anderen schlampig. Sagen wir nichts gegen die langen Haare, gegen den Bart oder das Armband. Lassen wir ihm seine Musik, seine Bücher und politischen Parolen. Bleiben wir standhaft, wenn er gegen Gott und die Welt loszieht und sich vielleicht von Gott und der Gesellschaft lossagt. Lassen wir uns nicht provozieren. Bleiben wir immer geduldig. Bleiben wir ruhig. Aber bleiben wir immer im Gespräch. Verteidigen wir unseren Standpunkt, unseren Glauben, unsere Weltanschauung, unsere Ansichten, aber zwingen wir ihm nichts auf. Seien wir maßlos tolerant. Und lassen wir es nie zu einem Bruch kommen.

Nun gibt es freilich die verschiedenartigsten Sorgen, die Eltern in dieser Entwicklungsphase mit ihrem Sohn haben. Manchmal sieht es so aus, als würde aus diesem provokanten und faulen Bengel gar nichts Vernünftiges mehr werden. Verlieren wir nie den Glauben an ihn. Bejahen wir ihn, auch wenn uns manchmal alle Hoffnung schwindet. Je weniger wir moralisieren, strafen, nörgeln, lächerlich machen, desto rascher ist diese Phase durchlebt.

Unsere Hilfe und unser erzieherischer Einfluß können sich nur mehr in unserer Bereitschaft für den Jungen ausdrücken. Wir müssen über alle Enttäuschungen hinweg für eine Atmosphäre echten Vertrauens und Verständnisses sorgen. Der Bub soll mit seinen Sorgen von selbst zu uns kommen. Wir sollen uns ihm nicht aufdrängen, sonst fürchtet er um seine Geheimnisse. Und vor ihnen müssen wir Ehrfurcht haben. Weshalb auch sollte er uns unbedingt brühwarm erzählen, daß er die Tochter des Klavierlehrers „heiß liebt". „Ich kann es selbst meiner Mutter nicht sagen, weil sie mich nicht verstehen würde", heißt es im Tagebuch einer 18jährigen, das kürzlich veröffentlicht wurde.

Dann gibt es freilich andere, die brühwarm berichten, daß sie mit einem Mädchen geschlafen haben. Und sie fordern mehr Freiheit, eine sturmfreie Bude und natürlich mehr Taschengeld. Ruhe bewahren, liebe Eltern! Ruhe bewahren!

Was haben wir uns im wesentlichsten zu merken? Daß wir Eltern in jener Zeit, da unser Junge beginnt, sich für Mädchen zu interessieren, mit Strafen und Drohungen, mit einem ständigen Appell an den guten Willen und mit immer neuen Moralforderungen nichts erreichen. Und wir haben uns zu merken, daß wir Verständnis üben, Vertrauen erwecken und bejahen sollen. Dann wird es uns gelingen, den natürlichen Entwicklungsablauf in der Pubertät zu untermauern, statt ihn zu hemmen oder in die Irre zu leiten.

## Mädchen und Sex

Drei Jahre lang haben wir in der Nachbarschaft einer Arbeiterfamilie gewohnt. Der Vater fuhr jeden Morgen mit dem Rad zu seiner Baustelle, die Mutter besorgte den Haushalt für die fünf Kinder. Es war nicht viel Geld da, und die Kleidung der Kinder war ärmlich. Aber viel Familienleben war da. Gesundes, glückliches Familienleben. Die älteste Tochter war fünfzehn, als wir die Familie kennenlernten. Ein bescheidenes, hübsches Mädchen. Es gab keine großen Probleme mit ihr, obwohl mich die Mutter oft um Rat fragte. Aber bald kam ich dahinter, daß diese einfache Frau mehr mütterlichen Instinkt besaß als viele gebildete Mütter, mit denen ich zu tun hatte. Diese „Unverdorbenheit" in der Erziehung war gewiß mit ein Grund, daß die Tochter sich in ihrem Verhalten so positiv von vielen anderen Mädchen unterschied. Sie lernte die Schneiderei, verdiente also schon etwas, zog sich nett an, hatte ihre Mädchenallüren und ihre Freunde wie andere Mädchen. Aber man brauchte diesem Mädchen nur in die Augen zu schauen, um festzustellen, daß sie so ganz und gar den Typ des idealen Mädchens der Reifezeit repräsentierte. Und selbst als sie achtzehn wurde, hatte sich wenig daran geändert. An ihr las man völlig jene naturgegebene, mädchenhafte Zurückhaltung ab. Dieses Mädchen warf sich nicht wie andere blindlings dem erstbesten Verehrer in die Arme. Ich konnte kürzlich erfahren, daß sie – inzwischen 23 geworden – glücklich verheiratet und Mutter eines kräftigen Buben ist.

Dieses Mädchen brauchte keine Ausnahme zu sein, wenn wir als Eltern erkennen wollten, daß die Natur unser bester Miterzieher ist. Aber viele Eltern komplizieren als überspitzte Erzieher die natürliche Entwicklung ihrer Tochter und bedenken zum Beispiel nicht, daß der Entfaltung der Sexualität beim jungen Mädchen schon von Natur aus Bremsen eingebaut sind.

Nun erwarten Sie von mir, daß ich Ihnen Anleitungen gebe, wie Sie bei Ihrem Töchterlein diese natürliche Zurückhaltung fördern können. Ich kann Ihnen keine solche Anleitung geben, da es sich hier um keinen Akt der Erziehung handelt. Dieses Gefühl entwickelt sich von selbst. Bei jedem gesunden Mädchen. Wir haben nicht anderes zu tun, als der Natur freie Bahn zu geben und das Unkraut hin und wieder zu jäten, welches die Entfaltung dieses Gefühls hemmen könnte.

Solches Unkraut sind zum Beispiel das Absinken des guten Benehmens und schlechte Gewohnheiten wie Unpünktlichkeit, Schlampigkeit, Oberflächlichkeit und Unsauberkeit. Das alles hemmt die Entwicklung zur Eigenpersönlichkeit, das alles stört die Ausbildung des weiblichen Geschlechtsbewußtseins, das alles bremst den geistig-seelischen Reifeprozeß. Unsere Tochter benötigt seelische Abwehrkräfte, denn sie sind die Brücke über die vielen Jahre der Latenzzeit, und sie allein führen erst zur echten fraulichen Persönlichkeit, die sich ganz hingeben und doch zugleich ganz bewahren kann.

Also reifen lassen, wachsen lassen! Gesunden Nährboden durch die Familie geben. Tür zu vor schlechten Einflüssen. Durch die Spalten der Tür dringen sie ohnehin ein, und die Begegnung mit ihnen bleibt Ihrer Tochter in der Schule, auf der Straße, im Kino, im Tanzkurs, im Strandbad, in Discos und bei den diversen „Parties" nicht erspart.

Es ist nichts damit getan, wenn Sie Ihrer Tochter verbieten, Geschlechtsverkehr zu pflegen. Ich kenne Eltern, die recht stolz erklären, wenn die Rede auf den Freund ihrer 17jährigen Tochter kommt: „Also da besteht bei Ilse keine Gefahr!" Aber daß die Zärtlichkeiten und Umarmungen zwischen Ilse und ihrem jungen Freund, selbst wenn sie die Schranke vor dem natürlichen Vollzug des Geschlechtsverkehrs nicht durchbrechen, längst nur noch das Ziel des Orgasmus suchen und finden, ist diesen Eltern unbekannt oder stört sie vielleicht nicht einmal. Petting ist das „sexuelle Spiel" zwischen Jungen und Mädchen, bei dem alles erlaubt ist, was zur Lustbefriedigung und zur Auslösung des Orgasmus führt – nur nicht der eigentliche Geschlechtsverkehr.

Wenn Moral nur noch darin besteht, Jungfräulichkeit im unverletzten Hymen (Jungfernhäutchen) zu sehen, dann ist sie zur reinen Heuchelei geworden.

Wir werden heute freilich nicht verhindern können, daß sich unsere Tochter schon bald in der Gesellschaft von Jungen bewegt. Und wir wollen es gar nicht verhindern. Wir haben nur darüber zu wachen, daß in unserem Töchterlein die natürliche Zurückhaltung wach bleibt und die Beziehungen zum anderen Geschlecht nicht zu intim werden. Sie fragen mich, wie Sie das fertigbringen sollen. Indem Sie Ihrer Tochter in die Augen schauen, liebe Eltern! Und ihr vertrauen. Und ihr Halt geben. Und ihr Verstehen schenken. Und sie ablenken. Und ihr zu Hause ein glückliches Milieu schaffen. Dann wird es gutgehen. Es wird sogar sehr gut gehen, wenn Sie als Eltern nicht selbst Angst und Schrecken vor den „sexuellen Gefahren" haben. Der Sex ist nicht die eigentliche Gefahr – auch nicht für Ihre Tochter. Gefahr ist, daß sich der unreife junge Mensch im Sex verfängt, verirrt und ihn schließlich nicht mehr so freudig erleben kann, wie er erlebt werden sollte.

## Rund um die Pille

Im allgemeinen ist es heute gar nicht so, wie man es in Illustrierten und „Schulmädchenreporten" darstellt, daß sie alle nur in Betten herumtollen und Sex konsumieren, unsere 16jährigen und 17jährigen und 18jährigen. Da gibt es freilich schon sehr frühe sexuelle Erlebnisse, aber sie sind durchwegs spärlicher, als man es von der „verdorbenen Jugend" annimmt. Auch ist dies von Gesellschaft zu Gesellschaft recht verschieden. Es gibt Länder, in denen man versucht, jede Form sexueller Beziehungen bis zur Hochzeit zu verhindern, in anderen wieder wird vorehelicher Geschlechtsverkehr als eine naturgemäße Tatsache akzeptiert.

Darf unser Junge, oder darf er nicht? Darf unsere Tochter, oder darf sie nicht? Mit 17? Mit 18? Mit 19? Und wenn sie erst 16 ist? Oder gar 15? Wie verhalten wir Eltern uns dazu? Was sagen wir? Und wie ist es mit den Verhütungsmitteln? Reden wir darüber? Beraten wir? Können wir das? Schicken wir sie zum Arzt? Geben wir der Tochter die Pille? Nimmt sie sie heimlich?

Verdammte Geschichte, wenn Eltern mit ihren Großen auf einmal nicht mehr aus und ein wissen, weil es jetzt ernst wird. Bleiben wir zum Beispiel bei der Pille. Das Problem des vorehelichen Geschlechtsverkehrs wird durch sie allerdings nur scheinbar gelöst.

Es gibt Eltern, die ihrer 16jährigen Tochter die Pille geben; es gibt sogar Stimmen, die die Verschreibung der Pille durch den Schularzt fordern. Es gibt auch solche, die nicht recht wissen, ob sie dafür oder dagegen sein sollen und diesbezüglich eine Vogel-Strauß-Politik betreiben, und schließlich diejenigen, die die Pille einfach als amoralisch abtun und verdammen.

Welchen moralischen Standpunkt man auch immer beziehen mag, fest steht auf jeden Fall, daß die Pille für das heranwachsende Mädchen vom rein medizinischen Standpunkt schädlich ist. Für den jungen Körper, der noch im Wachsen begriffen und dessen Hormonhaushalt noch nicht eingependelt ist, ist sie als zu radikaler Eingriff in das physiologische Geschehen abzuraten. Versuchen Sie, Ihrer Tochter das zu erklären! Diesem Vernunftargument wird sie wahrscheinlich eher zugänglich sein als Ihren moralischen Vorbehalten, die sie vielleicht als altmodisch abtut.

Das Problem Pille oder nicht Pille würde sich vielfach nicht so drastisch stellen, wenn wir uns schon früher damit auseinandergesetzt hätten. Wenn Eltern einer 15jährigen zu mir um Rat kämen, müßte ich sagen: „Sie kommen um zehn, nein, um fünfzehn Jahre zu spät." Denn es gibt nur *eine* Voraussetzung, die dem jungen Menschen helfen kann, zu einer seelischen Reife zu gelangen, die auch in der Beherrschung der eigenen Triebe besteht: nämlich ein funktionierendes Elternhaus, ein Elternhaus, das eine Atmosphäre des Vertrauens und der Geborgenheit ausstrahlt.

Sicher kann auch das im Endeffekt nicht verhindern, daß unser Kind in seiner Entwicklung Enttäuschungen erlebt, die wir ihm gerne erspart hätten. Aber wir haben immerhin die Gewähr, daß es vor uns keine Angst und keine Hemmungen haben wird und sich getraut, mit seinen Problemen zu uns zu kommen – auch wenn diese für uns manchmal eine herbe Enttäuschung sind. Besinnen wir uns dann auf unser Eltern-Sein, das in einem steten Da-Sein für unser Kind besteht, einem Hilfe-Sein auf dem Weg zum Erwachsenendasein. Verbauen wir uns nicht den Weg zum Kind, indem wir ihm immer wieder vorhalten, was wir alles für sein Wohlergehen getan haben und was wir nun als Dank dafür ernten. Zu einer Atmosphäre des Vertrauens und der Geborgenheit in der Familie gehört auch, daß die Eltern die Freunde und Freundinnen ihrer Kinder kennen. Erlauben Sie Ihrer Tochter, daß sie ihren Freund mit nach Hause bringt. Gestalten Sie diese Besuche so ungezwungen wie möglich. Lassen Sie die jungen Leute ruhig allein. Sie müssen Ihr Vertrauen fühlen. Fördern Sie die Gruppenbildung. In einer Gruppe ist Ihre Tochter immer irgendwie „sicher", auch wenn innerhalb der Gruppe Pärchen bestehen. Wenden Sie nichts gegen gemeinsame Ausflüge der gesamten Gruppe ein. Schlagen Sie manchmal Ihrer Tochter vor, nach einem solchen Ausflug die ganze Partie noch zu einer Jause mit nach Hause zu nehmen. Geben Sie manchmal Ihre Wohnung für Parties frei. Lassen Sie die jungen Leute gemeinsam planen und dekorieren, und bewahren Sie ruhig Blut, wenn einige Möbel verrückt werden und die Beleuchtung schummrig wird. Und wohnen Sie auf keinen Fall dem Fest als Aufpasser bei. Gehen Sie auch nicht alle Augenblicke nachschauen. Überwachung verletzt. Geben Sie von vornherein die „Sperrstunde" an, 9, 10 oder 11 Uhr, je nach Alter und Vereinbarung mit den anderen Eltern. Lassen Sie die Jugendlichen bei ihrer Unterhaltung allein. Und wenn Sie, liebe Eltern, die Beatmusik gar nicht mehr aushalten, dann lassen Sie die jungen Leute doch für ein paar Stunden allein in der Wohnung. Gehen Sie aus, und sagen

Sie, wann Sie wieder zurück sein werden. Die jungen Menschen werden Ihr Vertrauen zu schätzen wissen.

Wenn Sie so den Freundeskreis Ihres Sohnes oder Ihrer Tochter kennengelernt haben, dann lassen Sie ruhig zu, daß die ganze Gruppe einmal ein paar Tage gemeinsam verlebt – etwa eine Schiwoche auf einer Selbstversorgerhütte. Sie werden sehen, daß Ihre Tochter in der Gruppe gut aufgehoben ist, und das ihr entgegengebrachte Vertrauen wird ihr Verantwortungsbewußtsein stärken.

Freilich gibt es keine Patentlösung, die allen Eventualitäten gewachsen ist und Ihr Kind wie ein Schutzwall umgibt. Wir wollen sie auch gar nicht. Denn nur in der Konfrontation mit Problemen kann der junge Mensch reifen, wird er lernen, für sich selbst zu entscheiden und Verantwortung zu tragen. Aber wenn Sie, liebe Eltern, die aufgezeigten Möglichkeiten sinnvoll anwenden und wirklich vom Kleinkindalter an ein Vertrauensverhältnis zwischen sich und Ihren Kindern aufgebaut haben, dann haben Sie die beste Gewähr, daß Ihr Kind die oft schwierigen Jahre der Entwicklung gesund durchlebt, Sie nicht belügt und hintergeht, sondern mit all seinen Problemen zu Ihnen kommt. Und dann liegt es nur an uns Eltern und an unserem Verhalten, unser Kind vor frühzeitigen Enttäuschungen und Fehlentscheidungen zu bewahren.

## Aus eigener Kraft den Weg finden

Ich rede dem vorehelichen Geschlechtsverkehr also nicht das Wort. Aber ich weiß, daß heute die Mehrzahl der 18jährigen Koituserfahrung hat. Jungen mehr, Mädchen weniger. Genauen Statistiken und Berichten auf diesem Gebiet stehe ich allerdings skeptisch gegenüber.

Anfällig für frühe Koituserfahrung sind heute alle jungen Menschen – in welcher Gesellschaft sie auch immer aufwachsen mögen. Eltern müssen auch da über ihren Schatten springen und Zugeständnisse machen. Das alles hat es ja früher auch gegeben. Nur standen damals tausend Ängste und Zwänge Pate, und über alledem schwebte drohend die Todsünde. Davon müssen wir ganz wegkommen. Sex soll lustvoll sein, Freude bereiten, glücklich machen. Er ist schon beim jungen Menschen die stärkste Komponente der Persönlichkeit, die ihn zwingt, der Wirklichkeit ins Auge zu sehen.

Geschlechtsverkehr kann jedoch nur dann etwas geben, wenn er in einer Atmosphäre des Vertrauens und der Offenheit erfolgt. Je offener der junge Mensch dem Geschlechtspartner gegenüber sein kann, desto erfreulicher wird sein sexuelles Erlebnis sein. Es wird in einem solchen Fall sogar mitwirken, seine Persönlichkeit zu formen, wenn, ja wenn Bindung, Zuneigung, Verständnis, Liebe vorhanden sind.

In solchen Fällen sollten wir selbstverständlich nicht Tor und Tür öffnen, aber verstehen und bejahen. Und in solchen Fällen werden wir ernsthaft über Verhütungsmittel sprechen und – nach ärztlicher Rücksprache – eventuell auch der Pille Platz geben. Aber wie auch bei Erwachsenen nicht alle Beziehungen beglückend, ja für viele Menschen sogar enttäuschend sind, so machen auch viele junge Menschen mit dem Sex schlechte Erfahrungen. Und davor sollten wir unsere Kinder behüten. Es wird uns selten gelingen, denn nur wenige Jugendliche in diesem Alter haben ihre Eltern als vertrauliche Gesprächspartner und lassen sich noch geistig lenken und führen. Aber wir sollten für den jungen Menschen in den Wirrnissen dieser Jahre da sein. Einfach da sein. Rückhalt geben. Ort sein, wo er sich von Enttäuschungen wieder erholen kann.


## 4. MAN SOLLTE WISSEN,

DASS AUFKLÄRUNG EIN LANGSAMES AUFSCHLIESSEN DES JUNGEN MENSCHEN FÜR DIE SEXUALITÄT UND JEGLICHE SCHEU VOR GEZIELTEN GESPRÄCHEN UNBEGRÜNDET IST.


### *Klage eines Zwanzigjährigen*

Bleibt uns eigentlich nur noch, über Aufklärung zu sprechen. Sie werden vielleicht feststellen, daß Sie dies gar nicht mehr erwartet haben. Wenn dem so ist, darf ich Ihnen gratulieren. Denn genau dorthin wollte ich Sie bringen. Aufklärung sollte für Sie kein Problem mehr sein. Sie haben erkannt, daß die Geschlechtserziehung an der Wiege beginnt und daß Aufklärung nur ein langsames Aufschließen des Kindes darstellt. Sie werden mit ihm immer im Gespräch bleiben. Und da Sie nichts strafen werden, was mit kindlicher Sexualität zu tun hat, wird Ihr Kind im Sexuellen möglichst frei aufwachsen. Es wird über die Dinge sprechen. Es wird sich vor den Eltern nicht schämen. Freilich werden Sie als Eltern bewußt dieses aufklärende Gespräch anbahnen, wenn Ihr Kind in die Pubertät kommt. Sonst könnte es ihm so gehen, wie einem 20jährigen, der mir einen Brief zeigte, den er nie abgeschickt hat. Er war an seine Eltern gerichtet:

„Es kann nie mehr so werden zwischen uns, wie es einmal war. Vor ein paar Jahren noch, als ich 15 oder 16 war, wart Ihr beide sehr stolz auf mich und habt mich stets über den grünen Klee gelobt. Nun, ich war sicherlich ein folgsamer Junge, anders als die meisten in unserer Klasse. Ich war sehr hilfsbereit daheim, lernte gut und machte Euch eigentlich wirklich keine Sorgen. Ich war auch glücklich darüber, denn ich hatte Euch sehr gern und hielt Euch für die besten Eltern, die es auf der Erde gibt. Und die Bekannten und Verwandten hörte ich oft zu Euch sagen: Was habt Ihr doch für ein Glück, einen so unkomplizierten Jungen zu haben. Vater und Mutter, Ihr hattet Euch damals für großartige Erzieher gehalten. Und dann war plötzlich alles aus. In wenigen Wochen ging alles in Scherben. Verdammt noch mal!

Da war der Musikprofessor, bei dem Ihr mich Klarinette spielen lernen ließt. Ich wollte so gern bald bei einer Jazzkapelle spielen. Mir gefiel der Fettsack mit der Brille gleich nicht, aber ich sagte nichts. Und ich weiß heute selber nicht, wie es geschehen konnte, daß er mich ganz willig machte. Wie ein Gewitter war damals alles über mich gekommen. Wenn ich heute daran zurückdenke, ist mir alles sehr verschwommen. Statt Klarinette habe ich damals etwas anderes gelernt, das neu, aufregend, ungestüm und wild war. Als ich mich dann aus den Klauen des öligen Schurken befreit hatte, war alles schon zu spät. Ich war anders geworden in den zwei oder drei Wochen Klarinette-Unterricht. Man hatte mir ein Tor aufgestoßen in eine Welt, die mir Neuland war, von der ich immer nur so dunkel raunen gehört hatte. An den schmutzigen Geschichten meiner Klassenkameraden hatte ich immer vorbeigehört. Ich mochte nicht so sein wie sie. Ich wollte Euch gehorchen. Und für Euch war das alles nur Schmutz und Dreck, vor dem ich mich einfach hüten mußte. Aber was eigentlich dahintersteckt, habt Ihr mir nie gesagt. Ihr habt als unanständig abgetan, was ich erst nach und nach in Jahren der Erfahrungen und Gewissensnöte als recht normal anzusehen lernte. Ihr habt mir einfach alles verschwiegen, was in meinem Körper vorgeht. Ihr habt mir verschwiegen, wie ein Mädchen aussieht und wie ein Kind gezeugt wird und zur Welt kommt. Ihr habt mir nichts gesagt, gar nichts. Ihr habt mich verraten. Das ist schrecklich, denn Ihr habt mir alles im Leben bedeutet.

Mit meinen 20 Jahren stehe ich heute ziemlich allein in der Welt. Ihr könnt alles noch immer nicht begreifen. Ihr wart Euch meiner zu sicher, als daß Ihr damals hättet einsehen können und wollen, daß auch Euer Muttersöhnchen das wilde Meer der Pubertät durchschreiten muß. Als ich in die Fluten gestürzt wurde, seid Ihr am Ufer gestanden und habt gejammert. Rettungsversuch habt Ihr keinen unternommen. Ihr wart nur aus allen Wolken gefallen, daß ich mich von einem Tag auf den anderen verändert hatte. Ich wurde unfolgsam, gereizt, bockig, faul, trotzig und vor allem provozierend. Es geschah alles ganz unbewußt. Ich litt schrecklich darunter, denn ich wußte ja nicht, weshalb ich so anders geworden war. Ich wollte Euch doch nicht weh tun und tat es doch.

Ich konnte einfach nicht anders. Ich war ganz durcheinander. Aber über diese Dinge zu sprechen, die mich plötzlich so beschäftigten, das habt Ihr niemals fertiggebracht, und ich hätte mir lieber die Zunge abgebissen, als Euch zu fragen, wie das so zwischen Mann und Frau ist. Ich trug mich sogar mit Selbstmordgedanken, weil ich meinen Körper nicht beherrschen konnte. Ich dachte, daß ich der verworfenste Sünder sei. Und ihr habt genauso getan, als wäre ich das auch.

Warum habt Ihr damals meine Not nicht erkannt? Warum habt Ihr nicht begriffen, was die Ursachen meiner Schwierigkeiten war? Warum habt Ihr geschwiegen?

Heute bin ich über diese Krise hinweg. Ich habe mir allein den Weg erkämpfen müssen, um mit mir selbst fertig zu werden. Aber die paar Jahre der inneren Bedrängnis, der seelischen Qual, des Suchens, Zweifelns, Versagens, Abgleitens und Aufgewühltseins sind nicht spurlos an mir vorbeigegangen. Sie haben mir den Glauben an Euch genommen – und vor allem das Vertrauen. Wir begegnen einander freundlich und liebenswürdig, aber wir spüren, daß wir einander nie mehr so finden werden, wie es einmal gewesen ist. Ihr könnt keine Brücke mehr zu meinem Herzen bauen. Das ist vorbei. Ich achte Euch, ich will immer gut zu Euch sein – aber lieben werde ich Euch nicht mehr können. Nein, ich kann Euch nicht mehr lieben. Verdammt noch mal!"

Unsere elterliche Aufgabe ist heute fast allzu schwer geworden. Manchmal scheint sie kaum lösbar. Vor allem auf dem Spannungsfeld der Sexualität. Und doch haben wir gesehen, daß es eine Grundeinstellung gibt, mit der unsere Erziehungsaufgabe zu bewältigen ist. Wir haben uns dabei freilich viel anzutun. Wir haben ein hartes Stück Arbeit zu leisten. Auch an uns selbst.

Wenn wir dazu bereit sind, werden wir Erfolg haben. Was heißt Erfolg? Erfolg heißt, wenn unser Kind einmal als Erwachsener frei und glücklich sein kann. Das ist keine materielle Frage und keine Frage der Gesundheit und des Berufes. Das ist eine Frage der inneren Haltung. Diese aber können wir unserem Kind mit ins Leben geben.

## Drei Grundsätze zur Aufklärung

Aufklärung ist keine Angelegenheit, die man in einer halben Stunde unter vier Augen mit dem Jugendlichen erledigt. Aufklärung ist ein langsames „Klar-Machen", das sich die ganze Kindheit hindurch vollziehen soll. Das Kind soll allmählich in die Geheimnisse des Lebens hineinwachsen, bis es – reif geworden – allen seinen Manifestationen wissend gegenübersteht. Aufklärung heißt, dem Jugendlichen eine Gesinnung anzuerziehen. Diese beginnt mit dem ehrfürchtigen Staunen des kleinen Kindes vor allen Naturvorgängen. Und so ehrfürchtig staunend müssen wir unser Kind erhalten, denn hat es erst einmal die Natur erkannt und daran Interesse gefunden, wird es später nicht sehr schwierig sein, dieses Erkennen auf den Menschen und seine Lebensvorgänge überzuleiten. Das wache Interesse führt schließlich dazu, daß der Junge oder das Mädchen später mit Fragen zu den Eltern kommen. Diese Fragen wahrheitsgemäß zu beantworten, ist bereits die letzte Stufe der sexuellen Aufklärung.

Das hört sich alles sehr einfach an und läßt glauben, daß es demnach gar keine Schwierigkeiten um die geschlechtliche Aufklärung geben könne. Ich behaupte, daß es solche Schwierigkeiten auch gar nicht in dem Maß geben muß, wie es heute der Fall ist, wenn das Bildnis von Vater und Mutter gegeben und die Familie intakt wäre. Dieses Bildnis aber ist heute vielfach sehr verwischt und die Familie nicht mehr jener schützende Raum echter Kindheitserlebnisse. Daher der Schrei nach Aufklärung. Daher die „sexuelle Not der Jugendlichen", die eigentlich eine Not der Erwachsenen ist.

Gehen wir also von der Annahme aus, daß wir große Schwierigkeiten mit der Aufklärung haben und daß unser Kind in Gefahr ist, von der Gasse verdorben zu werden und unserem Einfluß zu entgleiten. Was haben wir zu tun? Was läßt sich noch retten? Beschäftigen wir uns zuerst mit den Buben. Alter: 12 bis 15.

### 1. Befassen wir uns eingehend mit unserem Jungen!

Suchen wir, sein Vertrauen zu gewinnen, wie ich es Ihnen schon mehrmals dringend empfohlen habe. Vater, sei einmal ein bißchen Freund zu deinem Sohn! Interessieren wir uns für seine Welt. Mutter, hör einmal ein wenig mit dem Nörgeln auf und stärke das Selbstvertrauen deines Sohnes! Loben wir unseren Buben. Suchen wir seine guten Seiten, und lassen wir ihn erkennen, daß wir ihn schätzen. Ich weiß aus Erfahrung, daß eine solche Vertrauensbasis – die leichter herzustellen ist, als wir oft glauben – dazu führt, daß unser Junge mit Fragen zu uns kommt. Fragen sind Beweis und Anlaß des Nachdenkens. Normalerweise wird der Jugendliche nur das fragen, was er verstandesmäßig verarbeiten kann. Daher sollten wir stets offen und klar antworten.

### 2. Nicht drohen!

Noch immer ist es bei Eltern sehr verbreitet, durch Moralpredigten aufzuklären oder durch Aufklärung Moral zu predigen! Wir treiben unseren Buben dadurch in die Defensive. Der Jugendliche zieht sich zurück. Versteift sich. Verhärtet. Läßt sich nicht mehr formen und zur Klarheit führen. Am schlimmsten ist es, wenn hinter diesen moralischen Forderungen noch Drohungen stehen. Diese machen den Jugendlichen unsicher.

### 3. Nicht verschleiern, nicht zergliedern!

Ich persönlich erinnere mich, daß meine ganze geschlechtliche Aufklärung, die ich von der Schule vermittelt bekam, darin bestand, daß unser Botanikprofessor über den Befruchtungsvorgang bei Kastanien sprach und dann lakonisch hinzufügte: „So ähnlich ist es bei den Menschen auch!" – Damit hatte uns der gute Mann aber weder eine geschlechtliche Aufklärung gegeben noch unsere Gespräche in den Pausen über dieses Thema eingedämmt. Ja, er hatte uns lediglich aufgestachelt und unserer Phantasie die Sporen gegeben. Vergessen wir aber nicht, daß gerade die Schule den Eltern wesentlich helfen könnte. Sie darf dabei nur nicht über das Ziel schießen, indem sie – wie es heute manchmal der Fall ist – in geschlechtlichen Aufklärungsstunden alles zerredet. Verständnis und Ehrfurcht vor einem Gemälde lassen sich ja auch nicht dadurch anerziehen, daß man die chemische Zusammensetzung der Farben lehrt. Man glaubt heute vielfach, daß Aufklärung darin besteht, dem Kind möglichst alle körperlichen Vorgänge bis ins Detail zu schildern. Nur dadurch könne es im Sexuellen frei und sicher werden, behauptet man. Das ist natürlich ein Irrtum. Wer von uns weiß schon genau um die Stoffwechselvorgänge im menschlichen Körper Bescheid? Wer kann über die Funktion der Milz oder der Niere exakt Auskunft geben? Das hindert uns aber nicht daran, daß wir unseren Nahrungstrieb befriedigen und uns das Essen und Trinken Freude bereitet. Wir wissen kaum etwas von unserem Gehirn und Nervensystem. Wir gehen und laufen und können dennoch die Muskeln nicht bezeichnen, deren Zusammenspiel diese Bewegungen ermöglicht. Wir atmen und wissen nur, daß die Lungen damit zu tun haben, aber schon nicht viel mehr. Nur im Genitalbereich und auf dem Gebiet der Sexualität sollten wir alles wissen und erfassen. Die Mehrzahl der Menschen, die sich am Sex erfreuen, weiß nichts von den damit zusammenhängenden psychischen Vorgängen im eigenen Körper. Und die Frustrierten und Impotenten, die sexuell Enttäuschten und Verirrten sind nicht so geworden, weil sie nicht die Größe der Samenfäden angeben und die Menstruation erklären können. Machen wir aus Aufklärungsgesprächen keine Lehrstunden. Vermitteln wir unseren Kindern nur jenes Wissen, das wir selbst besitzen und mit Sicherheit weitergeben können. Begeben wir uns nicht auf das Glatteis der Theorie. Bleiben wir hübsch auf dem Teppich.

## Aufklärung der Mädchen

Darf ich die drei Grundsätze, die ich für die Aufklärung genannt habe, nochmals anführen? Sie gelten vorbehaltlos auch für die Aufklärung der Mädchen:

- Vertrauen herstellen;
- keine Drohungen und nicht verängstigen;
- nichts verschleiern und nichts zergliedern.

Mir sind viele Männer bekannt, die als Buben zu Hause überhaupt nicht aufgeklärt wurden und trotzdem im Leben gut bestehen, da das Elternhaus in Ordnung war. Buben sind an sich robuster und kämpfen sich oft auch allein durch ihr geschlechtliches Leben, ohne viel Schaden zu erleiden. Freilich hat da ein Junge mehr Chancen, der von daheim eine gesunde Portion Lebensmut und Lebenswillen anerzogen bekam. Dies sollte uns aber in Fragen der Aufklärung nicht leichtsinnig machen, sondern uns vielmehr die Bedeutung einer rechten Aufklärung vor Augen führen. Soweit die Buben!

Aber ich weiß andererseits sehr viel um die qualvollen seelischen Irrwege von Frauen, die als Mädchen nie aufgeklärt wurden. Da ist echte Gefahr im

Verzug! Unsere Tochter braucht Aufklärung. Wir dürfen sie ihr nicht vorenthalten. Ich konnte Ihnen schon in einem früheren Kapitel sagen, daß die Pubertät beim Mädchen viel krasser in Erscheinung tritt als beim Buben. Die körperlichen und geistigen Veränderungen sind größer. Der Umwandlungsprozeß macht dem Mädchen mehr zu schaffen. Also braucht es unsere helfende und lenkende Hand. Gute Aufklärung ist Hilfe für das Mädchen. Und noch einmal darf ich feststellen, daß ich unter guter Aufklärung nicht intensive und lückenlose Unterweisung in allen geschlechtlichen Dingen verstehe, sondern langsames Klarmachen und Aufschließen. Wir können ja auch nicht von einer einfachen Bäuerin erwarten, daß sie ihre Tochter in physiologischen Dingen unterweist, von denen die gute und brave Frau selbst ein Leben lang nichts gehört hat.

Ich habe mir aber die Mühe gemacht, zahlreiche Bäuerinnen, die Mütter vieler Kinder sind, zu befragen, wie sie eigentlich ihre Töchter aufgeklärt haben. Das hat mich endgültig davon überzeugt, daß Aufklärung nichts mit Gerede zu tun hat, sondern mit echter Beziehung zwischen Mutter und Tochter. Eine Bäuerin möchte ich in diesem Sinn zu Wort kommen lassen: „Aufgeklärt hab i di Resl eigentlich nie. Das tun bei uns die Viecher im Stall. Aber bevor i gedacht hab, daß sie in die Regel kommt, hab i ihr halt das gewisse Zeug geben und gsagt: Resi, wannst amal Blut bemerkst, dann brauchst di net fürchten. Das kommt bei uns Frauen alle Monat. Und langsam bist halt auch ka klans Madel mehr!"

Nun sind die meisten von uns aber auf keinem Bauernhof aufgewachsen, und unsere Kinder erleben auch nicht den gesunden Anschauungsunterricht bei den Haustieren. Aber diese einfache und unkomplizierte Art sollte uns doch ein wenig zu denken geben. Wie viele Mütter übersehen den Zeitpunkt, ihre Tochter über die Menstruation aufzuklären, nur weil sie nicht die richtigen Worte finden. Und wie einfach könnte es sein! Das Erlebnis eines unaufgeklärten Mädchens jedoch, das ahnungslos seine erste Blutung erlebt und nun aus Angst- oder Schuldgefühlen heraus nicht einmal den Weg zur Mutter findet, das alles allein verarbeiten und durchstehen muß – dieses Erlebnis wirkt lange nach. Es kann Abscheu vor den Geschlechtsorganen und damit sexuelle Schwierigkeiten heraufbeschwören.

Hier der Auszug aus dem Brief einer besorgten Mutter:

„...Ist unsere Christa auf Abwegen? Sie ist jetzt knapp 16 Jahre, aber sie ist unerträglich geworden. Sie ist mürrisch, launisch und gereizt. Dabei geben wir ihr genügend Freizeit. Und auch Freiheit. Christa ist jeden Nachmittag außer Haus. Abends kommt sie meist sehr spät heim. Einmal Tanzkurs. Einmal Disco. Einmal bei einer Freundin. Angeblich, um gemeinsam zu lernen. Dann wieder einer Party. Und der komische schwarzgelockte Kerl mit der Glockenhose, mit dem wir sie jetzt so häufig sehen. Was geht da vor? Christa schweigt, wenn wir danach fragen. Sie springt heulend auf, wenn man ihr das späte Heimkommen vorwirft. Oder sie lacht höhnisch auf. Neulich platzte meinem Mann die Geduld. Er schlug zu. Das hätte er schon gar nicht tun sollen. Seitdem ist die Atmosphäre im Haus mit Spannung geladen. Es gibt auch täglich neue Auseinandersetzungen und offenen Streit..."

So wie Christa pendelt heute ein Großteil der Jugend zwischen den Forderungen des Elternhauses und den Verlockungen der Umwelt. Diese jungen Menschen sind ebenso unsicher und verzweifelt wie die Eltern. Beide Teile streben zueinander, kommen aber einander kaum näher. Weshalb? Weshalb kann es nicht ohne Streit und Sorgen abgehen, wenn unsere Kinder in die Pubertät hineinwachsen?

In den meisten Fällen deshalb, weil der Dialog aufhört, der in dieser Zeit so notwendig ist. Eltern lassen ihr Kind allein. Sicher wird jede Mutter in irgendeiner Form ihre Tochter auf die Menstruation aufmerksam machen. Aber „irgendeine Form" ist zuwenig. Es muß die Form eines offenen, freundschaftlichen, vertrauensvollen Gespräches sein, das da geführt wird. Ohne belehrenden Unterton: „Zu meiner Zeit...", „Hüte dich vor..." usw. Damit stoßen wir unbewußt das Kind seelisch von uns.

## Der Schule zuvorkommen

Aufklärung ist in erster Linie Sache der Familie, erst in zweiter Sache der Schule. Daher haben wir Eltern der Schule zuvorzukommen. Was kann man den Kindern in welchem Alter wirklich sagen? Und wie kann man es ihnen sagen? Jedes Kind stößt zu einem anderen Zeitpunkt in das Stadium vor, da es für Sexualaufklärung bereit ist. Aus diesem Grund ist Sexualkundeunterricht in der Schule problematisch. Ich bin nicht für seine Abschaffung. Ich bin nur dafür, daß Eltern und Lehrer sich zusammentun und gemeinsam das Gebiet abklären, damit sie in dieser Aufgabe einander unterstützen und ergänzen.

Aufklärung durch die Schule enthebt jedoch die Eltern nicht dieser Aufgabe. Im Gegenteil. Sie müssen einerseits der Schule zuvorkommen und dürfen andererseits ihren Kindern keine Märchen auftischen, die in der Schule dann vom Tisch gefegt werden.

Daher möchte ich Ihnen, liebe Eltern, in den nachfolgenden Skizzen zweier Aufklärungsgespräche ein Minimum an Wissensvermittlung vorstellen. Versuchen Sie nicht, meine Formulierung Ihrem Kind gegenüber wortwörtlich zu wiederholen. Aber versuchen Sie, daraus jene Atmosphäre des Vertrauens zu entnehmen, die allein Grundlage eines Aufklärungsgespräches mit Ihrem Kind sein soll.

Grundsätzlich sollte – wo dies möglich ist – der Vater mit dem Sohn und die Mutter mit der Tochter ein aufklärendes Gespräch führen. Alter? Nun, dazu nochmals: Aufklären ist langsames Aufschließen und beginnt an der Wiege. Mit dem Kind sollen wir auch über Fragen der Sexualität immer im Gespräch bleiben. Daher wird man schon einem drei- oder vierjährigen Kind anstelle des Storchen-Märchens sagen, daß ein Baby im Mutterleib heranwächst und von der Mutter geboren wird. Wie wunderbar, wenn eine schwangere Frau ihrem Fünfjährigen die Hände auf den Bauch legen und so die Bewegungen des Ungeborenen erleben läßt. Ebenso sollten Sie Ihr Kind sehr bald auf den Unterschied der Geschlechter aufmerksam machen. Wo nicht Angst und Scheu den Bereich der Sexualität beherrschen, werden Kinder auch immer fragen. Sie fragen – um es nochmals zu betonen – normalerweise nur das, was sie geistig auch erfassen können oder vielmehr: sie nehmen von unseren Antworten immer nur das auf, was sie geistig erfassen. Daher sollten wir auch schon den kleinen Kindern wahrheitsgetreue und offene Antworten geben, auch wenn ein Sechsjähriger uns die Frage stellt, wie das Baby in die Mutter hineinkommt. Wir werden es ihm erklären, als sprächen wir mit einem 13jährigen. Und das Kind wird sich davon behalten, was es braucht und was es erfassen kann.

Ein sechsjähriger Junge fand in der Wohnung ein Präservativ. Natürlich fragte er, was das sei. Und er akzeptierte willig die klare und einfache Antwort seines Vaters, die ohne Anzeichen von Emotion gegeben wurde. Das Kind nahm von dieser Antwort in seinen Erinnerungsbereich wahrscheinlich gar nichts mit. Aber es nahm die Atmosphäre mit, in der die Frage beantwortet wurde. Es hätte ebenso eine Frage über Vaters Auto sein können. Auch dort, wo dieses langsame Aufschließen des Kindes für den Bereich der Sexualität funktioniert hat, bedarf es wahrscheinlich – aber nicht unbedingt! – eines Tages eines oder mehrerer Aufklärungsgespräche, weil Kinder im Vorpubertätsalter diesen Fragen und Gesprächen meist ausweichen. Sie beginnen sich zu genieren. Manchmal mögen sie sich z. B. nicht mehr nackt zeigen. Sie sind nicht mehr so ungehemmt. Das langsame Aufschließen klappt nicht mehr so gut wie bisher. Freilich gibt es auch da Ausnahmen. Vor allem in fortschrittlichen Familien, die nicht von Tabus auf sexuellem Gebiet belastet sind und denen es gelingt, mit ihrem Kind auch in der schwierigen Vorpubertätsphase im Gespräch zu bleiben, so daß eigentlich alles in Raten besprochen wird, was andere Eltern in geballten Ladungen zu servieren haben.

Das sind Idealfälle. So weit müssen wir es einmal bringen. Dann werden Kinder heranwachsen, die in der Sexualität weder etwas Schlechtes – Eltern als Moralisten! – noch etwas Heiliges – Eltern als Ängstliche! – noch etwas rein Funktionelles – Eltern als Aufklärungsphantastiker! – sehen, sondern ein natürliches Bedürfnis ihres Körpers, das zu höchstem Genuß berechtigt, wenn man liebt. Liebe aber ist das Entscheidende. Daher sollte unsere Erziehung – wie ich es Ihnen vom Anfang an vorgezeichnet habe – eine Erziehung zum Lieben-Können sein. Der Sexrummel von heute ist nicht nur krankhaft. Er ist amoralisch und asozial. Er offenbart, wie krank wir im Sexualleben sind. Aus diesem Irrgarten führt einzig und allein eine gute Kindererziehung heraus.

## Zwei Aufklärungsgespräche

Nun zu den beiden Schemata eines Gesprächs, das notwendig ist, wenn das langsame Aufschließen des jungen Menschen für alle Fragen der Sexualität verabsäumt oder vernachlässigt wurde und sich Eltern daher der schwierigen Aufgabe unterziehen müssen, in „komprimierter Form" ein Aufklärungsgespräch zu führen.

*Der Vater mit dem Sohn:*

„Peter, jetzt bist du bald 13 Jahre alt. Gestern habe ich dich beobachtet, wie du vor dem Badezimmerspiegel an deinem Kinn die ersten Barthaare gesucht hast. Du wirst größer. Du wirst erwachsener. Du bist kein kleines Kind mehr. Das spürst du ja auch. Vieles siehst du anders als früher. Mit dir selbst bist du oft unzufrieden, bist unglücklich und weißt nicht, warum. Du bist einfach vollgeladen mit Energie. Und kennst dich oft nicht mehr aus mit dir und deiner Umwelt. Du hast vielleicht auch gemerkt, wie sich dein Körper zu verändern beginnt. Du schießt in die Höhe. Du bekommst Haare in der Schamgegend und unter der Achsel. Ein paar Pickel im Gesicht. Das Nasenbluten neulich so aus heiterem Himmel! Weißt Du noch? Du befindest dich in einer Zeit körperlicher und geistiger Veränderung. Daher wollen wir beide uns heute einmal ein wenig über dich unterhalten. Wie unter guten Freunden. Und damit dir bewußt wird, daß du mit allen deinen Fragen immer zu mir kommen kannst, Peter. Ich bin freilich manchmal nervös. Arbeit. Büro. Reisen – du weißt. Aber für dich bin ich immer da.

Also über dich, Peter! Das heißt, über den Menschen! Es ist alles recht einfach und recht kompliziert zugleich. Da wurde der Mensch mit einem Körper ausgestattet, mit Geist und Seele. Und dieser Mensch hat unter anderem auch Triebe, die das Leben erhalten. Den Hungertrieb. Den Dursttrieb. Den Muttertrieb. Und da ist auch der Geschlechtstrieb. Oder Sexualtrieb. Wie immer er genannt wird. Er soll der stärkste unserer Triebe sein, und das ist erklärlich, weil er ja auch als Fortpflanzungstrieb der Menschenerhaltung dient.

Dieser Trieb setzt in Männern und Frauen jene Drüsen in Bewegung, in denen Samenfäden und Eier produziert werden, aus denen dann ein neuer Mensch entstehen kann. Beim Mann sind es die Keimdrüsen oder Hoden, die in einem Hautsack hinter dem männlichen Glied – dem Penis – hängen. Sie sind dort geschützt, denn sie sind sehr empfindlich. Du wirst es sicher schon bemerkt haben, wie schmerzhaft es ist, wenn dich dort ein Ball oder Faustschlag trifft.

Diese Drüsen beginnen bei dir vielleicht auch schon zu arbeiten. Das ist ein Zeichen, daß man kein Kind mehr ist. Wenn diese Drüsen bei einem jungen Menschen in Funktion treten, dann kann es passieren, daß die Samenblase, wo sich der von den Keimdrüsen erzeugte Samen sammelt, überfüllt ist und sich plötzlich entleert. Meist geschieht dies, während man schläft. Du wachst dann erschrocken auf, erinnerst dich vielleicht an einen wüsten Traum und findest dein Leintuch voll einer weißen, glitschigen Flüssigkeit. Du brauchst darüber nicht zu erschrecken, denn das ist ganz natürlich. Du sollst vielmehr stolz darauf sein, daß du nun ein reifer Mensch bist und einen gesunden Körper hast.

Siehst du, in dieser weißen, klebrigen Masse sind nun tausende Samenfäden. Die Natur ist verschwenderisch. Ein einziges Samenfädchen aber schon macht dich fähig, selbst ein Kind zu zeugen.

Na, und wie kommt nun so ein neues Menschenkind zustande? Es ist nicht anders als bei Pflanzen und Tieren, von denen du das ja in der Schule gelernt hast. Kannst du dich übrigens noch erinnern, wie wir heuer im Frühling den Blütenstaub der Palmkätzchen auf die kleinen roten Blüten klopften? Ich habe dir damals gesagt, daß wir damit die Haselnuß befruchten und aus der kleinen Blüte nun bestimmt eine Haselnuß wird. Beim Menschen sind es keine Blüten, sondern Eier. Diese sitzen im Körper der Frau, genauer gesagt: im Eierstock. Innerhalb einer gewissen Zeit – alle vier Wochen ungefähr – wird eines davon reif. Mit dem männlichen Glied wird nun auch der männliche Samen durch die Scheide der Frau zu einem solchen reifen Ei getragen. Das nennt man Koitus oder Geschlechtsverkehr oder auch Liebesakt, weil es zwischen Mann und Frau geschieht, die einander lieben. Also, nun vereinigt sich das winzige, kleine Samenfädchen (es ist übrigens nur 1/20 mm groß!) mit dem mehr als doppelt so großen weiblichen Ei. In diesem Augenblick entsteht eine neue Menschenzelle. Mitten im Mutterleib. Dort wächst diese Zelle heran, genährt aus dem Blutkreislauf der Mutter, und wächst neun Monate lang, bis sich ein Menschenkind daraus geformt hat, das zusammengekauert in einer Blase liegt. Nach dieser Zeit der Schwangerschaft stoßen kräftige Muskeln in der Frau dieses neue Menschenkind durch die Scheide, die weibliche Öffnung, nach außen. Das Kindlein tut einen Schrei, füllt damit die Lungen und ist geboren.

Erstaunlich, was? Aus einem unvorstellbar kleinen Fädchen und einem winzigen Ei ist ein Mensch geworden, ein Mensch wie du und ich, mit Augen, die sehen können, mit Ohren, die hören können, einem Herzen, das schlägt und das Blut durch den Körper treibt, und vor allem mit dem größten Wunder, das in dir und mir und in allen Menschen wohnt: einer Seele. Niemand hat in den Millionen Jahren, seit es Menschen gibt, ergründet, was diese Seele ist.

Was meinst du, Peter, ist das nicht eine aufregende und großartige Sache? Nun gäbe es freilich noch viel dazu zu sagen. Aber ich möchte dir heute nicht zuviel zumuten. Frag lieber! Und frag ganz offen, denn das sind ja keine Geheimnisse, sondern das ist das Leben, in das du hineinwächst, Peter. Es war nett, daß ich jetzt einmal mit dir so ernsthaft sprechen konnte. Wie mit einem Erwachsenen! Ich hab' dich sehr gern, mein Junge!"

*Die Mutter mit der Tochter:*

„Es hat mir leid getan, Ilse, daß ich gestern mit dir so geschimpft habe und wir böse auseinandergingen. Und das nur, weil du dir Lidschatten gemalt hast. Eigentlich hätte ich daran denken müssen, daß alle Mädchen in deinem Alter schon ein bißchen Dame sein wollen. Und du bist ja nun wirklich kein Kind mehr. Deswegen wollen wir jetzt auch ganz vernünftig miteinander reden. Nicht über Mode oder Make-up. Aber darüber, daß du nun langsam vom kleinen Mädchen zur Frau reifst und einiges darüber wissen mußt.

Ich möchte nämlich nicht, daß du all die Dinge glaubst, die sehr gescheit tuende Mädchen eurer Klasse wahrscheinlich darüber zum besten geben. Ich möchte, daß du es von mir, deiner Mutter, hörst, damit du auch weißt, daß du mit jeder Frage zu mir kommen kannst und dadurch alles richtig und nicht entstellt erfährst. Du möchtest doch einmal eine gesunde und glückliche Frau werden.

Daß du dich in letzter Zeit sehr stark verändert hast, hast du ja selbst bemerkt. Du ärgerst dich sogar, daß du nun etwas molliger wirst, aber das ist kein Dickerwerden, sondern du nimmst einfach weiblichere Formen an. Deine Brust wächst, du bemerkst Haare in deiner Schamgegend und unter der Achsel. Und eines Tages wirst du überrascht feststellen, daß deine Unterwäsche oder dein Bett Blutflecken zeigt. Da brauchst du dich nicht darüber aufzuregen. Das ist vielmehr ein Zeichen, daß du nun auch in deinen Organen zur Frau heranreifst.

Wie das mit dem Blut zusammenhängt? Nun, das mußt du auf jeden Fall wissen. Hör zu! Du hast in deinem Körper eine Menge kleiner Lebenskeime. Es sind die Eizellen, die in den Eierstöcken aufgespeichert sind. Jede dieser Eizellen ist fähig, ein neues Menschenkind zu entwickeln, wenn sie von einem männlichen Samenfädchen befruchtet wird. Das geschieht, wenn sich Mann und Frau in einem Moment größten Liebhabens vereinigen. Da trägt der Penis oder das männliche Glied – so nennt man beim Mann den Geschlechtsteil – diesen männlichen Samen in den Schoß der Frau. Wenn eines dieser unwahrscheinlich kleinen Samenfädchen auf ein reifes Ei trifft, dann vereinigen sich diese, und das geheimnisvolle Schöpfungswerk für einen neuen Menschen ist getan.

Alle 28 Tage nun gleitet so eine reife Eizelle aus dem Eierstock und durch den Eileiter in die Gebärmutter. Dort hat ein wunderbares Naturgesetz die Schleimhäute mit Blut gefüllt. Mit diesem Blut müßte ein befruchtetes Ei ernährt werden. Wenn das Ei aber nicht befruchtet wurde, dann stößt sich die Schleimhaut in der Gebärmutter ab, und das Blut wird durch die Scheide aus deinem Körper ausgeschieden. Das ist die monatliche Blutung bei jeder Frau, und weil sie sich in einem ganz bestimmten Zeitabschnitt wiederholt, nennt man sie auch monatliche Regel oder Menstruation. Man sagt auch, eine Frau ist unwohl, weil sie sich manchmal zur Zeit dieser Blutausscheidung nicht wohl fühlt, Kopfschmerzen oder Bauchweh haben kann. Du mußt dich dann während dieser Tage etwas schonen, sorgsam sauberhalten und eine gute Monatshygiene verwenden, damit deine Wäsche nicht beschmutzt wird. Ich habe das für dich schon bereitgehalten.

Aber was geschieht nun weiter, wenn so ein männliches Samenfädchen tatsächlich auf eine weibliche Eizelle trifft? Dann wird dieses Ei befruchtet und wächst im Mutterleib in neun Monaten zu einem Menschenkind heran, das in eine Blase eingeschlossen ist und von der Mutter Nahrung durch die Nabelschnur empfängt. Bei der Geburt wird die Nabelschnur, die bisher das Kind im Mutterleib – Embryo genannt – mit dem Blutkreislauf der Mutter verbunden hatte, abgeschnitten. Nun wird das Kind mit der Muttermilch genährt, die die Milchdrüsen in der weiblichen Brust erzeugen.

Die Geburt eines Kindes ist für die Mutter keine leichte Sache. Der Weg aus dem Körper der Mutter ist eng. Die Scheide der Frau kann sich aber so erweitern, daß das Kind austreten kann. Freilich nicht ohne Schmerzen. Man nennt deshalb die Kontraktion der Gebärmutter, durch die das Kind ausgestoßen wird, Geburtswehen. Das ist etwas ganz Natürliches, auf das man sich während der Schwangerschaft durch bestimmte Lockerungs- und Entspannungsübungen vorbereitet. Die Strapazen der Entbindung hat man aber schnell vergessen, wenn man dann sein Neugeborenes in den Armen hält.

Jetzt wirst du also langsam reif, Ilse. Dieses Reifen macht euch Mädchen freilich oft viel zu schaffen. Denn ein mächtiger Trieb wird in euch wach: der Geschlechtstrieb. Und er ist wie ein reißender Fluß – eben der Lebensstrom – und wallt und schäumt und bringt einen jungen Menschen in seinem Denken und Tun leicht durcheinander. Da wird es für dich auch immer wieder Stunden der Entscheidung geben, Ilse. Entscheidungen nämlich, ob du dich von diesem Strom mitreißen läßt oder ob du dein Schifflein darauf steuerst und er dich zu einer glücklichen Frau macht.

Ihr jungen Leute habt sehr oft das Wort Liebe im Mund. Ihr singt es in Schlagertexten und bezeichnet damit den ersten Tanzstundenflirt. Aber das ist noch nicht die wirkliche Liebe, Ilse. Die wirkliche Liebe ist ein Ja-Sagen zueinander. Um das zu können, muß man schon reifer sein. Wo diese echte Liebe von einem jungen Mädchen nicht gesehen wird, noch nicht gesehen werden kann, wo es sich schon in jungen Jahren verschenkt, da gibt es viel Enttäuschung.

Obwohl es sehr ernste Dinge sind, über die ich da mit dir gesprochen habe, Ilse, sollst du sie in deinen Gedanken als etwas Beglückendes tragen. Gewiß werden dir noch viele Fragen kommen, die ich dir gern beantworten möchte, wenn du sie an mich stellst. Ich wollte dir ja keine Aufklärungsstunde halten, sondern dir damit eigentlich nur sagen, daß ich dich sehr, sehr lieb habe, Ilse, und daß du in deinen Eltern in Zukunft auch Freunde sehen sollst, mit denen du Freud und Leid teilen kannst.

Du bist ja mein großes, liebes Mädchen, Ilse, und ich möchte als deine Mutter immer stolz auf dich sein dürfen."

Man sollte bei derart gezielten Aufklärungsgesprächen dem Kind möglichst auch Bilder oder schematische Darstellungen von den Geschlechtsorganen und der Geburt eines Babys zeigen. Das erleichtert die Unterhaltung.

Themen wie Masturbation, Empfängnisverhütung, Homosexualität usw. sollte man beim ersten Aufklärungsgespräch, falls das Kind nicht danach fragt, nicht anschneiden, da dies nur verwirrend wirkt. Außerdem weiß ich aus Erfahrung, daß gerade hier Eltern noch immer Hemmungen haben, die in den meisten Fällen eine freie Unterhaltung darüber unmöglich machen. Verkrampfung aber schadet solchen Gesprächen. Das Kind spürt die Unsicherheit und wittert dahinter etwas Besonderes. Alles rund um den Sex sollte im allgemeinen weder aufgewertet noch unterbewertet werden, sondern seinen natürlichen Platz im Alltag des jungen Menschen finden.

Zur Masturbation: Man sollte nur darüber sprechen, wenn ein Grund dafür gegeben ist oder das Kind diesbezügliche Fragen stellt. Dann sollte man sagen, daß man sich auch selbst befriedigen könne und dies nicht schädlich sei. Sexualität sei jedoch auf andere bezogen und die eigentliche Form der Sexualität daher die Begegnung der beiden Geschlechtspartner, was Liebe, Bejahung und Achtung voreinander voraussetzt.

Zu den Verhütungsmitteln: Es ist notwendig, dem Jugendlichen zu erklären, daß das Geschlechtsleben in unserer Gesellschaft eng mit der Frage verbunden ist, wie man es vermeidet, unerwünschte Kinder zu bekommen, und daß es Methoden gibt, eine Befruchtung zu verhindern. Wer aber von den Eltern kann schon die Methode Knaus-Ogino beschreiben, derzufolge die empfängnisbereiten Tage zwischen dem 10. und 18. Tag eines Zyklus liegen? Dazu bedarf es schon einer Darstellung der Vorgänge um den Eisprung. Nicht einfacher ist das mit der Temperaturmethode, die ein tägliches Messen der Körpertemperatur der Frau mit einem auf Zehntelgrad geeichten Thermometer verlangt. Wie aber wollen wir über Empfängnisverhütung sprechen, wenn wir nicht diese beiden noch natürlichsten Methoden an den Anfang stellen?

Es bedarf bei einem Gespräch über Verhütungsmittel einer Aufklärungshilfe, wie sie sich Eltern heute leicht beschaffen können. Achten wir nur darauf, daß es sich um möglichst sachliche, nach keiner Richtung hin zu sehr tendenziöse Informationen handelt. Es ist z.B. zuwenig, wenn man dem Jugendlichen nur ein Präservativ oder ein Pessar zeigt und die Vor- und Nachteile dieser beiden Verhütungsmittel aufzählt. Schon dabei sind Eltern freilich überfordert. Bleibt das Gespräch über die Pille, dem sichersten und einfachsten aller Verhütungsmittel. Es gibt Ärzte, wie den dänischen Facharzt Erling Ostergard, die auch schon Mädchen, wenn sie mindestens ein Jahr lang regelmäßig menstruiert haben, die Pille zusprechen, ohne eine Schädigung darin zu sehen. Die Wissenschaft kommt jedoch immer mehr zu der Überzeugung, daß die Pille – auf Dauer genommen – auch für reife Frauen nicht gefahrlos ist, für junge, in der Entwicklung begriffene Mädchen jedoch echt gesundheitsschädlich ist. Sie ist nach wie vor nur über ärztliche Verschreibung erhältlich, so daß ein junges Mädchen ohne ärztliche Konsultation und Beratung nicht so ohne weiters an sie herankommt.

In diesem Zusammenhang müßte man die jungen Menschen darauf aufmerksam machen, daß Jungen und Mädchen in den frühen Entwicklungsjahren keine sexuellen Verbindungen eingehen sollten, da sie seelisch und geistig noch nicht reif genug dafür sind.

Ja, nun haben wir uns doch ausführlicher mit der Aufklärung beschäftigt, als ich es vorhatte. Es reut mich nicht, denn ich weiß, wie sehr sich Eltern mit diesem Problem oft abquälen. Das wäre aber nicht nötig, wenn sie mit ihrem Kind immer im Gespräch blieben und Sexualität aus den Klammern der Ängste und Mißverständnisse befreiten.

## 5. MAN SOLLTE WISSEN,

WIE MAN SICH ZU VERHALTEN HAT, WENN DER JUNGE MENSCH AUS DER FAMILIE IN BERUF UND GESELLSCHAFT HINEINWÄCHST.

### Der „Ernst des Lebens" beginnt

Wenn die Frage der Berufswahl – meist schneller, als man gedacht hat – ernsthaft an Eltern und Kind herantritt, dann erleben wir heute vielfach Kopflosigkeit. Die Erwartungen, die man in sein Kind gesteckt hat, haben sich womöglich nicht erfüllt. Der Schulerfolg war nur mittelmäßig oder gar schlecht. Ausgeprägte Neigungen und Interessen zeigen sich bei unserem Kind vielleicht kaum. Was tun? Vor allem: Was tun, wenn man aus dem Jungen oder aus dem Mädchen „etwas Besseres" machen möchte? Eltern sollten sich bereits frühzeitig mit den verschiedenen Berufsmöglichkeiten vertraut machen. Sie werden dann sehen, welche Vielfalt an Berufen es heute gibt und wie aussichtsreich viele von ihnen sind. Aufstiegsmöglichkeiten sind gegeben, der Verdienst ist gut. Man muß sich nur etwas Zeit und Mühe nehmen, sich eingehend damit zu befassen und realistisch zu denken. Eltern sollten keine Phantasten sein. Das überlassen wir lieber den Kindern. Wir, die Erwachsenen, müssen ihnen den Weg zu einem echten Berufsziel zeigen.

Dies setzt voraus, daß wir Eltern uns einige grundsätzliche Regeln vor Augen halten. Ein bekannter Berufsberater hat zehn solcher Ratschläge für die Berufswahl aufgestellt:

1. Keine Berufswahl unter äußerem Zwang.
2. Keine Berufswahl ohne echtes Berufsinteresse.
3. Keine Berufswahl ohne wirkliche Eignung.

4. Keine Berufswahl ohne gründliche, sachkundige und persönliche Berufsberatung.
5. Keine Berufswahl in zu jungem Alter.
6. Kein Berufsentschluß ohne festen Vorsatz zur Ausführung.
7. Kein Berufsentschluß ohne das Wissen, daß jeder Beruf auch Enttäuschungen mit sich bringt.
8. Kein Berufswechsel ohne sachliche Gründe.
9. Kein Berufsantritt ohne Kenntnis der arbeitsrechtlichen Verhältnisse.
10. Keine Berufsarbeit aus bloßem Egoismus, sondern aus Verantwortung vor dem eigenen Gewissen und dem Nächsten.

Die Neigung zu einer bestimmten Beschäftigung oder Tätigkeit ist ein wesentlicher Faktor der Berufswahl. Darauf haben wir Eltern unser besonderes Augenmerk zu richten. Fällt es uns schwer, bei unserem Kind in irgendeiner Richtung echte Neigungen und Interessen zu entdecken, so wird uns ein erfahrener Berufsberater gewiß weiterhelfen. Nehmen wir diese Berufsberatung ernst. Gehen wir ihr nicht aus Angst oder Stolz aus dem Weg. Fragen wir, informieren wir uns. Lassen wir unser Kind rechtzeitig testen. Wo sich eine Neigung zeigt, wird sich meist auch die Eignung für einen bestimmten Beruf ergeben, und dem entspringen dann Liebe und Freude an der speziellen Beschäftigung. Sie sind zunächst wesentlicher als der Verdienst. Denn nur einem freudig in seinem Beruf stehenden jungen Menschen eröffnen sich berufliche Aussichten. Wer seine Arbeit gerne tut, wird Erfolg haben. Er wird aufsteigen und höhere Verdienstmöglichkeiten finden. Daher soll am Anfang einer Berufswahl nicht die Frage nach dem Verdienst, sondern die nach der Neigung stehen.

Sehen wir dabei drei große Berufsgruppen vor uns:

1. *Die Lehr- und Anlernberufe*

Tun wir sie nicht gleich mit der Bemerkung ab: „Wir möchten aus unserem Jungen etwas Besseres machen!" Erfolgreiche Betriebsleiter haben als Lehrlinge begonnen.

2. *Fachschulgebundene Berufe*

Haben Sie sich schon einmal dafür interessiert, welche verschiedene gute Fachschulen es gibt, die den jungen Menschen hervorragende Berufsmöglichkeiten bieten? Denken wir an Forstschulen, technische Fachschulen, Gartenbauschulen, Hotelfachschulen, Textilschulen, Uhrmacherschulen, Gastgewerbeschulen etc.

3. *Die akademischen Berufe*

Überlassen wir es auch beim akademischen Studium nicht allein dem Jungen oder Mädchen, sich festzulegen. Zeigen wir uns auch hier informiert, damit wir helfen und beraten können.

Das Problem der Berufswahl ist bei Mädchen meist schwieriger. Gerade unsere Zeit offenbart die Notwendigkeit, daß jedes Mädchen eine Berufsausbildung erhält. Wir Eltern sollten uns bewußt dieses Ziel setzen. Und wenn wir uns rechtzeitig informieren, werden wir auch für unsere Tochter den richtigen Beruf finden.

Alles, was unser Junge oder Mädchen lernt, liest, an Bildung aufnimmt und sich an Wissen aneignet, ist Gewinn für das ganze Leben. Später werden die Aufnahmebereitschaft und Lernfähigkeit nicht mehr so groß sein. Außerdem wird derjenige Jugendliche, der wissensdurstig, lernbegierig und interessiert ist, viel selbstverständlicher zum geeigneten Beruf finden als der interesselose, gleichgültige, faule, müde und gelangweilte.

Wann immer ein Jugendlicher in das Berufsleben tritt, verlangt ihm dieser Schritt eine Bewährung ab, die viel Charakterstärke erfordert. Im Grund genommen widersprechen die Anforderungen eines Berufslebens der seelischen, geistigen und körperlichen Struktur eines 14jährigen Buben oder Mädchens völlig, weshalb die Einführung eines neunten Schuljahres sehr begrüßenswert war. Der Ernst des Lebens, der plötzlich an den jungen Menschen herangetragen wird, verlangt Beherrschung und Rücksichtnahme, Ernst und Korrektheit, Unterordnung und Kontaktfähigkeit. Diesen Anforderungen ist ein Jugendlicher im Pubertätsalter noch nicht gewachsen. Daher kommt es oft zu Konflikten in der Persönlichkeitsstruktur des jungen Menschen oder mit der Umwelt; vor allem dort, wo kein gesundes Elternhaus dahintersteht, das dem jungen Menschen Halt und Sicherung, Entspannung und Verständnis schenkt.

Verantwortungsbewußte Eltern werden daher den Übertritt ihres Kindes in das Berufsleben vorbereiten. Sie werden vor allem die Bindungen zum Jugendlichen noch mehr zu festigen suchen, damit er daraus die Kraft gewinnt, im Alltag beruflicher Arbeit bestehen zu können.

Ich möchte aus diesem Komplex der Berufsvorbereitung einige wesentliche Fragen herausgreifen. Zuvor aber darf ich Ihnen die Geschichte eines mir bekannten Tischlers erzählen. Er besitzt drei Betriebe, beschäftigt über 60 Arbeiter, ist Leiter des Fachverbandes und hat vier Patente angemeldet. Ein erfolgreicher Mann in seinem Beruf. Sein Einkommen sichert ihm und seiner fünfköpfigen Familie einen hohen Lebensstandard. Sein Vater war Staatsbeamter, seine Mutter die Tochter einer angesehenen hohen Offiziersfamilie. Verständlich, daß diese Eltern ihrem einzigen Sohn eine standesgemäße Ausbildung geben wollten. Er mußte ins Gymnasium, kam auch dort gut mit, zeigte jedoch nach der Unterstufe kein Interesse mehr am Weiterstudium, sondern wollte Tischler werden. Die Eltern nahmen dieses „Hirngespinst" ihres Sohnes nicht ernst und zwangen ihn, weiter das Gymnasium zu besuchen. Für die Freude ihres Sohnes an der Bastelei zeigten sie kein sonderliches Interesse. Der Bub entwickelte eine wahre Meisterschaft in Laubsägearbeiten, bastelte Segelflugzeuge und Schiffsmodelle. Daran nahmen die Eltern eher Anstoß. Sie erblickten darin etwas, was den Sohn von seinen eigentlichen

Schulleistungen abhielt, und übten ständig Kritik an seiner Freizeitbeschäftigung.

Auch nach dem Abitur hatte der Bub noch immer den Wunsch, Tischler zu werden. Da war mit dem Vater überhaupt nicht mehr zu reden, und die Mutter zeigte nur ein mitleidiges Lächeln, wenn das Thema angeschnitten wurde. Bald wurde es denn auch nicht mehr angeschnitten, denn der Sohn hatte die Nutzlosigkeit seines Begehrens erkannt, zog sich von den Eltern zurück und führt ein Eigenleben. Eltern und Sohn litten darunter in gleicher Weise. Noch war der elterliche Einfluß so groß, daß der Sohn das Jurastudium begann. Nach zwei Semestern kam es zum Krach. Der Bub floh ins Ausland, die Eltern hörten lange nichts mehr von ihm. Man kann sich die Enttäuschung von Vater und Mutter vorstellen, die ihrer Ansicht nach alles für eine entsprechende Ausbildung ihres einzigen Sohnes und Erben getan hatten und sich nun so bitter hintergangen sahen. Endlich erhielten sie wieder Nachricht. Der Sohn war in Frankreich und lernte – Tischler.

Einige Jahre später kam er zurück. In der Heimat legte er seine Meisterprüfung ab. Heute ist er in seinem Beruf eine anerkannte Persönlichkeit. Seine Eltern leben noch. Vielleicht ist ihnen jetzt, im Alter, der Fehler bewußt geworden, den sie in der Erziehung ihres einzigen Sohnes begangen haben.

Immerhin ist dieser Fall gut ausgegangen. Zahllose ähnliche Situationen enden schlimmer. Wenn auch nicht mit Selbstmord, dessen Motiv nicht selten in der Frustration am ausgeübten Beruf liegt, so doch fast immer mit Minderwertigkeitskomplexen und Lebensuntüchtigkeit. Wo die eigene Persönlichkeit nicht stark genug war, die elterlichen Widerstände zu durchbrechen und dem Weg der inneren Berufung zu folgen, wurde durch ehrgeizige, mit Blindheit geschlagene Eltern die Leistungskraft im jungen Menschen ein für allemal gebrochen. Das Heer unglücklicher Menschen, die in einem falschen Beruf stecken, ihre Berufe wechseln, nirgends zu Erfolgen kommen und ein Dasein ständiger beruflicher Unzufriedenheit fristen, ist eine einzige Anklage gegen Eltern, die in ihrer Erziehungsaufgabe versagt haben.

Nehmen wir daher die Frage des künftigen Berufes unseres Kindes wirklich ernst und beschäftigen wir uns damit. Wir können uns gar nicht genug damit auseinandersetzen.

### Einige Fragen zur Berufswahl

Nunmehr zu einigen brennenden Fragen rund um die Berufsvorbereitung:

*1. Wie erkennen wir Berufsneigungen?*

Manchmal sehr deutlich, manchmal gar nicht. Es gibt Jungen und Mädchen, die schon mit zehn Jahren einen Berufswunsch äußern, daran festhalten und ihr steigendes Interesse auch praktisch bekunden. Denken wir an zeichnerisch sehr begabte Kinder, die sich wünschen, einmal Plakate zu gestalten. Denken wir an unsere kleinen Techniker, die ihr Fahrrad jede Woche einmal zerlegen. Denken wir an die Radiobastler. Denken wir an die kleinen Köche, die so gerne Kuchen backen. Denken wir an die Buben, die Tiere lieben, im Wald umherstreifen und einmal Förster werden wollen. Denken wir an die musisch begabten Kinder und an Mädchen, die gerne schneidern. Denken wir an die Ausdauer unseres kleinen Markensammlers, die ein Hinweis darauf sein könnte, daß Geduld und Umgang mit vorsichtig zu behandelnden Gegenständen ihn vielleicht für einen Uhrmacher prädestinieren. Denken wir schließlich an das Interesse der Kinder am Beruf der Eltern. Dann aber wieder gibt es Kinder, die keine deutlichen Neigungen und Fähigkeiten zeigen oder deren Interessen ständig wechseln. Das ist kein Anlaß zum Verzweifeln. Es kann etwa daran liegen, daß keine Möglichkeiten oder Anreize geboten werden, besondere Fähigkeiten unter Beweis zu stellen. Wie sollte zum Beispiel ein musikalisch begabtes Kind seine Musikalität unter Beweis stellen können, wenn es nie ein Instrument lernen durfte? Irgendwelche besonderen Neigungen besitzt Ihr Kind auf jeden Fall. Wenn sich diese Neigungen nicht zeigen, dann ist der Weg zum Berufsberater später um so wichtiger, da dieser durch eine Eignungsuntersuchung Richtlinien für die Berufsausbildung geben kann.

## 2. Ist ein schlechter Schulfortgang alarmierend?

Alarmierend schon, liebe Eltern, aber er ist kein Beweis für ein späteres Versagen im Berufsleben. Es bürgert sich heute immer mehr ein, zu behaupten, daß schlechte Schulnoten gar nichts bedeuten. Eltern trösten nicht nur sich, sondern unklugerweise auch ihr Kind über schlechte Zeugnisse hinweg, indem sie vom Versagen der Vorzugsschüler im späteren Leben reden und vom großen beruflichen Erfolg eines schlechten Schülers. So ganz richtig ist das nun wirklich nicht. Ich kenne jedenfalls keinen guten Schüler, der im Berufsleben ganz versagt hätte; mir sind aber viele Menschen bekannt, die in der Schule leistungsschwach waren und dann auch im Beruf nie sehr erfolgreich wurden. Aber dennoch sind schlechte schulische Leistungen freilich kein sicherer Maßstab für den beruflichen Erfolg, weil bei der Notengebung in der Schule verschiedenste Faktoren nicht beachtet werden, die für das Berufsleben jedoch mitentscheidend sind, wie z. B. handwerkliches Geschick, Ausdauer, besondere Anlagen usw. Wir leisten unserem Jungen und unserer Tochter einen guten Dienst, wenn wir daher für eine richtige Schulwahl sorgen und darüber wachen, daß die Nachlässigkeit im Lernen nicht zu stark einreißt. Man bedenke auch, daß gerade Abiturienten, die eine Stelle suchen, sehr davon abhängig sind, welche Noten ihr Zeugnis aufweist. Ein gutes Schulzeugnis bleibt daher noch immer ein wertvoller Helfer für den Start in das Berufsleben.

### 3. Studium oder Handwerk?

Die Zeiten wirtschaftlichen Aufschwungs brachten es mit sich, daß die Eltern trotz des „Numerus clausus" an den Universitäten mancher Länder bestrebt sind, ihr Kind möglichst in ein Studium zu drängen. Sie können es sich leisten und wollen sich wohl auch ein wenig in der Tatsache sonnen, daß ihr Sohn oder ihre Tochter eine Universität besuchen. Erweisen wir damit unserem Kind immer einen Dienst? Es ist ernsthaft zu überlegen, ob nicht doch das Erlernen eines Handwerks vorzuziehen ist. Daher: Studium wirklich nur dort, wo echte Begabung vorhanden ist. Unsere Universitäten sind überfüllt. Die Leistungsauslese ist außerordentlich groß, der Weg zu einem akademischen Beruf oft langwierig und dornenvoll. Ein nicht vollendetes Studium endet beruflich im Ungewissen. Seien Sie daher nicht zu ehrgeizig, liebe Eltern! Wenn Ihr Junge das Zeug in sich hat, eine höhere berufliche Position zu erreichen, wird er es auch ohne Universitäts-Studium fertigbringen. Dazu stehen ihm heute viele Möglichkeiten offen.

### 4. Ist mein Kind schon reif für das Berufsleben?

Die meisten Eltern ausgeschulter Kinder stellen sich diese Frage. Normalerweise müßten die Kinder reif sein, auch wenn sie körperlich noch schwächlich aussehen. Die Reife hängt in entscheidendem Maß auch davon ab, ob im Elternhaus alles getan wurde, um den jungen Menschen eine gesunde Wertwelt aufzubauen.

### 5. Sollen wir zum Berufsberater?

Ja. Freilich werden wir ihn mit 12jährigen noch nicht aufsuchen, denn an das Kind zu früh die Sorge der Berufswahl heranzutragen, ist ungünstig. Aber im letzten Jahr vor der Ausschulung sollte der Berufsberater besucht werden. Berufsberatungen werden heute schon fast an allen Schulen durchgeführt. Sie werden dort genügen, wo ein starker Berufswunsch vorhanden ist und der Weg ziemlich klar vorliegt. Dort jedoch, wo unklare Berufsvorstellungen herrschen, werden die Eltern ein übriges tun müssen. Denn erst über diese Fachleute kann zumeist eine Berufsaufklärung überhaupt erfolgen, die ebenso wichtig ist wie der Berufswunsch. Nur wenige Jugendliche haben klare Vorstellungen von dem Beruf, den sie sich erträumen. Ihr Wunsch entspringt entweder einer persönlichen Liebhaberei, einem besonderen Interesse oder der Beeinflussung durch Altersgenossen. Es gibt Schulklassen, in denen die Hälfte den Wunsch hat, Koch zu werden, weil einer der Buben – wahrscheinlich der Rädelsführer – diesen Beruf ergreifen will und ihn in schillernden Farben zu schildern weiß. Klarheit schafft dann nur der Besuch bei einem erfahrenen, guten Berufsberater.

## 6. Was sollen wir bei fehlender Begabung oder körperlichen Gebrechen tun?

Auch in diesen Fällen ist die Sorge der Eltern heutzutage unbegründet. Es gibt zahlreiche Berufsschulen, Ausbildungsstätten, Internate usw., die sich mit behinderten Jugendlichen beschäftigen, so daß mit einiger Umsicht der Eltern auch ein solches Kind sehr lebenstüchtig werden kann. Die Berufsberatung wird diese Wege zeigen können.

## 7. Ist der Kontakt mit dem Lehrherrn notwendig?

Sehr sogar. Schon bevor unser Sohn oder unsere Tochter sich um eine Lehrstelle in einem Betrieb bemüht, sollten wir Eltern uns über den Lehrherrn eingehend erkundigen. Das Betriebsklima ist entscheidend. Glauben Sie mir das! Manche Kinder versagen, da sie sich gegen den massiv auf sie einstürmenden schlechten Einfluß nicht wehren können. Daher Vorsicht bei der Wahl des Lehrplatzes! Auch der Kontakt mit dem Lehrmeister ist wichtig. Das wird über viele Schwierigkeiten hinweghelfen, die in der Anfangszeit auftreten können.

## 8. Wie verhält es sich mit dem Berufswechsel?

Vorsicht, dreimal Vorsicht! Enttäuschte Hoffnungen wecken in einem jungen Menschen rasch den Wunsch nach einem anderen Beruf. Ein Beispiel: Herbert hatte den Wunsch, Zuckerbäcker zu werden. Er brachte auch die beruflichen Eignungen mit, aber nach einigen Wochen ließ seine Freude merklich nach. Er mußte erleben, daß er, statt – wie er es sich erträumt hatte – Marzipanfiguren zu formen, Backbleche einfetten und das Geschäftslokal auskehren mußte. Eines Tages erklärte Herbert seinen verzweifelten Eltern, daß er nicht mehr Zuckerbäcker werden wolle. Die Eltern gaben nach. Herbert kam zu einem Mechaniker in die Lehre. Dort mußte der Bub erleben, daß er kein Geschick für die verlangte Arbeit hatte. Er verlor wieder die Freude, und es folgte der dritte Berufswechsel. Der neue Lehrmeister war gegen den Buben voreingenommen. Es kam erneut zum Berufswechsel. Schließlich landete Herbert auf dem Bau. Aber das hätte nicht sein müssen.

Daß die Freude am Beruf in den ersten Wochen nachläßt, ist häufig zu beobachten. Die völlige Umstellung und die Enttäuschung, nicht gleich die interessantesten Aufgaben übernehmen zu können, spielen dabei eine Rolle. Wenn jedoch Eltern und Lehrmeister diese Krise erkennen, hart bleiben und dem Jugendlichen verständnisvoll weiterhelfen, wird sich die Freude wieder einstellen. Nur wenn wirklich sachliche Gründe vorliegen, sollten Eltern einem Berufswechsel stattgeben. Im übrigen jedoch sollten sie den jungen Menschen diese Bewährungsprobe bestehen lassen. Wo eine gute Charaktergrundlage geschaffen wurde, kann es nicht schiefgehen.

## 9. Ferialarbeit – ja oder nein?

Wenn Ihr Sohn oder Ihre Tochter mit 18 Jahren oder später als Student/in

Interesse daran findet, während der Ferien zu arbeiten, um sich Geld zu verdienen, sollten Sie nicht dagegen sein. Der Wert manueller Arbeit wird während einer solchen Praxis erkannt. Verständnis für die Probleme der manuell arbeitenden Menschen wird gewonnen. Und schließlich erleben die Jugendlichen, daß das Brot oft hart verdient werden muß.

### 10. *Was soll mit dem Verdienst geschehen?*

Es darf nicht zur Gänze dem jungen Menschen frei zur Verfügung stehen. Eltern haben darüber zu wachen, daß wenigstens ein kleiner Beitrag zur Haushaltsführung beigesteuert wird. Damit stärken sie im jungen Menschen das Gefühl der Zugehörigkeit zur Familie und bauen ein gewisses Mitverantwortungsgefühl auf. Ein weiterer Teil des Lohnes sollte gespart werden, damit von Zeit zu Zeit größere Ausgaben gedeckt werden können. Das eigentliche, zur freien Verfügung stehende Taschengeld sollte nicht zu hoch sein. Über Einnahmen und Ausgaben sollte der Jugendliche Buch führen, damit er lernt, mit dem Geld richtig zu wirtschaften, es einzuteilen und vorauszuplanen.

Das sind freilich nur einige Probleme aus dem großen Themenkreis der Berufsvorbereitung. Aber es handelt sich um die wesentlichsten Fragen, und die hier aufgezeigten Gedanken werden Ihnen, liebe Eltern, helfen, auch in dieser Lebensphase Ihres Kindes die rechte Entscheidung zu treffen.

Bedenken wir letztlich, daß unsere berufstätigen Jungen und Mädchen nicht mehr wie Kinder behandelt sein wollen. Neulich hörte ich die Klage eines 16jährigen Lehrlings: „Im Betrieb muß ich arbeiten wie ein Erwachsener, aber daheim bin ich noch das Kind!" – Wundern wir uns doch nicht bei jugendlichen Berufstätigen, die zu Hause nicht den rechten Kontakt zu den Eltern finden, daß sie sich in der Öffentlichkeit so betont lautstark und aufdringlich benehmen. Lassen wir sie sich in einem glücklichen Elternhaus abreagieren.


### *Endstation Rauschgift*

Kürzlich wurde nachgewiesen, daß in Deutschland jeder fünfte Jugendliche zwischen 14 und 21 Jahren regelmäßig Alkohol trinkt. Wir sind immer gerne geneigt, solche Meldungen auf die leichte Schulter zu nehmen. Was ist denn schon dabei? Echter Kornschnaps ist Medizin, Wein stärkt den Geist, und Bier ist flüssiges Brot, heißt es. Alles halb so schlimm. Drum „Trink, Brüderlein, trink…"

Das konstante Ansteigen des Alkoholkonsums im allgemeinen ist alarmierend. Ein gehobener Lebensstandard serviert uns den Alkohol in allen nur erdenklichen Formen. Und wir greifen gerne danach. Es gehört doch dazu. Auch wenn's manchem nicht schmeckt.

Alkoholgenuß an sich wäre ja auch noch kein Laster, wenn man dabei

Grenzen zöge. Aber darin liegt die diabolische Gefahr, daß der Haltlose dem Alkohol leicht verfällt. Das Ergebnis ist das Elend einer Trinkerfamilie.

Um dieser beunruhigenden Entwicklung Einhalt zu gebieten, ist es notwendig, alle guten Kräfte zu mobilisieren und die Jugend vor dem Alkoholmißbrauch zu bewahren. Bedenken wir: Alkohol ist für junge Menschen Gift. Er macht hemmungslos und setzt die Leistungsfähigkeit herab. Er beseitigt die natürlichen und die durch die Erziehung gesetzten Schranken der Persönlichkeit. Der Jugendliche verliert beim Alkoholkonsum viel rascher das Urteil über den sittlichen Wert seiner Handlungen.

Alkohol macht kritiklos gegen andere und gegen sich selbst. Wir müssen diese Gefahren erkennen. Wir müssen aber auch bereit sein, auf die Jugend entsprechend einzuwirken. Einmal durch das Vorbild, zum anderen durch strikte Handhabung des Jugendschutzes in der Öffentlichkeit. Dem Jugendschutz zufolge ist es verboten, „an Personen, die das 18. Lebensjahr noch nicht vollendet haben, Branntwein oder überwiegend branntweinhaltige Genußmittel im Betrieb einer Gast- oder Schankwirtschaft oder im Kleinhandel zum eigenen Genuß zu verabreichen; an Personen, die das 16. Lebensjahr noch nicht vollendet haben, in Abwesenheit des zu ihrer Erziehung Berechtigten oder seines Vertreters auch andere geistige Getränke oder Tabakwaren im Betrieb einer Gast- oder Schankwirtschaft zum eigenen Genuß zu verabreichen."

Wozu wurden derartige Gesetze geschaffen, wenn sie niemand beachtet? Wir Erwachsenen sind in dieser Frage gleichgültig geworden. Die Folgen zeigen sich dementsprechend. Das Ansteigen der Jugendkriminalität steht in einem sehr engen Zusammenhang mit dem Alkoholismus. Mehr als 50 Prozent aller durch Jugendliche verursachten Verkehrsunfälle sind auf Alkoholgenuß zurückzuführen. Jeder zehnte Jugendliche, der straffällig wurde, stand bei der Ausübung der Tat unter Alkoholeinfluß. Schließlich muß man beachten, daß ein Großteil der jugendlichen Kriminellen aus Trinkerfamilien stammt.

Alkohol ist daher ein Feind der Jugend. Auch in kleinen Mengen richtet er Schaden an. Kinder und Jugendliche haben eine viel geringere „Gifttoleranz" (Verträglichkeit), so daß sich auch mäßiger Alkoholgenuß ungünstig auswirkt. Die Gefahr, daß eine Sucht ausgelöst wird, ist gegeben.

Viele Eltern sind von der Notwendigkeit, dem Alkoholismus – vor allem bei der Jugend – entgegenzuwirken, überzeugt. Aber man spricht nur darüber. Man handelt nicht, da man nicht auf den Gedanken kommt, daß das eigene Kind genauso gefährdet ist. Handeln bedeutet dabei in erster Linie, dem jungen Menschen die Erkenntnis zu vermitteln, daß Alkohol einfach nicht zu einem jugendgemäßen Leben paßt, vielmehr den jugendlichen Körper und Geist schädigt. Diese Erkenntnis aber kann der junge Mensch nur im Elternhaus erhalten, soll sie für ihn zu einer sittlichen Maxime werden.

Ein weiterer Erzfeind unserer Jugend ist das Rauchen. Kürzlich stellte ein bekannter Jugendrichter in den USA fest, daß der Tabak die Jugend mehr als der

218

Alkohol zerstört. Wir wollen es dahingestellt sein lassen. Wir wollen auch nicht zur Abstinenz aufrufen und in keiner Weise in Extreme verfallen. Aber wir Eltern müssen die vielen kleinen und großen Feinde erkennen, die unsere Erziehungsaufgabe umlauern und gegen eine normale Entwicklung unserer Kinder anstürmen. Alkohol und Nikotin sind zwei dieser Feinde. Zwei nicht zu unterschätzende Feinde. Beide wirken nachgewiesenermaßen auf die Entwicklung hemmend und reizen zu früh den Drang nach Lebensgenuß. Beide schwächen den Willen.

Gewiß ist Nikotin für den Körper schädlich. In den Tabakblättern ist eines der gefährlichsten Gifte enthalten, die die Wissenschaft kennt. Herzkranzgefäße und Leber sind diesem Gift besonders stark ausgeliefert. Ein Arzt berichtete bei einer Tagung von folgender Erfahrung: Ein 26jähriger Mann starb an den Folgen einer Schädeloperation. Seine Leiche wurde seziert. Außer der Gehirngeschwulst, an der er gelitten hatte, fand sich noch etwas Merkwürdiges. Seine großen Schlagadern waren von zahlreichen Fettherden durchsetzt – ein Befund, der seinem Alter noch gar nicht entsprach. Es wurde jedoch festgestellt, daß diese merkwürdige Veränderung der Gefäße nur auf starkes Rauchen zurückzuführen war. Wäre dieser junge Mensch nicht an der Gehirngeschwulst gestorben, so hätte er gewiß einen frühzeitigen Herztod erlitten.

Sicherlich ist die Gesundheit des Menschen von der Erbanlage her bestimmt. Der eine wird durch das Rauchen keine wesentliche Schädigung davontragen, und der Alkohol wird ihm nichts ausmachen. Der andere wird dadurch schwerstens geschädigt und verkürzt sich damit das Leben. Wir aber wollen unsere Buben und Mädchen möglichst lange vor diesen Gefahren schützen. Mit Verboten werden wir wohl einen notwendigen Rahmen schaffen, aber – wenn das Übel einmal eingerissen ist – nicht allzuviel ausrichten. Eine vernünftige Aussprache bleibt immer noch der erfolgreichste Weg.

Aber nun zum traurigsten Kapitel der Erziehung: zur Gefahr des Rauschgifts. Zur Gefahr der Droge. Zur Gefahr dieser „Szene", die sich in unserer Gesellschaft in bedrohlichem Ausmaß eingenistet hat und unsere Kinder und Jugendlichen einer schrecklichen Gefahr aussetzt.

Ich kenne diese „Szene". Ich habe sie in manchen Großstädten studiert, viele Fachleute befragt, Süchtige interviewt und mir Statistiken angesehen. Es ist furchtbar, liebe Eltern! Es ist grauenhaft! Das Leid und die Verzweiflung von Eltern, deren Kind in diese Drogenszene abgerutscht ist, lassen sich nicht beschreiben. Die leeren Augen von schwankenden, ausgemergelten Gestalten junger Menschen, die dem Rauschgift verfallen sind, verfolgen mich in die Träume hinein. Mein Zorn wird zu einem glühenden, wenn ich an die Rauschgiftmafia denke, an die Milliardengeschäfte skrupelloser Geschäftemacher und Politiker, denen man nicht das Handwerk legen kann, da ihre Macht bis in die höchsten Stellen reicht.

Ich lege in meiner Aufklärungsarbeit größten Wert auf die Feststellung, daß heute alle Kinder und Jugendlichen von dieser Gefahr bedroht sind. Es darf keine Eltern geben, die sie nicht erkennen. Ich will damit in einem dramatischen

Appell alle Eltern davor warnen, das Problem des Rauschgifts zu verharmlosen. Wir müssen es ernst nehmen und uns dieser Herausforderung stellen.

Eine aufsehenerregende Studie des Ludwig Boltzmann-Instituts in Wien hat kürzlich enthüllt, daß jeder vierte junge Österreicher schon einmal Rauschgift probiert hat. Freilich bezieht sich dies hauptsächlich auf den Konsum von Haschisch und Marihuana. Aber gerade diese beiden Drogen sind als „Einstiegsdrogen" gefürchtet. Die meisten Heroinabhängigen haben mit diesen eher harmlosen Drogen begonnen. Immerhin bleiben dann jährlich hunderte Jugendliche total auf der Strecke. Ihnen ist nicht mehr zu helfen. Selbstzerstörung auf Raten.

Was ist zu tun?

Erstens müssen wir als Eltern die Augen offen halten. Wir müssen wissen, wo sich unser Herr Sohn oder unser Fräulein Tochter „herumtreibt". Ohne unsere Jugendlichen an die lange Leine zu nehmen, sollten wir sie „kontrollieren". Wir sollten ihre Freunde kennen, die Lokale und Discos, in denen sie verkehren, ihren Lesestoff, ihre Hobbys. Das kann eben nur dort geschehen, wo Gespräch vorhanden ist, wo Eltern noch Zeit finden, mit ihren Söhnen und Töchtern zu sprechen. Das soll freilich nie ein Aushorchen sein. Hüten wir uns davor, den Anschein zu erwecken, ihnen zu mißtrauen, sie zu beobachten oder ihnen nachzuschnüffeln. Nein, wo das Gespräch zu Hause „läuft", kommt irgendwie alles auf den Tisch. Aber wieviele Eltern haben heute keine Zeit mehr für solche Gespräche am Frühstückstisch oder am Abend? Wie viele Eltern leben an ihren Großen vorbei?

Zweitens komme ich eben nicht drum herum, wieder einmal die Familie, die Liebe, die Geborgenheit zu erwähnen. Es ist nun einmal Tatsache, daß fast alle Rauschgiftsüchtigen aus einem desolaten Daheim kommen. Keineswegs aus einem asozialen. Nein, die meisten Drogenabhängigen kommen sogar aus der Wohlstandswelt; ihre Väter und Mütter sind Vorstandsdirektoren, gut verdienende Geschäftsleute oder Politiker. Ein Daheim – das hat nichts mit Wohlstand zu tun. Und so muß es stets unsere zentrale Frage als Eltern sein, ob unsere Kinder dieses Daheim auch tatsächlich haben, erleben und schätzen.

Sind sie wirklich geborgen? Bejahen wir sie? Zeigen wir ihnen wohl genug, daß wir sie gern haben und für sie da sind?

Ich habe mich viel mit den Problemen der Drogenabhängigkeit beschäftigt. Ich weiß keine andere und bessere Vorkehr, als unser elterliches Bemühen auf eine funktionierende Familie zu konzentrieren. Und da sollte eben alles andere hintangestellt werden. Da müssen Eltern auf vieles verzichten.

## Der Einfluß des Freundeskreises

Normalerweise hat ein Junge mit 15 oder 16 Jahren außer seinem speziellen Freund noch einen ganzen Freundeskreis. Auch dieser hat seine Notwendigkeit und seine Bedeutung für das Erlangen der sozialen Reife. Wir sollten daher dem Jungen die Freiheit und die Freizeit gönnen, im Freundeskreis zu reifen. Das wird uns nicht immer leichtfallen, denn wir werden recht bald die Erfahrung machen, daß dieser Kreis unseren Jungen zu Ansichten erzieht, die unseren oft nicht entsprechen.

„Solange er nicht in diese Gesellschaft kam, war er noch viel vernünftiger!" – Altes Klagelied der Eltern. Sie vergessen dabei, daß sie nur ihre eigenen Anschauungen für vernünftig halten, daß diese für den jungen Menschen aber erst dann Bedeutung erlangen, wenn er sich aus eigenem Erleben geistig zu ihnen durchgearbeitet hat. Dazu braucht er die Gesellschaft von Freunden.

Der Einfluß dieser Gruppen ist heute zweifellos viel stärker als zu früheren Zeiten. Dies ist weitgehend auf die Massenkommunikationsmittel zurückzuführen. Man verwendet bestimmte Redewendungen. Man verehrt bestimmte Sportler oder Schauspieler. Man bevorzugt eine bestimmte Art von Musik. Man trägt Blue jeans. Man raucht. Man – man – man. Zu- und Abneigungen werden dirigiert, und es ist für den einzelnen nicht einfach, sich unter diesem Druck zu einer eigenen Meinung und Lebensanschauung durchzuringen.

Über diese soziologische Tatsache kommen wir jedoch nicht hinweg. Ich weiß, wie sehr sich die ältere Generation darüber aufregt. Aber die Jugend muß in die heutige Welt hineinreifen. Und sie muß sich dabei mit allen Erscheinungen und Einflüssen dieser Welt auseinandersetzen. Nur dann wird sie in sie hineinwachsen, ihr gewachsen sein – und auch über sie hinauswachsen und neue Wege einschlagen können.

Merken wir uns, liebe Eltern: Die Persönlichkeit unseres Jungen können wir nicht erzwingen und ertrotzen. Wir können sie nur an unserem Bild wachsen lassen. Geprägt wird sie durch die Bewährung in der Gesellschaft. Zu dieser Bewährungsprobe gehört der Freundeskreis, gehört die Gruppe. Eine starke Persönlichkeit wird sich früher oder später aus ihr lösen. Die Trauben reifen am Weinstock, aber sie müssen gekeltert werden, müssen gären, ehe sie zu gutem Wein werden. Unsere Gesellschaft bietet der Jugend heute sehr wenig an. Die Jugendlichen sind in einer Krise.

So trifft „man" einander eben in einer bestimmten Disco, auf einem bestimmten Platz, in einem bestimmten Park. Zumeist ist das keine Atmosphäre, die uns Erwachsene anspricht. Aber sie soll ja auch nicht uns Erwachsene ansprechen. Mischen wir uns also da nicht ein.

Wenn wir die Biographien hervorragender Menschen lesen, finden wir die Pubertätsjahre meist nur sehr flüchtig beschrieben. Auch wir müßten bei unseren eigenen Kindern den Mut haben, über diese Jahre großzügiger hinwegzusehen, ohne den jungen Menschen dabei aus den Augen und aus dem Herzen zu verlieren. Viele Eltern machen es umgekehrt. Sie betrachten diesen Lebensabschnitt ihres Kindes oft mit der Lupe des Argwohns und der elterlichen Sorgen und verlieren – da sie von so vielen Beobachtungen erschreckt und entmutigt werden – den jungen Menschen aus den Augen – und vielfach leider aus dem Herzen. Das heutige Elternhaus müßte mehr Glauben an seine heranwachsenden Kinder aufbringen, die da in der Gesellschaft ihre Prüfungen und Mutproben bestehen. Innerhalb der vier Wände auch des am schönsten eingerichteten Buben- oder Mädchenzimmers wird diese Probe niemals bestanden.

Auch heute ist nur ein ganz kleiner Teil der Jugend „schlecht". Der Großteil ist gut. Aber bei einem Drittel dieser guten Jugend liegt das Verdienst weniger am Elternhaus als an einer Gruppe, sei sie nur ein loser Freundeskreis oder ein Verein. Das müßte uns Eltern zu denken geben. Denn ein gutes Kind müßte immer das Produkt eines guten Elternhauses sein.

Während die Buben im Pubertätsalter sich gern zu größeren Gruppen zusammenschließen und dort ihren „Führer" haben, finden sich Mädchen mehr in Grüppchen. Persönliche Sympathien und Antipathien spielen hier eine größere Rolle. Daher sind diese Mädchenkreise und Freundinnengruppen oft nicht so dauerhaft. Und doch haben sie in ihrer Art für das Mädchen Bedeutung.

Irgendwo wird Ihr Mädchen sicherlich das richtige finden, das sie anspricht und an eine Form von Gemeinschaft bindet.


### Politische Erziehung ist notwendig

Früher einmal gab es von oben her festgesetzte Religionen und Wertordnungen. Andere Wertordnungen und Religionen wurden bestenfalls toleriert. Dies hatte seine Vorteile, aber, noch mehr, seine Nachteile. Vorteile, da sich der einzelne noch an einer Institution – zum Beispiel an der Kirche – orientieren und dort „Gut und Böse" ablesen konnte. Nachteile, da der Mensch unmündig und in der Freiheit seines Denkens, seines Handelns und seiner persönlichen Entfaltung eingeengt war. Heute hat sich die Gleichberechtigung verschiedener Weltanschauungen, zumindest im Geistigen, durchgesetzt. Wir leben im Pluralismus. Ein Mensch nun, der es nicht versteht, mit den Widersprüchen einer pluralistischen Gesellschaft zu leben, wird anfällig für totalitäre Ideologien. Dies ist eine der Gefahren, denen wir als Eltern entgegenwirken sollten.

Daher muß ich auch ein Wort zur politischen Erziehung sagen, die mit zum Aufgabenbereich der Eltern gehört und bewußt wahrgenommen werden müßte.

Was heißt politische Erziehung? Darüber gibt es viele Widersprüchlichkeiten. Zweifellos aber heißt es Erziehung zur Kritikfähigkeit, zu theoretischer und praktischer Urteilskraft, heißt Bereitschaft zu Engagement, zu Verantwortung, zu Weltoffenheit, zu Toleranz, zu Partnerschaft, zu Solidarität. Und das alles ist ungemein wichtig.

Bedenken Sie, werte Eltern: Der junge Mensch von heute wächst in eine Welt hinein, die im Spannungsfeld von Freiheitschancen und Steuerungstendenzen liegt; d. h. er genießt die Freiheit durch Demokratie, ist aber andererseits den Sachzwängen der Technik, der Werbung, des Konsums usw. unterworfen. Er läuft dem heute dominierenden konformistischen Menschentyp in die Arme. Dieser Menschentyp flüchtet in die Anonymität, schiebt persönliche Verantwortung ab, ist mit seinem Beruf und vor allem mit seiner vielen Freizeit vollauf beschäftigt, konsumiert, ist voll Unrast und drückt sich um die Mitwirkung im politischen Leben. Also letztlich: Mir ist es gleichgültig, was um mich herum geschieht, solange ich meine persönliche Ruhe habe und mein Leben genießen kann.

Eine gefährliche, vom heutigen Wohlstand geförderte Entwicklung. Es ist des Versuches wert, unser Kind da herauszuhalten und ein wenig über die Dinge zu stellen, damit für unsere Söhne und Töchter das Dasein einmal überschaubarer wird. Das Leben wird an einem aufgeschlossenen, kritikfähigen Menschen nicht spurlos vorbei-, sondern mitten durch ihn hindurchfließen. Er wird das Leben in den Griff bekommen. Nicht das Haben-Wollen soll für unser Kind einmal das Primäre sein; sein Glück wird vielmehr davon abhängen, inwieweit es ihm gelingt, sich selbst und seine Beziehungen zur Welt zu erkennen, zu bejahen und halbwegs in Ordnung zu halten.

Wo haben wir Eltern dabei den Hebel anzusetzen? Man hat einmal geglaubt, daß politische Erziehung gleichzusetzen wäre mit politischer Gefühlsbildung, und empfahl als dementsprechende Formen Brauchtum, Lied, Feier, Symbole, Gemeinschaft, Dichtung – also letztlich Formen, die der Geborgenheit und Verwurzelung dienen. Heute weiß man, daß eine daraus entstehende „Seid-gut-zueinander-Ideologie" zuwenig ist, um die Demokratie in Fluß zu halten. Denn Demokratie ist kein vorgegebener Zustand, sondern ein permanenter Prozeß, eine ständige Aufgabe und immer wieder neue Herausforderung.

Daher muß Demokratie in der Kinderstube beginnen. Dies bedeutet Herstellen einer Atmosphäre des Verstehens, des Bejahens, der Toleranz. Dies bedeutet ferner Wachhalten des kindlichen Geistes für die Umwelt und die Mitmenschen, bedeutet Teilnahme an den Geschehnissen um uns, Gespräch, Diskussion, Mitdenken und Mithandeln in der Familie, gemeinsames Besprechen der Sorgen, Aufgaben und Ziele, bedeutet ein Miteinander-Beschließen anstelle des blinden Gehorsams und bedeutet zuletzt freie Entfaltung der Persönlichkeit anstelle richtunggebietender Autorität.

Mein gesamter erzieherischer Leitfaden für Sie, liebe Eltern, ist von dieser demokratischen Erziehung geprägt. Unser Kind soll nicht eingeengt, sondern weltoffen aufwachsen. Seine Wertwelt soll nicht von uns Eltern her vorgegeben werden. Wir sollen zwar Vorbild sein, richtungweisend, haltgebend, aber nicht dem Kind, das da um seine Persönlichkeit ringt, im Weg stehen. Wir sollen die Meinung unserer Kinder anhören, achten, ernst nehmen. Wir sollen sie nie lächerlich machen. Unsere Kritik soll aufbauend sein. Wir sollten selbst Kritik ertragen, ja zur Kritik anregen. Gehen wir dabei auch der Auseinandersetzung mit den Massenmedien nicht aus dem Weg. Sprechen wir über Fernsehsendungen. Diskutieren wir über Zeitungsberichte. Öffnen wir Tor und Tür für meinungsbildende Medien.

Unsere Jugendlichen sollten zur Sachlichkeit erzogen werden, das heißt zur Fähigkeit des analytischen Denkens. Dies läßt im jungen Menschen die Bereitschaft wachsen, sachliche Argumente auch dann gelten zu lassen, wenn sie von einem (parteipolitischen) Gegner kommen. Wie aber sollte der Jugendliche zu einer solchen geistigen Haltung gelangen, wenn wir uns in elterlicher Überheblichkeit seinen Argumenten verschließen, nur weil sie uns nicht in den Kram passen? Ist der junge Mensch aber einmal auf dem Weg, auch die Meinung des anderen anzuhören und zu prüfen, wird er auch die Fähigkeit erlangen, in Alternativen zu denken und Konflikte rational auszutragen. Freilich gehen junge Menschen gerne aufeinander los. (Das soll auch bei Erwachsenen vorkommen!) Aber diese Sturm- und Drangperiode wird bei einem demokratisch erzogenen jungen Menschen nicht in einer Sackgasse enden, sondern in sinnvolle Bahnen gleiten.

Ja, werden Sie stöhnend sagen, liebe Eltern, was sollen wir in der Erziehung denn noch alles bewältigen? Jetzt sollen wir sogar schon dafür sorgen, daß sich unser Kind einmal als politisch denkender Mensch in der Gesellschaft bewährt! Daher darf ich Ihnen nochmals beruhigend zur Kenntnis bringen, daß die erfolgreiche Erziehung Ihres Kindes nur von einer Grundeinstellung abhängt, die ich Ihnen stets vorzuzeichnen versucht habe. Wenn ich also bei speziellen Aufgabenbereichen in die Tiefe gehe, dann nicht, um Ihnen immer neue Probleme zu stellen, sondern um Sie einfach mit den wichtigsten Fragen zu konfrontieren. Alle diese Fragen werden sich bei der Erziehung Ihres Kindes einmal stellen. Sie werden diese Fragen dann einzuordnen wissen. Es wird für Sie Kontrolle sein, ob Sie ganz richtig gehandelt haben. Und Sie werden ganz von selbst spüren, wo Sie eventuell noch versuchen müssen, erzieherisch einzuwirken, Gespräche zu führen, Vorbilder zu setzen.

In diesem Sinne darf ich Ihnen noch einen Menschen vorstellen, bei dem die Eltern auch in der politischen Erziehung nicht versagt haben, d. h. bei dem sie sich ein wenig den Kopf darüber zerbrochen haben, wie man sein Kind für die pluralistische Gesellschaft von heute reif machen kann. Ein solcher Mensch wird vor allem selbständig denken können. Er wird aus eigenen Einsichten urteilen und handeln und damit bereit sein, Entscheidungen zu treffen und die Verantwortung darüber zu tragen. Er wird weltoffen sein. Sein Interesse wird nicht nur seiner unmittelbaren Umgebung gelten, sondern auch allen sozialpolitischen und wirtschaftlichen Vorgängen in der Gesellschaft und in der Welt. Er wird Zusammenhänge besser verstehen und Entwicklungen analysieren können. Erinnern Sie sich, liebe Eltern? Du-Phase, dem Kind die Augen aufschließen für alles, es wach und interessiert halten! Damals wurde der Grundstein dafür gelegt, was uns Eltern von 16- und 20jährigen als Aufgabe neu zu erwachsen scheint.

Wenn zu Hause das Gespräch, die Diskussion fehlt, Desinteresse und kein Engagement für die Gesellschaft herrscht, dann wird der junge Mensch auch nicht die Fähigkeit entwickeln, die durch Massenmedien gebotene Fülle Informationen und Vorstellungen ordnen und verwerten zu können. Phrasen und Schlagwörter wird er nicht durchschauen können. Solche Menschen sind der politischen Verdummung und Manipulation preisgegeben.

Ein weltoffen erzogener junger Mensch aber wird Bereitschaft zur Kooperation zeigen, zu persönlichem Einsatz, auch wenn es darum geht, eine gerechte Sache gegen Mächtige zu vertreten. Er wird aktiv sein, mitdenken, mitreden, mitwirken – mit einem Wort: er – und nur er – wird an der Welt von morgen entscheidend mitbauen und ihr Gesicht prägen können.

Aber viele – zu viele! – Eltern in unserem abendländischen Kulturkreis verschlafen diese erzieherischen Möglichkeiten. Daher verschlafen auch ihre Kinder die Zeit, und eines Tages könnte eine ganze Gesellschaft und ein ganzer Kulturkreis seine Chance verschlafen.

Krisen werden wir nur dann bewältigen, wenn der Mehrzahl der jungen Menschen bestimmte soziale Haltungen und Verhaltensformen zu eigen werden. Wir brauchen für die Welt von morgen Persönlichkeiten.

Daher ist Erziehung eine so unwahrscheinlich verantwortungsvolle und entscheidende Aufgabe. Das war sie zwar immer, nur lag sie auf den Schultern einer ganzen Sippe, und diese Sippe stand auf mehr oder weniger festgefügten gesellschaftlichen Säulen. Heute steht das junge Elternpaar meist recht allein und verloren dieser durch die massenmedienbedingte Zudringlichkeit der Umwelt noch erschwerten Aufgabe gegenüber. Und meist sind beide Elternteile berufstätig. Haben zuwenig Zeit.

Elternschaft ist eine schwierige Aufgabe geworden, aber auch die faszinierendste unseres Lebens.


## 6. MAN SOLLTE WISSEN,

DASS DIE GENERATIONEN SCHON IMMER EINANDER IN DEN HAAREN LAGEN UND DASS DIE JUGEND ES BESSER MACHEN WILL – UND AUCH KANN.


### *Der leidige Generationskonflikt*

Ich zitiere gerne zwei Aussprüche über die Jugend. Der eine lautet: „Ich habe keine Hoffnung mehr für die Zukunft unseres Volkes, wenn sie von dieser leichtfertigen Jugend von heute abhängig sein sollte. Denn diese Jugend ist ohne Zweifel unerträglich, rücksichtslos und altklug."

Der andere: „Die Jugend liebt heutzutage den Luxus. Sie hat schlechte Manieren, verachtet die Autorität, hat keinen Respekt vor älteren Leuten und plaudert, wo sie arbeiten sollte. Die Jungen stehen nicht mehr auf, wenn Ältere das Zimmer betreten. Sie widersprechen ihren Eltern, schwätzen in der Gesellschaft, verschlingen bei Tisch die Speisen, legen die Beine übereinander und tyrannisieren die Eltern!"

Stimmt, stimmt! werden Sie sagen. Trifft genau auf unsere heutige Jugend zu! – Aber Moment, lieber Leser! Der erste Ausspruch stammt von Hesiod und wurde um 700 v. Chr. geschrieben. Der zweite kommt von Sokrates, der im 4. Jahrhundert v. Chr. gelebt hat.

Unsere heutige Jugend ist nicht schlechter, aber auch nicht besser als zur Zeit Hesiods. Glauben wir nicht, daß sich die Jugend unserer Tage besonders auffallend und gesellschaftsfeindlich präsentiert. Zu jeder Zeit war sie in ihrem Sturm und Drang scheinbar gegen die Gesellschaft eingenommen. In Wirklichkeit aber muß sie sich eben erst in ihr zurechtfinden, nachdem sie zunächst ganz unbefangen in ein Leben hinausgetreten ist, das von Regeln und Ordnungen des Zusammenlebens der Menschen bestimmt wird. Sie muß sich zu diesen Ordnungen erst durchkämpfen.

Dabei ist es das Vorrecht der Jugend, anders zu sein und im Konflikt mit der älteren Generation zu stehen. Diese kann mit der Jugend meist nicht Schritt halten. Die Ideen dieser Jugend sind ihr oft fremd. Das Verhalten der jungen Menschen flößt ihr Mißtrauen ein. Schon zu Hause hält man sich kaum zurück, es dem Sohn oder der Tochter ins Gesicht zu sagen: „Wenn du so weitermachst, wird nichts aus dir!" – „So, wie du aussiehst, kann man dir nicht einmal über den Weg trauen!" – „Wenn es dir nicht paßt, kannst du ja gehen!" – „Zuerst mußt du einmal selbst etwas leisten, dann kannst du mitreden!" – „Schöne Zukunft mit einer solchen Jugend!" So oder ähnlich läuft es doch zwischen vielen Eltern und ihrem Herrn Sohn und ihrem Fräulein Tochter. Da wird ihr Benehmen verdammt, ihr Haarschnitt, ihre Musik. In vielen Familien herrscht dicke Luft. Peter ist wortkarg und muffig. Käthe verheult und hysterisch. Es gibt kaum mehr ein Verstehen, wohl aber Krach, Tränen, Enttäuschung und Verzweiflung. Dem müßte zumeist gar nicht so sein, wenn wir Erwachsenen etwas zurücksteckten und bereit wären, zu übersehen, zu verstehen, zu bejahen. Mit jungen Menschen gibt es ja auch sehr erfreuliche Erfahrungen. Übersehen wir das nicht!

In einem Wiener Arbeiterbezirk entdeckte ich einmal an einem Alleebaum einen hölzernen Briefkasten, der folgende Aufschrift trug: *„Sorgenkasten!*
*Wir sind eine Gruppe von jungen Menschen und wollen Gutes tun. Hast Du Sorgen, und können wir Dir helfen, so schreibe uns."*
Ich warf einen Zettel in den Kasten und bat um den Besuch eines Mitgliedes. Auf diese Weise wurde ich mit den Jugendlichen bekannt. Es waren 34 Jungen und Mädchen. Ihr Ziel: Alten und kranken Leuten zu helfen. – „Es wird immer so schlecht über die heutige Jugend gesprochen, da wollen wir zeigen, daß wir gar nicht so sind, wie die Erwachsenen meinen", sagte mir einer von ihnen. Über 500 Hilfsdienste hatten sie schon geleistet, als ich auf sie stieß. Sie haben Kohlen getragen, Einkäufe besorgt, Wohnungen gesäubert, Blinden vorgelesen, Babysitterdienste versehen usw. Man erzählte mir da-

mals, daß es noch mehr solcher Gruppen gäbe. Eine von ihnen soll den Namen „Call-Girl-Ring der guten Tat" geführt haben – Mädchen, die ihre Freizeit sinnvoll ausfüllten, indem sie Bedürftigen Hilfe leisteten.

Den Generationskonflikt hat es immer gegeben. Vielleicht erleben wir ihn heute stärker, da Ideen und Techniken einander rascher ablösen. Was gestern noch Gültigkeit hatte, ist heute schon antiquiert. Die Ideen der Jugend erscheinen uns Älteren daher radikaler. Die Reibungsflächen sind gröber. Die Krise ist stärker. Der Mangel an familiärer Nestwärme macht sich schließlich ebenfalls bemerkbar. Wir haben zuwenig Zeit für unsere Jugendlichen. Man lebt mehr aneinander vorbei, als es früher einmal der Fall war. Aber es gibt auch Eltern, die trotz aller Probleme und Sorgen mit ihren Kindern an sie glauben. Sie glauben an den 17jährigen, obwohl sein Verhalten in krassem Widerspruch zu ihrem Lebensbild steht. Sie glauben an ihre 15jährige Tochter, obwohl sie an einem jungen Mann hängt, den sie ablehnen. Und sie lassen ihre Kinder deutlich spüren, daß dieser Glaube an sie, dieses Jasagen, dieses Vertrauen präsent ist. Sie bleiben vor allem mit ihren Kindern im Gespräch. Sie zeigen Interesse. Sie halten sich mit ihrer Kritik zurück. Spott gibt es überhaupt nicht. Provokationen der Kinder werden übersehen. Man bewahrt Ruhe. In einem solchen Elternhaus wird es den Generationskonflikt freilich genauso geben, aber die Brücken über diese natürliche Kluft werden erhalten bleiben. Und über diese Brücken werden die Jungen eines Tages wieder zurückkommen, wenn sie reifer geworden sind. Man wird dann einander wieder in echter Liebe begegnen. Im Alter werden solche Eltern nicht allein sein.

Jeder junge Mensch muß sich eines Tages von der Erwachsenenwelt, die ihn umsorgt hat, trennen. Er muß flügge werden, aus dem Nest hinaus ins Leben. „Lösungsphase". Der junge Mensch löst sich von den Eltern. Er beginnt, die eigene Familiengründung anzupeilen. Er strebt hinaus in die rauhe Wirklichkeit des Daseins. Muß mit den Konflikten selbst fertig werden. Muß selbst seinen Weg finden. Da wir ihn aus elterlichem Liebesbedürfnis noch gerne behüten und beschützen möchten, stößt er uns zurück. Das schockiert uns. Wir sehen Undank darin und das Ergebnis eines erzieherischen Versagens.

Eltern flügge werdender Kinder sollten sich nicht aus der Ruhe bringen lassen. Sie sollten ihren Alltag wie bisher weiterleben. Das verleiht ihnen und den Jugendlichen Sicherheit. Es wird freilich auch Streit geben, weil wir ja nur schwache Menschen sind. Aber wir werden uns dann wieder versöhnen können. Klar, weil wir an unsere Kinder glauben.

## Wenn die Ehe in Sichtweite kommt

Nun wollen wir noch einen Blick in die Zukunft Ihres Sohnes oder Ihrer Tochter werfen. Wir wollen kurz vorausschauen in jene Zeit, da der Sturm der

Pubertätsjahre verebbt und die Persönlichkeit ausgereift ist, da die Begegnung der Geschlechter vollzogen und ein Partner für das Leben gefunden wird.

Wenn mit Ende der Pubertätszeit der Junge auch noch gar nicht ans Heiraten denken kann, sondern sich vielmehr darauf konzentrieren muß, seine Berufsausbildung zu vervollständigen, so soll er doch um die Verantwortung wissen, die eine Ehe mit sich bringt. Die meisten Eltern verabsäumen es, dies dem jungen Mann rechtzeitig klarzumachen. Sie lassen ihn hinausgaloppieren ins Leben und denken sich im stillen: „Es wird schon gutgehen." Daß es vielfach gutgeht, liegt daran, daß das Vorbild einer glücklichen Ehe der Eltern nicht verlischt. Vielfach geht es aber auch nicht gut. Die hohen Scheidungsziffern sprechen es deutlich aus. Und wieder fällt dann der Schatten von Lebenskatastrophen auf die Eltern zurück. Geben wir an Aufklärung über die Ehe mit, was wir mitgeben können. Wenn es dennoch zu einer Kurzschlußhandlung des jungen Menschen kommen sollte, lastet die Schuld zumindest nicht auf uns Eltern.

Das beste Heiratsalter für Männer ist zwischen 25 und 35 Jahren. Zu früh geschlossene Ehen scheitern oft an der Tatsache, daß die wirtschaftlichen Voraussetzungen fehlen. Beide Ehepartner müssen daher Geld verdienen, schieben das In-die Welt-Setzen von Kindern hinaus, entfremden sich dadurch und werden einander nach wenigen Jahren überdrüssig. Schließlich sollte der Mann im Lebenskampf schon etwas gereift sein, bevor er sich ganz bindet. Man mag ruhig sagen, er soll das Leben ein bißchen ausgekostet haben. Viele zu junge Ehemänner werden eine leidenschaftliche Sehnsucht nicht los, das Leben zu genießen, was ihnen aber unter der Last und Verantwortung einer zu früh geschlossenen Ehe kaum möglich ist.

Mädchen heiraten meist früher. Die statistische Kurve erreicht heute zwischen 20 und 25 die höchsten Werte. Das junge Mädchen mit 22 oder 23 steht heute vielfach genauso selbständig im Leben wie ihr männlicher Partner. Auch sie kostet es aus. Auch sie hat Freunde, Abenteuer, Liebeserlebnisse. Die Sorgen der Eltern sind entsprechend groß, überhaupt wenn da irgendein „Ganove" auftaucht, der so gar nicht zur Tochter zu passen scheint, der die Familie provoziert und irgendein ewiger Student, undurchsichtiger Geschäftsmann oder Künstler ist. Seien wir aber auch in solchen Fällen mit unserer Kritik und mit unserem Urteil vorsichtig. Liebende Menschen sind unberechenbar. Spüren sie Widerstand, drehen sie rasch durch und setzen Kurzschlußhandlungen. Versuchen wir's lieber mit Geduld und Ruhe. Versuchen wir vor allem, Zeit zu gewinnen.

Drei Gedanken darf ich Ihnen dazu mitgeben:

1. Die jungen Menschen müssen mit einer gesunden Portion Achtung vor dem anderen Geschlecht ins Leben hinaustreten. Erinnern wir uns an das, was ich Ihnen von der „Probeehe" unserer kleinen Jungen und Mädchen gesagt habe. Das Bild des Geschlechtspartners baut sich im jungen Men-

schen schon sehr früh auf – und es baut sich am Bild des Vaters bzw. der Mutter auf. Diese Bilder werden in der Pubertätszeit oft harte Belastungsproben zu bestehen haben. Sexualität wird nicht immer als Freude und Glück empfunden. Da gibt es Enttäuschungen. Äußerlichkeiten überschatten innere Werte. Begegnungen mit der Prostitution, mit der Homosexualität, mit Perversionen sind bei den besten Jugendlichen nicht auszuschließen. Im wahrsten Sinne des Wortes über Nacht kann oft alle Achtung vor einem Geschlechtspartner dahin sein.

Wir Eltern können da kaum mehr helfend eingreifen. Aber die Grundeinstellung, die wir unserem Sohn und unserer Tochter mitgeben, ist eine solide Basis. So finden zuletzt die meisten jungen Menschen zurück zu Vertrauen und Achtung, zu diesen – wie Kleist sagte – „unzertrennlichen Grundpfeilern der Liebe, ohne welche sie nicht bestehen kann, denn ohne Achtung hat die Liebe keinen Wert und ohne Vertrauen keine Freude."

2. Bleiben wir mit unseren Großen im Gespräch. Auf Diskussionen über Ehe und Beruf lassen sich alle gern ein. Steuern wir dann unsere Meinung bei, daß der junge Mensch – egal, ob Junge oder Mädchen – zuerst seinen Beruf gesichert haben soll, bevor er ans Heiraten denkt. Gerade die jungen Männer entwickeln in diesen Jahren – über all ihre Dummheiten hinweg – für ihren Beruf oft einen verbissenen Eifer. Bestärken wir sie darin. Schüren wir ihren Ehrgeiz, noch mehr in sich aufzunehmen und noch mehr Erfahrung zu sammeln.

3. In vielen jungen Ehen ist heute Sand im Getriebe. Und das nicht zuletzt deshalb, weil die beiden Partner Schwierigkeiten mit ihrer Sexualität haben. Wir sind noch weit davon entfernt, eine im Sexuellen halbwegs von Zwängen und Ängsten befreite Generation erzogen zu haben. Unsicherheit, Zweifel und Hemmungen bezüglich der eigenen Sexualität legen manches in der Ehe quer. Deshalb wäre es gut, wenn die jungen Eheleute einander mehr vertrauten und über ihr sexuelles Verhalten mehr Gespräche führten. Das niedrige Niveau sexueller Befriedigung in vielen, wenn nicht in den meisten Ehen vermittelt uns ein Bild vom ziemlich primitiven Stadium der Menschen in ihrer Entwicklung auf Vertrauen hin. Wenn Leidenschaft so schnell an Angst zugrunde gehen kann, dann müssen wir zugeben, daß Angst in dieser Welt noch immer weit mächtiger als Vertrauen ist. Jede Faser des menschlichen Körpers fordert, daß ein Mann seiner Frau gegenüber offen sein und zu ihr Vertrauen haben soll, und umgekehrt. Die mächtigste körperliche Lust, die wir erfahren können, drängt uns zum Vertrauen, doch immer wieder gewinnt die Angst leicht und schnell die Oberhand.

Die meisten problematischen Ehen sind keine „schlechten" Ehen, sie sind nicht von vornherein dem Scheidungsrichter geweiht, und es handelt sich auch nicht um Menschen, die grundsätzlich nicht zusammenpassen würden. Die größte Tragödie der Ehe besteht nicht darin, daß manche von ihnen zerbrechen, auch nicht darin, daß andere versteinern und erkalten. Die tragischsten Ehen sind jene, die versanden, obwohl alles für sie spricht. Sie könnten so leicht für beide Partner ungeheuer bereichernd sein, sowohl körperlich als auch gefühlsmäßig. Sie werden es aber nie – obwohl es so einfach wäre –, da beide Partner voller Angst sind. Mann und Frau erreichen zwar ein solches Maß an sexueller Anpassung, daß ihre Leidenschaft befriedigt wird, doch sie haben Angst davor, diese Leidenschaft zum Anlaß für mehr Offenheit und gegenseitige Entfaltung werden zu lassen, wobei wechselseitige Entfaltung wieder die Leidenschaft füreinander steigern würde. Als Folge davon gehen beide ihre eigenen Wege: Die Frau zu ihren Kindern und häuslichen Pflichten, der Mann hängt sich an seine Karriere. Sexuelle Erfüllung und persönliche Entfaltung bleiben auf einem bestimmten Niveau stecken und sinken dann langsam immer mehr ab, obwohl Mann und Frau noch immer daran festhalten, daß ihre Ehe eine sehr glückliche ist. Bis zu einem gewissen Grad stimmt dies auch, doch liegt die Tragödie darin, daß sie noch wesentlich glücklicher sein könnte.

Diese Erfahrungstatsache möge ein ernster Appell an alle Eltern sein, Angst und Vorurteile vor der Sexualität im jungen Menschen erst gar nicht aufkommen zu lassen. Sagen wir es unserem Sohn oder unserer Tochter, daß Sexualität auf den anderen hin angelegt ist und den anderen daher ganz erfüllen soll, darf oder kann. Man möge sich daher gegenseitig aufschließen und nicht davor zurückschrecken, in vollster Offenheit darüber mit dem Partner zu sprechen.

## Familie ist unersetzlich

Handeln wir Eltern jedoch richtig und der Zeit angepaßt, wenn wir unser Kind in dieser kurz skizzierten Weise auf die Ehe und eigene Familienbildung vorbereiten? Sind Ehe und Familie nicht überholt? Diese Frage habe ich im Verlauf meiner Ausführungen eigentlich schon oft und immer wieder beantwortet.

Zweifellos sind die Aufgaben der Familie heute grundlegend verändert. Gesellschaft und Staat erfüllen weitgehend die Notwendigkeiten, die früher die Gründung einer Familie erforderten. Die Entwicklung der Gesellschaft verändert vor allem die Bedeutung der Familie für die materielle Geborgenheit des einzelnen: Die Frau ist berufstätig und dadurch finanziell von ihrem Mann unabhängig. Die Kosten für die Ausbildung der Kinder werden von der Gesellschaft übernommen. Sozialversicherungen aller Art übernehmen bei Krankheit, Alter und Tod die Belastungen, die dereinst die Angehörigen zu tragen hatten. Der einzelne wird von seiner Familie immer freier und unabhängiger und erfährt in der Gesellschaft eine wachsende Geborgenheit.

Dazu kommen die vielen alleinerziehenden Mütter und Väter als Ergebnis der hohen Scheidungsraten. Kann man da noch von Familie sprechen? Ja, meiner Erfahrung nach kann man, wenn – wie ich schon mehrmals in diesem Buch ausgeführt habe – Engagement und Phantasie des alleinerziehenden Elternteiles vorhanden sind. Unter Phantasie meine ich, Möglichkeiten ausfindig zu machen, Familienstruktur in dieses kleine Nest hereinzuholen. Alleinerziehende Mütter und Väter mögen sich jedoch davor hüten, zusehr öffentliche Hilfe in Anspruch zu nehmen, wie sie heute ja in reichem Maß angeboten wird. Die öffentliche Hand kann die Familie nicht ersetzen. Der Staat kann ein gewisses Maß an Sicherheit, aber kaum an Geborgenheit bieten – von Liebe und Wärme gar nicht zu reden.

Familie kann also auch in der Situation eines alleinerziehenden Elternteiles oder auch in Form einer wirksamen Ersatzfamilie, wie sie bei Adoptionen, guten Pflegefamilien oder z. B. in den SOS-Kinderdörfern gegeben ist, verwirklicht werden.

Wo die Familie jedoch kaputt ist – und das ist leider sogar in vielen scheinbar intakten Familien der Fall –, dort fehlt es an der so notwendigen Nestwärme. Da muß Erziehung dann zum großen Ärgernis werden – zum Ärgernis für Eltern und Kinder gleichermaßen.

Vielleicht gelingt es uns Eltern, die Familie neu zu prägen und mit den Anforderungen unserer Welt in Einklang zu bringen. Vielen ist es bereits gelungen. Heute gibt es wunderbare Familien, bessere und glücklichere, als es sie jemals gegeben hat. Und diese neuen Familien stehen wetterfest im Sturm unserer Zeit.

## Die Protestphase

Je mehr Kontakt unser Junge und unsere Tochter in der Phase ihrer sozialen Ausreifung mit der Außenwelt – mit der Welt außerhalb der Familie – haben, desto besser. Meist ist dieser Außenkontakt unserer Großen so stark, daß wir Eltern den Überblick verlieren. Wir wissen nicht mehr, mit wem unsere Kinder umgehen, was sie reden, was sie treiben, wer die anderen sind. Wir erfahren dies zumeist nur mehr sehr am Rande und oberflächlich. Das Kind setzt zum großen Sprung an, zum Sprung hinaus aus der Familie.

Zu diesem Zeitpunkt macht sich die Gesellschaft mit ihren Ansprüchen bemerkbar. Dem Jugendlichen wird bewußt, daß er ihre Institutionen anerkennen und eines Tages seine eigene Existenz aufbauen muß. Er entwickelt dafür Verständnis und Interesse, im selben Atemzug aber auch Ablehnung und Protest gegen diese Forderungen der Gesellschaft. Diese Doppelläufigkeit von Bejahung und Ablehnung, von Verständnis und Protest zeichnet fast alle unsere Jugendlichen aus. Nur wenn man diese innere Spannung zur Kenntnis nimmt, kann man sie auch verstehen.

Pubertät kann sich also lange hinziehen. Von den ersten hormonellen Vorgängen im Körper unserer Elf-, Zwölf- oder Dreizehnjährigen bis zum Abschluß dieser „Neugeburt", als die man die Pubertät gerne bezeichnet, vollzieht sich ein oft zehn Jahre oder noch länger andauernder Prozeß voll innerer und äußerer Konflikte. Der junge Mensch stellt sich dabei naturgemäß immer wieder in Frage. Einmal findet er sich bedeutend, begabt, unwiderstehlich, intelligent usw., dann wieder wertlos, häßlich und unbedeutend. Dieser innere Rollenwechsel ist ebenfalls bezeichnend. Das müssen wir Eltern wissen, um uns richtig verhalten zu können.

Dazu kommt noch, daß der Jugendliche in dieser letzten Pubertätsphase ein besonderes feines Gespür für die Unaufrichtigkeiten und Kläglichkeiten der Erwachsenenwelt besitzt. Er deckt ihre Doppelmoral auf, stößt sich an ihrem Mangel an Ehrlichkeit, durchschaut ihre Lügen. Und er findet all diese Schwächen bei denjenigen, die ihm draußen in der Gesellschaft als Vorbild hingestellt werden. Vielleicht ist er auch bei uns daheim schon solchen Fehlhaltungen auf die Spur gekommen. Das erschüttert immer wieder seine Wertschätzungen, macht ihn kritisch, auflehnerisch, schnippisch, ungehorsam, bockig, aggressiv.

Ich führe das alles an, liebe Eltern, da es aus dieser inneren Spannung des Jugendlichen heraus in den besten Familien zu schwierigen Situationen kommen kann. Erschrecken wir daher nicht, wenn auch unser Junge einmal „überschnappt" und aus dieser Welt ausbricht, die ihm so viele Rätsel zu lösen aufgibt und die sich so gar nicht mit seinen taufrischen Idealen in Einklang bringen läßt. Kein lebensprühender junger Mensch verwindet die unheile Gesellschaft mit ihrer defekten Moral. Jeder gesunde Jugendliche verspürt einmal die Lust, dies alles zu zertrümmern und es besser wiederaufzubauen. „Kein tüchtiger Mann, der nicht mit 20 ein Revolutionär war", sagt Dostojewski. Über kürzer oder länger besiegt ihn dann die Übermacht. Soll man sagen, er resigniert? Nein, es ist keine Resignation, sondern einfach das Hineinwachsen in die Gesellschaft. Die Protestphase des 20jährigen ist wie eine letzte Trotzperiode; eine letzte Lösungsphase, bevor das Land der Kindheit für immer verlassen wird. Wie ein junger Mensch diese Phase in sein späteres Dasein integriert, wird für seine weitere Persönlichkeitsentfaltung recht bestimmend sein.

Und unsere letzte elterliche Hilfeleistung? Nicht die Nerven verlieren. Im Gespräch bleiben. Niemals die Brücken abbrechen. Gern haben. Für sie oder für ihn dasein.

## Liebe ist doch alles!

Unser Gespräch geht zu Ende. In drei Kapiteln habe ich versucht, Ihnen, liebe Eltern, die Entwicklung Ihres Kindes aufzuzeigen. Zuerst das mühsame Bewältigen des Ich in den ersten Lebensjahren, in denen das Kleinkind noch ganz auf sich bezogen ist und gar nicht genug an Wärme, Liebe und Geborgenheit bekommen kann. Dann über die erste, so gesunde Trotzperiode hinweg in den so wichtigen Lebensabschnitt, in dem sich das Kind das Du erobern und mit seinen Geschwistern, den Spielkameraden, der Schule usw. auseinandersetzen muß, in dem es mit der Umwelt in die ersten schweren Konflikte gerät, in dem es mit uns Eltern eine „Probeehe" eingeht, die für die spätere Sexualität so maßgebend sein wird, und in dem wir die verantwortungsvolle Aufgabe haben, dem Kind das Staunen vor der Welt, vor den Menschen – und vor Gott zu lehren. Und zuletzt die Turbulenz der Pubertätsjahre, die alles durcheinanderbringen und unser Kind vom sicheren Land der Kindheit hinaus in die wildbewegte See der Gesellschaft reißen, wo es mit seinen Trieben und seinen Gefühlen zu Rande kommen und sich zuletzt über alle Protestreaktionen hinweg im Wir bewähren muß.

Die Entwicklung des Menschen ist ein Abenteuer. Ich wollte Ihnen dieses Abenteuer, in das Sie sich eingelassen haben, als Sie Kinder in die Welt setzten, bewußt machen. Indem Sie diesen Werdegang des Menschen mit seinen drei Stufen klar erkennen, wird es Ihnen leichter fallen, Ihr Kind zu erziehen. Für diese Erziehungsaufgabe habe ich Ihnen manche Gedanken mitgegeben. Fassen Sie diese Gedanken nicht als „Rezepte" auf, da es solche für die Kindererziehung nicht gibt. Fassen Sie sie eher als Positionslichter auf, die das Bemühen um Ihr Kind auf die richtige Landebahn bringen sollen. Es geht nämlich nicht um einzelne Erziehungsakte. Es geht um eine Grundeinstellung, die ohne Bejahung der Familie nicht zu vollziehen ist. Nur im geistigen Spannungsfeld der Eltern kann das Kind beim Durchlaufen seiner drei Entwicklungsphasen jene Wertorientierung aufbauen, die für die spätere Lebenshaltung so entscheidend ist. Noch immer ist das Vorbild der Eltern stärker als der Ungeist unserer Zeit. Diese Tatsache ist tröstlich, zeigt uns aber zugleich das kaum faßbare Maß an Verantwortung auf, das jede Elternschaft mit sich bringt.

Alles Erleben des Kindes bewegt sich auf der Skala zwischen Geborgenheit und Verlassenheit, zwischen Sicherheit und Angst, zwischen dem, was die Eltern bieten, und dem, was das Kind sucht. Die Geborgenheit ist das folgenreichste Erlebnis des Menschen überhaupt. Wo immer es Eltern heute gelingt, den Umwelteinflüssen zum Trotz genug Geborgenheit für ihr Kind zu schaffen, wird es auch in einer Welt der Enttäuschung als glücklicher Mensch bestehen können.

Ohne Familie aber gibt es keine Geborgenheit. Damit sind wir dem tiefsten Geheimnis der Erziehung nahegekommen. Und so werden wir uns abschließend kritisch zu fragen haben, ob wir wohl als Vorbilder handeln, ob wir wohl genug Vater und Mutter sind, ob wir nicht etwa an der Familie vorbeileben.

Unsere Wohlstandsgesellschaft führt uns dauernd in Versuchung, die Familie zu vernachlässigen. Der Vater ist geneigt, die beruflichen vor die familiären Pflichten zu stellen. Gewiß: Geld muß verdient werden. Aber darüber darf die Vaterrolle nicht in Vergessenheit geraten. Der Vater soll für das Kind Quell des Vertrauens und der Verehrung sein. Einem unsichtbaren Vater jedoch entfremdet sich das Kind. Dies läßt sich mit Geschenken nicht aufwiegen.

Auch die Mutter ist heute in Gefahr, dem Kind entrückt zu werden. Sie hat Verpflichtungen außerhalb der Familie, berufliche, gesellschaftliche, kulturelle. Sie muß mitverdienen. Sie hat es also eilig, wo sie doch der ruhende Pol sein müßte. Denn die Mutter soll dem Kind ein Meer an Liebe bedeuten, in das es sich zu jeder Stunde bedenkenlos hineinstürzen kann.

Ein Kind, das zuwenig an Geborgenheit mitbekommt, bleibt zeitlebens in Gefahr, zu verzweifeln, an der Last des Lebens zu zerbrechen. Es wird ihm die Sicherheit fehlen. Es ist entwurzelt und daher den Schicksalsschlägen preisgegeben. Geborgenheit ist ein „Wir-Erlebnis". Das Kind erlebt sich mit den Eltern zusammen als ein „Wir". Daraus schöpft es jene Kräfte, die über ein ganzes Dasein vorauswirken. Wo dieses „Wir" – wo also die Familie – gegeben ist, kann mit den Kindern eigentlich gar nichts schiefgehen. Familie wird nur durch Liebe geschaffen. Und Liebe ist ein Sich-Verschenken. Die Liebe der Eltern daher ein Sich-an-das-Kind-Verschenken.

Und so ist Liebe alles!

## DIE GOLDENE REGEL ZUM III. TEIL:

### *Maßhalten!*

Wir tun unseren Kindern nichts Gutes, wenn wir ihnen Perfektion im Umgang mit dem Wohlstand anerziehen. Genau das aber praktizieren viele Eltern. Die Erfüllung aller durch die Werbung angestachelten Bedürfnisse und Daseinswünsche erachten sie als erstrebenswert. Das ist nun einmal der heutige Lebensstandard, meinen sie entschuldigend. Hast und Zeitnot lassen sie erst gar nicht zum Nachdenken darüber kommen, ob ihnen all dies tatsächlich nützlich ist. Man kann sich's ja leisten. Nur nichts versäumen. Keine Party. Keinen Fernsehkrimi. Kein schönes Reiseangebot. Mitmachen! Dranbleiben! Nur immer hübsch auf den aufgepeitschten Wellen des Konsums dahinschwimmen.

Aus diesem Wohlstandstaumel, vor dem wir alle nicht sicher sind, werden immer mehr Eltern durch das Verhalten ihrer Großen abrupt herausgerissen. Da ist es der Herr Sohn, der plötzlich nur mehr in zerschlissenen Blue jeans herumsteigt, abstruse Parolen zitiert und den Eltern ins Gesicht sagt, daß er dieses ganze Wohlstandsgetue satt habe. Dort ist es vielleicht das Fräulein Tochter, das von einer Party zur anderen schwirrt, monatlich ihre Freunde wechselt – und was für Freunde! –, nicht mehr ans Lernen denkt und dem

Gott längst ein Unbekannter und die Liebe ein Konsumartikel geworden ist. Da sind all die anderen, die aus der Reihe tanzen, sich von den Eltern lossagen, provozieren und demonstrieren, satt sind, müde sind, einsam sind, gelangweilt sind, angeekelt sind und die erzieherisch nicht mehr in den Griff zu bekommen sind.

Zu spät gehen dann manchen Eltern die Augen auf. Zu spät erkennen sie, daß sie ihren Kindern zuviel Wohlstand und zuwenig Geborgenheit, zuviel Genuß und zuwenig Besinnung, zuviel Lebensstandard und zuwenig Lebensinhalt geboten haben. Liefern wir uns daher nicht so besinnungslos dem Wohlstand aus, wenn wir Kinder zu erziehen haben. Halten wir Maß. Nehmen wir Abstand. Befreien wir uns vom Konsumzwang. Verzichten wir. Bescheiden wir uns. Sparen wir. Lassen wir Geld nicht die Hauptrolle spielen.

Vermitteln wir unseren Kindern vor allem Selbstachtung. Ohne den Glauben an seinen Wert und seine Würde wird ein Menschenleben sinnlos. Wer jedoch an sich glaubt und sich seiner Verantwortung im Leben bewußt ist, kann frei sein; frei für ein glückliches Dasein, frei für eine lustvolle Sexualität, frei für beruflichen Erfolg, frei für die Mitmenschen, frei ein Mensch zu sein und dieses Menschsein voll auszuschöpfen. Der ärgste Feind der Selbstachtung und des Verantwortungsbewußtseins aber ist der fette Wohlstand. Daß es uns gutgeht, ist nicht gefährlich, wohl aber, daß wir keinen Abstand mehr zu diesem Wohlstand haben. Da wird nicht mehr gefragt, was und wie ist der Mensch, sondern wieweit hat er es gebracht. Vorankommen. Mithalten. Nur ja nicht auf der Strecke bleiben. Der Mensch des Wohlstandes ist nicht mehr fähig, eine Sache um ihrer selbst willen zu tun, sondern nur mehr in dem Maß, als sie seine Bedürfnisse befriedigt. Ja nicht den Anschluß verlieren! Der Drang, an der vordersten Konsumentenfront zu bleiben, läßt den Menschen kaum mehr zum Bewußtsein seiner selbst kommen. Er kann sich selbst nicht mehr erreichen. Er wird sich selbst fremd. Er mißtraut sich. Er ist unsicher. Er ist zuwenig selbstbewußt. Aber nur ein Mensch, der zu sich selbst ja sagt, kann die anderen lieben. Der Haß hat seine Wurzeln in diesem mangelnden Selbstvertrauen. Und dort wurzelt auch die Einsamkeit.

So erlebt uns aber vielfach der junge Mensch von heute. Er wird protestieren – und sich dann ergeben. Nur wenige werden lernen, welch unerschöpflicher Wert im Verzicht liegt und wie viele Energien freigemacht werden können, wenn wir Unnötiges und Entbehrliches von uns fernhalten. Jeder junge Mensch aber sollte erfahren, daß dem Menschen seine Würde, seine Selbstachtung und seine persönliche Freiheit mehr bedeuten müßten als äußerer Erfolg, Behaglichkeit und Genuß. Sich nicht ganz dem Wohlstand auszuliefern, ist daher eine goldene Regel für die Erziehung des jungen Menschen zu seiner Selbstfindung und Selbstentfaltung.

In diesem Buch habe ich versucht, die Bedeutung der Kindererziehung für alle Eltern in einer Sprache auszudrücken, die sich von der pädagogischen

Fachsprache unterscheidet. Ich wollte über dieses so beinharte Thema mit Ihnen, werte Eltern, in ein persönliches Gespräch kommen. Ich hoffe, daß es mir geglückt ist!

Und da wir uns auf diese Weise nähergekommen sind, darf ich dieses Werk auch mit einem herzlichen Gruß an Sie abschließen; mit einem Dankeschön für Ihr Mitdenken und mit den besten Wünschen für Ihre Erziehungsaufgabe!


UND SAGEN WIR NICHT NUR „JA" ZU UNSEREN EIGENEN,
SONDERN ZU ALLEN KINDERN:
ZU DEN GROSSEN UND DEN KLEINEN,
DEN SCHLIMMEN UND DEN BRAVEN,
DEN GESCHEITEN UND DEN WENIGER GESCHEITEN,
DEN LIEBENSWÜRDIGEN UND DEN KRATZBÜRSTIGEN,
DEN SCHÜCHTERNEN UND DEN DRAUFGÄNGERISCHEN,
ZU ALLEN KINDERN EBEN,
ZU ALLEN, ALLEN,
OHNE DIE UNSERE WELT
UND UNSER DASEIN
UNERTRÄGLICH WÄREN!

ISBN 3-7020-0557-9

**Karl Wilhelm**

**Alte Volkskunst**

# GESTALTEN MIT JUNGHOLZ

**Ein Werkbuch**

**Großformat**, *151 Seiten mit über 150 Fotos, Skizzen und Abbildungen, 4 Farbbildseiten, in einer Heftmappe (die Blätter können einzeln entnommen werden).*

## Jungholz, ein naturgegebener Werkstoff!

Jungholz ist ein Werkstoff, der am Wege wächst! Voll Leben sind noch die geschnittenen Zweiglein und Äste. Kein Werkstoff ist aber auch in seinem Wesen so zwingend wie Jungholz. Jeder Ast wächst anders; in jeden Zweig, in jede Zwiesel muß das Erzeugnis „hineingesehen" werden. Ein gekrümmtes Ästchen, ein Wachstumsfehler, kann schon Anregung für eine neue Lösung sein. Dem weichen Mark in der Mitte des Jungholzes ist oft auszuweichen, oder aber es ist besonders zu benützen. Gehen wir auf das Wesen des Jungholzes ein – ohne die Führung in der Gestaltung aufzugeben –, so wird es uns immer wieder neue Möglichkeiten gewähren, immer wieder gibt es freudige Überraschungen. Wir haben dann die Vorbedingung für jedes weitere Werken begriffen und werden auch leichter jeden anderen Werkstoff in seiner Eigenart verstehen. Besonders das naturbelassene Jungholz führt uns hin zum Körper, zu seinem Erkennen, seinem Erfassen, seinem Erleben: Wir lernen den Raum in seiner dreifachen Richtung verstehen, im weitesten Sinn steht er ja für das allseitige große Leben!

Vor allem Jungerzieher werden gern zu diesem Buch greifen, ergeben doch präzise Arbeitsanleitungen und zahlreiche anschauliche Bildseiten eine selten anzutreffende Kombination!

**LEOPOLD STOCKER VERLAG • GRAZ – STUTTGART**

ISBN 3–7020–0605–2

**Berthold Withalm**

# NATURGEMÄSSES VOLKSHEILBUCH

**Homöopathie und altbewährte Kräuterrezepte**

**13., völlig neu bearbeitete und erweiterte Auflage.**
*448 Seiten, 8 Farbbildseiten mit über 50 Abbildungen von Kräutern und Pflanzen, Ln.*

Dieses Buch hat seit seiner 1. Auflage nichts an Bedeutung verloren – im Gegenteil: Der Mensch besinnt sich in zunehmendem Maß der Naturheilverfahren, und auch die medizinischen Wissenschaften bedienen sich der jahrhundertealten Erfahrungen der Volksmedizin in Verbindung mit den neuesten Errungenschaften der Schulmedizin. In dieser 13. Auflage wurden der Homöopathieteil und das praktische Rezeptbuch um die letzten Erkenntnisse dieser Naturheillehre erweitert. Die Verwendung der homöopathischen Arzneimittel und der Heilkräuter sowie die Gesundheitsverfahren wurden ebenfalls auf den allerletzten Stand gebracht.

Dieses Volksheilbuch kann den Arzt nicht ersetzen; er muß immer zu Rate gezogen werden, wenn länger andauernde oder schwerere Krankheiten auftreten. Die angegebenen Hinweise dienen zur Erhaltung der Gesundheit und Anregung der natürlichen Kräfte, um leichte Erkrankungen zu beseitigen oder bis zum Eintreffen des Arztes Erste Hilfe zu leisten. Ferner werden die Themenbereiche „Gesunde Lebensführung", „Natürliche Vollwerternährung", „Neuzeitliche Bewegungslehre" und „Wasseranwendungen sowie Verfahren nach Sebastian Kneipp" eingehend erörtert.

In diesem Buch wird der Mensch als Einheit von Leib und Seele gesehen, und die Ratschläge beziehen sich nicht nur auf die Krankheiten an sich, sondern gehen auch auf deren innere sowie äußere Einflüsse ein. Somit können sie natürlich und nebenwirkungsfrei überwunden und die Gesundheit wiederhergestellt werden.

**LEOPOLD STOCKER VERLAG • GRAZ – STUTTGART**

ISBN 3-7020-0634-6

**Dr. med. Ewald Riegler**

# WERDE ALT – UND BLEIB GESUND!

*168 Seiten, Grafiken im Text, Pappband*

Wer von uns möchte nicht ein möglichst hohes Alter erreichen, ohne dabei von den verschiedensten Krankheiten drangsaliert zu werden? Grundvoraussetzung dafür ist, etwaige Störfaktoren, die unsere Gesundheit beeinträchtigen könnten, rechtzeitig festzustellen und sich dabei der jahrelangen Erfahrungen eines anerkannten Internisten sowie der modernen Medizin zu bedienen. In diesem seinem neuesten Buch beweist Dr. Riegler in der bewährten Form des Arzt-Patient-Dialogs, daß eine gesunde Lebensführung und das rechtzeitige Erkennen eines „Gesundheitsabbruchs" Grundvoraussetzungen dafür sind, das Alter gesund erleben und, vor allem auch, genießen zu können. Arteriosklerose, Bluthochdruck, Herzkrankheiten, Verkalkungserscheinungen, Migräne, Schlaganfall, verminderte sexuelle Aktivität und Stoffwechselstörungen werden in diesem Buch ebenso ausführlich erörtert wie etwa Schilddrüsen- und Gallenerkrankungen, Appetitverlust, Uterusvergrößerung oder Prostatabeschwerden, um nur einige Stichworte zu nennen. Dabei geht es dem Autor keineswegs nur darum, zielführende Vorbeugungs- oder Therapiemaßnahmen aufzuzeigen; vielmehr weist er stets auf die Ursachen der jeweiligen Gesundheitsstörung hin und – in erster Linie – auch darauf, was man beachten muß, damit es erst gar nicht zu einer solchen kommt. Daß das jahrelange Einnehmen von Medikamenten oft nur Schaden anrichtet, sei nur am Rande erwähnt.
Was also hindert Sie noch daran, nach der Lektüre dieses Buches alt zu werden und gesund zu bleiben?

**LEOPOLD STOCKER VERLAG · GRAZ – STUTTGART**

ISBN 3-7020-0582-X

**Betty Hinterer / Hilde Kucher**

# GRABNERHOF-KOCHBUCH

**27. Auflage**

*462 Seiten, Ln.*

In diesem altbewährten und immer wieder auf den neuesten Stand gebrachten Kochbuch mit seinen rund tausend Rezepten steckt jahrzehntelange Erfahrung.

Die gesunde Ernährung mit besonderen Hinweisen auf die zeitgemäße Vollwertkost ist für junge wie für erfahrene Hausfrauen leicht durchführbar / Die berufstätige Hausfrau kann sich und ihre Familie durch die praktischen Anweisungen ohne viel Zeitaufwand vollwertig ernähren / Die „Kochkiste" hilft Energie, Zeit und Geld sparen / Brot und Mehlspeisen, aus Vollmehl gebacken, bringen Gesundheit und Freude / Rohkost, Müsli und deren richtige Zubereitung werden ausführlich und einfach beschrieben / Gliederungen in Rezeptgruppen, in denen Suppen, Fleischspeisen, Saucen, Gemüse, Mehlspeisen und Getränke zusammengefaßt werden / Speisezettelfolgen für alle Jahreszeiten / Wichtige Rezepte für Grill-, Käse- und Frischkostgerichte / Wildkräutersäfte und -speisen sind für unsere Gesundheit besonders wichtig / Haltbarmachen von Obst und Gemüse / Jedes Rezept gibt die Mengen für sechs Personen an. Für vier Personen werden 2/3, für zwei Personen 1/3 der angegebenen Mengen genommen.

Was also hindert Sie noch daran, Österreich von seiner schmackhaftesten Seite zu entdecken?

**LEOPOLD STOCKER VERLAG • GRAZ – STUTTGART**